기독교 상담과 인간성장

기독교 상담과 인간성장

게리 R. 콜린스 편/정석환 역

 한국학술정보㈜

Helping People Grow

edited by
Gary R. Collins

translated by
Jung Suk Hwan

The Christian Wisdom Publishers
Seoul, KOREA, 1988

역자 서문

21세기를 맞으며 우리 사회는 급격한 변화를 경험하고 있다. 과학의 발달과 풍요로와진 물질문명의 발달은 우리들의 삶의 양상을 과거의 삶과 너무나 다른 양상으로 인도하고 있다. 이러한 현대 사회의 외적 성취가 오늘을 사는 우리들에게 테크노피아의 행복한 삶을 가져다 주었는가? 그 답변이 긍정적이지 않다는 것이 오늘을 사는 우리들의 자화상이다. 날로 풍요로와지는 현대 사회 속에서 우리가 경험하는 삶의 모습은 역설적으로 삶의 의미와 기쁨을 상실해 가는 우울증의 증가와 각종 성격장애들로 인한 인간관계의 단절과 갈등의 양상들이다. 2001년의 통계에 의하면 우리사회의 이혼율은 세계 3위를 기록하고 있고 각종 중독증이나 정신병의 증가는 날로 그 심각성을 더해가고 있는 실정이다. 이러한 병리적 사회현상의 모습들은 하나님의 형상을 추구하는 기독교회의 현장에서도 쉽게 발견할 수 있다. 기독교인의 가정에도 이혼이나 부부갈등, 세대갈등, 중독증 등의 문제가 심각한 모습으로 교회 공동체의 삶을 위협하고 있는 것이다. 이러한 상황 가운데 우리는 기독교적 상담의 필요성에 직면하게 되는 것이다. 교회의 각급 지도자로서, 부모나 교사로서 우리는 많은 사람들의 도움의 요청에 직면하여 그들을 어떻게 치유와 성장의 길로 인도할 수 있을까를 묻게된다. 이 물음에 답하기 위하여 역자는 미국의 복음주의 기독교 상담학자인 게리 콜린스 박사가 편집한 기독교 상담과 인간성장이란 책을 번역하게 되었다. 콜린스 박사는 변화하는 시대에 기독교적 상담의 원리와 기술을 필요로 하는 많은 기독교인들의 필요에 응답하기 위하여 기독교 상담 전반에 관한 종합적 이해를 도모하는 책을 편집하였다. 이 책에서 콜린스 박사는 현재 미국에서 활동하고 있는 많은 상담학 교수들의 글을 종합 편집하며 기독교 상담의 다양한 방법론과 이론적 접근을 소개하고 있다. 본서는 제 1부 기독교 상담의 이해, 제 2부 기독교 상담의 제 방법, 제 3부 기독교 상담의 미래로 구성되어 있다. 물론 본서의 중심은 총 18장 중 15장을 차지하고 있는 제 2부이다. 본서의 장점은 기독교 상담의 이론을 여러 학자들의 다양한 접근법을 통해 알기 쉽게 설명할 뿐 아니라 각 상담의 현장에서 필요로 하는 현장 적용을 위한 실천적 지침들을 제시해 주고 있다는데 있다. 특히 본서 전반을 통해 강조되는 기독교 상담의 정체성은 기독교 상담은 단지 특별한 정신 질환을 지닌 사람들을 대상으로한 특수하고 전문적인 치료활동이 아니라 "하나님의 형상"으로 지음 받은 한 인간이 지닌 무한한 가능성과 잠재력을 최대한 개발하고 활용하며 의미있는 삶을 살도록 도움을 주는 전 과정이라는 점이다. 즉 기독교 상담은 상처입은 인간을 치유하고 전인적이며 영적인 성장을 도와 주는 전 과정을 일컫는 말이라는 점이다. 따라서 역자는 「Helping People Grow」라 명명된 본서를 「기독교 상담과 인간성장」이라는 한국말 제목으로 번역해 보았다. 모쪼록 본서가 이제 기독교 상담의 중요성을 인식하기 시작한 한국교회의 기독교 상담 발전에 조그마한 역할을 담당해 주기를 바란다.

2002년 11월
연세대학교 아펜젤러관에서
옮긴이 정 석환

편집자 서문

최근 미국 심리학회에서 한 연사가 다음과 같이 말했다. "기독교 상담 이론이라는 것은 없다. 최근의 상담 이론은 모두가 인본주의적이고 자연주의적이며 비기독교적 전제에 근거한 것들이다."

그의 주장을 들으면서 나는 최근에 기독교적인 상담 이론을 전개해온 사람들의 이름을 적어가기 시작했다. 그리고 그 연사의 강연이 채 끝나기도 전에 필자는 지금 당신이 들고 있는 본서의 기본적인 윤곽을 잡을 수 있었다. 그러나 본서가 실제 한 권의 책으로 출판되어 나오기까지는 거의 2년여의 세월이 소요되었다.

편집자로서 나는 이 책에 기독교 상담의 모든 원리들이 다 수록되었다고 말하고 싶지는 않다. 또한 이 책에 수록된 상담법들이 가장 발달되고 훌륭한 대표적인 기독교 상담법들이라고 주장하고 싶지도 않다. 사실 나는 이 책에서 기독교 상담의 주요 흐름 가운데 하나인 임상 목회 교육 운동에 대한 대표적인 이론들을 거론하지 않았다. 왜냐하면 이 이론들은 이미 잘 알려져 있을 뿐 아니라 그것에 대한 좋은 참고 서적들이 주위에 많이 있기 때문이다. 그러므로 독자 여러분들은, 이 책에서 임상 목회 교육에 대한 이론을 생략한 것은 결코 그 이론이 중요하지 않거나 비기독교적이어서 그런 것이 아니라는 사실을 이해하기 바란다.

또한 본서에는 본인과 심리학적으로 일치된 입장에 있는 이론에 동조하는 사람뿐 아니라 많은 사람들에게 깊은 영향을 끼치는 세련된 상담 이론도 포함시키는데 인색하지 않았다. 어떤 상담자들의 입장은 단순하기는 하지만 기독교 상담 분야에 끼치는 폭넓은 영향을 고려하여 게재되기도 하였다.

그러나 근본적으로는 개신교 복음주의자들을 위한 본서를 편집함에 있어서, 나는 두세 명의 예외는 있지만, 독자들이나 본인의 신학적 입장과 그 견해를 함께 할 수 있는 상담자들을 선택했다. 그들은 성경을 하나님의 말씀으로 받아들이며 기독교 상담은 반드시 성경에 기초해야 한다는 사실을 받아들이는 사람들이다.

아무쪼록 본서가 목회 상담자들과 신학도들, 상담 분야의 전문가들 그리고 그 분야에 관심 있는 평신도들과 특히 보수적인 개신교에서 실시되는 기독교 상담 분야에 관심을 갖고 연구하기를 원하는 사람들에게 꼭 필요한 조그마한 이정표가 되기를 바라는 마음 간절하다.

본문의 내용들은 대부분 본서를 위하여 특별히 준비된 것들이지만 어떤 장들은 이미 출판된 것들을 본서에 맞게 수정, 증보하기도 하였다. 그러므로 이 책은 기독교 상담 이론에 대해서 이미 발표된 많은 저작물들에서 몇 가지를 뽑아 요약하여 편집한 책임을 밝혀둔다.

그리고 본서가 독자들로 하여금 이들 상담학자들의 입장을 분명히 이해하고 좀더 깊이 이들의 상담법을 연구함으로써 기독교 상담의 현주소를 바로 알게 하는 촉매제가 되기를 바란다.

바쁜 일정 속에서도 본서를 위해 시간을 할애한 모든 저자들과 실제적인 지원을 아끼지 않은 말렌 터부쉬(Marlene Terbush), 제임스 비슬리(James Beestley)와 레이몬드 오엠(Raymond Oehm) 등 여러분께 깊이 감사드린다.

본서가 기독교 상담 분야의 발전을 위해 유용한 정보를 제공하며, 지속적으로 기독교 상담에 대해 토의하고 연구할 수 있도록 돕는 자극제가 되기를 다시 한번 소망한다.

게리 콜린스

차 례

Ⅰ. 기독교 상담의 이해

제1장 기독교 상담에 대한 접근들
(Approaches to Christian Counseling)

게리 R. 콜린스(Gary R. Collins)

상담은 □문제□를 지닌 자 곧 내담자(來談者)와 그 문제가 잘 해결되도록 도와주는 자 곧 상담자(相談者)와의 상호 작용을 의미한다. 따라서 상담의 결과로서 나타나는 내용들은 필연적으로 변화를 의미하는 것이어야 하고 그 변화는 당연히 발전적인 요소를 포함하여야 한다. 이렇듯 한 인간의 발전적인 변화를 추구하는 상담의 영역에는 다양한 방법들과 이론들이 정립되어 왔고 계속 개발되고 있다. 절대적 가치를 지닌 방법론은 없다. 또 기독교 상담이라고 해서 순수한 성경적 방법들만을 고집할 수도 없다(물론 기독교적인 가치의 지향이나 목적의 추구 자체를 희석시키는 것은 아니다). 일반 상담 이론이나 심리학 연구의 성과물들을 기독교 상담에 원용한다면 성경적인 진리를 보다 평이하고 정확하게 이해시킬 수도 있기 때문이다.

최근 들어 기독교 상담에 대한 논문들과 저서들이 점점 증가하는 추세에 있다. 이러한 저작물들 중 어떤 것들은 인간 행동에 대한 그럴듯한 이론들, 구체적인 상담 기술들, 그리고 설득력 있는 상담 사례들을 제시해주고 있는데 이들 중 많은 부분들이 기독교적 상담, 즉 성경적 상담방법으로 인정되고 있다.

이처럼 수없이 쏟아지는 각종 정보의 홍수 속에서 우리는 자칫하면 상담 이론가들이 어떠한 상호 관련성을 갖고 있는지, 어떤 것이 상담에 대한 효과적인 접근인지를 제대로 파악하지 못하고, 심지어는 각각의 상담 이론가들의 신학적 바탕이 무엇인지조차 판단하지 못한 채 망연자실해지기 쉽다. 따라서 본서는 이러한 문제 의식에서 쓰여졌으며, 특히 본장은 급성장하고 있는 기독교 상담학 분야의 전체적인 개관을 위해 쓰여졌다.

　게리 콜린스는 퍼듀(Purdue) 대학에서 철학 박사(Ph. D.) 학위를 받은 후 현재 일리노이주의 트리니티 신학대학에서 목회상담학과 심리학을 강의하고 있다. 그는 기독교 상담학 분야의 많은 책들을 저술해 왔으며 본서의 편집자이기도 하다.

미합중국 의회는 1955년 7월 28일에 '정신 건강 연구 방안' (Mental Health Study Act)으로 알려진 법률안을 통과시켰다.[1] 의회는 '정신 질환'의 현저한 증가 추세와 그에 따른 치료비 증가 등의 문제에 직면하여 심리적으로 상처 받은 사람들에 대한 진단과 치료 및 간호와 건강 회복에 사용되고 있는 자료들과 방법들을 조사하기 위한 심층적인 연구 프로그램에 백만 달러 이상의 경비를 지출하기로 동의했다. 그 후 '정신 건강을 위한 연합위원회'로 알려진 45인의 위원회는 연구비를 지급하여 10권 분량의 연구 논문 요약집을 작성케 하였고, 국민의 정신 건강을 위한 공공 프로그램에 많은 자문을 하였다.[2]

연합위원회의 연구 조사를 통해 드러난 결과 중 흥미로운 사실은 개인적인 문제에 봉착했을 때 전문 상담이나 정신 치료소를 찾아가는 사람은 고작 전체의 28퍼센트에 불과하다는 것이다. 그리고 나머지 중 약 29퍼센트의 사람들은 자신들의 '가정 의사'(family physician)를 찾아가고, 42퍼센트에 해당하는 사람들은 문제 해결을 위해 성직자를 찾아간다는 사실이 보도되었다.[3] 이처럼 문제에 봉착한 상당수가 종교 지도자들을 찾아가 도움을 요청하는 사실에는 그럴만한 몇 가지 이유가 있을 것이다. 우선 성직자들은 아무 때나 어렵지 않게 만날 수 있으며 돈을 받지 않는다. 그리고 무엇보다도 성직자를 찾아가는 중요한 요인으로서 대부분의 사람들은 정신과 의사보다 성직자를 찾아가 자신의 문제를 털어놓고 상의할 때 부담을 덜 가진다는 점을 들 수 있다. 이러한 현상들에 주목하면서 연합위원회는 다음과 같이 연구 결과를 보고하고 있다.

---

1) Public Law 182, 84th Congress, Chapter 417, 1st Session, H. J. Res. 256.
2) 연합위원회에서 펴낸 10권의 연구 논문 요약집의 내용에 대해서는 Joint Commission on Mental Illness and Health, *Action for Mental Health* (New York: Science Editions, 1961)을 참조하라.
3) *Ibid.*, p.103.

"성직자, 가정의, 그리고 교사 등과 같이 정신 건강의 이론과 실제에 대해 전혀 훈련을 받지 못했거나 충분한 훈련을 받지 못한 많은 사람들이 전문적인 식견 없이 정신적 질병을 치료하는 일에 종사하고 있다. 그러므로 우리는 이러한 사람들에게 단기교육과 훈련을 시켜 정신 건강 상담자로서의 역할을 제대로 수행할 수 있도록 충분한 자질을 갖추게 해야 할 필요가 있다. 따라서 사범대학, 신학대학, 사회사업대학 등과 같은 교육 기관에서 정신과 의사, 임상심리학자, 사회사업가 등의 교수 요원을 두어 자체의 전공 교육 과정 외에 정신 건강에 관한 교육과 훈련을 할 수 있도록 지원해야 할 것이다."4)

그런데 오늘날에는 문제를 해결하기 위해 성직자를 찾아가는 사람들이 42퍼센트에도 채 미치지 못하는 실정이므로 연합위원회의 연구 결과 수치는 이제는 정확하지 않을는지 모른다. 그러나 다음 몇 가지는 여전히 유의해야 할 요소들이다. 첫째, 문제에 직면하여 도움을 필요로 하는 사람들의 대부분은 기독교의 근본적인 가르침에 근거한 상담을 원한다. 둘째, 아직도 문제를 가진 대부분의 사람들이 문제 해결을 위해 찾아가는 대상은 성직자이다. 셋째, 신학교는 신학도들이 목회하는데 있어서 상담 사역을 잘 수행할 수 있도록 충분히 교육시킬 책임을 가지고 있다.

어떤 면에서 기독교 상담은 최근에 개발된 것이 아니라 이미 구약 시대 때부터 수행되어 왔다. 구약성경에는 성령에 이끌려 도움을 필요로 하는 사람들을 만나 다양한 방법으로 그들의 필요를 채워주며 충고를 주었던 사람들에 대한 예들이 많이 언급되어 있다. 신약성경에서도 예수는 '훌륭한 상담자'(wonderful Counselor)로 묘사되고 있으며, 그의 제자들도 단지 복음을 선포하기 위해서만 부름받은 것이 아니라 개개인의 심리적, 영적 필요들을 돌보도록 부름받았던 것이다(마 10:7, 8). 그리고 신약의 서신서에는 영감을 받은 저자들의

---

4) Joint Commission on Mental Illness and Health, *Action for Mental Health* (New York: Basic Books, Inc., Publishers, 1961)에서 발췌.

뛰어난 상담 기술이 제시되고 있다. 기독교의 역사를 통해 살펴볼 때, 교회의 지도자들은 치료(healing), 유지(sustaining), 안내(guiding), 화해(reconciling) 등의 네 가지 목회적 기능을 수행해왔음을 발견할 수 있다.5)

그러나 우리가 지금 '목회상담'이라고 부르는 운동은 지금부터 불과 50여 년 전에 몇몇 목사와 정신치료가들에 의해 시작된 것이다. 이러한 목회상담의 선구자들 중 가장 잘 알려진 사람은 안톤 보이슨(Anton T. Boisen)일 것이다. 그는 60여생을 목사와 저술가로서 활동하면서 여러 번 정신 장애를 경험하였고 세 번씩이나 정신 치료기관에 입원하기도 하였다. 그래서 보이슨은 신학도들이 정신 질환을 다룰 수 있도록 훈련받을 필요가 있다는 것을 확신하게 되었다. 그는 몇몇 소수의 학생들을 대상으로 매사추세츠주의 워체스터 주립병원에서 비록 완벽하지는 못했지만 신학생을 위한 임상 목회 훈련 프로그램을 시작했다.

이렇게 시작된 '임상 목회 교육'(Clinical Pastoral Education, CPE)은 오늘날 잘 조직된 운동으로 발전되었다. 임상 목회 교육의 장점은 다음과 같다. 첫째, 목회 상담 훈련을 위한 표본을 제시해 준다. 둘째, 병원 관계자로 하여금 심리적, 정신적 질환의 치료에 목사가 참여해야 한다는 사실을 인식하게 해준다. 셋째, 신학과 심리학과의 새로운 만남의 가능성을 제시해 준다. 넷째, 신학생을 위한 상담 훈련과 교육이 얼마나 중요한 것인가를 깨우쳐 준다. 다섯째, 신학도들에게 그들의 장래의 목회 사역에 있어서 신학적, 지적인 훈련도 중요하지만, 그에 못지않게 인격적, 영적 성숙도 중요한 것임을 일깨워 준다.6)

---

5) 이러한 네 가지 기능에 대해서는 W. A. Clebsch and C. R. Jackle, *Pastoral Care in Historical Perspective* (Englewood Cliffs, NJ: Prentice-Hall, 1964)를 참조하라.

6) CPE 운동에 대한 보다 상세한 내용에 대해서는 E. E. Thornton,

1930년대와 1940년대에 많은 신학교들이 커리큘럼에 임상 목회 교육과정을 첨가하기 시작했으나 보수적인 신학교들에서는 회의적인 반응을 보였다. 임상 목회 교육이 신학적으로는 자유주의 운동으로 드러나고 여기에 심리학에 대한 불신까지 겹쳐 대부분의 복음주의자들이 임상 목회 교육 운동에 대해 부정적인 반응을 나타낸 것이었다.

한편 기독교 심리학자인 클라이드 내러모어(Clyde Narramore)와 헨리 브란트(Henry Brandt) 등은 임상 목회 교육 운동의 신학적 노선에 전혀 동조하지 않으면서 나름대로 상담에 대한 성경적 접근의 가능성을 제시하기 시작하였고 몇몇 복음주의자들도 이와 같은 입장에서 신학과 심리학의 관련성에 대해 관심을 갖고 연구하기 시작하였다. 그리하여 이제는 대부분의 신학교와 성경학교에서 목회상담학 과정을 두고 있으며, 심지어 어떤 학교에서는 높은 수준의 목회심리상담학과까지도 설치하여 운영하고 있는 실정이다. 아직도 임상 목회 교육 운동에 대한 복음주의적 접근이 충분히 이루어지고 있지 않는 것이 사실이기는 하지만 일부 복음주의자들은 상담에 대한 성경적 접근 방법 원리들을 발전시키기 위해 많은 노력을 기울이고 있다. 특히 자유스러운 신학적 배경을 가진 기독교와 가톨릭 학자들에 의해 영향을 받은 이러한 성경적 접근들은 이제 기독교 상담학이란 이름으로 다양하게 발표되기 시작하였다.

기독교 상담의 분야는 임상 목회 교육을 지지하는 상담자들, 복음주의적 목회상담자들, 그리스도인 상담 전문가들, 상담 이론 연구가들, 일반에게 널리 알려진 복음주의적 상담자들 등 크게 다섯 가지의 카테고리로 분류할 수 있다. 이제 그 각각의 카테고리에 대해 살펴보기로 하자.

Professional Education for Ministry: A History of Clinical Pastoral Education (Nashville: Abingdon, 1970)을 참조하라.

임상 목회 교육을 지지하는 상담자들

오늘날 기독교 상담 분야의 주된 훈련은 임상 목회 교육(CPE) 운동방침에 의해서 실시되고 있다. 많은 종합병원들은 신중하게 작성한 커리큘럼과 자격 있는 교수진을 갖추고 임상 목회 교육의 훈련 프로그램을 제공하고 있으며, 많은 신학교에서도 졸업의 필수 학점으로 임상 목회 교육 훈련 과정을 수료하도록 요구하고 있다. 임상 목회 교육의 전문지로서는 「목양지, Journal of Pastoral care」나 「목회상담지, Journal of Pastoral counseling」 등이 있는데 상담 분야에 종사하는 사람들은 주로 이 잡지들을 애독하고 있다. 학교나 병원에서 제공되는 임상 목회 교육 프로그램을 통한 상담 훈련은 상담자가 되기를 원하는 사람들에게 하나의 좋은 경험이 될 수 있다. 그러나 신학적으로 보수적인 입장에 있는 사람들은 이 훈련에 대해 몇 가지 문제점들을 제기하고 있다.

첫째, 프린스톤 신학교의 스워드 힐트너(Seward Hiltner)에 의하면, 임상 목회 교육은 기독교 상담 훈련의 근거가 되는 성경보다 오히려 개인적 경험에 주된 관심을 두는 경향이 있다고 한다. 토마스 오든(Thomas Oden)은 이러한 임상 목회 교육 운동의 치명적인 취약성을 지적함으로써 문제 의식을 일깨워 주고 있다.

"임상 목회 교육에서 핵심이 되는 요소는 개인적인 경험이지 신학적 지식은 아니다. 이러한 면에서 볼 때 미국의 목양운동은 근본적으로 자유주의적, 실용주의적 경건주의에 근거하고 있다. 여기에서 우선적으로 강조되는 것은 목자가 양떼들을 돌보는 것처럼 문제가 생기면 먼저 적절한 처리를 하고 그로 인한 관련 사항들을 경험해 보는 것이다. 그리고 그런 다음에 타당한 신학적 결론을 유도해내는 것이다. 그러나 목회상담 사역에서 문제를 가진 사람들과 만나 상담을 하고 문제를 분석하는 것이 필요하다는 사실은 누구나 인정하는 바이지만, 동시에 우리는 성경과 기독교 전통에 대한 지속적인 연구를 통해 얻어질 수 있는

신학적 이해나 합리적이고 체계적이며 일관적인 문제분석을 위한 노력
이 없이 수행되는 이러한 상담 방법이 적절한 결론들을 유도해낼 수
있는 유일한 방법이 될 것인지는 신중하게 생각해 보아야 한다."[7]

둘째, 임상 목회 교육 운동은 무비판적으로 인본주의적 일반 심리
학을 적용하는 경향이 있다는 점이다. 목회자 임상 훈련에 관한 책에
서 힐트너는 다음과 같이 말하고 있다.

"목회상담은 상담에 대한 기본 입장과 접근 원리, 그리고 방법에 있
어서 다른 상담법과 크게 다를 바가 없다. 다만 다른 점이 있다면 목회
상담은 상담의 전개 과정과 종교적 자료의 활용, 인간의 문제와 성장
가능성에 대한 목회자의 관점 등에서 일반 상담과 다를 뿐이다."[8]

여기서 힐트너가 말하고 있는 종교적 자료들은 구체적으로 무엇을
말하는지 명확하게 지적되지 않았다. 그러나 그의 주저인 「목회상담,
Pastoral counseling」[9]에서 보면 그가 말한 종교적 자료인 '기도',
'성경 연구', '기독교 교리 해설집' 등은 단지 목회상담자가 상담
을 위해 수집하는 자료의 일부 정도로만 취급되고 있는 것 같다.

셋째, 임상 목회 교육 운동에 참여하는 사람들은 보수적인 신학의
입장들을 잘 이해하려 하지 않는 경향이 있다는 점이다. 과거에도 그
러했지만 현재에도 많은 보수적인 복음주의자들은 상담에 있어서 지
시적이고 권위적이며 또한 내담자의 감정과 필요에 대해 예민하게

---

7) T. C. Oden, *Contemporary Theology and Psychotherapy* (Philadelphia: Westminster, 1967), pp.89, 90.

8) S. Hiltner, *The Counselor in Counseling* (New York: Abingdon, 1950), p.11.

9) S. Hiltner, *Pastoral Counseling* (New York: Abingdon, 1949), pp.137-226. Hiltner의 종교적 자료 활용에 대한 비평에 대해서는 Oden, *op. cit.*, p.87을 참조하라.

대처하지 않는 경향이 있다. 임상 목회 교육 운동 지도자들은 상담에 임하는 보수적인 복음주의자들에게서 발견되는 경직성과 적절하지 못한 접근 태도를 예리하게 비판하고 있다. 또 복음주의자들이 제시하는 성경에 근거를 둔 신학도 대부분의 비판자들에게는 매우 편협되고 경직되어 있는 것으로 받아들여진다. 이외에도 보수 신학적 입장에 있는 복음주의자들이 임상 목회 교육을 받은 상담자들의 상담 방법보다는 자신들의 방법이 더 효과적이라는 사실을 보여 주지 못함에 따라 자유주의적 신학의 입장에 있는 상담자들은 보수주의자들의 상담 방법을 무시하고 자신들의 독자적인 방법만을 고집하며 발전시키려는 경향이 생기게 되었다.

물론 임상 목회 교육 운동을 지지하는 목회상담학자들 가운데에서도 다른 신학자들처럼 신학적으로 보다 폭넓은 입장을 취하는 사람들도 있다. 예를 들어 이 운동을 지지하는 가장 유명한 사람들 중에서 윌리엄 흄(William Hulme), 웨인 오츠(Wayne Oates), 캐롤 와이즈(Carroll Wise), 존 서더랜드 본넬(John Sutherland Bonnell)10) 등은 스워드 힐트너, 어니스트 브루더(Ernest Bruder), 에드워드 손튼(Edward Thornton), 러셀 딕스(Russell Dicks)11) 등의 학자들보다는 보다 포용력있게 보수적인 개신교 신학의 입장을 받아들이는 사람들이다.

---

10) 이들의 주요 저서로는 다음과 같은 것들이 있다. W. E. Hulme, *How to Start Counseling* (Nashville: Abingdon, 1955); W. E. Oates, *Protestant Pastoral Counseling* (Philadelphia: Westminster, 1962); C. Wise, *Pastoral Counseling, Its Theory and Practice* (New York: Harper, 1951); J. S. Bonnell, *Psychology for Pastor and People* (New York: Harper, 1948).

11) 이들의 주요 저서는 다음과 같다. Hiltner, *op. cit.*; E. E. Bruder, *Ministering to Deeply Troubled People* (Englewood Cliffs, NJ: Prentice-Hall, 1963); E. E. Thornton, *Theology and Pastoral Counseling* (Englewood Cliffs, NJ: Prentice-Hall, 1964); R. L. Dicks, *Pastoral Work and Pastoral Counseling* (New York: Macmillan, 1949).

복음주의적 목회상담자들

현재 임상 목회 교육에 대해 가장 공공연하게 반대하는 입장에서 있는 사람은 필라델피아에 있는 웨스트민스터 신학교의 실천신학교 수였던 제이 애덤스(Jay E. Adams)이다. 애덤스는 논의의 여지는 있지만 목회자들에게 많은 영향을 끼친 저서들[12]을 통해 성경에 근거하지 않은 상담학을 비판하면서 자신의 독특한 지시적 상담론인 '권면적 상담'(nouthetic counseling)의 이론을 제시하고 있다(제9장 참조).

애덤스는 현대 심리학에 대한 해박한 지식을 바탕으로 성경에 기초를 두지 않은 임상 목회 교육 운동을 비판하였다. 그리고 그는 누구보다도 성경의 진리에 일치하는 상담 방법론을 제시하고자 노력하였다. 그러나 애덤스는 공식적인 심리학 훈련을 받은 경력이 없기 때문인지 인본주의 심리학과 그 영향을 받은 목회상담의 접근법을 지나치게 단순화하여 그것을 쉽사리 거부하는 약점을 가지고 있다. 애덤스의 지시적이며 권면적인 상담 방법은 분명히 성경에 근거한 방법론이다. 하지만 그는 자신의 상담법 못지않게 중요한 상담으로서 문제를 가진 사람들을 격려하고 위로하며 이해해 주는 상담에 대해 언급하고 있는 다른 성경 구절들을 간과하는 경향이 있다. 또한 애덤스는 심리학자라면 그리스도인이든 비그리스도인이든간에 이름을 지명해가며 당장에 논쟁이라도 벌일듯한 공격적인 어조로 비난하는 경향이 있다. 이러한 애덤스의 배타적인 태도는 그의 이론이 보다 진지하게 취급되어질 수도 있었음에도 불구하고 결국은 그의 주장들이 무시되어지고 소홀하게 취급되어지는 결과를 가져왔다.

애덤스보다는 덜 하지만 무시할 수 없는 영향력을 행사하고 있는

---

12) Jay E. Adams의 주요 저서로는 *Competent to Counsel* (Grand Rapids: Baker, 1970); *The Christian Counselor's Manual* (Nutley, NJ: Presbyterian and Reformed, 1973) 등이 있다.

다른 복음주의적 상담가로는 밥 스미스(Bob Smith), 윌리엄 크래인
(William E. Crane), 모리스 와그너(Maurice Wagner), 폴 모리스
(Paul D. Morris, 제13장 참조) 등을 꼽을 수 있다.13) 이들은 각각
복음주의적 관점에서 목회상담을 다룬 책들을 펴내고 있다. 이들 가
운데는 목회자가 되는 과정 뿐 아니라 심리학에 대한 정규 과정을
마친 사람도 있다. 그러나 이들에게는 애덤스의 글에서 드러나고 있
는 것과 같이 철저하게 성경에 근거하여 상담론을 전개해 나가는 특
성이 부족하며, 아직까지 애덤스의 '권면적 상담'에 필적할 만한 훌
륭한 상담론을 제시하지는 못하고 있다.

그리스도인 상담 전문가들

성경적인 기독교 상담학은 복음주의 목회상담자 뿐 아니라 심리학,
정신의학 그리고 관련 분야의 정규 과정을 거친 그리스도인 상담전
문가들에 의해서도 상당히 활발하게 발표되고 있다. 그와 같은 전문
가들 중에는 폴 투르니에(Paul Tournier, 제4장 참조), 도널드 트위디
(Donald Tweedie), 제임스 돕슨(James Dobson), 브루스 내러모어
(Bruce Narramore), 밀라드 샐(Millard Sall), 퀜틴 하이더(Quentin
Hyder), 프랭크 미너드(Frank Minirth), 제임스 맬로리(James
Mallory) 등이 포함된다.14) 이들은 일차적으로 일반 독자들을 대상으

---

13) B. Smith, Dying to Love: *An Introduction to Counseling That Counts*
   (Waco, TX: Word, 1976); W. E. Crane, *Where God Come In: The
   Divine "Plus" in Counseling* (Waco: Word, 1970); M. E. Wagner,
   Putting It All Together (Grand Rapids: Zondervan, 1974); P. D. Morris,
   Love Therapy (Wheaton: Tyndale, 1974).

14) Tournier, *A Place for You* (New York: Harper and Row, 1968); D. F.
   Tweedie Jr., *The Christian and the Couch* (Grand Rapids: Baker, 1963);
   J. C. Dobson, *Dare to Discipline* (Wheaton: Tyndale, 1970); B.

로 저술 활동을 하고 있다. 그리고 클라이드 내러모어, 찰스 솔로몬 (Charles Solomon), 로렌스 크랩(Lawrence Crabb, 제10장 참조), 게리 콜린스 같은 사람들15)은 목회상담자의 입장과 기독교 상담 전문가의 입장에서 책을 쓰며 연구 논문을 발표하고 있는 상담학자들이다. 이외에도 상담 전문가로서 종교적 입장에 서서 저술 활동을 하는 제라드 이건(Gerard Egan)과 유진 케네디(Eugene Kennedy)같은 사람들이 있는데,16) 이들은 상담의 원리와 신학을 조화시킨 기독교 상담학에 관한 저술을 하려는 노력은 하지 않고 있다.

기독교 상담 전문가들의 책이나 연구 활동은 그 내용이나 신학적 적용 면에서 각기 다르긴 하지만 이들 대부분은 일반 동료 전문가들로부터 상담 원리에 지나치게 종교적 입장을 가미시킨다는 비난을 무릅쓰면서 신학적 원리를 적용하여 상담학 연구를 하는 학자들이다. 그러므로 이들이 심리학에 대해 비판을 하거나 심리학과 신학을 조화시키려는 시도를 하면서 각별히 신중하게 연구를 진행하는 것도 무리는 아니다. 다행히도 이들은 다른 누구보다도 상담학을 잘 알고 있으며 복잡 미묘한 상담의 과정에 대해서 잘 이해하고 있다. 실제로 상담학 분야에서 보고되는 가장 뛰어난 연구 작업은 바로 이들에 의

Narramore, *Help! I'm a Parent* (Grand Rapids: Zondervan, 1972); O. Q. Hyder, *The Christian's Handbook of Psychiatry* (Old Tappan, NJ: Revell, 1971); J. Mallory, *The Kink and I* (Wheaton: Victor Books, 1973); M. J. Sall, *Faith, Psychology and Christian Maturity* (Grand Rapids: Zondervan, 1975); F. B. Minirth, *Christian Psychiatry* (Old Tappan, NJ: Revell, 1977).

15) C. M. Narramore, *The Psychology of Counseling* (Grand Rapids: Zondervan, 1960); C. R. Solomon, *Counseling with the Mind of Christ* (Old Tappan, NJ: Revell, 1977); L. J. Crabb, *Effective Biblical Counseling* (Grand Rapids: Zondervan, 1977); G. R. Collins, *Effective Counseling* (Creation House, 1972), *How to Be a People Helper* (Santa Ana: Vision House, 1976).

16) G. Egan, *The Skilled Helper* (Monterey: Brooks/Cole, 1975); E. Kennedy, *On Becoming a Counselor* (New York: Seabury, 1977).

해 이루어지고 있는 것이다.

저술 활동을 통해 사람들에게 널리 알려진 사람들 외에도, 전문가들의 모임이나 기독교 심리학회 등의 활동을 통해서 기독교 상담분야에 기여하는 잘 알려지지 않은 복음주의적 상담가들이 있다. 이들 대부분은 특별한 저술 활동을 하지 않기 때문에 사람들에게 잘 알려지지는 않았으나 개인적으로 꾸준히 상담법, 상담 원리 등과 성경을 통합하려는 창조적 시도들을 계속하고 있다. 기독교 상담 분야의 복음주의적 학술지인 「심리학과 신학, Journal of psychology and Theology」은 이러한 부류에 속하는 많은 사람들에게 목회심리학과 상담학에 대한 창조적 이론들을 발표할 수 있는 장(場)을 제공해 주고 있다.

상담 이론 연구가들

우리는 흔히 기독교 상담의 분야에 있어서, "상담이란 실제가 중요한 것이지 이론이나 연구는 별로 중요한 것이 아니다"라고 섣불리 단정해 버릴지도 모른다. 그러나 실제로 이론이나 연구는 기독교 상담분야에 아주 중요한 영향을 끼치고 있다. 이론가나 연구가는 첫째, 기독교 상담가들의 연구 결과에 대해 전문적이며 학문적인 뒷받침을 제공해 주고 있으며, 둘째, 대학의 심리학 연구실에서 끊임없이 제기되는 반(反)기독교적인 도전에 대해 기독교 상담의 입장을 변증하고 옹호할 수 있도록 자료를 제공해 준다.

프로이드(Freud)는 수년 전에 "종교야말로 심적인 문제로 고통을 당하는 사람들에게 일시적인 안정감을 가져다 줄 뿐인 일종의 마취제와 같은 하나의 환상(illusion), 또는 망상형 신경증의 보편적인 한 형태다"라고 섣불리 단정하였다. 또한 스키너(B. F. Skinner)의 행동주의 심리학, 엘리스(Ellis)의 합리적-정서적 심리 치료요법, 로저스

(Rogers)의 인본주의 상담학, 매슬로우(Maslow)의 제3의 심리학(인본주의 심리학) 등은 모두 기독교의 근본 진리를 심각하게 위협하고 있으며, 오늘날의 교회는 바로 이러한 인본주의적인 심리학계파의 커다란 학문적 도전에 직면해 있는 것이다.

그러나 유감스럽게도 대부분의 그리스도인들은 이러한 도전을 회피함으로써 비기독교적인 심리학으로 하여금 많은 학생들과 심리학자들에게 파고들어 그들의 신학적 바탕을 위협하게 하는 결과를 초래하고 말았다. 이러한 상황 속에서 몇 해 전에 버논 그라운즈(Vernon Grounds)는 심리학과 신학의 조화 문제에 대한 일련의 논문들을 발표하였으며, 브루스 내러모어는 1973년에 심리학과 신학을 통합하려는 작업에서 반드시 짚고 넘어가야 할 문제점들을 간추려 발표한바 있다.17) 이외에도 성경적인 관점에서 심리학과 종교를 연구하는 학자들의 책이 여러 권 발간되었다.18) 이 중에서 가장 영향력있는 책들로는 루터교 학자들에 의해 집필된 「그렇다면 도대체 인간은 어떤 존재인가?, What, Then, Is Man?」라는 책과 웨인 오츠, 멘셀 패티슨(Mansell Pattison), 뉴톤 멜로니(Newton Malony, 제6장 참조) 등 종교 심리학자들의 책들을 꼽을 수 있으며, 최근에 말콤 지브스(Malcolm Jeeves)와 게리 콜린스에 의해 각각 발간된 두 권의 책들도 이 범주에 포함시킬 수 있을 것이다.19)

---

17) 참조, B. Narramore, "Perspectives on the Integration of Psychology and Theology" in *Journal of Psychology and Theology*, Vol.1, January 1973, pp.3-18.

18) 참조, P. Tournier, *The Person Reborn* (New York: Harper and Row, 1966); R. O. Ferm, *The Psychology of Christian Conversion* (Westwood, NJ: Revell, 1959); P. F. Barkman, *Man in Conflict* (Grand Rapids: Zondervan, 1965); H. W. Darling, *Man in Triumph: An Integration of Psychology and Biblical Faith* (Grand Rapids: Zondervan, 1969); B. Narramore and B. Counts, *Guilt and Freedom* (Santa Ana: Vision House, 1974).

19) P. Meehl, et. al., *What, Then, Is Man?* (St. Louis: Concordia, 1958); W.

유명한 복음주의적 상담자들

유명한 상담 전문가들은 최근에 전국 각지에서 사람들이 갖고 있는 실질적인 매일의 삶의 문제들에 대해 귀중한 도움을 주고 있기 때문에 실제로 이들에 대한 언급 없이 오늘의 목회 심리학과 상담 실태에 대해 개관한다는 것은 불가능한 일일 것이다. 이러한 인물들 중에서 가장 잘 알려진 사람은 '청소년 문제 연구소'에서 개최하는 각종 세미나의 연사로 유명한 빌 고타드(Bill Gothard)이며, 이외에도 케이스 밀러(Keith Miller), 브루스 라손(Bruce Larson), 팀 라하이 (Tim LaHaye), 루스 카터 스테플톤(Ruth Carter Stapleton), 하워드 헨드릭스(Howard Hendricks), 알렌 피터슨(J. Allan Petersen), 노만 라이트(Norman Wright) 등이 있다. 이들 중 빌 고타드는 명 강연가로 널리 잘 알려져 있고, 폴 투르니에, 케이스 밀러, 찰찰리 쉐드 (Charlie Shedd), 마라벨 모르간(Marabel Morgan) 등은 저서를 통해 널리 알려져 있다. 특히 라하이와 피터슨 같은 사람들은 신학의 과정을 마쳤을 뿐 심리학적으로는 전혀 공식적 훈련을 받지 않았거나 거의 교육의 배경이 없는 사람들로서 널리 대중적인 영향력을 가지고 있는 사람들이다.

한편 심리학자들이나 사회 운동가들은 이들의 활동과 영향력에 매우 놀라워하고 있다. 이들 상담 전문가들은 자주 대규모의 집회를 인도하고 자신들을 추종하는 많은 사람들에게 큰 영향력을 행사한다.

E. Oates, *Psychology of Religion* (Waco: Word, 1973); E. M. Pattison, ed., *Clinical Psychology and Religion* (Boston: Little, Brown, 1969); H. N. Malony, ed., *Current Perspectives in the Psychology of Religion* (1977); M. Jeeves, *Psychology and Religion: The View Both Ways* (Downers Grove: InterVarsity, 1976); G. R. Collins, *The Rebuilding of Psychology: An Integration of Psychology and Christianity* (Wheaton: Tyndale, 1977); G. R. Collins, *Search for Reality: Psychology and the Christian* (Santa Ana: Vision House, 1969).

이들이 사람들에게 큰 호소력을 가지고 적지 않은 영향력을 끼치게
되는 데에는 몇 가지 공통된 요소들이 있다.20) 즉 이들은 실제적이
고 일상적인 주제를 다루며, 심리학적인 전문 용어를 사용하지 않고
도 효과적으로 일반 대중과 잘 대화를 하며 사람들이 갖게 되는 문
제에 대한 간단한 설명과 아울러 쉬운 말로 문제의 해결을 위한 효
과적인 해결책을 제시해 준다. 이와 같이 유명한 복음주의적 상담 전
문가들은 사람을 끄는 공통적인 요소들을 가지고 있는데 이 요소들
은 명쾌하면서도 성경적인 근거를 가지고 있는 것들이다. 이들 대중
운동가들은 특히 경제적, 사회적으로 불안정하고 도덕이 쇠퇴하며 범
죄가 늘어나는 이 시대에 살고 있는 사람들에게 희망의 메시지를 선
포하고 안정과 번영의 확신을 심어준다. 그리하여 많은 사람들은 양
떼가 목자를 찾아 쫓아다니듯이 열성적으로 이들을 따라다닌다.

이에 대해 전문적인 상담가들은 이들 대중 운동가들이 모든 것을
지나치게 단순화함으로써 심리적 안정감에 대한 확신, 영적 성숙의
원리 등에 대한 간단한 자조적인(self-help) 문제 해결 방식을 제시하
여 오히려 사람들에게 역효과를 초래할 위험이 있다고 비난한다. 그
러나 많은 사람들이 바로 이들 유명한 복음주의적 상담자들에 의해
도움받고 있는 현실을 결코 부정할 수는 없다. 그러므로 단순한 대중
적인 원리에 대해 불만을 갖고 있는 상담 전문가들은 비난만 하지
말고 차라리 그 대안으로서 보다 성경적이고 심리학적이면서 과장되
지 않고 균형을 이루는 타당한 상담 이론을 개발하여 제시해야 할
것이다.

---

20) G. R. Collins, "Popular Christian Psychologies: Some Reflections" in
Journal of Psychology and Theology, Vol.3, Spring 1975, pp.127-132.

기독교 상담의 미래

지금까지 아주 보수적인 것은 아닐지라도 교회 안에 받아들여졌던 요소들과 비교해 볼 때, 특히 목회 심리학과 기독교 상담은 복음주의자들의 호응을 받고 교회에 받아들여지게 되었으며 이들이 이 과정에 참여하게 되기까지는 꽤 오랜 기간이 필요했다. 그러나 그리스도인들 사이에는 아직도 이 분야를 탐탁치 않게 여기는 경향이 크고, 심리학에 대한 불신과 그리스도를 믿기만 하면 모든 문제는 저절로 해결될 것이라고 믿는 진부한 사고방식이 만연되어 있는 것이 사실이다.

그러나 이제 이러한 상황은 점차 바뀌어가고 있다. 기독교 심리학 대학원이 생겨났고, 신학교에서는 목회 심리학과 상담에 대한 프로그램을 개설하였으며, 기독교 대학에도 추천할 만한 학부 과정의 심리학 프로그램이 마련되기에 이르렀다. 또한 새로운 기독교 상담센터들이 세워졌고, 「심리학과 신학」이라는 잡지가 등장했으며, 이러한 분야에서 큰 영향력을 가진 유명한 상담 전문가들이 출현하게 되었다. 그리고 선교협회에서는 선교사들을 선발하고 이들과 상담하는 과정에서 심리학자들의 도움을 받으며, 종교 체험에 대한 심리학적 연구도 활발하게 진행되고 있다. 이러한 모든 면에서의 놀랄만한 발전은 목회 심리학과 기독교 상담학에 대한 관심이 급증하였음을 여실히 보여주는 것이다. 그러나 아직도 이 모든 활동을 위해 조사하고 연구하도록 설립된 학문적인 기관은 전무한 상태이며, 여러 사람들이 이 분야에서 연구를 하고 있기는 하지만 널리 인정을 받는 사람들은 여전히 소수에 불과하다.

이 모든 분야가 앞으로 몇 년 후에 어느 만큼 진행될는지는 예견할 수 없지만, 우리는 다음의 다섯 가지 주요 영역에 최선의 노력을 집중해야 할 것이다.

1. 기독교 상담

성경적 관점에서 본 상담은 어떤 점에서 다른 상담들과 다른가?27
단순히 로저스 학파나 프로이드 학파의 이론, 행동주의적인 상담원리
에 따라 상담을 하면서 이따금씩 기도와 성경 구절을 첨가한다고 해
서 기독교 상담이라고 할 수 있을까? 아니면 기독교 상담은 특정한
성경적 전제들에 근거해야 하는가?

우리가 선교와 복음 전도 또는 설교에 대해서 하나의 단일한 성경
적 접근을 발견했다고 해서, 상담에 대해서도 단일한 성경적 접근 원
리를 얻게 되리라고 기대하는 것은 비현실적인 태도이다. 대부분 상
담에 사용되는 테크닉들은 상담자의 인격과 내담자가 가진 문제의
성격에 의해 결정된다. 그러나 우리는 성경이 말하는 상담 원리들과
다양한 방법을 발견해야 한다. 그런 다음 이 방법을 엄밀히 시험해
보고 그 방법을 통해 얻을 수 있는 효과를 살펴보아야 한다. 이때 테
스트하는 과정에서 주의할 것은 "나는 문제를 가진 사람들을 돕고
있다"는 주관적인 느낌을 증거로 삼아 그 효과를 테스트하는 것이
아니라 잘 통제된 평가와 측정 방법들을 통해 엄정하게 시험해 보아
야 한다는 것이다.

2. 훈련과 교육

어떻게 하면 능력 있는 상담자들을 양성할 수 있을까? 일반 심리
학자들과 임상 목회 교육을 받은 목회 상담자들은 수년 동안 이 과
제에 대해 관심을 갖고 연구를 해왔다. 그러나 이들의 연구는 아직까
지도 어떻게 하면 적당한 학생들을 선발하여 상담을 이해하고 적용
할 수 있는 상담자로 교육시킬 수 있겠는가 하는 정도에 그치고 있
다. 기독교 상담자들을 양성하는 데는 이러한 과정 외에도 갈라디아
서 6:1을 비롯한 성경의 여러 곳에서 발견되고 있는 상담자의 영적인

자질을 갖추도록 하는 과정도 포함되어야 한다는 사실에 주의해야 한다.

기독교 상담자 훈련은 다음과 같은 세 가지 국면에서 실시되어야 한다. 첫째, 상담 전문이 양성에 대해 관심이 있어야 한다. 이 훈련은 대부분 상담 전문가가 되려는 학생들이 상담 실습을 하는 상담 센터와 심리학 대학원에서 실시된다. 둘째, 그리스도인들, 특히 복음주의자들은 목사들과 다른 교회 지도자들을 훈련시키는데 특별한 관심을 기울여야 한다. 이것은 학생들을 교육할 뿐만 아니라, 선교사, 목사, 그 외의 사역자들에게 지속적인 교육을 시켜야 하는 신학교의 주요 사명인 것이다.

셋째, 현재로서는 훈련이 매우 새로운 것이지만, 앞으로는 그 중요성이 상당히 증가되리라 확신하는 점이다. 이는 '동료 상담'(peer counseling)이라 불리는 것으로 비전문가에 대한 상담 훈련이다. 심리적이고 영적인 문제에 직면했을 때에 얼마나 많은 사람들이 상담 훈련을 받지 못한 친척이나 이웃, 친구나 동료 교인을 찾아가 자신의 문제를 털어 놓고 이야기하는지 모른다. 실제로 대부분의 상담은 이런 식으로 이루어지고 있다. 따라서 이러한 비전문가들을 훈련시키는 것은 아주 중요한 문제인데 이들을 위한 비전문 상담가들의 선택과 훈련의 과정 문제, 관리 문제, 각자의 특성에 따라 가장 잘 다룰 수 있는 문제의 분류, 상담을 유도하고 잘 유지할 수 있는 자질 양성문제, 그리고 심지어는 이들이 과연 상담을 할 수 있겠는가 하는 것까지도 신중하게 고려해야 한다. 얄팍한 상담 지식은 위험한 것이다. 그러나 아무런 지식이 없는 것은 더욱 위험한 결과를 가져올 수 있다.

3. 예방적인 심리학

"1온스의 예방은 1파운드의 치료이다"라는 잘 알려진 속담이 있다. 이 속담에는 고려할 만한 아주 중요한 상담 원리가 담겨 있지만 최근까지도 상담의 분야에는 적용되지 않았다. 그러다가 1964년에 출판된 카플란(Caplan)의 「예방적 정신의학의 원리들, Principles of Preventive psychiatry」이라는 책을 통해서 일반 상담자들은 사람들로 하여금 문제를 피하도록 돕거나 상황을 더욱 악화시키는 문제를 예방하도록 돕는 것이 중요하다는 사실을 깨닫게 되었다. 그 후로 클라인벨(Clinebell)은 자신이 쓴 두 권의 책에서 예방적 목회 심리학의 필요성을 강조하였고, 글랜 화이트록(Glann Whitlock)도 이와 같은 입장에서 책을 썼다.21) 하지만 이들이 성경적인 입장에서 글을 쓴 것은 아니었다. 어떤 면에서 혼전 상담(premarital counseling)22)은 그리스도인이나 비그리스도인들에게나 일반적으로 보편화된 예방적 상담의 한 형태이다. 또한 유명한 상담가들의 책과 연설들도 많은 사람들에게 장차 닥칠지도 모르는 문제를 미리 피하도록 돕고 있다. 그러나 이와는 달리 예방적 심리학의 영역에서는 별로 진전된 것이 없다. 이 분야는 특히 그리스도를 따르는 것이 삶의 문제들을 대비하고 그에 대처해 나가는데 대해 실질적인 영향을 줄 수 있다고 믿는 사람들에게 요청되는 아주 중요한 분야이다.

4. 신학과 심리학과의 관계

이 부분에는 그리스도인들이 관심을 가져야 할 두 가지 요소가 있다. 첫째, 우리는 프로이드, 스키너 그리고 그 밖의 다른 학자들의 반

---

21) H. J. Clinebell, Jr., *Mental Health Through Christian Community* (Now York: Abingdon, 1965); H. J. Clinebell, Jr., ed., *Community Mental Health: The Role of Church and Temple* (New York: Abingdon, 1970); G. E. Whitlock, *Preventive Psychology and the Church* (Philadelphia: Westminster, 1973).

22) 이 분야에 대한 주요 저서로는 H. N. Wright, *Premarital Counseling* (Chicago: Moody, 1977)을 들 수 있다.

기독교적인 심리학에도 불구하고 기독교와 심리학은 서로 반대의 입장에 서 있을 필요가 없음을 그리스도인 학생들과 심리학자들이 깨닫도록 도와주어야만 한다. 특별히 심리학 분야에 종사하고 있는 그리스도인들은 삶의 의미, 믿음이 심리학적 기능면에서 사람에게 끼치는 영향, 심리학과 기독교 신앙의 통합을 통해 인간 행동에 대한 보다 완전한 이해를 가능케 하는 방법들에 대해 연구할 수 있는 귀하고 독특한 위치에 있으므로, 이들 그리스도인 심리학자들은 인성 이론이나 과학 철학, 또는 종교 심리학 분야를 연구해야 한다. 이것들을 비기독교적인 것이라고 단정하여 포기해서는 안 된다. 분명히 복음주의자들은 이 분야의 발전에 특별한 기여를 할 수 있다. 그리고 심리학을 공부하는 젊은 그리스도인들은 이러한 사실을 깨닫도록 도움을 받아야만 한다. 이들은 또한 그리스도인의 행동, 대화, 신앙, 대인 관계, 종교적 체험뿐만 아니라 신앙적인 치유와 회심에 대한 심리학적 분석이 그리스도인의 신앙 체계를 와해시키는 것이 아니라는 사실을 알아야 한다. 우리는 이들이 기독교에 대한 심리학의 도전들에 대해서 능히 대처할 만한 충분한 근거와 자료들이 있다는 것을 인식하고, 이러한 자료들을 잘 이해하는 한편 필요할 때 적절히 사용할 수 있도록 도와야 한다.

둘째, 이와 같은 일은 심리학 공부를 하고 있는 불신자들과 심리학에 대해 많은 것을 알고 있는 비전문가에게도 분명하게 이루어져야 한다. 비그리스도인은 종교적인 전제들을 비판하고 거부하면서도 철학적인 전제들은 모두 자신의 심리학적 결론을 위한 토대로서 무비판적으로 수용하는 경향이 있다. 이러한 모순된 태도는 반드시 지적되어야 할 것이다. 이 외에 심리학이 결국은 인간의 문제들에 대해 모두 해답을 줄 수는 없음을 발견하는 사람들에게도 인간의 본질적인 문제들에 대한 기독교의 근본적인 관련성과 그 기본 개념들을 제시해 줄 필요가 있다. 그리고 우리는 젊은 학생 뿐 아니라 반기독교적인 심리학적 분석들을 발표하는 전문가에게도 기독교의 빛에 비추어 그가 저지른 실수들과 잘못된 결론들을 지적해 주어야 할 것이다.

목회 심리학 분야를 이렇게 그리스도인의 입장에서 적절하게 변증하는 것은 가장 어려운 과제에 속하는 작업이다. 대개의 심리학자들에게서는 철학적이거나 신학적인 것을 거부하는 경향이 현저하게 나타나고 있으며 이들에게서 배우는 학생들도 심리학적인 연구 분석의 결과에 의해 쉽게 좌우된다. 그러므로 이러한 상황에서 우리가 목회 심리학 분야를 기독교적 입장과 심리학적 입장을 고려하면서 변증하려면 신학과 심리학 양쪽 모두에 아주 정통해야만 하고, 상호간에 관계를 형성시킬 수 있는 유능한 대화자가 되어야 하며, 심리학의 변화에 대해서도 빈틈없는 관찰을 해야 할 것이다.

5. 연구

대개 훌륭한 연구일수록 그 연구는 어렵고 시간이 걸리며, 때로는 좌절감을 주고 또한 경비도 많이 들게 마련이다. 그러나 유감스럽게도 그리스도인 교수들은 흔히 강의하는 일에 너무 바빠서 보다 광범위한 연구에 몰두할 여유가 없고, 또 대학은 대학대로 종교 체험에 관한 연구는 별로 장려하지 않고 있으며 그러한 연구 과제들을 위한 자금을 조달하기도 어려운 실정에 있다. 더욱이 그리스도인의 성숙, 하나님에 대한 신앙, 상담 효과 등과 같이 가변적인 것은 경험적으로 조사하기가 매우 힘들다. 아마도 이런 장애물들이 많은 학자들로 하여금 심리학적 연구를 하지 못하도록 만들었을 것이다. 그러나 위에서 이미 설명한 상담, 훈련, 예방, 이론적인 변증 등이 최대의 효과를 가지고 실천되려면 반드시 연구가 뒤따라야 한다.

이론의 중요성

이제 기독교 상담에 대한 다양한 이론적 접근 원리들을 살펴보기로 하자. 이 책에 등장하는 폴 투르니에, 제이 애덤스, 로렌스 크랩, 그리고 그 외의 몇몇 사람들은 어쩌면 상담 이론가들로 여겨지지 않을지도 모르지만 사실 이들의 이론은 프로이드, 로저스, 글래서(Glasser), 또는 엘리스의 이론이 차지하는 위치만큼 상담 이론 분야에서 비중 있는 위치를 차지하고 있다. 후자는 인본주의적인 전제 위에 근거한 상담 이론을 발표하였고 전자는 기독교의 근본 교리에 바탕을 둔 상담 이론을 전개하였다. 그러나 유감스럽게도 인본주의적인 상담 이론에 비해 기독교적 상담 이론은 아직 충분히 발전하지 못한 것이 사실이며 일반에게도 그다지 널리 보급되지 못하였다. 이러한 상황을 깊이 인식하고 기독교적인 입장에서 활발한 연구 활동을 하는 사람들이 있는데 이들 중에서 중요한 상담 이론을 연구해온 몇몇 그리스도인 학자들의 연구가 본서에 요약되어 소개되고 있다.

다소 형식적으로 규정하자면, 이론이란 인간의 행동을 설명하고 예상하며 연구와 상담 활동에 필요한 정의, 전제, 가설, 사실, 그리고 경험적으로 증명된 법칙들을 논리적이고도 조직적으로 체계화한 것이다. 이론은 알려진 사실들을 합리적인 방식으로 잘 연결시켜 준다. 이와 같이 상담의 이론은 사람들의 행동 양식과, 문제가 생기고 더욱 심하게 악화되는 양상들에 대해 우리가 알고 있는 것들을 간단히 요약해 주고 있으며, 또한 사람들이 어떻게 변화하고 성장하는가를 설명해 준다. 그리고 이론에는 연구의 바탕이 되는 기본 전제들이 포함되는데 물론 그리스도인 상담자의 경우에 그의 전제는 성경의 가르침과 종교적 전통에 근거한 전제이어야 할 것이다.

훌륭한 이론은 명쾌하고, 포괄적이며, 명백하고, 간단하고, 유용하여 우리로 하여금 진리를 알게 하고 사람들이 성장하도록 도울 수 있게 한다. 훌륭한 상담 이론에는 효과적인 상담을 가능케 하는 방법

뿐만 아니라 상담의 목표에 관한 것도 포함되어 있다. 이러한 훌륭한 이론들은 상담하는데 네 가지 면에서 영향을 끼친다.

첫째, 내담자는 자신의 이론, 즉 자기가 나름대로 생각하는 것들에 의해 영향을 받는다. 내담자는 상담자가 어떻게 상담을 진행할 것인지, 상담 관계를 맺음으로 해서 무슨 일이 일어날 것인지, 상담이 효과를 거둘 수 있을는지 등에 대해 자기 나름대로의 생각들을 가지고 있다. 만일 상담자가 행하는 것이 내담자가 기대한 것과 다른 경우에는 심적인 갈등이 생기게 되는데 상담이 성공을 거두려면 먼저 이 내적인 갈등부터 해결되어야만 한다. 예를 들어, 프로이드의 이론에 입각해서 상담이 진행될 것이며 자신은 침상에 눕혀지게 될 것이라고 기대하고 있는 비그리스도인 내담자가 그리스도인 상담자를 찾아왔다고 하자, 어떤 일이 벌어지겠는가? 상담실에는 침상도 없고, 상담자는 성경을 인용하면서 프로이드에 대해서는 전혀 언급을 하지 않는다면, 그 내담자는 자기의 이론이 상담자의 이론과 다르기 때문에 무척 당황하게 될 것이다.

둘째, 상담자의 이론은 상담에서의 관계 형성에 매우 중요한 영향을 끼친다. 어떤 상담자들은 내담자에게 우선적으로 문제를 이해시키려고 한다. 또 어떤 상담자들은 이론적인 접근을 통해 행동을 변화시키라고 요구한다. 또는 예수 그리스도와 보다 깊은 관계를 가지면 모든 문제는 저절로 해결될 것이라는 전제하에 이러한 관계를 가지라고 권하기도 한다. 한편 기독교 상담학자들이 성경적인 진리와 신학적인 진리들을 동일하게 인정할지라도 그들의 상담은 성경적 상담 원리에 근거한 다양한 유형의 상담으로 나타날 수 있을 것이다.

우리는 성장하면서 자신의 사고방식과 대체적인 행동 방식을 결정해 주는 수많은 전제들을 갖게 된다. 우리가 생각하고 행동하는 것은 대체로 우주, 인간의 본성, 정의와 불의, 할 것과 하지 말아야 할 것 등에 대한 우리 자신의 전제에 의해 결정된다. 이러한 논리는 상담의 영역에도 그대로 적용된다. 예를 들면, 하나님을 믿지 않는 상담자는 하나님이 우주를 창조하셨고 지금도 이 우주를 주관하시며 사람들의 하찮은 문제들까지도 깊이 관심을 갖고 계시다고 믿는 상담자와는 다르게 상담에 임한다. 또한 인간의 주된 삶의 목적은 자신을 만족시키고 즐기는 것이라고 생각하는 상담자는, "우리가 그를 전파하여 각 사람을 권하고 모든 지혜로 각 사람을 가르침은 각 사람을 그리스도 안에서 완전한 자로 세우려 함이니"(골 1:28)라고 말한 사도 바울의 생각을 인정하는 상담자와는 다른 사고방식을 가질 것이며 상담 방법도 다를 것이다.

셋째, 상담자 교육 역시 이론의 영향을 받는다. 투르니에의 접근법은 제이 애덤스의 방법과는 다르며, 또한 애덤스의 접근법은 찰스 솔로몬의 방법과 다르다. 따라서 이 사람들은 각자 다른 사람들을 교육할 때 서로 다른 목표들을 제시하며 각기 다른 방법으로 가르치고 있다. 가르치는 사람의 이론에 따라서 교육과 훈련 자체가 달라질 수 있는 것이다.

넷째, 훌륭한 이론은 기독교 상담의 연구에도 영향을 끼친다. 이론이 연구에 영향을 주는 것은 일반 상담 분야에서 이미 뚜렷하게 나타났었는데 내담자 중심(client-centered)의 이론가들, 정신 분석가들, 그리고 행동주의 상담자들은 각자 상담 결과를 측정하거나 평가하는 나름대로의 방법들을 가지고 독특한 방식으로 연구를 하고 있다.

상담 이론은 내담자, 상담자, 상담자를 교육하는 사람과 연구하는 사람에게 영향을 준다. 그러므로 유능한 상담자가 되고자 하는 독자들은 그리스도인 이론가들의 전제와 목표, 방법들 중에 일치되는 중요한 요소가 있다는 사실을 깨달아야 한다. 물론 이들 사이에도 서로 다른 점들이 많이 있다. 그것들은 제II부에서 요약되어질 것이다. 그리고 제II부의 마지막 장(章)에서는 학자들의 이론들 사이에 나타난 유사한 요소들과 이론들을 평가할 수 있는 지침이 제시되고 있으며, 제III부에서는 기독교 상담의 미래를 위한 몇 가지 제안이 수록되었다. 아무쪼록 본서에 수록된 모든 내용들이 기독교 상담자들에게 실제로 가치 있게 되어 상담에 대한 이러한 접근들에 대해 개인적인 관심을 갖게 되기를 바란다.

결론

그리스도인에게 있어서 심리학과 상담은 예측하지 못했던 커다란 도움을 줄 수 있는 가능성을 내포하고 있는 흥미진진한 도전이다. 이제 어느 정도 틀이 잡힌 기존의 조직 신학, 성경 신학, 설교학 등과는 달리 이 분야는 그리스도인들이 연구할 만한 가치가 있는 새로운 학문의 영역이다. 이 분야에는 아직 개발되지 않은 영역을 탐구하는 개척자가 되고자 하는 창조적인 사고방식을 가진 사람들이 필요하다. 그러나 심리학과 상담 분야에서 중요한 업적을 남기려면, 심리학과 신학에 대한 철저한 교육을 받아야 하며 성경의 권위와 예수 그리스도의 주권을 철저히 따라야만 한다. 다른 모든 개척자들이 그러했던 것처럼, 이제 발전하기 시작하여 아직은 충분한 체계가 잡히지 않은 이 분야를 연구하는 사람들은 때로 어떠한 방법으로 어떻게 연구를 진행해야 할지 당혹감을 느낄 수도 있을 것이다. 그러나 이들은 문제를 가지고 고통당하는 사람들을 그저 그 순간에만 도와주는 것이 아니라, 앞으로의 영원한 삶을 위해 준비하게 하는 일을 하고 있기 때문에, 연구에 따르는 어려움들을 잘 극복해 나가면 큰 기쁨과 보람을 가져다주는 놀라운 결과를 얻게 될 것이다.

제2장 기독교 상담의 독특성
(The Distinctives of Christian Counseling)

게리 R. 콜린스

기독교 상담은 무엇인가? 그리스도인이 상담을 하면 다 기독교 상담이라고 할 수 있는가? 기독교 상담과 일반 상담의 차이점은 어디에 있는가? 수없이 많은 상담 중에서 어떻게 기독교 상담을 식별해 낼 수 있을까? 이러한 질문들에 답변을 한다는 것은 결코 쉬운 문제가 아니며 지금까지 연구해온 기독교 상담의 이론들도 이 문제에 대한 해답을 부분적으로만 제시하고 있을 뿐이다.

오늘날 수없이 많고 다양한 상담법의 홍수 속에서 일반 독자들은 어느 것이 과연 참된 기독교 상담인지 분별할 수 없을 정도가 되었다. 특히 상담학 분야에 대중 강연가들이나 대중적인 저자들의 원리까지 포함시킨다면 기독교 상담에 해당하는 상담의 종류는 최소한 백여 가지가 넘을 것이다. 그리고 이들 대부분의 기본 전제나 목표들에는 서로 유사한 점이 있지만 여전히 상호간에 뚜렷한 차이점이 있음으로 해서 서로 비난이나 질타의 대상이 되기도 하며, 일반 독자들에게는 당혹감을 주게 되는 요소가 되고 있다. 이런 혼미한 상황이 기독교 상담이 처한 현주소임으로 해서 우리는 가장 정확하고 올바른, 즉 모범적인 상담법은 없을까? 어떤 상담법을 사용하여 사람들을 효과적으로 도울 수 있을까? 라는 질문을 되풀이하고 있는 실정이다.

기독교 상담의 기본 전제로서 콜린스는 하나님, 우주, 인간, 인식론, 병리학 등에 대한 기독교적 해석을 시도하고 있다. 그리고 이러한 기독교적 인식의 전환을 기저로 하는 것이 기독교 상담학이며 이것이 일반 심리학과는 구별되는 성질임과 동시에 독특성임을 기술하고 있다.

그러나 독자에게 어떤 것이 가장 정확하고 어떤 체계가 잘못되었는지를 제시하는 것은 본서의 한계를 넘어서는 것이다. 본장에서는 기독교 상담의 몇 가지 특징을 살펴보고, 현재의 기독교 상담에 내포된 문제점을 알아본 뒤, 기독교 상담을 분별해 낼 수 있는 몇 가지 지침들을 제시하고자 하였다. 이러한 지침들을 통하여 독자들이 적절한 기독교 상담 테크닉과 이론을 분별하는데 도움이 되기를 바란다.

오늘날 의학은 한때는 효과적이었다고 인정되고 받아들여졌지만 사실은 무익한 치료법이라고 밝혀지는 과정들을 거쳐오면서 발달하였다. 세계가 근대화되기 전까지만 하더라도 사실 방혈(Blood-letting), 의식과 주문, 다양한 형태의 자해 행위, 다양한 물질 사용 및 복용 등이 치료 행위의 주종을 이루었다. 그러다가 지금부터 약 1세기 전에 「파리 약학지, Paris Pharmacologia」의 편집자가 이에 대해 다음과 같이 논평을 하였다. "오래 전부터 전해 내려오고 있는 치료법들에 대해 지금 우리들이 평가하고 있는 것처럼, 우리가 신뢰하는 치료법들이 후세들에 의해 쓸모없는 것들이란 낙인이 찍히지 않으리라는 보장이 어디에 있겠는가?"

이와 마찬가지로 훗날 어떤 사람이 현재의 기독교 상담에 관한 본서의 내용을 보고 위와 유사한 결론을 내릴 수 있을지도 모른다는 사실을 인정해야 한다. 오늘날 기독교 상담 분야는 굉장히 빠르게 확장되고 있으며 다양하고 또 복잡해지고 있다. 그리고 진지하고 열정적인 관심이 있는 상담가, 저술가들에 의해 기독교 상담은 많은 사람들에게 확산되고 있다. 그러나 이들은 각기 다른 인격이나 신학적 입장, 심리학적 입장, 가치관, 경험 등을 가졌기 때문에, 결국은 비록 '기독교적'이라는 레테르는 붙지만 이들에 의해 서로 상충되는 다양한 상담 목표, 기본 전제, 상담 이론, 테크닉 등이 양산되게 되었다.

이리하여 많은 사람들은 기독교 상담에 대해 혼동하게 되었고 모순을 느끼며 비판적인 태도를 취하게 되었다. 이것은 다시 내담자에게도 해를 끼치는 잠재적인 요소가 되고 있다. 사실 일반 상담은 기독교 상담보다 더 복잡하고 혼란스럽다. 그래서 많은 신자들은 기독교 상담자들에게서 공통된 상담 이론과 기독교 상담의 효과에 대한 증거를 보려는 강력한 욕구를 가지고 있다. 이러한 경향은 기독교 상담자, 내담자, 학생, 목회자들이 다음과 같은 질문들을 끊임없이 제기하고 있는 것을 보아도 잘 알 수 있다. 기독교 상담의 특징은 무엇인가? 기독교 상담은 곧 '성경적인 상담'을 의미하는가? 특별히 뛰어난 어떤 상담법이 있는가? 아니면 모든 기독교 상담이 다 똑같이 효과적인가? 기독교 상담을 어떻게 판별할 수 있을까?

그러나 이러한 질문들과 관련된 문제를 거론하기 앞서, 독자들은 어떤 저술가도 이러한 문제에 대해 모든 사람들에게 만족할 만한 답변을 할 수 없다는 사실을 명심해야 한다. 본서에 나오는 저자들도 모두 같은 방식으로 '기독교'를 정의하는 것은 아니다. 또한 기독교 상담의 근본 요소뿐만 아니라 심지어 기독교 상담의 가능성에 대한 견해도 상담자에 따라 다양하다.

어떤 상담자들은 신학이나 성경에 근거한 상담법을 전개하려 하는 반면 그 밖의 다른 사람들은 일반 상담의 이론을 도입하여 교류 분석, 행동 수정, 정신 분석, 이성-감정 치료법 및 일반 현대 심리학을 기독교화한 상담법을 제시하고 있다. 또한 몇몇 기독교 상담자는 자신들의 원리를 증명하기 위해 성경적, 경험적 연구를 실시하였고, 다른 이들 중에는 자신의 경험에 의해 자신이 제시한 원리의 효과를 증명하려 한 자들이 있는 반면, 아예 자신의 상담 이론이나 테크닉의 참된 가치를 검증해 보려는 노력조차 안하는 사람들도 있다. 그리고 어떤 사람들의 상담법은 많은 사람들에게 크게 어필하고 있는 반면 대부분의 상담법은 그렇지 못하며 어느 정도의 한계성을 가지고 있다. 이러한 모든 요소들은 결국 그리스도인들이 기독교 상담에 대해 혼동을 일으키고 제대로 판단하지 못하게 하는 요인이 되고 있다.

하나님은 인간을 창조하실 때 한 개인마다 각각 독특하고 유일한 존재로 만드셨다. 우리는 로봇이 아니다. 로봇은 서로 모양이 같으며, 사고의 능력이 서로 비슷하고 기계적인 똑같은 절차에 따라 행동하나 인간은 각각이 의미를 갖고 있는 개인적인 존재이다. 그리고 각각 인격이나 지적 능력에 있어 서로 다르고 죄의 유혹 앞에 연약한 존재인 동시에 불완전한 지식을 소유하고 있으며 실수를 하기 쉬운 존재이다. 그리고 자신의 삶을 예수 그리스도께 맡긴 사람들 중에서도 종교 생활에 대한 의견이나 사회에 대한 관점과 견해가 서로 다르며 성경을 이해하고 해석하는 것도 서로 다르다. 그러므로 상담자에 따라 내담자에게 상이한 태도를 취하고 상이한 상담법을 취하는 것은 그리 놀랄 일이 아니다.

이런 인간이 갖고 있는 다양성 때문에 우리가 설교학이나 교회 행정, 복음주의 운동, 종말론에 대한 일치된 견해를 바랄 수 없는 것과 같이 상담에 있어서도 하나의 통일된 기독교적 접근법을 갖는다는 것은 사실 불가능한 일이다. 그러나 한편으로는 복음주의, 선교, 기독교 교육, 상담 같은 분야에 다양한 차이들이 있다는 것은 어떤 점에선 더 좋을 수도 있다. 왜냐하면 사람은 저마다 다 다르기 때문에 이렇게 서로 다른 많은 사람들을 도우려면 각자에게 알맞은 다양한 방법이 있어야 하기 때문이다. 어느 하나의 상담법으로는 모든 사람의 문제를 다룰 수 없으며, 그런 점에서 그 방법이 모든 이에게 다 유익한 것은 아니다. 예수께서는 사람에 따라 각기 달리 대하셨고 오늘날의 상담가도 그와 같은 방법으로 상담을 실시한다. 그러나 어느 누구도 예수께서 할 수 있었던 것처럼 모든 이에게 다양하고 적절하게 대할 수는 없다. 즉 인간의 제한된 인격이나 능력으로는 일부 사람들에게만 도움이 될 수 있을 뿐, 모든 이에게 다 똑같이 도움을 제공할 수 없는 것이다.

그러므로 기독교 상담 분야는 앞으로도 계속해서 다양화될 전망이다. 기독교 상담자는 우선 예수 그리스도께 자신을 온전히 맡기고 견고한 신학적 바탕 위에 자신의 상담론을 발전시켜야 한다. 그리고 서로의 방법과 결론 및 가정을 격려해주고 평가해주는 동시에 개인적 차이를 인정하며 사소한 논쟁이나 비판을 피해야 한다. 특히 개인적 견해에 의거한 비난이나 독자적인 이론을 세우고자 하는 욕심에서 비롯된 비난, 그러다보니 은연중에 갖게 되는 다른 사람의 이론이 잘못되었다는 것을 증명해야 할 필요성에 근거한 비난 등의 바람직하지 못한 태도는 버려야 할 것이다.

현재의 실정에 대한 이러한 기본적인 이해와 더불어 이제부터 기독교 상담에 내포된 몇 가지 특징들을 찾아보고, 오늘날 기독교 상담에 문제가 되고 있는 것은 무엇이며 참된 기독교 상담을 분별하는 방법은 무엇인지 알아보도록 하자.

기독교 상담의 특징

몇 해 전에 발간된 한 대중적인 논문에서 심리학자인 브루스 내러모어는 "예수를 안 뒤에는 전에 해오던 일반 상담을 계속할 수 없을 것이며, 또 그렇게 하는 한 예수 그리스도와 생생한 관계를 유지할 수 없을 것이다"라고 언급하면서 기독교 상담에 대한 다섯 가지 특징을 다음과 같이 지적하였다.

1. 기독교 상담자의 가장 기본적인 특징은 그가 예수 그리스도를 통하여 "내담자로 하여금 우주를 주관하시는 하나님과 개인적인 관계를 맺도록 인도할 수 있다"는 사실이다. 내담자는 이 관계로 인해 현재 뿐 아니라 영원한 생명을 얻게 된다.
2. "기독교 상담자는 인생의 의미에 대한 유일하고도 참된 해결책을 가지고 있다." 플라톤, 아리스토텔레스, 틸리히, 그 누구도 하나님의 말씀 안에서 인간에게 이미 밝혀진 것과 같은 삶의 의미, 방향, 목적 등을 제공할 수는 없다.
3. 기독교 상담의 특징적인 요소는 "상담자가 성경을 도덕적, 윤리적 행위의 절대적인 지침서로서 받아들인다"는 점이다. 상담자의 변덕스런 상상력이나 하나님의 기준에 의하지 않은 상담으로는 방황하고 고통당하는 영혼을 구할 수 없다. 필자는 지금까지 일반 상담자들로부터 모든 억압된 감정이나 신경질적인 갈등들을 벗어버리고 다른 일들을 시도해 보라고 권고를 받은 여성들과 수 차례의 상담을 해왔다. 그러나 진정한 기독교 상담자는 인간에게 유해하거나 비성경적인 방법론에 의존하지 않는다.

4. 그리스도 중심의 상담자는 하나님의 말씀 안에서 인간에 관한 절대적인 진리를 발견한다. 즉 인간의 본질과 동기, 갈등에 대한 방어와 궁극적인 해결 등에 관한 진리를 얻게 된다. 이와 같이 절대적 진리를 찾는 일은 비그리스도인들에게는 불가능한데 이는 영적으로라야 분별할 수 있기 때문이다(고전 2:14).
5. 마지막으로 기독교 상담에서는 죄와 죄책감에 대한 유일하고도 명확한 대답이 성경에 있다고 믿는다. 어떤 합리화와 영혼의 평안으로도 죄 많은 인간의 마음을 깨끗하게 하여, 일생을 순결과 충만감으로 가득 채울 수는 없을 것이다.[1]

그러나 이것은 기독교 상담의 특성을 고찰하는 과정의 시작에 불과한 견해로서 기독교 상담의 전제에 대해서만 암시할 뿐 기독교 상담의 목표나 테크닉에 대해선 거의 언급하지 않고 있다. 기독교 상담의 특징을 제시하려면 이런 요소들을 모두 다루어야 할 것이다.

기독교 상담의 기본 전제

로스 바니스터(Ross S. Banister)는 최근의 논문에서 기독교 상담자들의 경향을 이렇게 기록하였다.

많은 기독교 상담자들은 성경에서 심리학을 찾으려고 노력해왔다. 그리고 종종 간단한 심리학적 요소들을 발견하여 하나의 견고한 체제를 이루기도 한다. 그러나 우리는 성경이 단순히 심리학이나 역사 서적이 아니라는 사실을 잊지 말아야 한다. 성경과 일치되지 않는 일반 심리학의 기본 전제들을 가지고 성경 속에서 그것에 대한 증거를 찾으려고 하는 것은 잘못된 것이다. 그러나 오늘날 불행하게도 많은 기독교 상담자들이 이러한 태도를 취하고 있다. 즉 일반 상담 교육을 받고서 이러한 전제들에 대한 증거를 성경에서 찾으려고 하는 것이다. 물론 경우에

---

1) B. Narramore in *Psychology for Living*.

따라서 어떤 것들은 이러한 방법에 의해 증명이 될 수 있다. 그리하여 이런 절차를 밟아 그리스도인에 의해 수많은 상담 이론이 제시되고 있는 것이다.

심리학과 신학의 통합은 기본 전제의 문제부터 이루어져야 한다. 즉 세계관이 다르면 사물의 실체를 파악하는 것도 달라진다는 것을 명심하여 기독교 상담자는 그리스도인의 세계관으로 무장하여 심리학을 연구하고, 이를 상담에 적용해야 하는 것이다.2)

필자는 전에 모든 심리학이나 상담법은 어떤 기본적인 가정과 전제를 출발점으로 삼고 있다고 주장한 바 있다.3) 이들 가정은 상담자가 이를 의식하든 그렇지 않든 간에 상담에 영향을 미친다. 예를 들어 복음적인 그리스도인들은 대개 아래와 같은 기본 가정들을 받아들이는데, 이 가정들은 인간에 대한 이해와 목적, 방법들에 영향을 주고 있는 것들이다.

하나님에 대하여: 그리스도인은 하나님께서 영원히 실재하시며 주권을 가지고 계시며 전지전능, 무소부재하시다는 사실을 믿는다. 또 성부, 성자, 성령의 삼위일체와 이 각각의 인격을 통해 세상에 나타나신다는 사실을 믿는다. 그러나 일반 상담에서는 거의 하나님에 대해 언급하지 않으며, 하나님께서 존재하지 않는다든가 존재하신다 해도 인간의 문제에 관여하지 않으신다고 강조한다.

우주에 대하여: 그리스도인은 하나님께서 인간뿐만 아니라 온 우주를 창조하셨다는 것과 하나님께서 모든 것을 주관하신다는 사실을 믿는다.

인간에 대하여: 그리스도인은 인간이 하나님의 형상으로 창조되었으나 그리스도의 도움이 없이는 구원을 받을 수 없는 죄인이라는 것

---

2) Ross S. Banister, "Directions" in *Life Styles* (11500 Stemmons Freeway, Dallas, TX 75229), January-March 1979.

3) Gary R. Collins, *The Rebuilding of Psychology*(Wheaton: Tyndale, 1977).

을 믿는다. 하나님의 아들 예수 그리스도는 죄 많은 인간을 대신하여 죽으시사 누구든지 당신을 믿으면 구원을 얻을 수 있고 새로운 생명을 소유하게 하셨다. 즉 그리스도는 신자들에게 죽음 후에 있을 하늘나라의 영원한 삶에 대한 약속이 되셨던 것이다. 그러나 일반 상담은 구원, 궁극적인 운명, 또는 하나님과의 관계에 대해 아무런 해답도 제시해주지 못한다. 우리는 창조주에게서 사랑받는 가치 있는 피조물이다. 일반 상담자 역시 인간의 가치를 높게 평가하지만 궁극적으로는 대부분의 일반 상담자들은 인간은 "자신의 운명과는 상관없이 우주에 홀로 던져진 존재"라는 프롬(Fromm)의 견해에 동의하고 있다.

인식론에 대하여: 그리스도인은 성령이 인간들을 가르치고 인도한다는 것, 특히 하나님의 영감된 말씀인 성경을 통해 사람들의 믿음과 행동을 오류 없이 인도하신다는 사실을 믿는다. 그리스도인은 또한 지적 활동이나 그리스도인간의 교제, 경험적 연구 등을 통하여서 올바른 것을 깨우쳐 가는데, 이러한 과정들은 우선 변함없는 진리인 성경에 의해 조명되어야 한다. 이에 비해 일반 상담자는 성경을 부인하고 과학의 우월성을 주장하지만 결국 궁극적인 결정을 할 때에는 자신의 주관적인 경험에 국한될 뿐 다른 절대적인 근거를 갖고 있지는 못한다.

병리학에 대하여: 대부분의 복음주의 그리스도인은 인간의 문제가 궁극적으로는 인류의 원초적인 죄와 종종 내담자 자신의 죄로부터 유발된다는 사실에 동의한다. 기독교 상담자는 개인적인 죄가 내담자의 생활에서 문제를 일으킬 수도 있다는 사실을 인정하지만 일반 상담자는 그렇지 않다. 그리고 문제의 원인으로서 개인적인 책임과 환경이 미치는 영향의 중요성에 대한 관점에 있어서도 서로 다르다. 일반 상담자도 책임과 환경적 원인의 문제를 고려하기는 하지만, 하나님께 대한 반항이며 그리고 문제의 주요 원인인 죄의 개념은 거의 받아들이지 않는다.

죄책감에 대하여: 스트롱(Strong)은 "기독교 상담과 일반 상담의

주요한 차이점은 용서의 차원에 있다"고 말한 바 있다. 일반 상담에서 상처와 실수는 단지 잊혀질 뿐이며, 때로는 학습 경험으로 인정되기도 한다. "그러나 그리스도 안에서 우리는 우리의 잘못을 잊어버리는 것 이상의 일을 할 수 있다. 즉 우리는 우리의 잘못을 용서받을 수 있을 뿐만 아니라 다른 이들의 잘못을 용서할 수도 있다."4)

지금까지 본 바와 같이 이러한 가정들은 기독교 상담과 일반 상담을 구별시켜 주는 동시에 기독교 상담의 특징이 되기도 한다.

그러나 우리가 또한 명심해야 할 것은 비록 하나님, 우주, 인간, 인식론, 병리학 등에 대해 그리스도인이라는 범주에서 일치점을 갖고 있다 해도 여기에는 신학적 입장에 따라 서로 다른 차이점이 있을 수 있다는 점이다. 이러한 신학적 차이점은 표면에 잘 노출되지는 않지만 분명히 상담에 영향을 끼친다. 예를 들면 폴 투르니에와 제이 애덤스는 둘 다 그리스도인이며 칼뱅주의자이다. 두 사람 다 인간은 죄인이며 예수 그리스도만이 구세주라는 사실에 의견의 일치를 보고 있다. 그러나 투르니에는 모든 사람이 구원받을 것이라는 만인 구원론을 지지하는 반면 애덤스는 "예수 그리스도 외에는 당신의 죽음을 통해 누가 구원되도록 선택되었는지 아무도 알 수 없으므로 상담자는 내담자에게 함부로 그리스도께서 그를 위해 돌아가셨다고 말해서는 안 된다"5)고 주장한다. 결국 상담은 이러한 신학적인 차이로 인해 영향을 받게 되며, 복음적인 그리스도인들 사이에서 발견되고 있는 차이들도 바로 이 신학적 차이에서 기인하고 있다고 볼 수 있다.

기독교 상담의 목표

각종의 상담서들이 제시하고 있는 상담 목적은 대부분 유사하다.

---

4) Stanley R. Strong, "Christian Counseling in Action" in *Counseling and Values*, 21, February 1977, p.101.

5) J. Adams, *Competent to Counsel* (Grand Rapids: Baker, 1970), p.70.

즉 내담자의 건전하지 못한 행동, 태도, 가치관 및 자기 이해를 수정
하고, 건전한 삶을 위한 사교적 테크닉을 포함한 다양한 기술을 가르
치며 자신의 감정을 솔직하게 인식하고 표현하게 하며, 필요에 따라
적절한 도움을 주고, 책임감과 더불어 이해력을 증진시키는 외에도,
삶에서 올바른 결정을 하도록 지도하고, 위기의 상황에 내적 환경적
요소들을 잘 이용하도록 도우며, 문제 해결의 방법과 내담자의 자신
감 및 자기실현의 의지를 북돋아 주는 것 등이다. 그렇다면 그리스도
인이 갖고 있는 상담의 목적은 어떠한가? 일반 내담자와 다른 특별
한 목적이 있는가?

  -기독교 상담자는 내담자에게 복음을 제시하고 예수 그리스도께의 헌
   신을 권고하는가?
  -기독교 상담자는 내담자의 영적 성장을 자극하는가?
  -기독교 상담자는 내담자가 죄를 고백하고 하나님의 용서를 체험하도
   록 인도하는가?
  -기독교 상담자는 내담자에게 그리스도인의 표준과 태도, 삶의 모습에
   대한 모델을 제공하고 있는가?
  -기독교 상담자는 내담자로 하여금 기독교적인 가치관을 갖게 하고,
   인간적인 표준에 의한 삶이 아닌 성경의 가르침에 근거한 삶을 살도
   록 유도하는가?

  기독교 상담자가 이러한 목표를 실천하다 보면 자칫하면 "상담을
종교화 한다"는 비난을 받게 된다. 이러한 비난은 비그리스도인뿐 아
니라 심지어는 그리스도인에게서도 나온다. 그러나 기독교 상담에서
이러한 신학적인 요소들을 무시할 수는 없다. 만일 이를 무시한다면
단지 상담을 인본주의적 자연주의의 바탕에서 실시하도록 만드는 것
이 되고 만다. 사도 바울은 골로새서 1:28, 29에 자신의 삶의 목적을
기록하였는데, 우리는 여기에서 기독교 상담의 궁극적인 목적을 찾을
수 있다.

"우리가 그를 전파하여 각 사람을 권하고 모든 지혜로 각 사람을 가르침은 각 사람을 그리스도 안에서 완전한 자로 세우려 함이니 이를 위하여 나도 내 속에서 능력으로 역사하시는 이의 역사를 따라 힘을 다하여 수고하노라."

실제로 기독교 상담에는 일반 상담의 목적과 비슷한 목적들이 많이 있다. 그러나 기독교 상담은 내담자로 하여금 예수 그리스도와 관계를 갖도록 인도하며 기독교적 가치관을 갖게 하려는 특별한 목적을 설정하고 있다는 데에 그 특징이 있다.

테크닉

모든 상담법에는 적어도 다음과 같은 네 가지의 공통적인 요소들이 내포되어 있다. 즉 문제 해결에 상담이 도움이 된다는 확신, 세상에 대한 잘못된 견해의 수정, 바람직한 사회적 삶을 살기 위한 능력 개발, 자신의 가치 인정 등이 그것이다. 내담자에게 이러한 요소들을 심어 주기 위해 상담자는 내담자의 설명을 주의 깊게 청취하고 그에 대한 자신의 관심을 나타내며, 문제 상황을 이해하려고 노력하며 경우에 따라서는 내담자를 자신이 의도하는 방향으로 지도하기도 한다. 대부분의 기독교 상담자들도 이러한 네 가지 요소들이 내담자에게 일어나도록 하는 데에는 이의를 두지 않으며 이를 위해 다양한 테크닉들을 사용한다. 조사 보고에 의하면 최소한 한 명 혹은 두 명의 상담자에 의해 사용되고 있는 상담 테크닉까지 모두 포함하면 상담에서 사용되는 테크닉은 만여 가지가 넘는 것으로 추산된다.

일반 상담자는 실용주의적인 가치관에 의해 상담 테크닉을 선택하는 경향이 있다. 즉 어떤 테크닉이 신체적으로 어떤 형태로든지 부작용을 유발하지 않고 효과를 보인다면 일반 상담자는 서슴없이 그 테크닉을 사용한다. 이렇게 실용주의에 의해 상담 테크닉을 선택하는 것은 기독교 상담자에게도 마찬가지이지만, 그는 먼저 성경의 가르침에 비추어서, 신학적 입장에 비추어서 그 테크닉들을 점검한다. 기독교 상담자들이 취하는 테크닉의 선택 경향을 살피면 대개 다음과 같은 세 가지 종류가 있다. 즉 첫째는 많은 표준적인 상담 테크닉들을 사용하며, 둘째는 도덕적, 성경적, 신학적 입장에 따라 자신의 입장과 다른 일반 상담자의 테크닉들은 사용하지 않고, 셋째는 일반 상담자들은 거부할지도 모를 테크닉을 사용하기도 한다는 것이다. 첫 번째에 대해서는 이미 설명했으므로 이제는 두 번째의 경향을 살펴보기로 하자.

수년 전에 어떤 상담자들은 성적인 문제를 가지고 있는 내담자들의 성(性)에 대한 두려움을 제거해주고 보다 자신 있는 성 생활을 하게 하기 위해 "성의 파트너로서 대리인을 사용하는 방법"을 채택하였다. 그러나 기독교 상담자는 도덕적으로 문제가 있고 성경적인 가르침과도 상충되는 이러한 방법을 사용할 수 없으며 또한 묵과할 수도 없는 것이다. 마찬가지로 나체 그룹, 혼외 및 혼전 성교, 자기중심적인 목적과 태도, 중상적인 용어, 성경적인 원리에 상반되는 가치관 등도 용납될 수 없다. 기독교 상담자는 비록 이런 테크닉들이 내담자에게 도움이 되는 것 같아도 그것은 일시적일 뿐이라는 사실을 명심하고 그리스도인다운 행동과 언어를 사용해야 한다. 즉 디모데처럼 "말과 행실과 사랑과 믿음과 정절에 대하여 믿는 자에게 본이 되어"야 한다(딤전 4:12). 목적이 수단을 정당화할 수는 없는 것이다. 수단이나 테크닉은 성경의 가르침과 일치해야만 한다.

성경은 기독교 상담에 적용될 수 있는 독특한 상담 테크닉들을 제시하고 있다. 성경에 빈번히 제시되고 있는 예로서는 기도, 성경 읽기, 기독교 진리의 이해, 지역 교회 참여 등을 들 수 있다.

정리하자면 기독교 상담의 테크닉은 그 전제나 목적의 경우와 마찬가지로 대개는 일반 상담의 테크닉과 유사하지만 어떤 면에서 일반 상담의 테크닉과는 다른 독특한 면이 있으며 또 있어야만 한다.

기독교 상담의 문제

최근에 기독교 상담에 대한 관심이 고조되고 있는 것은 참으로 바람직한 현상이라 아니할 수 없다. 이제 사람들은 더 이상 "훌륭한 그리스도인에게는 문제가 생기지 않는다"라거나, 상담은 영적으로, 개인적으로 연약한 사람들이나 하는 것이라고 생각하지 않게 되었다. 사람들은 때때로 위기 상황에 직면하거나 상담이 필요한 문제들을 만나게 된다. 따라서 이러한 문제를 해결하기 위해 다양한 기독교 상담법이 개발되어 왔으며 본서에 제시된 상담법들은 그 중의 일부이다. 비록 상담법의 수가 늘어나고 그 차이점들로 인해 참된 기독교 상담에 대한 혼동이 일어나긴 하지만, 상담자들은 이들 창조적인 상담법들로 인해 더 훌륭하고 성경적인 상담을 개발하려는 의욕을 갖게 되었다.

그러나 기독교 상담의 분야가 계속해서 발전함에 따라 이 분야에 예기치 않았던 문제가 생기게 되었다. 이 문제들은 반드시 시정되어야 한다. 이에 대해서 구체적으로 논의하기 전에 현재 문제되고 있는 것들로는 본장에서 살펴볼 것 이외에도 다른 많은 문제 요소들이 있다는 것을 미리 밝혀 둔다.

경쟁과 우월적인 태도

어떤 상담학자들은 독특한 성경적인 상담을 개발하려는 욕심으로 인해, 자신의 것은 성경적인데 다른 사람의 상담법은 부분적으로든지 전체적으로든지 잘못된 점이 있거나 비성경적이라고 주장하는 우월적인 태도를 취한다. 이러한 태도는 결국 독선적이고 위선적이며 투쟁적인 자세이고, 다른 사람들의 상담법에 대한 사랑이나 존경심이 결여되었음을 드러내 주는 것이다.

우리는 다양한 여러 가지의 상담법 중에서 어느 한 상담법만이 참되고 궁극적인 상담이라고 주장할 수는 없다. 만약 어떤 상담법에 오류가 있다면 우리는 이 사실을 지적하여 잘못된 이해에서 벗어나고 성경의 가르침에 따르도록 이끌어야 한다. 상호 비평이나 논쟁은 기독교 상담법을 보다 바람직하고 정교하게 하는 추진 요인이 될 것이다. 하지만 이런 일을 할 때는 그리스도의 지체된 자로서 다른 사람에 대한 관심을 가지고 온유한 심령(갈 6:1)으로 해야 함을 잊지 말아야 한다.

일반 심리학에 대한 무비판적인 수용이나 거부

우리는 기독교 상담자들 중에서 일반 심리학에 대한 극단적인 견해를 보이는 사람들을 쉽게 찾아볼 수 있다. 일반 심리학에 젖어 있는 사람들은 대부분의 심리학적 방법이나 테크닉들이 기초하고 있는 인본주의적, 자연주의적인 기본 전제를 간과하지 못한다. 그리하여 일반 심리학을 무비판적으로 받아들이고 이의 정당성을 입증하기 위해 성경 구절을 인용하려 한다. 이에 대해 애덤스는 다음과 같이 분명하게 주장하였다. "일반 심리학에 대한 이러한 위장은 지금까지 기독교 상담이라고 불려 왔던 많은 상담법에서 드러나고 있으며 이러한 태도는 단호히 제거되어야 한다. 그리스도인들은 이들의 입장과 견해를 주의 깊게 살펴 이들의 반기독교적 기본 전제를 이해해야 한다."6) 또 모우러(Mowrer)는 다소 상징적으로, "기독교는 심리학이라는 죽 한 그릇에 장자권을 팔아 넘겼다"7)고 주장한 바 있다. 이처럼 어떠한 신학적 검증 없이 심리학을 이용하는 현상은 이제 살펴볼 몇몇 상담법에서도 나타나고 있는데, 그러한 상담법을 주장한 상담학자들은 심리학과 개인적인 경험에 의해 상담법을 전개하다가 종교와

---

6) Adams, *op. cit.*, p.xxi.

7) O. H. Mowrer, *The Crisis in Psychiatry and Religion* (Princeton: Van Nostrand, 1961), p.60.

의 관련성이 보인다고 생각되면 성경이나 신학을 적용하고 있다. 사실 우리는 기독교 상담 분야에서 심심치 않게 심리학이라는 수레가 수레를 끄는 신학이라는 말을 앞지르는 경향을 찾아볼 수 있다.

그러나 이러한 문제를 해결하기 위해서 심리학을 배제해야 한다는 것은 아니다. 어떤 그리스도인들은 순수한 성경적 상담을 실시하기 위해서는 이렇게 하는 것이 불가피하다고 주장하지만 사실 이러한 주장은 잘못된 생각이다. 이렇게 한다고 해서 완전히 심리학의 영향에서 벗어날 수 있는 것은 아니며, 오히려 심리학적 용어나 방법, 개념 등이 다른 이름으로 둔갑하여 다시 영향을 끼치게 될 것이다.

그러므로 무조건적인 거부의 태도보다는 차라리 먼저 신학에 근거한 전제를 바탕으로 상담법을 전개하면서, 현대 심리학에서 성경의 가르침과 일치하는 것들을 받아 적용하는 것이 바람직하다. 사실 이 일이 말처럼 쉬운 것은 아니지만 일반 심리학을 무비판적으로 수용하거나 거부하기보다는 기독교적 관점에서 심리학을 평가하여 받아들일 것은 받아들이는 태도를 보여야 할 것이다.

심리학과 신학의 이중 원리

일부 그리스도인들이 인간의 문제를 영적인 문제와 심리적인 문제로 분리하여 생각하는 경향이 있다. 그리하여 영적인 상담은 내담자로 하여금 영적으로 성장하도록 돕고 죄를 깨닫게 하는 데에 관심을 갖는 반면, 심리적 상담은 내담자의 억압, 혼란된 사고, 무의식의 영향, 문제를 유발하는 충동 같은 이슈들을 다룬다.

이처럼 심리적인 요소와 영적인 요소들을 따로 분리시키면 심리학과 신학의 통합은 점점 어려워지게 된다. 이러한 분리를 주장하는 사람들은 영적인 요소들이 인간의 삶에 의해 제한될 수 없다는 전제를 내세운다. 그러나 인간은 분명히 전인적인 존재이지 필요에 따라 나뉘어질 수 있는 개체들로 구성된 존재는 아니다. 대부분의 의사들은 신체적인 요소와 심리적인 요소, 영적인 요소들은 서로 분리될 수 없는 것임을 인정한다. 영적, 심리적, 신체적 요소들은 상호간에 밀접하게 관련되어 있고 서로에게 영향을 끼친다. 이러한 사실을 빨리 깨닫고 대처할수록 상담은 더욱 효과적이 될 것이다.

자기중심주의

폴 비츠(Paul Vitz)는 많은 문제의식을 일깨워 준 그의 저서에서 자아 숭배라고도 알려진 자기중심주의가 현대 사회에 팽배해 있으며 심리학자들이 그 선도 역할을 하고 있다고 주장하였다. 즉 자기실현, 자기 성취, 자기만족, 자기 도움 등의 개념이 자기 부정이나 자기희생 같은 중요한 개념을 대체해 버렸다는 것이다.

"오늘날 자기중심주의는 사회 문제를 다루는 많은 정부 관리들의 기본 입장이 되고 있으며, 소위 사람들을 돕는다고 하는 분야인 임상 심리학이나 상담, 사회사업 계통에서도 주류를 이루고 있다. 자기 자신에 대한 찬양이나 신뢰는 자신을 부인하라는 기독교의 가르침에 직접적으로 상치되는 것이다. 예수 그리스도는 결코 오늘날 주장되고 있는 '자기실현'과 같은 삶을 옹호하시지 않았고 그런 삶을 추구하시지도 않으셨다. 그리스도인에게 있어서 자기 자신은 문제를 내포하고 있는 존재로서 부정되어야 할 것이지 무한한 잠재력의 창고는 아닌 것이다.…이러한 상황을 타개하려면 자기실현의 반대 개념으로 자신을 부정하는 회개, 뉘우침, 겸손, 순종, 하나님에 대한 신뢰 등이 생활에서 강조되고 실천되어야 한다. 자기실현의 개념에서 나타나고 있는 자기 자신이나 인간성의 숭배는 기독교적인 측면에서 보면 자아 중심이라는 에고이즘에서 비롯된 우상 숭배인 것이다.…자기중심주의는 단지 현재와 자아 중심적인 윤리만을 강조하는 수평적인 논리(horizontal heresy)의 한 예이다.…그리고 여기에는 기독교의 필수적인 요소로서 하나님과의 수직적인 관계를 가능케 하는 기도, 묵상, 경배 등의 영적인 삶이 배제되어 있다."[8]

비츠는 해리 에머슨 포스딕(Harry Emerson Fosdick)과 노먼 빈센트 필(Norman Vincent Peale) 같은 신학자들에 의해 미국에서 자기중심주의가 태동되었다고 주장한다. 이러한 원리는 로버트 슐러의 목회 사역에 일반적인 형태로 적용되고 있으며, 에릭 프롬, 칼 로저스, 롤로 메이, 아브라함 매슬로우 등의 저서에서 아주 신중하고도 상세하게 다루어지고 있다. 이러한 사실로 미루어 볼 때 기독교 심리학에서 자기중심주의에 의한 해로운 영향과 인본주의적 입장을 크게 의식하지 못하고 자기중심주의를 받아들였다는 사실은 그리 놀랄만한 것이 못된다. 자기중심주의는 의무, 인내, 자기희생, 섬김과 같은 성경적인 가치관의 윗자리에 자기실현의 원리를 위치시켰다. 상담할 때 인간은 누구나 하나님께서 사랑하는 가치 있는 존재임이 강조되어야 한다. 그리고 아울러서 성경은 우리가 하나님께 자신을 위탁하고 서로를 향해 용서하며 자신을 희생해야 한다는 것을 강조하고 있음도 강조되어야 한다. 어떤 기독교 상담자들은 이러한 사실을 경시하는 경향이 있는데, 이러한 태도는 자기중심적인 접근법을 옹호하며 이것을 기독교 상담이라고 인정하는 결과를 초래하게 되며 결국은 이러한 접근법에 내재된 반기독교적인 요소를 보지 못하게 된다.

신중한 평가의 결여

오늘날 기독교 상담자들은 자신들의 성공적인 상담 테크닉에 대해서는 다양한 설명과 예증을 제시하지만 상담의 효과에 대하여서는 신중한 조사를 거의 하지 않는 실정이다. 그러나 이에 반해서 일반 상담자나 이론가들은 근래에 활발하게 규칙에 얽매이지 않고 융통성

---

8) Paul C. Vitz, *Psychology As Religion: The Cult of Self-Worship* (Grand Rapids: Eerdmans, 1977), pp.107, 91, 93, 95.

을 발휘하여 상담의 결과를 관찰하고 있다.9) 사실 상담 분야에서 개인적인 경험이나 성공적인 상담의 이야기는 많이 제시되고 있지만 상담의 테크닉이나 상담법이 얼마나 효과적이었는가에 대해선 별로 연구된 것이 없었다. 그러나 최근에 일반 상담 분야에서는 이러한 면에서 연구가 진행되고 있는 반면10) 기독교 상담 분야에서는 상담의 효과에 대해 여전히 과학적인 연구가 별로 진행되지 않고 있다. 이것은 아마도 일부 상담자나 이론가, 내담자들이 상담을 통해 어떤 효과를 보게 되면 더 이상 상담에 대한 연구는 필요없다고 생각하는 경향이 있기 때문일 것이다.

사실 적절한 연구를 실시한다는 것은 어려운 일이며 또 예산도 많이 드는 일이다. 즉 설문지를 정확하게 작성하는 것, '개선', '효과'와 같은 용어들을 분명하게 정의하는 것, 대표적 실험 통제 요소들을 결정하는 것, 정확한 척도를 만드는 것, 결과에 영향을 줄 수 있는 변수들을 통제한다는 것은 쉬운 일이 아니다. 이 외에도 전통적인 과학적 방법이 상담에 주는 효과, 효과의 지속적인 유지, 상담자의 기술이나 인격이 미치는 영향, 내담자의 동기로 인한 효과, 다른 상담법들의 상관적인 유효성 등과 같은 복잡한 문제들을 실제로 테스트해 낼 수 있느냐 하는 것에도 의문의 여지가 있다. 필자는 오래전에 이러한 이슈들을 다룬 '확대된 경험주의'에 대해 쓴 적이 있다.11)

그러나 오늘날 문제는 여전히 커지고 있으며 그 영향도 아주 심각하다. 결국에는 이러한 여러 어려운 요인들을 자기 합리화의 방패로 삼아 연구하려고 하지 않으며, 대신 간단한 사례를 제시하기를 좋아

---

9) M. B. Parloff, "The Family in Psychotherapy" in *Archives of General Psychiatry*, 1961, 4, p.445.

10) 참조. Sol L. Garfield and Allen E. Bergin, *Handbook of Psychotherapy and Behavior Change: An Empirical Analysis*, second ed. (New York: Wiley, 1978).

11) Collins, *op. cit.*

하고, 연구하기보다는 단순히 자신들의 결론에 부합되는 성경 구절을 제시함으로써 자신들의 상담법이 효과적인 기독교 상담이라고 주장하는 안이한 결과를 낳고 말았다.

오늘날 보다 창의적이고 헌신적인 기독교 상담 연구가들이 현재 기독교 상담 분야에 난무하는 복잡한 상담 이론을 주의 깊게 테스트하는 작업에 많이 뛰어들어야 하는 것이 기독교 상담 분야가 당면한 시급한 과제이다. 그렇지 않으면 이 분야의 개념적 혼돈과 테크닉상의 심리학적 분파주의가 지속되어 앞으로 기독교 상담자나 내담자들을 혼란시키는 악영향을 초래할 위험에 빠질지도 모른다.

기독교 상담을 분별하는 원리

어떻게 하면 난무하는 상담 원리들 중에서 참된 기독교 상담을 분별할 수 있을까? 기독교 상담의 분별은 다음과 같은 질문들을 상담법들에 적용해 봄으로써 가능해질 것이다.

1. 기본 전제는 무엇인가? 기본 전제는 대개 분명하게 언급되지 않기 때문에 기본 전제를 발견해 낸다는 것은 쉬운 일이 아니다. 그러나 하나님, 우주, 인간, 인식론, 병리학, 죄책감 등에 관한 암시는 반드시 있기 마련이다. 즉 상담의 방법과 목적은 대개 이러한 기본 전제에서 비롯되어 상담 내용은 기본 전제에 의해 결정된다. 따라서 이러한 기본 전제에 이의가 있거나 특히 성경의 가르침과 일치하지 않는다고 판단되면 이 원리를 상담에 적용하는 것은 지양되어야 한다.

2. 상담의 목적은 무엇인가? 이것도 대개는 분명하게 드러나지 않고 암시적으로 나타나는 것이지만, 어떤 상담 이론에서든 상담의 목적은 아주 중요한 비중을 차지하고 있다. 상담에 대한 개괄적이고도 기본적인 목표를 세우고, 후에 상담에 임할 때 적용하려는 목표와 비교해 보는 것도 좋은 방법일 것이다. 물론 이 기본적인 목표들은 언

제라도 수정할 수 있는 여지를 남겨두어야 한다. 적용하고자 하는 상담 이론의 목표와 내가 세운 기본적인 목표에 어떤 공통점이 있는가를 서로 비교해 보라. 그러나 이때 명심해야 할 것은 상담의 목표는 자신의 것과 틀릴지라도 상담 이론 자체는 유용한 원리일 수 있는데, 만약 이 원리의 상담 방법을 사용하려면 주의 깊게 사용되어야 한다는 점이다.

3. 상담이론을 뒷받침해 주는 것은 무엇인가? 이것은 여러 가지로 나누어 생각할 수 있는데 그 대체적인 중요성에 따라 나누어 보면, 성경과 신학의 보증, 경험적 연구에 의한 보증, 심리학적 보증, 연구 사례들에 의한 보증, 연구자 자신의 개인적인 경험에 의한 보증 등이다. 이러한 요소들의 뒷받침이 수반되지 않는다면 기독교 상담이라고 하기는 어려운 것이다. 즉 다음과 같은 다섯 가지 질문에서 단지 한두 가지에 의해서만 뒷받침되거나, 특히 마지막 두 질문에 저촉되는 상담 이론은 일단 그 타당성을 의심해 보아야 할 것이다.

a) 이 이론은 성경적으로, 신학적으로 볼 때 건전한가? 만약 성경이 이 이론에 적용되었다면 그것은 올바른 성경 해석에 의하여 된 것인가?

b) 이 이론을 뒷받침할 만한 연구 결과가 있는가?

c) 이 이론은 심리학적으로 볼 때 건전한가?

d) 이 이론에 의한 성공적인 사례가 있는가?

e) 이 이론은 연구자의 개인적인 경험에 의해 뒷받침되고 있는가?

연구자의 개인적 경험이 이 목록의 맨 뒤에 오는 것을 주목하라. 경험이라는 것은 상담에 영향을 주기는 하지만 언제라도 변할 수 있는 것이므로 기독교 상담을 결정짓는 확고한 근거는 될 수 없다.

그러나 기독교 상담을 분별하는 데에 있어서 주관적인 내적 감정이 아무 관련이 없다는 것은 아니다. 어떤 사람들은 특정한 상담법에 대해 편안함을 느끼기도 하고 그렇지 않기도 한다. 그러므로 기독교 상담을 판단할 때 주관적인 경험이 위에 열거한 몇 가지 보증들과 대치되지 않는다면 이러한 내적인 감정들을 고려하는 것도 바람직하다.

4. 이 상담법은 실질적인가? 이것은 매우 주관적인 질문이지만 상담 이론을 평가할 때는 반드시 점검되어야 할 것 중의 하나이다. 상담 체계가 비록 성경적이고 심리학적으로 건전하며 논리적으로는 잘 조직되었다 해도 그 체계를 실제 상황에 적용하기 어렵다면 그 이론은 별 가치가 없다. 일반 상담법 중에도 그 용어나 테크닉이 너무 복잡하고 어려워 실질적으로 사용하기 힘든 경우가 있다. 이것은 기독교 상담에서도 마찬가지이다. 실질적으로 널리 적용될 수 없다면 아무리 훌륭하고 아무리 명료하게 설명된 상담법이라 해도 그 가치는 크게 상실될 수밖에 없는 것이다.

5. 상담 이론을 주창한 사람이나 상담자는 충분한 자격을 갖춘 사람인가? 오늘날 유명한 상담법, 자조적인 원리들의 상당수는 심리학이나 상담을 훈련받지 않은 사람들에 의해 제공되고 있다. 이것은 상담자에게만 해당되는 문제가 아니다. 많은 사람들이 이로 인해 전문 상담자들을 불신하고 그들의 상담을 받지 않으려는 결과를 가져온다. 그리하여 건강, 다이어트, 교육, 사업, 재정, 가정, 신앙, 자녀 양육, 개인적인 문제 등등에 대한 정보나 조언을 경험있는 전문가들에게 의뢰하는 것이 아니라 비전문가인 저널리스트, 가정주부, 인기인, 이웃 사람들을 찾아가 도움을 요청한다. 이런 현상은 쉽사리 바뀌지 아니할 것이다. 그리고 사람들은 이로 인해 아주 잘못된 정보를 얻거나 쓸모없는 경비를 지출하게 되거나 개인적인 해를 당할 가능성이 크다.

이것은 이들 비전문가들의 결론이 항상 잘못된 것이라는 말은 아니다. 그 예로서 투르니에는 심리학에 대한 공식적인 교육은 받지 않았지만 심리학 분야에 대한 다양한 책을 읽고 연구하였으며 그의 심리학적인 이론이나 조언은 상당히 타당하고 적절한 도움이 되는 것들이다. 그러나 확실히 신체적인 질병이 생겼을 때 의사를 찾아가고, 영적인 문제가 생겼을 때는 경험 있는 목회자나 신학자를 찾아가야 하는 것처럼 상담해야 할 문제가 생겼을 때는 훈련을 받은 적이 있고 경험 있는 상담자를 찾아가 상담을 받는 것이 보다 합리적이고 현명한 일이다.

그러므로 기독교 상담을 분별하려 할 때는 상담자의 자격이나 자질을 살펴보아야 한다. 다시 말해 기독교 저술가나 상담자가 상담에 관련된 공식적 훈련을 받았는지, 받았다면 어느 학교에서 어느 분야를 전공했는지, 상담의 경험이 있는지, 공적으로 예수 그리스도를 시인하며 그분께 헌신하는 삶을 사는지, 영적으로 성숙한 사람인지 알아보라. 이러한 조항들, 특히 그리스도에 대한 헌신이나 영적인 성숙도에 관한 조항은 사실 분별하기가 쉽지 않으나 참된 기독교 상담을 분별하기 위해서는 꼭 점검해야 할 사항들이다.

6. 문제되는 요소들은 없는가? 우리는 앞에서 일부 상담자나 저술가들에게서 나타나는 우월적이고 경쟁적인 태도, 일반 심리학에 대한 무비판적인 수용이나 거부, 심리학과 신학을 서로 다른 무관한 영역으로 분리하려는 경향, 자기중심주의, 신중한 연구의 결여 등에 관한 문제를 다루었다. 우리는 이러한 문제들과 이와 유사한 문제 요소들에 대한 인식을 통해 무비판적으로 아무 상담 이론이나 받아들이지 말고 좀더 신중을 기해야 할 것이다.

우리는 어떤 상담법도 모든 상담자나 내담자에게 똑같이 효과적으로 적용될 만큼 완전할 수는 없다는 사실을 명심해야 한다. 앞으로 계속해서 새로운 이론들이 나올 것이며 그렇게 되면 옛 이론은 그 영향력이나 인기를 상실할 것이다. 이것은 점차 확대되고 있는 기독교상담 분야의 필연적인 현상이지만, 기독교 상담자는 이렇게 계속해서 출현하는 다양한 상담법들에 대해 주의를 게을리 하지 말고 적절하게 평가하여 비성경적인 것이나 건전한 심리학에 대치되는 것을 거부하고, 그리스도인 형제자매들에게 실질적으로 도움이 될 수 있는 요소들을 받아들여 혼동 없이 참된 기독교 상담이 실시될 수 있도록 노력해야 할 것이다.

II. 기독교 상담의 제 방법

제3장 관계 상담
(Relationship Counseling)

데이비드 칼슨(David Carlson)

　관계 상담이란 상담자와 내담자간의 관계 형성이 상담 과정에 미치는 영향의 중요성을 지적한 말이다. 문제를 가지고 찾아온 사람을 돕기 위해서는 상담하는 과정에서 상담자와 내담자 사이에 의미 있는 관계가 형성되어야 하고 이러한 관계가 형성되지 않고서는 효과적인 상담을 기대할 수가 없기 때문이다. □우리가 하나님의 말씀을 올바로 전하려면 먼저 하나님의 귀를 가지고 내담자의 말을 귀기울여 들을 줄 알아야 한다□는 본회퍼의 말을 들어 필자는 상담의 제사장적 접근과 선지자적 접근의 통합을 시도하고 있다.

　성경적 상담의 특성은 권위주의자가 되지 않으면서 권위를 사용하는 것이다. 진정한 권위는 행사하는 자의 입장에서가 아니라, 행사당하는 자의 입장에서 사용되어져야 한다.

　데이비드 칼슨은 상담자의 □권위□나 □자격□을 앞세울 때 내담자와의 진정한 교류를 기대할 수 없으며 오히려 권위나 자격마저도 상담을 위한 헌신적인 도구로 사용할 때 그 권위와 자격의 가치가 살아남은 물론 훌륭한 상담 효과를 거둘 수 있음을 설명하고 있다.

　상담자가 진리를 알고 있어도 그 진리가 내담자 자신의 것이 되기 전에는 내담자의 행동이나 태도나 감정 등을 변화시키는 진리가 될 수 없음은 물론이거니와 상담자가 알고 있는 그 진리마저도 그 순간 무용한 것으로 전락되고 마는 것이다.

　예수께서는 그가 알고 있는 진리를 우리로 하여금 깨닫게 하시고 우리의 것이 되게 하시기 위해 수없이 많은 비유를 드셨으며 대화를 즐겨하셨다.

예수께서는 선지자적인 태도로써 온땅에 복음을 선포하시고 당신을 반대하는 무리들에게 변론하기도 하셨던 반면, 한편으로는 제사장적인 태도로 문제를 가지고 고통당하는 사람들을 만나 그들의 문제를 듣고 해결해 주는 상담자의 역할도 하셨다. 이러한 예수 그리스도의 상담에서 특기할 것은 □상담자는 듣고, 내담자는 자신의 문제를 상담자에게 스스로 고백한다는 점□이다. 이에 우리에게 관건이 되는 것은 상담이 관계 형성을 위한 실제적이며 성경적인 접근 방법을 모색하는 것이다.

데이비드 칼슨은 시카고 대학에서 사회사업학을, 노던 일리노이 대학에서는 사회학을, 그리고 트리니티 신학교에서는 신학을 전공한 사회사업가이다. 그는 일리노이주 레이크 취리히에 있는 그리스도인 심리요법가들의 모임인 베링톤 상담협회(Barrington Counseling Associates)의 협동 책임자로 있으며 일리노이주 디어필드에 있는 트리니티 대학의 사회학과 대학의 사회학과 과장이자 부교수로 재직하고 있다.

기독교 상담에 대한 적절한 책은 20여 년 전에는 부족했으나 오늘날에는 일반인과 전문가를 위한 너무나 많은 자료들이 범람하고 있다. 많은 자료와 견해가 유용하며 필요하기도 하지만 여러가지 문제점도 있다. 또 일반 독자들은 상담에 대한 수많은 기독교적 접근 원리에 흔히 압도되고 있는 실정이다. 따라서 필자는 본장에서 이러한 현실적인 상황에 처해 있는 독자들에게 적절한 기독교 상담을 선택하는데 몇 가지 유익한 지침을 제공할 것이며, 난무하는 기독교 상담론을 통합하는 한 모델을 제시하고자 한다.

적절한 기독교 상담을 선택하기 위한 단계

적절한 기독교 상담은 상담 분야에서 진행되고 있는 현재의 상황을 이해할 때 선택될 수 있다. 이제 이 목적을 위해 필요한 몇 가지 단계들을 살펴보기로 하자. 그 첫째 단계는 현재 이것만이 절대적으로 '기독교적'인 또는 '성경적'인 상담 원리라고 주장할 수 있는 것은 없다는 사실을 인식하는 것이다. 이 말은 그리스도인들에게 공통적으로 인정되는 기독교 상담이 있다고 생각하던 사람에게는 뜻밖의 말이 될 것이다. 그러므로 독자들은 본장을 읽어 감에 따라 '기독교' 또는 '성경적'이란 말을 붙이기 위해서는 많은 필요조건이 있어야한다는 사실을 인식해야 할 것이다. 필자는 잠시 후에 이것들의 사례들을 제시하고, 이 원리들을 적절한 한 가지 형태로 체계화할 것이다.

둘째 단계는 전적으로 기독교적 또는 성경적이라고 인정되는 상담 방법은 하나도 없다는 사실을 이해하는 것이다. 자신들이 택한 방법이 성경적인 상담 방법이라고 주장한 학자들이 여러 명 있지만 우리는 아직까지 이 문제에 대해 일치점을 찾지 못하고 있다.

셋째 단계는 현재로서는 모든 기독교 상담자들의 통일된 원리가 없다는 점을 이해하는 것이다. 물론 서로 유사하고 공통되는 개념들이 있기는 한데, 이것들은 본장의 마지막 부분에서 제시될 것이다.

넷째 단계는 내담자에게 필요한 변화에 대해서 아직까지 일치된 견해가 없다는 사실을 이해하는 것이다. 우리는 최소한의 변화 요건으로서 내담자의 행동, 느낌, 생각의 변화를 들 수 있을 것이다. 어떤 상담자는 이 중의 어느 하나를 강조하여 그것을 변화시키려고 하기도 한다. 이에 대해 이 글을 읽고 있는 분들은 왜 세 가지 다 변화시키려고 하지 않느냐고 질문할 것이다. 좋은 질문이다. 세 가지 다 변화시키기 위해 연구해야 할 것이다. 그러나 현재 발표된 연구들로는 그다지 큰 도움을 받을 수 없을 것이므로 지나치게 기대하지 않는 것이 좋다. 이러한 문제들이 있다고 해서 상담에 대한 성경적 견해를 발견하기 위한 노력을 포기해서는 안 된다. 이러한 문제들을 제시하는 목적은 아직 틀이 잡히지 않은 분야인 기독교 상담의 발전이 절실히 요청되고 있다는 점을 지적하는 데에 있다. 따라서 너무 성급한 판단을 내리지 말고 성경적인 기독교 상담의 가능성에 마음을 활짝 열어 놓아야 할 것이다.

다섯째 단계는 상담에 대한 기독교적 관점과 세속적 관점을 조화시키는 문제를 이해하는 것이다. 이 단계에는 기본적인 세 가지 입장이 있다. A 입장은 유일한 기독교 상담 같은 것은 없다고 믿는 그리스도인들에 의해 주장된다. B 입장은 성경적인 상담이야말로 유일한 기독교적 상담임을 믿는 사람들에 의해 주장된다. C 입장은 세속적인 상담과 기독교적인 상담의 통합은 가능하며 필요한 것이라고 믿는 사람들에 의해 주장된다.

적절한 기독교 상담의 선택에는 대체로 이러한 기본적인 세 가지 입장 중에서 한 가지 입장을 선택하여 반영하는 문제도 포함된다. 그리스도인들은 전통적으로 어떻게 하면 이 세상에 속하지 않고서 이 세상에서 살 수 있을까 하는 문제에 대해 고민해왔다. 그러나 우리는 세속적인 것과의 관련성을 무시할 수 없다. 입장 A는 근본적으로 문화에 대한 기독교의 관련성을 무시하고 있다. 입장 B는 문화로부터 기독교를 분리시키고 있다. 그리고 입장 C는 성경적으로 바람직하고 받아들일 만한 문화에 대해서 그 문화와 기독교를 통합시킨다. 우리에게 있어서 영적으로나 지적으로나 가장 필요한 입장은 세 번째 입장이며, 이것은 우리가 가장 깊이 심사숙고해야 할 입장이다.

여섯째 단계는 성ᅳ속의 관계(the sacred-secular relationship)에 대한 문제에 있어서 필수적인 부분인데, 이는 성경의 권위에 관한 문제를 이해하는 것이다. 성경은 우리가 알아야 할 상담에 관한 모든 자료를 제공해 주는가? 성경은 상담의 유형, 방법 또는 상담의 요소들을 개발하는데 있어서 그리스도인들이 믿고 의지할 수 있는 유일한 자료인가? 적절한 기독교 상담을 하기 위해서는 성경의 권위에 관하여 확고히 이해하며 자기의 태도를 분명히 갖는 것이 중요하다. A 입장은 상담 분야에 있어서 성경은 우리에게 별로 혹은 전혀 도움을 주지 못한다고 주장한다. B 입장은 성경이야말로 우리가 필요로 하는 유일한 자료라고 주장한다. C 입장은 상담에 필요한 정보는 성경과 그 외의 적절한 자료를 통해 효과적으로 얻을 수 있다고 주장한다.

일곱째 단계는 신학과 심리학에서 한 단계 더 나아가는 것이다. 이를 위해서는 일반 학문의 도움을 받으며 이러한 것들이 과연 타당한 것인가를 철저하게 재점검하고 테스트하는 개방된 태도를 가져야 한다. 그러나 이러한 태도에는 신학적으로, 성경적으로 올바른 것 같다고 느껴지는 것을 상담에 무비판적으로 적용할 위험이 있다. 재삼 강조하건대 우리는 어느 누구의 견해일지라도 기독교 상담의 이론과 실제에 있어 절대적인 위치를 차지하는 것은 없다는 사실을 명심해야 한다.

표면상으로는, 이러한 문제들이 독자를 당황하게 만들지도 모르겠다. 그러나 우리 앞에 있는 이러한 도전을 해결할 수 있는 것이다. 그것은 다음과 같은 것을 분명히 이해함으로써 가능해진다.

1) 기독교 상담의 통합 과정
2) 상담의 성경적인 용어와 그 의미
3) 상담의 이론과 실제에 있어서의 공통 요소들

통합 과정

적절한 기독교 상담을 선택하는 것은 기독교와 문화의 관계를 보는 입장에 따라 크게 영향을 받는다. 앞에서 살펴본 기독교와 문화의 관계에 대한 세 가지 기본 입장을 다시 요약하자면, A 입장은 기독교와 문화 사이에 있는 차이를 무시하고, B 입장은 우리에게 도움이 될 점들이 있는 문화를 거부하며, C 입장은 기독교와 문화를 적절히 통합하려 한다.1)

그런데 적절한 기독교 상담을 위해서는 C 입장을 취하는 것이 가장 바람직할 것이다. C 입장은 신학과 심리학 양쪽에 대해 개방적인 태도를 취한다. 또한 서로를 보조하며 기독교 상담의 이론과 실제의 발전에 큰 역할을 하는 신학적인 관점과 심리학적인 관점 간의 역동적인 상호 작용에 대해서도 잘 수용한다. 성경은 이러한 통합 과정에서 인간과 기독교의 신앙 및 실제에 관한 전제에 대해 궁극적인 진리의 원천이 된다. 성경은 정확 무오한 진리이다. 그러나 성경은 전적으로 진리이기는 하지만 모든 것을 다 포함하고 있는 것은 아니다. 따라서 통합을 주장하는 사람은 성경이 상담에 관한 모든 자료를 제공해 주는 유일한 정보의 원천이라고 보지는 않는다. 성경이 하나님과 구원에 관한 가장 정확하고 신뢰할 수 있는 진리를 전해주고 있다고 믿지만 필요한 모든 내용들을 다 가르쳐 주고 있는 것은 아니라고 생각한다. 그들은 성경이 모든 것을 가르쳐 주도록 의도되지는

---

1) H. R. Niebuhr, *Christ and Culture*(New York: Harper & Row, 1951).

않았다고 본다. 통합론자들은 "성경 안에 있는 것은 다 진리이지만 그렇다고 모든 진리가 성경에만 있는 것은 아니다"라는 기본전제를 가지고 있다. 이들은 기독교를 무시하는 A입장과 문화를 무시하는 B 입장은 받아들이지 않을 것이다.

그렇다면 통합이란 과연 무엇인가? 그것은 상담에 관한 성경적 자료와 그 외의 자료들을 다 수용하는 것이다. 즉 하나님의 특별 계시 (그리스도와 성경)와 하나님의 자연 계시(문화와 자연) 사이의 관련성을 인정하고 받아들이는 것이다. 인간은 하나님의 계시와 자신의 연구를 통해 자기에 대해 좀더 잘 알아가며 이웃을 돕는 문제에 대해서도 필요한 정보를 얻을 수 있기 때문이다.

그러나 통합은 단순한 하나의 입장이기 이전에 성경적이고 과학적인 자료의 차원이 아닌 하나님의 진리를 발견해가는 과정이다. 또한 통합은 심리학과 신학, 각각의 영역이나 주체성을 침해하지 않고, 둘 사이에 있는 갈등과 역설적 상황을 무시하지 않으면서 각각을 구성하고 있는 요소들을 함께 조직하는 의식적 작업이다. 그리고 문제를 인식하는 데 있어서도 단지 신학이나 심리학의 관점에서만 보는 것보다는 상대적으로 폭 넓은 관점에서 인식하게 한다. 그러므로 통합을 심리학에 단순히 성경 구절을 갖다 붙이는 것으로 보아서는 안 된다. 실제로 이것은 심리학과 신학의 상호 관련성과 공통점을 찾기 위해 나란히 배열해 놓고 대조하는 것 이상을 의미한다. 이러한 통합 과정은 상담에 관한 성경의 용어와 의미에 관해 살펴본 후에 설명될 것이다.

상담에 관한 성경의 용어와 그 의미

현대의 상담 절차와 과정은 대개 문제를 가진 내담자의 변화를 유도하기 위해 상담자가 내담자의 말을 듣고 상황에 따라 적절한 반응을 함으로써 이루어진다. 그러나 엄밀하게 따지자면 상담에 대한 이러한 현대적인 개념은 성경과 일치하고 있는 것 같지는 않다. 사실 성경에는 '상담'이란 말이 전혀 사용되지 않았다. 상담과 관계된 용어로 '의논하다'는 단어가 사용될 때도 그것은 충고를 주고받는 정도에 한정된 것이었다. 구약성경에는 이 용어가 대개 '토의하다, 해결하다, 방침을 가르치다, 모략을 주다, 계획하다, 상의하다' 등의 의미로 사용되었다(참조, 잠 11: 14; 15: 22; 대하 25: 16; 사 1: 26; 출 18: 19). 신약성경에는 '상담자'의 의미를 지닌 단어가 세 번 사용되었는데(공회원－막 15: 43; 눅 23: 50; 모사－롬 11: 34), 이는 조언자의 역할을 한 사람을 묘사한 것이었다.

신구약성경에 사용된 단어를 살펴볼 때 오늘날의 상담은 옛날부터 사용된 성경적인 방법이라기보다는 차라리 현대에 들어와서 현대적 의미를 가지고 사용되기 시작한 것이라고 보아야 하기 때문에 어떤 상담법이든지 성경적 방법이라는 말을 함부로 사용해서는 안 된다. 즉 성경적 상담이라는 말을 사용하려면 '의논하다'로 번역된 용어의 성경적인 충분한 의미와 적용을 함축해야 하며 하나님께서 인간을 대하시고 인도하시는 모든 상담의 의미를 내포해야 하는 것이다.

한편 성경적 상담을 지시적이며 대면적인 상담에 국한시키는 그리스도인들도 있다.2) 또 어떤 사람들은 "나는 단지 진리를 이야기하고 사실을 사실대로 볼 뿐이다"라고 말한다.3) 이런 사람들은 근본적으로 앞에서 묘사한 바 있는 기독교와 문화의 관계에 대한 B 입장을 취하는 사람들이다.

로렌스 크랩은 이런 그룹에 속해 있기는 하지만 완전히 B 입장을

---

2) 참조, J. Adams, *Competent to Counsel*(Nutley, NJ: Presbyterian & Reformed, 1974); *Christian Counselor's Manual*(Grand Rapids: Baker, 1973); C. Solomon, *Counseling with the Mind of Christ*(Old Tappan, NJ: Revell, 1977).

3) E. Jabay, *Search for Identity*(Grand Rapids: Zondervan, 1967), p.44.

취하는 것은 아니다. 그의 '성경적' 상담은 복음주의, 격려, 권고, 교화라는 개념으로 묘사된다.4) 이러한 태도는 기독교 상담 방식을 택하는 데 도움이 되는 것으로서 '선지자적' 상담이라고 볼 수 있다.

다른 한편으로, '제사장적' 상담의 태도를 취하는 사람들이 있는데 이들 가운데 대표적인 사람들로는 흄, 메이, 레이크, 클라인벨, 힐트너, 투르니에, 내러모어, 콜린스 등을 꼽을 수 있다.5) 이들은 대체로 기독교와 문화에 관한 C 입장을 취하고 있는 학자들이다.

이러한 두 가지 입장에서 이 학자들은 각기 자신의 상담을 기독교적이고 성경적이라고 주장하는 면에서 유사점이 있기는 하지만 반면에 성경적이라는 이들의 주장에는 중요한 차이점이 있다. '성경적' 상담은 두 가지 의미로 사용될 수 있다. 선지자적인 견지에서의 성경적 상담은 조언을 해주고 권고를 하는 상담자의 역할이 성경에 사용된 '의논하다'와 '모사'의 용법과 의미에 한정되는 매우 좁은 범위에 국한된다. 그러나 제사장적인 견지에서 볼 때, 성경적 상담에서의 상담자는 성경 전체를 통해 나타나고 있는 내담자의 필요를 제공하고 상황을 이해시키며 상담을 진행하는 폭넓은 역할을 수행한다.

이 두 가지 입장의 학자들은 성경에서 서로 상이한 자료를 찾아내고 있다. 선지자적 상담의 입장을 취하고 있는 학자들은 성경에서 하나님의 영감을 받은 법칙, 규칙, 기술 등을 제시하는 방법론과 예증을 찾고자 한다. 이들에게는 성경이 상담에 대한 정보와 지침을 얻을

---

4) L. Crabb, "Moving the Couch into the Church" in *Christianity Today,* Sept. 22, 1978, pp.17-19.

5) W. E. Hulme, *Counseling and Theology*(Philadelphia: Muhlenberg, 1956); R. May, *The Art of Counseling*(New York: Abingdon, 1939); F. Lake, *Clinical Theology*(London: Darton, Longman, Todd, 1966); J. H. Clinebell, *Basic Types of Pastoral Counseling*(Nashville: Abingdon, 1966); S. Hiltner, *Clinical Pastoral Training*(New York: Abingdon, 1949); P. Tournier, *The Healing of Persons*(New York: Harper & Row, 1965). B. Narramore, *Guilt and Freedom*(Santa Ana: Vision House, 1974); G. Collins, *Effective Counseling*(Carol Stream, Ⅱ: Creation House, 1972).

수 있는 유일하고도 가장 우선되는 자료이다.

그러나 제사장적 상담의 입장을 취하고 있는 학자들은 성경에 비추어 상담과 성경의 지침 사이에 있는 관련성을 살피는 사람들이다. 이들은 성경이 상담에 필요한 모든 것을 가르쳐 준다고는 생각하지 않는다. 그러면서도 인생의 모든 영역에 대한 그리스도의 주권과 성경의 지침을 인정하고 그것을 따른다. 이들에게 있어서 성경은 믿음과 실제 생활의 절대적인 규준이 되는데, 이들은 상담에 대해 인간이 발견하고 연구한 결과들도 이 규준에 포함된다고 본다. 즉 성경 외의 다른 정보 자료들도 기독교 상담의 발전에 필요한 적절한 정보의 원천이 될 수 있다고 믿고 있다.

기독교 상담에의 접근 유형

선지자적 접근	제사장적 접근
확신	위로
대면	고백
설교	면담
강의	청취
일반적인 생각	내담자와 함께 생각
일반적인 대화	내담자와 함께 대화
일반적인 상담 진행	내담자를 위로

그러므로 기독교 상담은 기독교와 문화의 관계에서 B 입장을 취하느냐 C 입장을 취하느냐에 따라 구분될 수 있지만, 이와 같이 두 가지 유형의 상담법에 의해서도 구별될 수 있다.

오늘날 어떤 유형이든지 간에 기독교 상담이라고 명명된 상담법을 면밀히 살펴보면 대개는 성경이 그 핵심적인 역할을 하고 있지만 상담의 유일한 자료로 취급되고 있지는 않다는 점을 발견하게 된다. 사실 근래에 기독교적 입장에서 연구가 진행되고 책이 출판되고 하는 것은 상담이 일반에 널리 알려지고 수용되었기 때문에 그 결과로 나타난 현상이지 성경이 상담에 대해 분명하게 가르치기 때문에 그 영향을 받아 나타난 현상은 아니다. 즉 그리스도인들은 상담이 대중화되자 이 새로운 현상을 성경 및 신학에 적용시키려고 했던 것이다. 그러나 오늘날의 상담은 성경보다는 현대 상담 철학과 상담실제의 산물에 의해 크게 영향을 받고 있다는 사실을 명심해야 한다.

상담에 관한 성경적인 통합 모델

앞으로 소개될 모델은 기독교 상담의 발전을 위해 하나님께서 사용하신 모든 상담 방법을 통합하여 적용하는 것이다. 즉 이 통합모델은 단편적인 성경 구절이나 용어에 의존하는 것이 아니라 성경전체에서 제시되고 있는 상담 방법을 통합하는 개념적인 구조이다. 이 모델은 선지자적 입장과 제사장적인 입장이 다 성경적인 기독교 상담이 될 수 있다고 본다.

어떤 기독교 상담이든지 모든 것의 중심이 되시는 이는 그리스도이므로 그 시작은 그리스도를 통해서 이루어져야 한다(참조, 골 2: 4). 그리스도는 모든 것을 주관하시며 유지하는 분이기 때문에 기독교 상담의 핵심이 될 수밖에 없는 것이다. 그러므로 이 모델은 예수의 상담 방식이라고 할 수 있다. 그러나 '상담'이란 말이 성경적이면서도 세속적으로 사용된다는 점을 고려할 때, 이를 예수의 관계 방식(Jesus' style of relating)이라고 부르는 것이 더 정확하겠다.

우리는 예수가 사람들에게 접근하는 방식을 모방할 수는 있지만, 거기에는 한계가 있다. 예수는 인간 그 이상인 하나님의 아들이었음을 기억할 필요가 있다. 우리는 인간의 한계를 가지고 예수를 따라가는 것이다. 비록 우리 안에 하나님의 영이 거하실지라도, 우리는 예수의 깊은 뜻이나 무한한 권능 또는 온 우주를 통괄하는 깨달음이나 오래 참으시는 인내를 갖고 있지는 못한 것이다. 우리는 하나님이 아니므로 예수가 관계 맺은 것과 똑같이 관계 맺기를 기대해서는 안 된다. 예수께서 어떤 상담 기술을 사용하셨든지 간에 그분은 이미 우리가 따를 수 없는 하나님의 권능, 하나님의 시각, 하나님의 지각, 하나님의 오래 참으시는 인내를 소유하셨기 때문이다.

예수의 관계 방식을 모방하려는 우리에게는 예수의 방식을 엄밀하고도 원리적으로 정의하는 작업에 또 다른 한계가 있다. 여기에는 성경의 가르침만을 유일한 상담 원리로 규정해 버리는 위험성이 있다. 즉 우리가 성경이 상담에 대해 유일한 규준적인 견해를 제시하고 있다고 본다면 이것은 성경의 본래 의도를 잘못 이해한 것이다. 이러한 태도는 "성경적인 원리와 지침들을 주의깊게 살펴보라. 그리고 이 원리들을 사람과의 관계에 적용시키라"는 기본적인 성경 해석의 규칙을 무시한 데서 오는 결과이다. 성경은 '어떻게' 보다는 '무엇을'에 더 관심을 가진다. 예를 들면 성경은 "네 이웃을 사랑하라", "네 부모를 공경하라"고 말하지만, 이 권고들을 어떻게 이행할 것인가에 대해서는 별로 뚜렷한 방법을 가르쳐 주고 있지 않다. 하나님은 흔히 그리스도인과 그 공동체에게 방법의 문제를 맡기시는 것이다.

이러한 견해는 웨일론 워드(Waylon Ward)에 의해 잘 뒷받침되고 있다. "성경은 우리에게 일반적인 또는 절대적인 원리들을 주고 있지만 원리들을 적용하는 구체적인 과정은 제시하고 있지 않다. 그러므로 유일한 성경적 상담 방법이란 것은 없다. 다만 어떤 방법을 사용하든지 간에 인식되고 지켜져야 하는 절대적인 성경의 원리들이 있을 뿐이다. 그리고 이 원리들의 적용과 그 방법은 인간에게 달려 있는 것이다."6)

---

6) W. Ward, *The Bible in Counseling*(Chicago: Moody, 1977).

예수의 관계 방식

일반적으로 보아 선지자적 상담의 입장과 제사장적 상담의 입장은 서로 반대의 입장에 있다. 그러나 예수의 관계 방식에는 이러한 입장들이 양분되어 있지 않다. 예수는 자신이 만나는 사람의 필요에 따라 자기의 방식을 변화시켜 가면서, 두 가지 입장을 창조적이고 적절하게 병합하여 사용하였다.

필자는 예수의 관계 방식을 설명하기 위해, 어떤 특정한 사회적 지위를 가진 사람에게 기대되는 행동인 '역할'이라는 사회학적 개념을 사용하였다. 그리고 복음서를 통하여 예수의 관계 방식에 대해 연구하기 시작하였다. 예수의 관계 유형은 아주 다양하였다. 아울러 그의 역할도 아주 여러 가지로 구분되었다. 그는 선지자이자 제사장이었다. 또한 그는 바리새인, 서기관들과 만나 변론하셨고 간음하다 잡혀 온 여자를 위로하기도 하셨다.[7]

예수가 사람들을 상대하는 것을 면밀히 살펴보면 그가 만나는 사람에 따라 관계를 맺고 적절한 상대 역할을 하시는 것 사이에 흥미 있는 관련성이 있다는 사실을 발견하게 된다. 예를 들면, 설교하고 가르치며 변론하고 '회개하라'고 외치실 때에 예수는 선지자의 역할을 하셨다. 한편 사람들의 고통을 듣고, 죄를 고백하도록 하며, 또한 하나님과 죄인들을 화목케 하실 때는 제사장의 역할을 하셨다. 그리고 왕으로서 예루살렘을 행진하셨고 하나님의 왕국을 세우고 통치하셨으며, 어린양으로서 자신을 희생하고 조롱과 수치를 참으셨고, 죄인들을 구원하시기 위해 대신 채찍을 맞고 상처를 입으셨다. 또한 예수는 섬기는 자로서 제자들의 발을 씻기시고 음식을 대접하셨으며 자신을 희생 제물로 주시면서 낮아지라고 말씀하셨다. 그리고 목자로서 자기 양떼들을 먹이시고 보호하셨으며 잃은 양 한 마리를 찾아

---

7) 참조, H. N. Wright, *Training Christians to Counsel*(Denver: CME. 1977), pp.24-35.

멀리 다니셨다.

  예수가 사람들과 관계를 갖기 위해 사용했던 방법들은 그가 취했
던 신분만큼이나 다양하다. 그는 성경을 가르치고 사람들의 문제를
주의 깊게 설명하고 질문을 하셨으며, 또한 말씀을 전하시고 청중들
의 의견을 묻기도 하셨다. 다시 말해 예수는 이 땅에서 사람들과 만
나시는 동안 어느 한 가지 유형의 관계 방식에 의존하지 않으셨던
것이다.

〈표1〉 예수의 역할 목록

신 분	역 할
선지자	설교, 교육, 변론, 촉구
제사장	청취, 용서, 중재, 고백 요구
왕	예루살렘 행진, 통치, 왕국의 확립
어린양	희생, 조롱과 수치를 참으심, 죄인 구원
종	음식을 제공, 보호, 발을 씻김, 돌봄, 자신을 내어 줌, 겸손을 요구
목 자	보호, 양육, 잃은 양을 찾음

  이러한 예수의 관계 방식을 통해 볼 때 양분된 기독교 상담의 입
장은 받아들이기 어렵다. 오히려 성경적인 상담이 되려면 이 양자간
에 연속성이 있는, 즉 통합적 상담이어야 할 것이다. 선지자적 기능
과 제사장적 기능은 상충되는 위치에 있는 것이 아니고 서로 연관되
어 있다. 〈표1〉은 예수의 신분과 역할들 사이의 관련성을 쉽게 이해
하기 위해 만든 도표이다. 그 역할들 가운데 더러는 어떤 한 신분에
특징적으로 나타나기도 하지만 이러한 다양한 신분과 역할들은 한
사람 예수 그리스도에 의해 수행되었던 것이다. 예수께서 행하신 역
할과 방법은 내담자의 신분에 따라 큰 영향을 받았는데 우리는 그
역할과 방법이 어느 한 신분에만 제한적으로 적용되는 것은 아니라
는 것을 알 수 있다. 앞에서는 두 가지 신분의 입장을 중심하여 그에

수반되는 역할들을 설명했는데, 이제 〈표2〉에서는 〈표1〉에 나타난 역할 목록에 기초하여 제3의 신분인 목회자적 입장을 첨가하고자 한다. 예수의 관계 유형을 더 정확하게 이해하려면 목회자적 신분을 빼놓을 수 없는 것이다. 여러 가지 면으로 살펴볼 때 목회자의 신분과 역할은 종의 역할과 합치되고 있다.

〈표2〉 예수의 관계 방식

상담	연속적이며 통합적인 상담
신분	선지자적, 목회자적, 제사장적 신분
역할	비평가, 설교자, 교사, 해석자, 중재자, 변론자, 설득하는 자, 바로잡는 자, 고백자, 깨우치는 자, 옹호자, 지원자, 후원자, 강연자, 조언자, 세상 죄를 지고 가는 자, 듣는 자, 꾸짖은 자, 경고자, 돕는 자, 위로자, 용서하는 자

우리는 예수의 관계 방식을 본받으면서 특히 그는 하나님의 아들이었다는 점을 기억해야 한다. 그는 단순한 역할 연기자가 아니라 실제로 그러한 삶을 사신 분이다. 예수의 역할들은 인격적으로, 영적으로 그가 어떤 인물이었던가를 보여주는 진정한 표현이었다. 그러므로 사람들과의 관계에 있어서 자신의 순수한 본 모습의 표현으로서 자신의 역할들을 수행한다면 관계의 유형과 방법에 차이가 있다 해도 그것은 그리 중요한 문제가 되지 않을 것이다.

"예수의 방법은 우리의 상담 관계에 대한 하나의 귀중한 모델이 되고 있다. 그러나 모델을 통해 기억해야 할 것은 방법만으로는 효과적인 상담을 기대할 수 없다는 점이다. 그의 모델에서 우리가 가장 관심을 갖고 지켜보아야 할 것은 예수를 찾아온 사람들은 어떠한 사람들이었으며 그는 이들을 어떻게 대했으며 그는 과연 어떤 인물인가 하는 것이다. 예수의 상담은 그저 몇 분 동안 앉아 대화하고 가는 것으로 끝나는 상담이 아니었다. 그는 문제를 해결하기 위해 함께 애썼고 문제를 가진 사람들을 도우며 그들 스스로가 문제를 의미 있는 방법으로 다루도록 돕는 일에 많은 시간을 보냈다. 그는 사람들을 단지 문제만 가지고 있는 것으로 보지 않았다. 그는 그들에게서 또한 잠재력과 희망을 보았던 것이다."8)

이러한 예수의 관계 방식은 우리가 기억해야 할 여러 가지 요소들을 제시해 주고 있다.

1. 예수의 관계 방식에 근거한 성격적인 상담 모델을 적용하는 상담자는 자신의 최선의 기능을 다 발휘해야 한다. 어떤 한 사람이 타인과 어떻게 관계하는가 하는 것은 그가 누구인가 하는 것과 밀접한 관계가 있다. 이상적인 상담자는 자신이 훈련받고 교육받은 것뿐만 아니라 자신의 진실된 인간적인 모든 면들을 다 동원해서 자기에게 요청되는 역할을 최선을 다해 수행하는 것이다. 예수를 본받아가는 기독교 상담자는 단지 돕는 역할 뿐만 아니라 그 역할을 수행하는데 필요한 모든 태도와 마음을 소유해야만 하는 것이다.

2. 예수의 관계 방식에 근거한 성경적 상담 모델은 상담자의 상담 역할 목록에 선지자적, 목회자적, 제사장적 역할 모델들을 모두 포함한다. 이 역할들이야말로 성경적 상담의 필수 요건인 것이다. 이들 역할들간에는 비록 어떤 차이는 있을지언정 모두가 중요한 요소들이다. 성경을 통해 볼 때 각각의 역할들은 서로 밀접한 관계가 있으며 그리스도의 몸의 전체적인 역할 개념을 구성하는 통합 요소가 된다 (참조, 롬 12장; 고전 12장). 신체가 건강하게 되려면 신체를 구성하고 있는 각 기관들이 서로 의지하고 받쳐 주어야 하는 것처럼 그리스도인의 역할도 그러하다. 신약 성경은 이 역할을 기독교 공동체 안에 있는 각 사람을 위해 필요한 은사들로 묘사하고 있다. 사실 오늘날 교회에서 발견되고 있는 그리스도인의 역할 개념은 예수의 관계 방식에서 유출된 것이라고 볼 수 있다.

---

8) *Ibid.*, p.26.

한편 paraclete라는 희랍어는 흔히 '권고하다'로 번역되는데, 이에
대해 존 카터(John Carter)[9]는 이 말을 위기를 중재해 주는 일에서
깊이 있는 치료에 이르기까지 다양한 치유의 방법들을 제공해 주는
넓은 개념으로 보며, 이것은 선지자나 교사의 은사와는 현저하게 다
른 은사라고 주장하고 있다. 이에 대해 또 다른 학자는[10] 성령께서
주시는 이 은사야말로 위로하고 격려하는 것에서 권고하고 훈계하는
모든 차원을 포함하는 많은 형태의 관계 유형을 의미하는 것이라고
보았다.

3. 성경적 상담 모델에는 상담자가 택할 수 있는 여러 가지 역할들
이 있다. 예수의 역할들은 상호 배타적인 것이 아니었으며 그가 관계
하고 있는 사람이 누구이며, 왜 관계하고 있는가 하는 것에 따라 달
라졌는데 이들 간에는 상호 중요한 관련성이 있다. 예수는 역할의 가
변성과 다양성을 우리에게 보여 주신 것이다. 그는 어떠한 사람들이
든지 바로 그 자리에서 그들과 관계의 문을 열 수 있었다. 또한 구태
여 선지자적 역할과 목회자적 역할, 또는 제사장적 역할을 가려 가며
사람들과 관계할 필요도 없었다. 우물가에서 사마리아 여인과 대화하
셨던 경우처럼 단번에 구속적인 세 가지 역할을 모두 수행하신 경우
도 여러 번 있었던 것이다.

기독교 상담자는 지시적이면서 동시에 비지시적인 상담을 할 수
있다. 그러나 교리적인 지시적 상담을 함으로써 내담자가 어디서, 왜
문제가 생겼는가 하는 것을 듣지 않고 무시해서는 안 된다. 그는 내
담자의 말에 진지하게 귀기울이는 상담자가 될 수 있어야 한다. 기독
교 상담자는 선지자적인 기능을 수행할 수도 있지만 그렇다고 해서
제사장적인 기능을 필요로 하는 상처받은 사람들의 요구를 무시해서

---

9) J. Carter, "Adams' Theory of Nouthetic Counseling" in *Journal of Psychology and Theology*, 1975, 3(3), pp.143-155.

10) J. Ulrich, *the Practice of the Gift of Exhortation According to the New Testament*. Unpublished master's thesis, Wheaton College, 1976.

는 안 된다. 성경의 선지자들처럼 훈계하고, 가르치고, 지시할 수도 있으나, 때로는 위로와 용서의 말을 할 줄도 알아야 한다(참조, 고전 14: 3)

상담자에 따라서는 성경에서 가르치고 있는 구속적 관계에 있어서의 역할의 가변성을 인정한다 해도, 대체적으로 세 가지 이유로 인해 역할의 가변성을 수용하는데 어려움을 겪을 것이다. 첫째, 상담자들이 성경적 모델과는 다른 치료 모델들에 익숙해 있을 경우이다. 이들은 일반적인 면으로 훈련을 받았기 때문에 독서와 가르침을 통해서 다른 상담의 견해들도 접할 필요가 있을 것이다. 사실 이런 문제는 좀더 교육과 훈련을 받으면 어렵지 않게 해결될 수 있다.

둘째, 상담자의 사고방식이 고착되어 있을 경우이다. 교육과 훈련을 받는다고 해서 저절로 성숙한 상담자가 되는 것은 아니다. 자신의 아이덴티티, 자아 개념, 자기 이상 등을 배타적으로 한 역할 모델에만 투영시키는 사람은 상담을 할 때도 특정한 역할만 수행하는 경향이 있는 것이다. 역할의 통합을 위해서는 전인적인 성숙과 통합이 요구되어진다.

셋째, 상담자의 영적인 은사와 소명의 문제로 인해 역할의 가변성을 수용하지 못하는 경우이다. 이들에 대한 문제는 두 가지 양상으로 드러난다. 즉 영적인 은사가 제한되거나 한정되어 있는 경우와 상담의 소명을 받지 못한 경우이다. 이러한 상황에 처해 있는 사람들은 자기가 갖고 있는 영적인 은사와는 다른 은사가 요구될 때 상담하려고 해서는 안 된다. 자기의 역할로는 감당할 수 없는 역할이 요구될 때는 그리스도의 지체인 다른 상담자에게 도움을 요청할 줄 알아야 한다. 이것은 상당히 영적 분별력이 요구되는 일이다.

4. 예수의 관계 방식에 근거한 성경적 상담 모델은 문제에 대한 성경적 이해와 해결 방안을 모색하는 상담법이지만 그래도 먼저 선결되어야 할 것은 내담자가 털어놓은 문제를 경청하고 그것들을 이해하려는 자세이다. 기독교 상담자는 내담자의 문제와 필요들을 주의

깊게 파악한 후에야 자신의 전문적인 지시와 경험을 통해 내담자를 도울 수 있는 것이다.

성경의 선지자들은 사람들이 가진 문제에 대한 정보를 하나님으로 부터 직접 받았으나 오늘날의 상담자들은 전적으로, 도움이 필요한 사람들을 직접 만나야 문제에 대한 정보를 알게 되므로 더욱 만남에 의존하게 된다. 이것은 문제를 설명하기 이전에 먼저 잘 살펴보고, 자신의 생각대로 결론지어 말하기 전에 먼저 잘 들어보고, 훈계하고 깨우치려고 하기 전에 먼저 내담자와 그들의 문제에 대해 공감해야 한다는 것을 의미한다. 물론 성경의 선지자들처럼 기독교 상담자도 필요한 때에는 사람의 본질과 상황에 대한 하나님의 메시지를 전한 다. 그러므로 상담자는 먼저 상담을 받고 있는 사람이 처한 상황에 대해 잘 들을 필요가 있다. 한편 성경에 나타나고 있는 제사장들은 사람들에게 죄사함에 대한 하나님의 메시지를 전하고 또한 죄를 하 나님께 고백하도록 인도한다. 이와 같이 상담자는 내담자의 말을 단 지 듣는 것만으로는 충분하지 않다는 사실을 명심해야 한다. 사람들 을 하나님께로 돌이키는 것도 제사장적 기능을 수행하는 상담자의 역할이 되는 것이다.

5. 권위주의자가 되지 않으면서 권위를 사용하는 것이 성경적 상담 의 특성이다. 예수께서 사람들과 관계를 가지실 때 그분은 자신이 누 구이며 무엇을 말하고 있는가를 잘 알고 계셨으며 그분과 그분의 메 시지는 청중들에게 권위 있는 것으로 인식되었다. 예수와 그분의 메 시지는 분명히 서기관들이나 바리새인들과는 달랐다. 예수의 존재와 행하시는 일은 서로 모순됨이 없이 모두 일치되었다.

권위는 내담자를 위해 유익하게 사용되어야지 상담자의 불안이나 부족함, 열등의식 등을 감추기 위한 수단으로 사용되어서는 안 된다. 어떤 사람들은 상담자라는 위치가 다른 사람에 대해 권위를 갖게 해 준다고 생각하고 상담자가 되는 것에 매력을 느끼며, 또 어떤 이들은 다른 사람들로부터 이러한 권위적 지배를 받지 않는 방법으로서 상담자가 되는 것에 관심을 가진다. 그러나 이런 태도는 모두가 효과적인 상담을 방해하는 옳지 못한 생각들이다.

6. 적절한 권위의 필요성과 관계있는 것으로서 상담자는 올바른 상담을 할 필요가 있다. 성경적 상담 모델은 상담자가 취하는 기독교의 가치 있는 전통들과 성경적 원리들을 내담자가 받아들이지 않거나 순종하지 않을 수도 있다는 사실을 인정한다. 흔히 올바른 상담자가 되려는 의도의 저변에는 상담자 자신의 가치와 능력을 확인하려는 욕구가 깔려 있기 마련이다. 그러나 올바르다는 것은 반드시 뛰어나지는 못하다 할지라도 적어도 문제가 없다는 것을 의미한다. 이러한 진리는 사람들이 인정하느냐에 좌우되지 않는다는 사실을 기억하는 것이 바람직할 것이다. 성경에 나타난 많은 선지자들도 사람들에게 별로 인정을 못 받고 박해를 받기도 했는데 그렇다고 해서 이것이 선지자들의 사역이나, 메시지나, 메시지를 전하는 방법이나, 그들 자체에 잘못된 점이 있었다는 것을 의미하지는 않는다. 대부분의 사람들은 진리를 받아들이기보다는 진리로 인도되는 도중에서 더 이상 진전을 못하는 경우가 많다. 상담자가 진리를 알고 있어도 그 진리가 내담자 자신의 것이 되기 전에는 내담자의 행동이나 태도나 감정 등을 변화시키는 진리가 될 수 없다. 즉 내담자에게 효과적인 변화 일어나기 위해서는 내담자는 먼저 자신에게 적용되는 진리를 듣고 이해해야만 하는 것이다.

7. 기독교 상담자는 내담자가 도움을 받아들일 준비가 되어 있는가에 대해 민감해야 한다. 예수의 관계 방식에서 관심을 가지고 지켜볼 것은 예수가 어떻게 사람들에게 접근하여 만나며, 문제를 설명해주며 해결 방안을 제시해 주셨는가 하는 것들이다. 예수는 기꺼이 들으려 하는 자에게 충고를 해 주셨고 해결 방안을 제시하셨다(부자청년과 니고데모의 경우를 살펴보자). 선지자적 스타일의 상담자는 흔히 내담자의 개인적인 준비 여부를 개의치 않고, 성경의 권위만을 인식하고 적절하게 상담을 함으로써 그들을 변화시킬 수 있다고 생각한다.

이러한 생각을 가진 상담자들은 다음과 같은 어느 목사의 고백을 신중하게 생각해 볼 필요가 있다. "목회를 시작할 때 나는 성경에 모든 사람이 필요로 하는 것과 문제의 해답이 담겨 있다는 확고한 믿음을 가지고 있었다. 그리고 모든 상담자가 할 일은 문제에 맞는 적절한 성경 구절을 찾아내어 적용하는 것이고, 그러면 문제는 곧 해결되리라는 생각을 갖고 있었다. 그러나 나는 하루하루의 목회생활을 통하여 곧 문제가 생각처럼 그리 쉽게 해결되지는 않는다는 사실을 깨닫게 되었다. 그렇다고 해서 내가 인간의 문제를 다루는데 있어서 성경이 가지고 있는 권위에 대한 확신을 잃었다는 것은 아니다. 결국 나는 나의 생각과 내가 사용하는 방법이 비효과적이었고 너무 단순한 것이었다는 사실을 깨닫게 되었고 내가 갖고 있던 생각과 방법에 대한 확신을 잃었던 것이다."11)

8. 예수의 사역을 통해 볼 때, 죄와 죄책감은 상담자의 다른 어떤 역할들 못지않게 상담자가 관심을 가져야 하는 중요한 요소이다. 상당수의 내담자들은 자신들이 저지른 죄에 대한 죄책감으로 인해 고통을 당하고 있다. 이들은 자신들의 죄와 죄책감을 감당할 수 있도록 도와줄 수 있는 사람들을 찾는다. 즉 자신들이 느끼는 비참한 죄책감과 죄 지은 상황에서 벗어나도록 도와주기를 바라면서 상담자를 찾아오는 것이다. 그러나 이들 내담자들에게 더욱 필요한 것은 자신들의 죄를 인식하는데 그치는 것이 아니라 죄의 인식과 더불어 그 죄를 고백하고 회개하는 것이다. 이 점이 내담자의 말을 듣기도 전에 진리를 선포하는 지시적인 선지자적 상담자와 고통당하는 사람들이 알기 어려운 진리를 알게 해주는 제사장적 상담자의 근본적인 차이점이다. 상담자와 내담자의 만남은 단순한 진리 선포 이상의 의미를 내포한다. 그러므로 내담자와 만나 상담을 하는 기독교 상담자는 내담자에 대한 사랑으로(엡 4: 15), "…항상 은혜 가운데서 소금

---

11) T. McDill, *Peer Counseling in the Local Church*. Unpublished doctoral dissertation, Bethel Seminary, 1975.

으로 고르게 함같이"(골 4: 6) 진리를 말해야 한다.

9. 죄에 대해 선지자적인 태도를 보여야 할 때도 하나님의 말씀은 정죄하기 위해서가 아니라 죄를 깨닫게 하기 위해 사용되어야 한다. 위로자가 되시는 예수와 성령은 죄를 깨닫게 하는 역할을 하며, 기독교 상담자도 위로자로서 이런 역할을 해야 한다. 상담자가 위로자의 역할을 할 때 내담자는 꾸짖음과 책망과 아울러 자신들이 용납되고 있다는 사실도 깨닫게 된다. 특히 그리스도인 내담자에게는 확신을 가지고 "그러므로 이제 그리스도 예수 안에 있는 자들에게는 결코 정죄함이 없다"(롬 8: 1)라고 단언할 수 있는 것이다. 그러나 진리는 자유케 하기 이전에(요 8: 32), 흔히 상당한 불안을 가져다준다는 사실을 기억해야 한다. 또 사람들은 흔히 심한 자책감이나 사단, 또는 친구나 가족에게 정죄를 당하고 괴로워하기도 한다. 성령은 죄를 책망하며 깨닫게 하지만 대부분의 사람들과 사단은 정죄한다(참조, 요 16: 8). 그러므로 고통을 당하는 사람에게 필요한 것은 선지자적 태도를 가진 상담자가 아니라 제사장적 태도를 지닌 상담자인 것이다.

10. 예수의 관계 방식을 통해 볼 때 제사장적인 상담자는 하나님과 인간 사이를 중재해 주는 역할을 해야 한다. 기독교 상담자는 인간을 대표하여 하나님께 나아가는 중재자가 된다. 그러나 이러한 제사장적인 중재 기능을 수행하는 상담자는 상담을 할 때 그리스도인 내담자가 자기 자신이 제사장이 되고 제사장적인 기능을 수행하는 능력을 개발하도록 계속해서 지원해야 한다. 그리고 점차적으로 상담자보다는 구원하시는 하나님을 의존해가도록 도와야 한다. 흄은 내담자가 자기 스스로 제사장적 기능을 수행하게 되는 특권이 상담자에 의해 침해당해서는 안 된다고 강조하고 있다.12) 상담자가 내담자를 위해 중재적인 기능을 수행한다 해도 이것은 단지 치유를 위한 과정에 불과한 것이다. 이러한 면에서 볼 때 상담시에 갖게 되는 관계는 궁극

---

12) Hulme, *Counseling and Theology*, pp.120−121.

적인 결과를 얻기 위한 하나의 방법이 된다. 즉, 그 관계는 내담자로 하여금 스스로 하나님께 나아가도록 하고, 하나님께 자신의 문제를 드러내 놓으며 기도하는 관계를 갖도록 돕는 방법이 되는 것이다. " 내담자의 제사장적 기능이 제 기능을 발휘하지 못하게 될 때 상담자가 해야 할 일은 그의 문제에 뛰어들어 대신해서 중재의 기능을 수행하는 것이 아니라, 내담자로 하여금 장애물을 제거하고 다시 하나님께 나아갈 수 있도록, 즉 그 스스로가 제사장적 기능을 회복할 수 있도록 도와주는 것이다."13)

결론

1. 필자는 적절한 기독교 상담 방식의 선택을 위해 취할 수 있는 두 개의 다른 접근법, 즉 제사장적 접근과 선지자적 접근을 통합하는 모델을 제시하였다. 이 모델은 상담자가 수행할 수 있는 역할들의 목록을 제시하는 동시에 상담을 할 때 범할 수 있는 중요한 두 가지의 함정을 피하도록 해준다. 제사장적인 기능을 수행하는 비지시적 상담자가 빠질 수 있는 함정은 위로와 용서의 말이나 치유에 대한 아무런 조언, 충고도 하지 않으려는 것이다. 한편 선지자적인 기능을 수행하는 지시적 상담자에게는 내담자의 말은 듣지도 않고 성급하게 결론을 내려 그들이 상담자가 하는 말을 들을 만한 여유를 가지기도 전에 하나님의 말씀을 선포하려는 함정에 빠질 위험성이 있다. 본회퍼(Bonhoeffer)는 선지자적 상담자와 제사장적 상담자 모두에 대해 중요한 말을 하고 있다. "우리가 하나님의 말씀을 올바로 전하려면 먼저 하나님의 귀를 가지고 내담자의 말에 귀를 기울여 들을 줄 알아야 한다."14)

---

13) *Ibid.*, p.130.

14) Bonhoeffer, *Life Together*(New York: Harper, 1954), p.99.

2. 필자는 성경적 상담은 대부분의 학자들이 생각하고 있는 것보다 훨씬 넓고 깊은 의미를 내포하고 있는 상담이라는 것을 제시하였다. 성경적 상담은 선지자적, 제사장적 접근법 이상의 의미를 갖고 있다. 즉 성경적 상담에는 가능한 한 상담자가 취할 수 있는 모든 위치와 역할들이 기도하는 마음으로 신중하게 적용된다. 그리고 성경과 신학 외에도 인간의 창조적인 연구 활동을 통해 깨닫게 되는 하나님의 일반 은총이 중요한 요소로 받아들여지고 있다.

우리는 이와 같은 포괄적인 성경적 상담을 통해 그리스도의 창조적이며 구속적인 사역이 인간에 의해 계속해서 이루어지고 있다는 사실을 확증하게 된다. 이는 또한 인간이 창조한 문명과 문화는 그리스도의 뜻에 합당하게 되고 하나님의 영광을 드러낼 때에야 비로소 선한 것이 된다는 사실을 분명하게 지적해 주고 있는 것이다(참조, 골 3: 16,17).

3. 성경적 상담 모델은 극단적인 개념들을 충분히 포함할 수 있는 준거틀(a frame of reference)을 사용함으로써, 다양한 기독교 상담의 접근들 간에 있는 차이점들을 조화시킬 수 있는 가능성을 가지고 있다. 필자는 특정한 기독교 상담 접근법들을 비난하지는 않았는데 그것은 대부분의 접근법들이 잘못되었다기보다는 전체적인 면에서 볼 때 부분적으로 불완전한 면이 있을 뿐이며 단지 특정한 방법론과 원리들을 과장하고 있는 정도에 불과하다고 믿기 때문이었다.

4. 예수의 관계 방식에는 상담에 대한 다양한 접근법들이 제시되고 있다. 우리는 지금까지 상담법보다는 상담을 할 때 기독교 상담자들이 내담자에 대해 취할 수 있는 다양한 상담 역할과 그들이 그리스도, 문화, 성경에 대해 가지고 있는 견해들을 중심으로 살펴보았다. 다시 한번 말하자면 그리스도와 문화는 분리될 수 있는 요소를 내포하고 있기는 하지만 그렇다고 해서 꼭 반대적인 입장을 취하고 있는 것은 아니다. 상담에 있어서 내담자에 대한 사랑, 내담자의 필요에 대한 예민한 관심, 친절한 태도, 관심 깊게 내담자의 말에 귀를 기울

이는 태도 등은 보다 기독교적인 성격을 갖고 있는 것들이며, 선지자적 상담이나 제사장적 상담에 공통적으로 적용되고 있는 요소들이다.

예수의 관계 방식은 방법적인 면보다는 영적인 원리들을 많이 제시해주고 있다. 우리가 예수의 관계 방식에서 주의 깊게 살펴보아야 할 것은 예수의 언행보다는 그분은 어떤 분인가 하는 것이다. 예수가 사람들에 대해 예언자나 제사장이나 목회자나 왕이나 구원자 등 어떤 역할을 취했든지 간에 그는 그리스도로서 대화에 임했다. 그리고 상처받고 죄 많은 사람들에게 어떻게 접근하였든지 간에 그는 어떤 특정한 방법에 의해 제약을 받지 않는 전능하신 하나님의 아들, 그리스도이셨던 것이다. 그러므로 우리가 상담할 때 어떠한 역할과 접근 방법을 사용하든지 간에 우리는 먼저 "우리 안에 계신 그리스도"(골 1: 27)를 의지하고 상담에 임해야 한다.

기독교 상담에서 방법론은 그리 중요한 것이 아니다. 중요한 것은 바로 우리 상담자들인 것이다. 우리는 어떠한 상담자들인가? 우리는 지금 도움을 필요로 하고 있는 내담자들과 얼마나 적절한 관계를 형성하고 있는가 하는 것들이 상담에 커다란 영향을 끼친다. 트루액스(Truax)와 카커프(Carkhuff)15)도 역시 가장 중요한 상담의 요소는 어떤 방법을 택하는가 하는 것이 아니라 내담자와의 적절한 감정교류, 내담자에 대한 순수하고 따뜻한 태도, 상담에 임하는 진지한 자세 등과 같은 상담자의 개인적인 특성이라고 지적함으로써 이러한 입장을 잘 지지해 주고 있다.

상담할 때 상담자와 내담자 사이에 어떤 관계가 형성되는가 하는 것은 무척 중요한 요소이다. 비록 이 관계의 중요성이 선지자적인 지시적 상담법과 제사장적인 비지시적 상담법에서 각각 다르게 인식될지는 모르나, 상담을 할 때 적절한 관계가 형성되어야 한다는 점은 공통적으로 인정되고 있는 사실이다. 패터슨(Patterson)은 상담이론

15) C. B. Truax and R. P. Carkhuff, *Toward Effective Counseling and Psychotherapy: Training and Practice*(Chicago: Aldine, 1967).

들을 요약하면서 다음과 같은 결론을 내리고 있다. "상담자와 내담자 간에 어떤 관계가 형성되는가 하는 것은 상담자가 사용하는 방법보다는 그가 어떤 사람인가 하는 것과 상담자가 상담 과정에서 무엇을 하는가 보다는 그것을 어떤 방식으로 수행하는가 하는 것에 의해 결정된다."16)

5. 우리는 다양한 기독교 상담 방법들이 서로 배타적인 관계에 있는 것이 아니라 상호 보충적인 관계에 있다는 사실을 인식해야 한다. 상담의 방법에 대한 차이점들은 결국 상담의 개념이나 용어들을 표현하는 상이한 이론적 주장이나 단어들에서 나타나는 것이며 다양한 상담 활동을 위한 상이한 접근법에 의해 초래되는 것이다. 하지만 보다 넓은 안목에서 보면 사실 이런 것들은 그리 핵심적인 차이점들은 아니다. 중요한 차이점은 상담자에게서 온다고 볼 수 있다. 상담자에 따라 상담 방법은 얼마든지 달라질 수 있다. 또한 똑같은 상담 방법이라 할지라도 어떤 상담자는 다른 상담자보다 더 잘 그것을 상담에 적용할 수 있다.17) 그러나 기독교 상담에서 상담 방법보다 더 중요한 근본적인 차이점은 상담의 중심에 그리스도가 계신가 하는 것에 있다. 우리가 예수의 마음을 품고 상담에 임한다면 다른 모든 차이점들은 사실 그리 중요한 것이 아니며 예수 안에서 이들을 잘 적용할 때 우리는 효과적인 상담을 기대할 수 있는 것이다(빌 2: 1−5).

---

16) C. H. Patterson, *Theories of Counseling and Psychotherapy*(New York: Harper & Row, 1973), p.536.

17) E. Peoples, *Readings in Correctional Casework and Counseling*(Pacific Palisades, CA: Goodyear, 1975), p.372.

제4장 투르니에의 대화 상담
(Tournier's Dialogue Counseling)

게리 R. 콜린스

□사람들이 본인이나 다른 사람들에 의지하여 자신의 참 모습을 발견한다는 말은 틀린 말입니다. 우리 모두는 하나님께만 의지할 뿐이며 그분께 의지함으로써만 우리의 참된 모습을 발견할 수 있을 것입니다.□ 이 말은 기독교 상담을 대표하는 인물인 투르니에가 그의 상담 과정에서 하나님의 섭리하심과 도우심에 어느 정도의 비중을 두고 있었는가를 단적으로 표현해 주는 말이다. 투르니에는 기독교교육이 죄의 문제를 해결받는 상태가 전제가 되어야 하듯이, 기독교 상담에서도 역시 죄의 문제(거듭나지 못함)를 해결(거듭남)하는 것이 전제임을 확인시켜 주고 있다.

투르니에에 의하면 현대인들은 다음의 몇 가지 내용의 질병들로 인하여 인간성이 상실되어가고 있으며, 신경증 환자화 되어가고 있다고 지적한다. 그 첫째로는 불안, 둘째로는 무미건조, 셋째로는 자기 패배, 넷째로는 무의식적 내적 갈등이다. 이러한 증상들을 가진 사람들은 자신의 약함을 인식하지 못하고 강해지기 위해 끝없이 투쟁한다. 그리고 이것이 어떤 사람들에게 적개심의 형태나 신체적 질환의 형태로 나타나게 된다.

투르니에 자신은 의사가 된 후에도 환자들에게 냉담한 자세를 보였으며 상대방과의 만남은 형식적이고 대화 내용은 추상적인 상태에서 머물고 있었다. 그러나 그가 1932년에 몇몇 그리스도인들을 만나게 되면서 인생의 일대 전환기를 이루게 되고 이윽고 기독교 상담의 대표적 실천자가 되었다. 경험에 의존한 그의 상담 방법은 지극히 소박하며 단순하다. 즉 내담자와의 동질성을 이루기 위해 대화 중 어휘의 사용은 쉽고도 구체적인 것들을 택한다. 그리고 내담자의 말에 진심으로 귀를 기울이며 모든 문제의 해결을 내담자 스스로가 할 수 있도록 유도한다.

콜린즈는 투르니에처럼 목사나 전문적 상담 이론에 능숙한 상담자가 아니라 할지라도 궁극적인 치료는 하나님을 통해서 가능하므로 하나님께서는 이 일을 위해 상담가는 물론 일반 신자도 사용하신다는 사실을 보여주고 있다. 왜냐하면 그는 비록 정신과 의사가 되기 위한 훈련이나 정식 심리학 교육을 받지는 못했지만 고통 중에 있는 사람들의 호소를 예민하게 들을 수 있는 능력을 소유한 사람이었고 또 그렇게 행하였기 때문이다.

비엔나의 유명한 정신과 의사이며 의미 요법(logotherapy)의 창시자인 빅터 프랭클 박사는 언젠가 한 보고서에서 자신의 이론과 프로이드, 아들러와의 관계에 대해 밝힌 바 있다. 그는 정신의학의 토템 기둥(미개인, 토인들이 자신들과 특별한 혈연관계를 갖는다고 생각하는 자연물, 특히 동물의 모습을 그리거나 새겨서 집 앞 등에 세우는 기둥－역자주)과 같은 형태로 정신 의학의 계보를 소개하였다. 즉 그는 보고서에서 아들러의 심리학은 프로이드 심리학에 기초를 두고 있고, 자신의 이론은 아들러의 이론에 근거하고 있다는 점을 지적하였다. 다시 말해 프랭클 자신이 정신 의학의 새로운 영역을 개척해 갈 수 있었던 점은 오직 비엔나 출신의 두 거물인 프로이드와 아들러의 연구 업적이 있었기 때문이었다고 밝히고 있었다.

필자는 언젠가 스위스의 제네바에서 폴 투르니에에게 프랭클 박사의 토템 기둥에 대해 언급하면서, 투르니에의 지혜롭고 실제적인 통찰에 의해 자신과 타인들을 보다 잘 이해하게 된 사람들이 많이 있을 거라고 주장한 적이 있었다. 이때 노년기에 접어든 투르니에는 그 자리에서 정색을 하며 나의 주장에 대해 반박하였다. "사람들이 본인이나 다른 사람들에 의지하여 자신의 참 모습을 발견한다는 말은 틀린 말입니다. 우리 모두는 오직 하나님께만 의지할 뿐이며, 그분께 의지함으로써만 우리의 참된 모습을 발견할 수 있습니다."

위에 인용한 투르니에의 말은 그의 삶의 철학을 가장 잘 묘사해주는 말이라고 볼 수 있다. 세계적인 명성에도 불구하고 항상 겸손하고 타인의 삶에 대해 진지한 관심을 지닌 투르니에야말로 오늘날 예수 그리스도께 가장 헌신된 삶을 사는 제자 중의 한 사람일 것이다. 최근의 어느 모임에서 그는 다음과 같이 자신의 사상을 밝힌 바 있다. "나는 지금 인생의 황혼기에 있습니다. 지나간 인생을 돌이켜 보건대, 나의 삶은 하나님의 손길에 의해 이끌려 온 모험의 생애였다고 생각됩니다. 이 모험의 여정에서 가장 핵심적인 요소가 되었던 것은 대화였습니다. 즉 그 대화는 하나님과의 대화, 그리고 나의 동료들과의 대화입니다."[1]

물론 투르니에도 그가 말한 하나님과의 대화, 다른 사람들과의 대화와 그들에 대해 관심을 갖는 것이 처음부터 쉬웠던 것은 아니다. 1898년 5월 12일에 출생한 그는 태어난 지 얼마 되지 않아 양친을 여의고 고아로서 외롭고 불행한 어린 시절을 보냈다. 그의 아버지는 목사였지만, 어린 투르니에에게 있어서 종교는 별로 위안이 되지 못했다. 그러다가 열 한 살인가 열 두 살인가가 되는 해에 그는 교회에서 이제까지 경험해보지 못했던 열정적이고 복음적인 설교를 듣게 되었다. 그리고 그때까지 그리스도께 헌신하라는 강단의 외침에 주저하던 자신을 예수 그리스도 앞에 내어놓게 되었다. 그러나 이러한 사건이 청소년기에 접어든 그에게 있어 바로 종교 생활이나 대인관계에 실제적인 큰 영향을 끼치지는 못하였다.

그러다가 고등학교 때에 좋은 선생을 만나고 나서부터 그는 자신을 둘러싸고 있는 껍질들을 하나씩 벗어버리기 시작했고 다른 사람들과의 지적인 교류도 활발히 가지게 되었다. 그는 점차적으로 다른 사람들과 생동적인 대화를 하게 되었고 사회사업에도 적극적으로 참여했으며, 그의 표현에 의하자면 그는 교회의 열심있는 청년으로 변화되어갔다. 그는 스물다섯 살 때에 제네바의 대학을 졸업하고 결혼을 했으며 일반의로서 의사 생활을 시작하였다.

이 시기의 투르니에는 사람들을 대체로 관례적이며 형식적으로 대하였다. 그리고 환자에 대해 냉담한 편이었으며, 대화를 할 때에는 추상적인 말을 즐겨 사용하였고 개인적인 문제에 대해서는 아내와도 대화를 나누지 않았다. 이 때에 그가 관심을 갖고 연구했던 것은 아마 인생의 의미에 대해서였을 것이다. 그러나 인생의 의미에 대한 글은 후에 나오게 되었다.

폴 투르니에는 1932년에 몇몇 그리스도인들을 만나게 되면서 인생

1) J. Rilliet, "Apprendre a Vieiller" in *Tribune de Geneve*, January 26, 1972, p.39.

의 일대 전환기를 맞게 되었는데, 이때 그들은 투르니에에게 매일의 경건 시간을 소개해 주었고 개인적인 느낌과 경험에 대해 다른 사람들과 함께 대화를 나누도록 권면하였다. 이 방법을 통해 그는 곧 인생의 변화를 체험하게 되었다. 그리하여 그는 하나님께 좀더 가까이 나아가는 영적 생활을 하게 되었고, 아내와 솔직한 감정을 나누게 되었으며 어린 두 아들과도 친밀한 관계(rapport)를 형성하는 한편, 환자들에게도 좀더 인정많고 자상한 배려를 할 수 있게 되었다. 또한 그는 과거에 자신이 비난하고 냉담하게 대했던 사람들에게 용서를 구하고 그들과 화해하게 되었다. 이러한 그의 변화는 곧 의료 활동을 하는 동료들로부터 그가 확실히 과거보다는 훨씬 부드럽고 자상한 태도로 사람들을 대한다는 인정을 받게 하였다.

이때부터 투르니에는 매일매일 하나님과 대화하는 경건의 시간을 지금까지도 꾸준히 갖고 있으며 상담과 저술 활동의 영역에 관심을 갖기 시작했다. 그는 결코 심리학이나 정신 의학 교육은 받지 못했지만 인간에 대한 그의 진지한 관심과 예민한 통찰력은 그로 하여금 유능한 상담자와 영향력 있는 저술가가 될 수 있게 하였다.

사실 투르니에가 훌륭한 상담자로서의 위치에 오를 수 있었던 이유를 낱낱이 밝힌다는 것은 매우 어려운 일이다. 그가 많은 사람들로부터 그의 상담 기술(techniques)에 대해 간단히 설명해 달라는 요청을 받을 때마다 그의 답변은 항상 일정하다. "나의 상담 기술을 요약해서 말한다는 것은 불가능합니다. 나는 단지 도움이 필요한 사람들의 곁에서 그들을 도울 뿐이니까요." 그는 상담에 대한 저술활동보다는 남을 돕는 것을 더 중요시하였다. 따라서 그는 상담 방법을 이론적으로 설명하기보다는 변화된 사람들의 '실제적인 삶의 이야기'를 즐겨 말해 주곤 한다. 그리고 남을 가르치고 교육하기보다는 그의 경험을 함께 나누기를 좋아한다. 아마도 그는 자신의 상담기술과 이론에 대한 분석과 요약을 다른 사람들의 작업으로 남겨놓고 있는지도 모른다.

우리는 이제 투르니에의 상담 방법론에 대해 이론적으로 살펴볼 것이다. 그리고 투르니에가 실제로 내담자들과 어떻게 상담하는가 하는 것과 심리 치료에 대한 그의 견해를 살펴볼 것이다. 그런데 그의 상담 접근법을 이해하기 위해서는 신경증의 원인과 본질에 대한 그의 견해를 먼저 살펴보는 것이 필요하다. 신경증의 원인과 본질에 대한 그의 견해는 강자와 약자의 심리 반응에 대한 분석에서 가장 잘 나타나고 있다.

강자와 약자의 심리

언젠가 투르니에에게 지성미가 넘치는 유명한 영국인 정치가가 찾아온 적이 있었다. 이 영국인 신사는 자신감에 차 있었고 다른 사람들에게 그는 두려움을 모르는 능력있는 사람이라는 인상을 심어줄 만하였다. 그는 투르니에의 사무실 의자에 앉으면서 방금 일주일간의 멋진 휴가를 보내고 왔다는 말과 함께 다음과 같은 뜻밖의 말을 꺼냈다. "나는 내 자신을 좀더 잘 알기 위해 나를 불안하게 만드는 사람들이나 물건들 그리고 생각들에 관한 목록을 작성해 왔습니다." 놀랍게도 이 신사는 자신을 두려움에 몰아넣는 각종 항목들을 기록한 노트를 몇 권씩이나 가지고 있었다.

이 자신만만해 보이는 신사의 방문과 그의 두려움에 대한 토로는 투르니에에게 깊은 인상을 심어 주었다. 투르니에가 만나는 수많은 사람들은 대부분 자신들이 두려워하는 것들이 있다는 사실을 부끄럽게 생각하고, 될 수 있으면 감추려고 하는데 비해 그는 자신이 두려워하는 것들을 공개적으로 드러내 놓기를 주저하지 않았다. 투르니에는 자신도 삶 속에서 두려워하는 것들이 있음을 깨닫게 되었고 모든 사람들은 누구나 두려움 가운데 살아가고 있다는 결론을 내렸다. 그는 사람들이 인정하든 안하든 사람에게는 무엇인가 두려워하는 것이 있다는 사실을 깨달았다. 우리는 다른 사람들로부터 고통을 당할까봐 두려워한다. 우리는 우리들의 허약한 마음과 아무도 몰래 저지른 잘못들이 드러날까봐 두려워한다. 우리는 다른 사람들뿐만 아니라 우리 자신, 그리고 하나님까지도 두려워한다. 그리하여 투르니에는 두려움을 갖는 것은 인간의 공통된 현상이기 때문에 이것은 인간의 본성 속에 자리잡고 있는 보편적이고 정상적인, 건강한 한 부분이라고 생각하였다.2)

사람이면 누구나 다 두려움을 체험하게 된다. 그러나 이 두려움의 감정에 대처하는 방법은 서로 다르다. 투르니에는 인간 실존의 한 면인 '두려움'을 다음과 같은 예를 가지고 설명한다. 여기에 두 소년이 있다. 이들은 지금 학교에 시험을 치러 가는데, 둘 다 시험 범위 중 반밖에 공부하지 못한 채로 학교에 가는 길이다. 두 소년은 똑같이 시험을 잘 못 볼까봐 걱정하고 있다. 그중 한 소년은 자기가 시험 공부를 충분히 하지 않아 아는 것이 별로 없다는 사실을 지나치게 걱정한 나머지 시험 중에 그만 당황하여 혼란에 빠지고 심지어는 공부한 내용까지도 명확하게 답변하는데 실패하고 만다.

반면에 다른 소년은 두려움을 몰아내고 시험에 임하여 아는 문제에 대해서는 명확하고 자신있게 답변하고 그 다음에는 잘 풀 수 있는 문제에 먼저 관심을 갖고 덤벼든다. 전자의 소년은 그가 알고 있는 50%의 지식도 두려움 때문에 쓸모없는 것으로 만들어 버렸고, 후자의 소년은 50%의 지식으로 100%의 효과를 얻었다. 즉 똑같이 두려움을 갖고 있었지만 전자의 소년은 약자가 되었고 후자의 소년은 강자가 되었다. 이 두 소년에게 있어서의 차이점은 두려움을 가지고 있다는 사실에 있지 않다. 이들은 똑같이 두려움에 직면해 있었다. 차이점이란 단지 한 사람은 두려움으로 인해 약한 반응을 보였고 다른 한 사람은 두려움에도 불구하고 강한 반응을 보였다는 점에 있을

---

2) P. Tournier, *The Strong and the Weak*(Philadelphia: Westminster, 1963), pp.91, 21, 80.

뿐이다.

약자의 심리적 반응(Weak Reactions)

삶의 문제들에 대해 약자의 반응을 보이는 사람들이 흔히 상담소를 찾아오곤 한다. 이러한 사람들은 대부분 삶이 불안정하고 불행하다고 느끼며 패배감에 젖어 있다. 그리고 삶이란 단지 실패의 연속일 뿐이므로 자신들은 어떤 일을 하든지 그 일을 망쳐 버릴 것이라고 생각한다. 또한 주위로부터의 비난과 연속되는 실패로 인해서 이들은 자주 절망감에 깊이 빠져 들곤 한다. 이들은 자신감을 상실한 채로 지나친 과민증과 열등감, 그리고 자기 비하의 감정에 빠져들기도 한다. 이들은 삶에 지쳐 있고 대개는 각종 신체적 질병과 정신 질병에 시달리고 있다.3)

사람들은 자신이 약하다고 느끼게 되면 그 상황에서 도피하거나 아무 일도 하지 않으려는 경향이 있다. 먼저 아무것도 하지 않는 사람들의 행동을 생각해 보자. 투르니에는 이러한 형태의 반응을 '스트라이크 반응'(strike reaction)이라고 부른다. 이러한 반응은 욕구불만에 가득 찬 사람들에게서 나타나는 현상인데, 불만을 가진 노동자들처럼 이들은 삶 가운데 수행해야 할 일을 거부하고 아무것도 하지 않는다. 게으른 사람들도 역시 자신의 삶에 대해 스트라이크 반응을 보이는 사람들이라고 할 수 있다. 또 자신에게 주어진 귀중한 시간을 낭비하고 자신이 인생에서 해야 할 것들을 망각하기 잘 하는 사람들도 마찬가지이다. 어떤 사람들은 삶의 막중한 책임들로부터 심인성(心因性) 질환으로 도피해 버리기도 한다. 그리고 또 다른 사람들은 지나치게 경건한 생활을 하면서 세상과의 관계를 끊으려고 한다. 이렇게 함으로써 그들은 삶의 책임을 회피할 수 있는 합리적이고

---

3) *Ibid.*, pp.22-23, 28-29, 37, 97-128.

타당한 구실을 발견하려고 하는 것이다. 투르니에에 의하면 여성의 불감증과 남성의 임포텐스도 상대 배우자에 대한 무의식적 불만을 암시해 주는 일종의 성적 스트라이크 반응이라고 한다. 즉 상대방에 대한 불만을 이러한 방식으로 위장하여 표현하는 것이다. 남에게 혐오감을 주는 복장을 하고 다니며 글씨를 제멋대로 쓰는 사람들도 역시 다른 사람들의 사회적 요구 조건에 대한 스트라이크 반응의 일종으로 그러한 행동을 한다고 볼 수 있다. 그러나 '아무것도 하지 않는' 허약한 반응을 보이는 사람에게 나타나는 가장 대표적인 징후는 피로감이다.

사람을 피로하게 하는 것으로는 다음과 같은 네 가지 요소를 꼽을 수 있다. 즉 피로는 과로한 일, 지나친 열의나 소심한 행동, 반항심, 그리고 내적 갈등을 동반하는 무기력한 생활을 통해 찾아온다. 그러나 실제로 과로해서 오는 피로감은 사실 드물다. 오히려 피로를 느끼는 일반적인 이유는 성미가 급한 사람들이 자신들의 실수나 잘못을 은폐하기 위해 일부러 바쁘게 행동하거나, 반항적인 기질의 사람들이 삶의 부조리를 비난하고 거부하는 데에 온 관심과 힘을 쏟거나, 활동을 하지 않는 무기력한 사람들이 자신들의 내적 갈등, 두려움, 불안정감 등에 의해 지치는 데에 있다. 때때로 우리 모두는 삶에 지쳐 우리에게 맡겨진 책임을 제대로 감당해낼 수 없는 피로감에 빠질 때가 있다. 바로 이때 우리는 하나님께서 우리들의 삶의 피로와 권태감을 통해 무엇을 가르쳐 주시려고 하는가를 겸손히 물어야 한다고 투르니에는 말한다.4)

어떤 사람들은 어려운 문제에 부딪혔을 때 아무런 노력을 하지 않음으로써 자신의 '약함'을 나타내 보이는데 비하여, 어떤 사람들은 도피를 함으로써 자신들의 약함을 나타낸다. 투르니에는 자신이 쓴 첫 번째 책에서 삶의 욕구를 불만과 혼란에 직면했을 때, 사람들은

---

4) *Ibid.*, pp.101-107.; Paul Tournier, ed., *Fatigue in Modern Society*(Richmond: John Knox Press, 1965), pp.5-36.

대개 다음과 같이 일반적인 열 가지 종류의 반응을 보인다고 설명했다.5)

첫째, 환상의 세계로 도피한다. 둘째, 과거 좋았던 시절의 회상에 모든 관심을 집중한다(과거에로의 도피). 셋째, 미래에 대해 끊임없이 계획을 세운다(미래에로의 도피). 넷째, 인생의 문제들을 회피하기 위해 무의식적으로 사고를 유발한다. 다섯째, 심인성 질환에 걸린다. 여섯째, 신경 안정제를 찾는다. 일곱째, 흥분제를 복용한다. 여덟째, 도박이나 알코올을 탐닉한다. 아홉째, 과도한 일에 몰두한다. 열 번째, 비현실적인 사이비 종교를 찾는다. 이러한 도피 행위는 이외에도 얼마든지 있을 수 있다. 이와 같은 심리적 방어 기제들은 약한 사람들로 하여금 현실에서 도피하게 하고 사회와의 관계를 단절하도록 유도하며 내적 긴장을 감추도록 만든다.

이러한 내적 약함을 지닌 사람들의 다양한 도피 형태는 부분적으로는 좋은 효과를 가져다 줄지 모르나 대개는 오히려 사람들을 악순환 속에 빠뜨리고 만다. 이러한 결과들을 투르니에는 자신의 의료 생활을 통해 흔히 볼 수 있었고 몇몇 책을 통해 분명하게 지적하고 있다. 예를 들면 약한 사람들은 어떻게 하든지 자기의 '약함'을 감추려고 하는데, 이러한 노력을 하면 할수록 그들의 내적 긴장이나 불안은 더욱 가중된다. 그리하여 불안해지면 질수록 삶에서 실패하게 되고, 자신이 감추려고 하는 약함을 더욱 드러내게 된다. 더욱이 이러한 약한 모습이 자기 자신과 다른 사람들에게 드러나게 되어 그것을 은폐하고자 노력할 때 악순환이 반복되는 것이다. 이와 같은 현상은 사람들이 죄책감을 느낄 때도 발생한다. 무엇인가 잘못된 일을 저질렀을 때, 사람들은 죄책감을 느끼게 된다. 이 죄책감은 그들을 괴롭게 할 뿐 아니라 더더욱 나쁜 일을 하게 만들며 이러한 일들이 반복되어 더 큰 죄책감에 빠지게 한다. 투르니에는 대부분의 신경증적 질

---

5) P. Tournier, *The Healing of Persons*(New York: Harper & Row, 1965).

환을 갖고 있는 사람은 어떤 형태로든지 간에 이러한 악순환을 경험하고 있는 사람이라고 본다. 따라서 상담자는 내담자가 이러한 악순환에서 빠져 나올 수 있도록 도와야 하는 어려운 임무를 부여받은 사람이라고 말한다.

강자의 심리적 반응(Strong Reactions)

앞에서 예를 든 자신 있게 시험을 보는 소년처럼 어떤 사람들은 자신들의 두려움을 숨기기 위해 확신 있는 적극적인 태도를 취하기도 한다. 소극적이고 위축된 약한 반응을 보이는 사람들과는 대조적으로 강한 반응을 보이는 사람들은 진취적이며 다른 사람들을 압도하는 활동적인 태도를 보인다. 따라서 이런 사람들은 언제나 성공적인 삶을 사는 것처럼 보이며 무엇인가를 하나씩 하나씩 성취해 나가는 것처럼 보인다. 이들은 대개 매력적이고 말이 많으며 자신감에 차 있다. 이들은 기지에 넘치는 유머러스해 보이지만, 또한 때때로 비판적이고 완고하며 허영심이 강하고 피상적이며 냉소적이고, 그들의 강한 외면의 모습이 위기에 처하게 되면 공격적인 태도를 취한다. 그들은 이러한 활동을 통해 내면에 감추어진 약한 모습을 드러내기도 한다.6)

사실 강한 사람들은 좀더 성공적인 인생을 사는 것처럼 보이긴 하지만 그렇다고 해서 이들이 결코 약한 사람들에 비해 더 안정적인 삶을 산다고 볼 수는 없다. 강한 사람이든 약한 사람이든 인간은 누구나 다 '두려움'을 갖고 있다. 따라서 인간은 누구나 내적 불안정감을 느끼며 불안이나 두려움이 없는 안정된 삶을 원한다. 다만 차이가 있다면 약한 사람들은 자신의 내적 갈등이나 두려움으로부터 벗어나 안정된 삶을 살기를 원하면서 자신들의 약함을 감추려고 하는

---

6) P. Tournier, *The Strong and the Weak*(New York: Harper & Row, 1965), pp.109–113.

데 비해, 투르니에를 찾아온 영국 신사와 같이 소수의 강한 사람들은 대부분, 자신들은 다른 사람들과 마찬가지로 두려움을 지닌 약한 존재이고 내적 불안정감을 가진 존재라는 사실을 인정하는 데에 있다.

그렇다고 투르니에가 모든 사람을 강한 사람과 약한 사람이라는 두 부류로 구분하고 있는 것은 아니다. 강한 반응을 보이는 사람과 약한 반응을 보이는 사람의 경우는 매우 극단적인 예일 뿐이고, 우리들 대부분은 약자와 강자 사이에 위치하고 있다. 우리의 일상생활에는 약자의 반응과 강자의 반응이 혼합되어 나타나고 있다. 따라서 약한 반응이든 강한 반응이든 어느 한쪽으로 치우친 반응을 보이는 사람들은 실제로는 불안정한 상태에 있는 사람들이며 심리적인 도움을 필요로 하는 사람들이다.

정신과 의사들은 신경증적 증상을 지닌 사람들을 영역별로 분류해 놓았는데 이 영역에 속하는 것들로는 편집증(paranoia), 우울증(hypochondriasis), 망상적 강박증(obsessive-compulsive reactions), 억압(depressions), 성적 일탈(sexual deviations) 등이 있다. 투르니에는 자신의 저서들을 통해 이러한 증상들은 각 개인이 두려움에 대처하는 방법인 강자의 반응이나 또는 약자의 반응에 의해 형성되는 것이라고 주장한다.

투르니에는 모든 신경증 환자들에게는 다음과 같은 네 가지 특징이 포함되어 있음을 발견하였다.7) 첫째, 불안감이다. 이것은 겉으로 드러나든, 드러나지 않든 모든 신경증 환자에게 있는 요소이다. 둘째, 무미건조함이다. 신경증 환자들은 꿈속에서는 굉장히 많은 것들을 실천하지만 그것은 어디까지나 꿈에 불과한 것이고 실현되는 것은 하나도 없으므로 그의 삶은 아무것도 성취하는 것이 없는 무미건조한 삶이 된다. 셋째, 자기 패배적이다. 신경증 환자들은 열심히 노력해도 대개는 실패하고 만다. 넷째, 무의식적인 내적 갈등이다. 이들은 자신

---

7) P. Tournier, *The Whole Person in a Broken World*(New York: Harper & Row, 1964), pp.8－11.

의 약함을 인식하지 못하고 강해지기 위해 끝없이 투쟁한다. 어떤 사람들에게 이것은 적개심의 형태나 신체적 질환의 형태로 나타난다. 그러나 다른 사람들에게 이 징후는 포착하기 어렵고 이해하기 어렵다. 하지만 이러한 징후들을 이해하는 것은 치료자에게 꼭 필요한 것이다. 신경증의 증상들에 대한 이러한 이해는 상담자가 내담자로 하여금 좀더 생산적이고 만족스런 삶을 살도록 인도하는데 큰 도움을 줄 것이다.

신경증의 원인들

의사는 신체적인 질병을 앓고 있는 사람을 치료할 때 먼저 질병의 징후에 대해 살펴보게 된다. 병의 징후들은 환자의 병인을 알 수 있게 해주기 때문이다. 의사들이 이 징후들을 제거하려 할 때도 있지만 근본적으로는 나타나는 증상 외에 보이지 않는 병인을 찾으려고 노력하게 된다. 예를 들어 뇌종양 환자에게 아스피린을 먹이면 일시적으로는 두통이 그치는 효과를 주지만 병을 낫게 하지는 않는다. 완전한 치유를 위해서는 뇌종양을 고칠 수 있는 근본적인 방법으로 치료를 해야 하는 것이다.

투르니에와 같은 생각의 의사들은, 환자에게서 나타나는 징후들과 이상 행동의 이면에 숨겨진 보이지 않는 원인들을 찾아내지 못하면 진정한 치료를 할 수 없다고 주장한다. 눈에 보이지 않는 원인들을 찾아낸다는 것은 쉬운 일이 아니다. 설혹 상담자가 문제의 원인들을 발견해낸다 하더라도 그 원인들 간에 서로 논리적 연관성이 없는 경우가 무척 많다. 오히려 서로 아무 관련이 없는 것처럼 보일 때가 더 많을지도 모른다.

투르니에는 자신의 책을 통해 신경증의 원인에 대한 많은 정보들을 제시해 주고 있다. 그는 신경증의 원인으로서 신체적 문제로 인한 원인과 심리적인 문제에서 유발되는 원인들을 제시하고 있지만, 그보다는 영적인 문제에서 오는 원인들을 중요하게 다루고 있다. 신경증적 행동은 대부분 바로 이러한 원인에 의해 생길 수 있으며, 또는 이원인들이 서로 복합적으로 작용하여 표면에 드러나는 것이다. 허약한 체질이나 좋지 않은 유전적 영향, 육체적인 질병 등을 갖고 있는 사람들은 대체적으로 생활에서 오는 심리적 압박들을 이겨내기 힘들다. 또한 정신분석학자들이 밝힌 대로 유아기 시절의 심한 정서적 충격도 신경증적 행동에 큰 영향을 미친다. 즉 결손 가정, 부모의 불화, 신뢰와 사랑의 결여, 학대, 부모의 과잉보호나 냉대, 끊임없는 비판, 잦은 실수와 질책, 사랑받지 못한다는 소외된 감정 등은 훗날 심각한 문제를 유발시키는 원인이 될 수 있다.

이러한 부정적 요소들은 흔히 정서적 고통을 가져다주는 원인이 되며 나아가 심리적인 문제를 유발시키게 된다. 그리고 열등감, 죄책감, 두려움, 절망감, 불안감, 수치심, 반항심 등도 심리적인 문제들을 유발시키며 나아가 신체적인 질병을 가져다주기도 한다. 또한 사람들이 자신의 문제들을 없는 것인 양 감추려 할 때, 자신의 감정을 속일 때, 자신의 심적 갈등과 걱정스런 문제들을 고려하지 않을 때에도 똑같은 심리적인 문제들이 발생할 수 있다.

위에 열거한 원인들이 신경증의 중요한 원인이 되기는 하지만 그것만으로는 신경증의 원인을 충분히 해명했다고 할 수 없다. 우리는 인간의 문제들에 내포된 영적인 원인들을 결코 간과해서는 안 되기 때문이다. 칼 융(Carl G. Jung)은 인간의 모든 신경증적 증상의 배후에는 종교적 원인이 도사리고 있다고 믿었다. 투르니에는 융의 생각에 동의하면서, 한 차원 더 나아가 인간에게 닥치는 모든 문제의 궁극적인 원인은 죄라고 주장했다.[8] 또 교회의 극단적인 형식주의 때문에 커다란 심리적인 장애를 일으킬 수 있는데, 이는 때때로 교회가

---

8) P. Tournier, *The Healing of Persons*(New York: Harper & Row, 1964), pp.189, 211.

야기시키고 있는 신경증의 한 형태인 일명 '교회병'(ecclesiogenic)
을 통해 알 수 있다. 한편 삶의 의미와 목적을 발견하지 못할 때에도
심각한 심리적, 영적 분열이 일어날 수 있다. 심리적으로 고통받고
있는 사람들을 도와 그들을 문제로부터 벗어나게 해주려면, 우리는
먼저 사람들의 마음속에 있는 '죄'의 문제가 해결되도록 도와야 할
것이다.

신경증에 대한 치료

몇 해 전, 마쉘즈 대학(the University of Marseilles)의 한 교수가
"인간의 치유"(Surgery of the Person)란 제목의 강연을 한 적이 있
었다. 그는 이 강연에서 의사는 치료에 필요한 의학적인 충분한 기술
을 가지고 있어야 하지만, 이것은 의료 행위에 필요한 것의 일부에
불과할 뿐이라고 강조했다. 의사는 환자의 담석이나 쓸개에만 관심을
갖는 기술자가 아니라, 살아있는 한 인간을 치료하는 치료자임을 명
심해야 된다는 것이다. 즉 의사는 환자에 대해 개인적인 관심을 갖고
그들과 따뜻한 관계를 형성하고자 노력하는 것이 무엇보다 중요한
일임을 그는 강조하였다.

투르니에는 이 교수의 발언에 공감하였다. 그리고 그는 이 교수가
인간적이고 인격적인 의료 행위를 가능케 하는 두 가지 특징적인 요
소인 숙련된 기술과 환자에 대한 인격적인 관심을 적절하게 잘 지적
하고 있다고 보았다. 그리하여 투르니에는 모든 의료 행위에 반드시
이 두 가지 요소가 포함되어야 한다고 거듭해서 강조하고 있으며, 또
한 상담에 있어서도 상담의 테크닉과 더불어 고통받는 한 인간에 대
한 관심이 필수적으로 요청된다는 점을 강조하고 있다.

투르니에는 상담자가 문제를 가진 사람들을 도우려면, 상담 기술을
충분히 숙지하고 있어야 하며 동시에 인간에 대한 깊은 관심과 애정

을 가져야 한다고 주장한다. 그렇다면 이러한 두 가지 요소를 어떻게
겸비할 수 있을까? 테크닉은 대학 교육이나 책, 수련 과정을 통해 배
울 수 있지만 인간에 대한 깊은 관심과 애정은 이러한 것들을 통해
얻을 수 있는 성질의 것이 아니다. 그것은 상담자가 학문을 통해서
얻을 수 있는 것이 아니라 따뜻한 마음과 신앙을 통해서 얻어질 수
있는 것이다. 비록 투르니에가 구체적으로 지적하지는 않았지만, 그
는 신앙이야말로 인간에 대한 애정과 관심을 가져다주는 중요한 요
소라고 믿었던 것 같다. 이와 같이 문제를 가진 사람들을 도우려는
상담자는 숙련된 테크닉과 영적인 이해와 관심을 가지고 상담에 임
해야 할 것이다.

상담 기술의 중요성

투르니에는 정신 의학자들과 심리학자들에 의해 창안된 상담의 테
크닉들을 매우 훌륭한 것이라고 인정한다. 그는 프로이드, 아들러,
융, 프랭클, 로저스 등의 학문적 업적을 높이 평가하며, 상담자가 내
담자에 대해 적극적인 관심과 태도를 갖고 이들이 발견해낸 방법들
을 사용하면 긍정적인 효과를 얻을 것이라고 보았다. 투르니에는 어
느 한 가지 상담 방법을 절대적인 것으로 여겨 그것을 사람들에게
제시하고 있지는 않다. 그는 오히려 어떠한 상담 방법이든지 좋은 점
이 있으면 그것을 뽑아 상담에 적용해야 한다고 강조한다.

투르니에의 이러한 절충주의적인 방법론은 그의 저서 가운데 잘
나타나 있다. 그는 심리 치료는 비지시적이어야 한다고 주장하면서도
내담자에게 잘못된 점을 지적할 때는 아주 지시적인 태도를 취하기
도 한다. 프로이드와 융처럼 투르니에도 꿈 해석의 중요성을 인정하
지만, 동시에 내담자의 무의식 세계 속에서 일어나는 꿈뿐만 아니라
의식의 영역에서 발생하는 개인적인 갈등과 문제들에도 관심을 기울
여야 한다고 주장한다. 투르니에는 상담할 때 내담자의 말을 듣는 것

을 아주 중요시하지만, 필요하다고 생각될 때에는 문제에 대한 자신의 견해나 이해를 함께 나누기도 하며 심리 테스트를 하기도 한다.

다른 대부분의 상담자들과 마찬가지로 투르니에도 역시 상담할 때 내담자들과의 논쟁, 비난, 판단, 정죄, 훈계, 지시 등을 하지 말아야 한다고 강조한다. 상담자는 내담자에게 많은 조언을 하려고 하지 말고, 대신 내담자가 스스로의 결정에 의해 모든 일을 처리해 나가도록 도와야 한다고 한다. 그리고 실제적인 문제의 핵심에서 벗어난 추상적이고 모호한 전문적인 내용의 대화도 피해야 한다고 한다. 이러한 추상적이고 전문적인 용어를 이용한 대화는 결국 무의식적일지라도 내담자로 하여금 드러내 놓기 싫은 고통스런 문제들과 연약한 모습을 털어놓지 않고도 대화를 계속해 갈 수 있는 여지를 만들어줄 수도 있기 때문이다.

대화

투르니에의 상담에서 가장 핵심이 되는 것은 역시 '대화'이다. 상담을 할 때 내담자가 자신이 가지고 있는 문제들과 인생 과정, 또 자기만 알고 있는 비밀들을 상담자에게 털어 놓으면, 상담자는 내담자의 말을 주의 깊게 듣고 내담자가 처한 상황을 이해하게 된다. 그러나 수많은 문제를 가지고 있는 사람들과 상담을 하다 보면 상담자 자신에게도 내담자들이 갖고 있는 것과 같은 알고 싶지 않은, 그리고 원치 않는 문제들이 있다는 것을 발견하게 되므로 문제를 가지고 찾아온 내담자와의 이러한 대화가 그리 유쾌하고 용이한 것은 아니다. 또한 대화를 하다 보면 때로는 고통스런 눈물이 대화를 가로막을 때도 있고 대화가 중단된 채 오랫동안 어색한 침묵의 시간이 이어질 때도 있다. 하지만 이러한 것은 바람직한 현상이다. 진정한 문제의 해결을 위해서는 대화 중에 이러한 순간들이 생기는 것도 필요한 것이다.

상담자의 인격

상담을 할 때 상담 방법보다도 중요한 것은 곧 상담자의 인격이다. 투르니에가 치료 활동을 시작할 때 유럽의 정신과 의사들은 특히 '상담 기술'에만 지나친 관심을 가지고 있었다. 그때는 프로이드가 생존해 활동하던 시기였고 많은 정신분석학 이론들이 난무하던 때였다. 그 당시에는 상담자의 인격보다는 기술적 능력을 더 중요시하였다. 후에 이 분야에 대한 연구가 진행됨에 따라 상담자의 성격이나 인격이 기술보다 더 중요하다는 사실이 밝혀졌지만, 투르니에는 처음부터 이 사실을 간파하고 있었던 것이다.

그렇다면 훌륭한 상담자란 어떠한 사람인가? 우리는 투르니에가 자신의 저서들에서 암시해 놓은 훌륭한 상담자의 인격에 관한 것들을 종합하여 다음과 같이 정의를 내릴 수 있다. 즉 훌륭한 상담자는 우선 인내심이 많아야 하고 고통받는 사람들에 대한 진지한 관심을 가져야 하며, 내담자의 말을 참을성 있게 들을 수 있는 태도를 가진 자라야 하고, 내담자들과 그들의 문제를 이해하려는 마음을 소유한 사람이어야 한다. 한편 훌륭한 상담자는 문제를 안고 있는 내담자에게 확신과 사랑과 희망과 용납의 태도를 보이며 자신은 그를 도우려 한다는 사실을 인식시켜 주어야 한다. 그리고 상담자는 필수적으로 상담 테크닉에 대해 충분히 이해해야 하는 것 외에도 상담자 자신의 삶 속에 있는 어려운 문제들을 이해할 수 있어야 한다. 투르니에는 자신의 문제도 해결하지 못하면서 남의 문제를 해결해 준다는 것은 불가능한 일이라고 주장한 바 있다.

자신의 삶 속에 있는 여러 문제들에 대한 해결을 경험하고 상담자에게 요구되는 적절한 인격과 특성들을 가진 상담자는 비록 그가 그리스도인이든 아니든 간에 훌륭한 상담자가 될 수 있을 것이다. 투르니에는 오랫동안 치료 활동을 하면서 이유야 어찌됐든 간에 그리스도인 상담자가 비그리스도인 상담자보다는 더 효과적인 상담을 할 수 있는 능력을 가지고 있다는 편견을 가진 사람들을 많이 보아왔다. 그러나 그는 이러한 생각에 결코 동조하지 않는다. 투르니에는 자신의 책에서 많은 사람들이 그리스도인 의사들은 환자를 대할 때 기도를 하기 때문에 비그리스도인 의사가 갖고 있지 못한 무언가 마술적인 보이지 않는 힘을 발휘할 것이라고 잘못 생각하고 있다는 사실을 지적하고 있다. 그러나 사실 소위 기독교 심리 치료라는 것이 내담자에 대한 설교 정도에 그치는 경우가 허다하다. 이런 상담은 잘못하면 좋은 결과보다는 오히려 해로운 결과를 초래할 수도 있다. 투르니에는 모든 궁극적인 치료는 하나님을 통해서만 가능하며, 하나님께서는 이 일을 위해 신자를 사용하시는 반면 일반 상담자를 사용하시기도 한다는 사실을 인정한다.

그러나 훌륭한 상담자를 그리스도인으로만 국한시키지 않았음에도 불구하고 투르니에는 자신의 많은 저서를 통해 상담자에게 유익한 교훈과 지침이 될 수 있는 많은 영적인 자료들을 제시하고 있다. 기독교 상담자는 창조주 하나님께 순종해야 하며 겸손하고 기도를 많이 해야 하며 성경에 대한 깊은 이해와 해박한 지식을 가지고 있어야 한다. 그리고 자신의 약함과 잘못을 정직하게 하나님께 고백하며 동료들이나 필요하다면 내담자에게도 시인할 줄 아는 신자여야 한다. 이러한 일은 자신이 행하는 모든 상담의 행위를 하나님께 의탁하는 상담자에게만 가능한 것이며, 이러한 상담자는 자신의 상담을 하나님께서 인도해 주실 것이라는 확신을 가지고서 상담에 임하게 된다.

상담의 목표

상담자가 체득하고 있는 상담 기술과 내담자에 대한 인격적 관심 외에 상담자는 상담을 통해 얻고자 하는 분명한 목표를 가지고 있어야 한다. 예를 들면 상담자는 상담을 할 때, 목표를 내담자의 대인관계 향상에 둘 것인가, 혹은 내담자가 자신의 내적 감정을 잘 조절하도록 하는데 둘 것인가를 분명히 해야 한다. 또는 내담자의 고통을 덜어 주는데 목적을 둘 것인가 아니면 더 나아가 그에게 새로운 삶의 의미를 부여할 것인가를 명확히 해야 한다. 많은 상담자들은 내담자들과 함께 상담을 통해 얻고자 하는 목표들을 어렵지 않게 분명히 말하지만, 투르니에는 그렇지 못하다. 그는 언젠가 이렇게 고백한 적이 있었다. "사람들이 나를 찾아와서 그들이 가지고 있는 고통스런 문제들을 털어놓을 때 나는 그들을 위해 무엇을 해야 할지 몰라 당황하곤 합니다." 그렇기 때문에 그는 내담자가 자기에게 고백하고 말을 진지한 관심을 가지고 성의 있게 들으며 내담자와 깊은 대화의 관계를 맺기 위해 노력한다. 상담에 임하는 이러한 태도에 대해 어떤 사람들은 투르니에가 성공적인 상담을 위한 특별한 방침이나 목표들을 갖고 있지는 못하다고 생각할지 모른다. 투르니에 자신이 이러한 사람들과 같은 생각을 갖고 있든지 않든지 간에, 그가 상담의 목표들을 일방적으로 설정하여 그것을 내담자에게 강요하지 않는다는 것만은 분명하다.

하지만 투르니에의 저술들에 나타난 여러 상담 사례들을 자세히 살펴보면, 그도 몇 가지 일반적인 상담의 목표들을 가지고 있음을 알 수 있다. 여기에서는 그중 네 가지를 살펴보기로 하자. 첫째, 내담자들로 하여금 그들을 사로잡고 있는 문제가 악순환되는 상황에서 벗어나게 하는 것이다. 그의 상담 사례 가운데 하나를 살펴보자. 어느 날 한 부인이 그의 사무실에서 상담을 하는 동안, 그녀는 자신이 거짓말을 하는 나쁜 습관을 가지고 있다고 털어 놓았다. 그녀는 거짓말을 할 때마다 그 사실을 숨기기 위해 또 다른 거짓말을 해야 했으며, 이와 같은 상황이 반복되다 보니 마침내는 자신에게조차 거짓말을 해야 하는 상태에 놓이게 되었다는 것이다. 이러한 경우에 대해 투르니에는 이 부인이 갖고 있는 것과 같은 악순환을 중지시킬 수 있는 유일한 방법은 깊은 종교적 체험을 갖는 것뿐이라고 기록하였다. 즉 자기를 정당화하려는 유혹에서 벗어나려면 오직 하나님께만 의지해야 한다는 것이다. 투르니에는 자기를 정당화하려고 계속해서 거짓말을 하는 악순환에 빠져 있는 부인이 하나님께 자신을 내어 맡기고 깊은 종교적 체험을 하도록 전에 자기가 동료와 나누었던 대화에 대해 말해 주었다. 그런데 흔히 사람들이 그러하듯이 투르니에도 예화를 좀더 인상깊게 전하기 위하여 한 두 가지 사실을 변경하거나 과장하여 전했다. 다음날 그는 자기가 했던 일에 대해 반성해 보았다. 그는 자기의 도움을 기대하고 찾아온 부인의 거짓말하는 습관을 고쳐 주려다가 자기도 거짓말을 했던 것이다. 그녀가 다시 사무실을 찾아왔을 때, 그는 자신의 잘못을 솔직히 고백하고 그녀의 용서를 구했다. 사실 이러한 일은 그에게도 대단히 하기 힘든 것이었지만, 이 일은 결국 그와 내담자 사이의 관계를 진정한 만남으로 연결시키는 계기가 되었다. 이 경험을 통해 얻은 귀중한 교훈을 투르니에는 그의 저서들을 통해 다음과 같이 강조하고 있다. "정직한 고백은 성공적인 상담을 위한 중요한 핵심 요인이 된다." 즉 정직한 고백은 사람들로 하여금 그들을 둘러싸고 있는 많은 문제들로부터 자유케 하는 열쇠가 될 뿐 아니라 그들이 가지고 있는 문제의 악순환을 타파하는 중요한 역할을 한다.

둘째, 내담자의 '의식의 영역을 확장'하는 것이다. 투르니에는 사람들이 표면적으로 드러내는 행동의 대부분이 무의식의 영향을 받아 움직여진다는 것을 인정한다. 따라서 사람들이 행동의 동인(動因)인 잠재적인 무의식적 충동에 대한 깊은 이해와 충분한 지식을 가지면, 그만큼 자신을 더 잘 이해하고 조절할 수 있다고 한다. 그리고 이러한 이해를 가지고 있는 내담자는 무의식 세계의 영향을 받고 나타나는 자신의 실수들, 약한 모습들, 자신의 죄된 본성들을 발견할 때, 자신의 잘못된 행동들을 보다 솔직하게 고백하고 다시금 삶의 질서를 찾을 수 있는 것이다. 그러나 이처럼 무의식의 영역을 의식의 세계로 이끌어 들이는 것은 적절한 능력과 경험을 가진 사람의 도움이 없이는 매우 어려운 일이다. 따라서 사람들은 자신에 대해 좀더 알고, 새로이 발견한 자신들의 모습에 대해 적절하게 대처할 수 있도록 도움을 받아야 한다. 그러므로 상담자는 이러한 도움을 필요로 하는 사람들의 꿈과 행동을 분석하는 한편, 그들이 어떤 말을 하든지 주의 깊게 듣고 또 진지한 대화를 함으로써, 그들의 삶에 영향을 미치는 무의식의 세계를 의식의 차원으로 끌어올려 자신을 더 잘 이해하도록 도와야 하는 것이다.

셋째, 둘째 번과 밀접하게 연관된 목표로서 내담자로 하여금 인생에 대한 '수용'(acceptance)의 태도를 갖게 하는 것이다. 어느 크리스마스 때 투르니에는 죽음을 앞두고 병실에 누워 있는 친구를 방문했다. 극도로 허약해진 그 친구는 투르니에에게 "내가 이 땅에 살면서 아직까지도 이해할 수 없는 것이 있네"라고만 힘겹게 말하고는, 결국 자기가 하려는 말을 다 하지 못하고 도중에 그만두어야 했다. 그 친구는 자신의 고난과 운명을 납득할 수 없는 일로 받아들이는 것이 분명하였는데, 투르니에는 죽음이 임박한 상황에서 그 문제를 놓고 토론한다는 것이 아무 쓸모가 없는 일이라고 생각했다. 대신 투르니에는 침대 곁에 다가가 조용하고 애정어린 목소리로 친구에게 말했다. "중요한 것은 세상의 모든 일을 이해하려는 것보다는 그것을 받아들이는 것이네." 이 말은 그 친구에게 큰 효력을 발휘하였다. 그는 숨을 거두기 전에, "그 말이 맞아. 나는 모든 일을 받아들이기로 했네"라는 간단한 말을 남겼던 것이다.

투르니에는 그 자신의 경험을 통해 수용의 태도는 사람들에게 닥친 문제들과 연약한 요소들을 극복하기 위한 첫번째 단계라는 사실을 깨닫게 되었다. 우리는 우리가 살아있다는 사실을 받아들여야만 한다. 우리는 우리의 신체 조건, 나이, 성, 결혼 생활, 부모, 자녀, 직업, 배우자 등을 있는 그대로 인정하고 받아들여야 한다. 때로는 우리의 고난과 질병들까지도 현실로서 받아들여야 하는 힘든 경우도 있을 것이다. 그렇다고 해서 이 말이 우리가 받아들여야만 하는 문제 자체에 대해서 즐거워하고 기뻐하라는 것은 아니다. 물론 남편을 잃

고 홀로 남게 된 미망인은 남편의 죽음으로 인해 극심한 슬픔 가운
데 있을 것이다. 그러나 그녀는 하나님의 도움을 통해 남편의 죽음을
현실로서 받아들여야만 하는 것이다. 그러나 이와 같은 상황에 처하
면 대부분의 사람들은 그 사실을 완강히 거부하며 받아들이지 않는
다. 그러므로 상담자는 내담자가 이와 같은 현상을 인정하며 받아들
이도록 해야 한다. 훈계조의 단순한 설교만으로는 이러한 상황에 처
해 있는 사람들을 도울 수 없다. 상담자는 내담자가 그에게 닥친 상
황을 받아들이기가 얼마나 고통스럽고 어려운 일인가를 이해할 때에
야 비로소 내담자의 상처를 싸매주고 회복하도록 도울 수 있는 것이
다. 또한 이러한 사람들에게, 상담자 자신도 동일한 상황에 처한다면
이러한 사실을 받아들일 수 없을지 모른다고 솔직하게 이야기해 주
는 것도 도움이 될 수 있다. 어쨌든 상담자가 내담자의 아픈 상황을
같이 아파하며 그들에게 닥친 문제를 이해해 줄 때 내담자는 자신에
게 닥친 현실과 아픔을 보다 잘 수용할 수 있게 된다.

넷째, 영적인 치료(soul healing)를 하는 것이다. 다시 말하면 투르
니에는 상담을 통하여 내담자로 하여금 그리스도와 개인적 만남을
갖게 하려는 목표를 가지고 있다. 어떤 면에서 이 목표는 심리 치료
의 한 부분이라고 할 수가 없다. 왜냐하면 한 개인의 윤리, 삶의 의
미, 죄, 신앙, 하나님과의 관계 등에 관한 것은 과학적인 심리학의 한
계를 초월하고 있는 것들이기 때문이다. 그러나 유감스럽게도 많은
상담자들은 이 사실을 제대로 인식하지 못하고 있다. 그들은 삶에 대
한 자신의 인생 철학과 자신의 신학적 견해에 근거하여 가치 있는
삶과 도덕적인 삶을 살라고 말한다. 그러나 이와는 달리 투르니에는
자신의 심리학을 초월하는 기독교 신앙에 대한 확고한 믿음을 가지
고 상담에 임한다. 그는 상담자가 내담자의 신체적, 심리적 문제에
대한 치료만 신경쓰고, 영적인 면에 대해서 무시한다면 결코 완전한
치료가 이루어질 수 없다고 강조한다. 투르니에는 결코 내담자들에게
그리스도인이 되라고 강요하지 않는다. 그러나 그는 한편으로 자신을

찾아온 내담자들이 하나님께 가까이 나아가 그분의 음성을 듣고 그 분의 뜻에 복종하는 삶을 살도록 인도하면서 또한 그들을 위해 기도하는 일을 잊지 않는다.

상담자의 과제

투르니에는 심리 치료자의 네 가지 기본 과제에 대한 논문을 쓴 적이 있다.9) 우리는 그가 정의한 네 가지 과제를 통해서 그가 얼마나 내담자의 심리적 문제들과 영적 갈등에 대해 관심을 갖고 있는가 하는 것을 알 수 있다. 첫 번째 과제는 내담자로 하여금 자신의 문제들과 감정을 자유롭게 표현함으로써 카타르시스의 경험을 갖도록 유도하는 일이다. 때때로 내담자들은 자신의 심리적 문제들 뿐 아니라 죄의 문제나 비윤리성 등에 대한 문제를 털어 놓음으로써 무거운 짐을 벗어버리는 경험을 하기도 한다. 두 번째 과제는 내담자와의 감정 전이를 조절하는 일이다. 감정 전이는 대개 내담자가 호감을 갖고 상담자와의 개인적이고 인간적인 만남을 가질 때 생기게 된다. 이 감정 전이는 프로이드가 경계한 것처럼 치료에 방해가 될 수도 있지만 내담자의 심리적, 영적 성장에 도움을 주는 긍정적인 요소가 될 수도 있다. 세 번째 과제는 내담자로 하여금 자기 이해의 폭을 확장시키도록 인도하는 일이다. 앞에서 살펴본 대로 내담자는 자기 이해를 통해 심리적 충동을 조절할 수 있는 능력을 갖게 되며 자신을 보다 잘 인식하게 되고 자신을 구해줄 수 있는 구속자가 필요하다는 사실을 깨닫게 된다. 넷째는 내담자에게 영적인 안내를 제공하는 일이다. 이것은 기술적인 심리, 치료로서는 불가능한 영적인 영역에 속하는 문제를 다뤄야 하는 과제이다. 그리고 진정한 영적 치유는 바로 이 과정에 의해 이루어진다.

---

9) P. Tournier, "The Frontier Between Psychotherapy and Soul Healing" in *Journal of Psychotherapy As a Religious Process*, January, 1954.

상담자로서의 투르니에

우리는 지금까지 신경증과 상담에 대한 투르니에의 견해를 살펴보았다. 그러면 이제부터는 실제로 상담에 임해서 투르니에가 어떻게 상담하며 많은 상담 경험을 통해 그가 발견한 가장 성공적인 상담 방법은 무엇인가 하는 것을 알아보기로 하자.10)

투르니에는 내담자와의 대화를 중요하게 여긴다. 그의 주장에 의하면 심리 치료를 할 때 내담자가 갖고 있는 문제에 대한 전문적이고 학술적인 토론이 중요한 과정이긴 하지만 그것만으로는 충분하지 않다. 상담을 통해 진정한 변화가 일어나려면 상담자와 내담자 사이에 친밀한 '영적 교류 관계'가 형성되어야 한다. 대체로 상담을 시작할 때 내담자는 말도 별로 하지 않고, 웃더라도 어색함과 긴장이 감도는 웃음을 지으며, 한 주제에 집중하지 못하고 이런 저런 이야기를 두서 없이 늘어놓게 된다. 그러나 상담이 성공적으로 진행되면 처음의 이러한 과정은 결국 상담자와 내담자 사이에 신뢰적이고 인격적인 관계의 형성으로 발전해 간다. 그리고 그들은 서로를 비인격적인 낯선 타인으로 보지 아니하고, 도움을 줄 수 있는 필요한 존재로서 친밀한 관계의 사람으로 보게 된다. 마틴 부버(Martin Buber)의 용어를 빌면 상담자와 내담자는 '나와 그것'(I-It)의 관계에서 '나와 너'(I-You)의 관계로 연결되는 것이다.

이러한 관계를 형성하기 위해 투르니에는 흔히 상담에 임하기 전에 기도와 묵상으로 준비하며 때로는 내담자들에게도 그와 같이 하기를 장려한다. 이렇게 하나님과의 깊은 교제를 하는 경건의 시간을 통해 상담자는 상담에 필요한 내적 능력을 얻게 되며, 문제의 근본적

10) 여기에서 사용하는 자료는 필자가 Tournier와 인터뷰한 것을 근거로 했으며, 또한 그의 책에서 밝힌 상담 기술에 대한 자료를 근거로 한 것이다. 이 책이 탈고된 후 필자가 Tournier와 만나 대화한 후에 그의 견해에 약간의 변화가 있음을 알게 되었다. 그러나 바로 이 점이 Tournier가 한 사람의 진지한 상담가임을 보여 주는 정확한 자료라 할 수 있겠다.

인 치유를 가능케 하시는 유일한 분이신 하나님께 전적으로 의지하게 된다. 그렇게 함으로써 효과적인 상담을 방해하는 자기 중심의 인간적인 사고 방식을 버리고 올바른 상담을 진행할 수 있는 것이다.

대화를 중요시하는 투르니에의 상담 태도는 처음에 상담을 하려는 사람이 찾아와 자기의 문제를 털어놓을 때 어떤 내용의 말이든지 진지하고 신중하게 경청하는 그의 태도에서 잘 보여지고 있다. 그는 내담자의 말을 주의 깊게 듣고 문제에 대해 이해하고자 애쓸 뿐, 성급하게 이것저것 질문하거나 해결책을 미리 찾으려 하지 않는다. 투르니에는 가능한 한 많은 시간을 내담자의 말을 진지하게 듣는데 할애한다. 그는 사람들이 그의 이러한 인내심에 놀라는데 대해 이렇게 말한다. "그것은 인내심이 아닙니다. 단지 문제를 가지고 고통을 당하고 있는 한 인간에 대한 깊은 관심일 뿐입니다."

상담이 진행되는 동안, 투르니에는 또한 내담자를 위로하며 그의 문제에 대해 같이 공감하고 필요한 도움을 제공한다. 사람은 다 약한 존재이므로 의지할 어떤 대상이 필요하다고 그는 주장한다. 그러므로 상담자는 내담자가 자기 스스로 문제를 감당하며, 종국적으로 하나님의 무한한 공급을 체험할 수 있게 되기까지 이들을 붙잡아 주고 위로해 주며 강건하게 해 주어야 된다고 한다.

내담자는 점차 자기의 고통스런 문제에 대해 냉철하게 보며 상담에 익숙하게 되면서 자기를 다시 한번 살펴보게 되고 새롭게 이해할 수 있게 된다. 앞에서 이미 언급한 바대로 투르니에는 사람들을 괴롭히는 많은 문제는 자기 자신에 대한 보다 분명한 이해를 통해 해결될 수 있다고 믿는다. 그러나 이러한 이해는 우리 스스로의 힘으로 얻을 수 있는 것이 아니다. 우리가 우리 자신에 대한 올바른 이해를 얻기 위해 아무리 진지하게 노력한다 할지라도 우리들의 노력은 결국 실패로 끝나고 말 것이다. 그리하여 투르니에는 내담자로 하여금 자신의 참모습을 발견하도록 돕기 위해 친밀하고 인격적인 대화를 많이 한다. 왜냐하면 대화만이 내담자가 자신의 참 모습을 발견할 수 있는 유일한 통로가 될 수 있다고 믿기 때문이다.

내담자가 자신의 모습을 보다 분명하게 볼 수 있게 될 때, 그들은 자기들이 싫어하는 것이 무엇인가를 발견하게 된다. 상담에서 내담자가 자신의 감정을 꾸밈없이 표현하고 죄의식과 자신의 연약한 요소에 대해 솔직하게 고백하는 것은 아주 중요한 과정이다. 그러나 자신의 문제를 남에게 내보이기를 좋아하는 사람은 아무도 없다. 이에 대해 투르니에는 상담자가 자신도 남이 알지 못하는 문제와 죄, 영적인 갈등으로 괴로워하고 있다는 사실을 진지한 자세로 적절하게 내담자에게 이야기해 준다면, 내담자는 상담자도 자기가 가지고 있는 것과 같은 문제를 가지고 있다는 사실을 깨닫고 보다 친근감을 갖고 용기를 내어 자신의 문제를 털어 놓게 된다는 것을 발견하였다. 이처럼 상담자로서의 투르니에는 연약한 내담자 위에 군림하는 비정한 판단자가 되기를 거부한다. 오히려 그는 내담자를 자신처럼 하나님의 용서와 치료하시는 능력을 필요로 하는 연약한 형제요 자매로서 동등한 인격체로 대한다.

그러나 투르니에가 내담자들에게 설교를 하거나 예배와 같은 형식으로 상담을 진행하는 것은 아니다. 그는 자신의 기독교 신앙과 믿음을 구태여 숨기려 하지는 않는다. 자신을 솔직하게 드러내놓고 상담에 임한다. 그는 때때로 내담자와 함께 기도하고 하나님에 대해 이야기도 하며 자기처럼 경건의 시간을 가져보라고 권면하기도 한다. 이러한 것들이 모두 영적 치료의 일부가 될 수 있다고 믿기 때문이다. 그러나 그가 모든 내담자들에게 영적인 내용을 거론하는 것은 아니다. 왜냐하면 영적 치료에 대해서 전혀 언급을 하지 않을지라도 삶의 요소들을 통하여 사람들을 하나님께 인도할 수도 있을 것이라고 확신하기 때문이다.

훌륭한 상담자들이 대체로 그러하듯이 투르니에도 내담자의 필요에 따라 상담 방법을 적절하게 변용하여 적용한다. 때때로 그는 효과적인 상담을 위해 전에 상담을 받은 경험이 있는 사람을 불러 도움을 받기도 하며 구체적인 문제 해결을 위해 성직자나 정신과 의사에게 도움을 요청하기도 한다. 그리고 경우에 따라서는 내담자에게 지시적인 충고를 하기도 하며, 문제의 치유를 위해 하나님께 기도하기도 한다.

투르니에는 자신의 상담이 항상 성공적이지만은 않다는 사실을 인정한다. 어떤 내담자는 아무런 문제의 해결을 보지 못하고 오히려 신앙을 저버리는가 하면 어떤 사람은 심지어 자살을 시도하기도 한다. 이러한 실패들은 물론 투르니에처럼 사람들의 필요에 대해 예민한 관심과 애정을 가진 상담자에게는 매우 큰 실망을 안겨주는 것들이다. 그러나 그는 이런 실망에 머무르지 않고 이러한 실패를 통해 계속해서 새로운 것을 배워가며 그것을 거울삼아 고통당하는 사람들을 보다 효과적으로 돕기 위해 노력하고 있다.

학자로서의 투르니에

투르니에는 상담 활동을 통해서 알려지기도 했지만 저술가로서도 널리 알려진 사람이다. 따라서 그의 상담 방법론을 완전하게 이해하려면 그의 저서에 나타난 내용들도 주의 깊게 살펴보아야 한다.

체계적인 이론을 기술하는 것보다 사람들의 행동을 잘 이해하게 해주고 삶의 체험들을 서로 나누는 것을 더 중요하게 생각하였다. 물론 책을 쓴다는 것은 상담을 통해 내담자들과 대화하는 것처럼 많은 독자들과 만날 수 있는 한 가지 방법이라는 점에서 그는 저술활동에도 신경을 썼다. 그러나 그는 대화할 때 표제나 부제같은 것을 복잡하게 달지 않고 자유스럽게 이야기하는 것처럼, 책을 쓸 때도 형식에 얽매어 체계적인 구성을 위해 일일이 신경을 쓰지는 않았다. 그러므로 그의 글은 전체적인 관점에서 보아야 올바로 이해할 수 있게 된다.

그렇다면 투르니에의 일관성 없고 조직도 갖춰져 있지 않은 책들이 그토록 많은 사람들에게 호평받는 이유는 어디에 있을까? 그의 책이 대중적인 인기를 얻는 이유는 크게 대화체 문장, 일반 대중을 위한 쉬운 용어의 구사, 자신의 경험과 실제 인물에 대한 예화 수록 등을 들 수 있을 것이며, 자세히 살펴보면 이 외에도 더 많은 이유들을 꼽을 수 있을 것이다.

투르니에는 언젠가 루소(J. J. Rousseau)의 글에 대해 다음과 같이 기록한 바 있다. "그는 책을 쓸 때 단순히 자신의 사상과 이론만을 기록하는 것이 아니라 자신의 모습 그대로를 글에 포함시킨다. 그는 사람들 앞에 자신의 모습을 있는 그대로 내어 보인다. 그의 독자들이 루소를 열렬히 추종하는 것은 바로 이런 이유에서이다." 이 말은 또한 투르니에의 책이 많은 독자들에게 호감을 주는 이유에 대한 정확한 설명도 될 수 있을 것이다.

한편 최근의 한 편지에서 투르니에는 미국에서 유행되고 있는 카세트 테이프를 통한 상담 활동에 대해 다음과 같이 언급한 바 있다. "그러한 것은 나의 개인적인 사고로는 얼른 납득이 가지 않는 방법입니다. 나는 대화에 있어서 서로 간에 오고가는 정(情)을 매우 중요시하는 사람입니다. 따라서 나는 대상을 어떤 막연한 사람으로 설정해 놓고 말하기보다는 특정한 한 개인과 만나 대화하기를 원하며, 추상적인 사례를 말하기보다는 실제적인 문제에 대해 서로 대화하기를 원합니다. 그리고 특히 대화를 할 때도 상대방에게 말하기에 앞서서 반드시 먼저 듣는 과정이 있어야만 한다고 생각합니다."

카세트테이프에 대한 그의 언급에서도 알 수 있는 것처럼 투르니에는 비록 집단 상담에 대한 가치를 인정하긴 하지만 상담에 가장 효과적인 것은 일대일의 대화를 통한 상담이라고 생각하여 대개 개인 상담에 주력한다. 투르니에는 책을 쓸 때도 항상 마음속에 한 개인을 염두에 두고 글을 쓰며 이러한 태도는 그가 대중 강연을 할 때에도 마찬가지이다. 수많은 청중 앞에서 강연을 하면서도 그는 이름 없는 청중을 대상으로 강연을 하는 것이 아니라 마음속에 서너 명의 사람들을 선택하여 그들과 인격적인 대화를 나누는 방식으로 강연을 진행한다. 투르니에는 이름 없는 비인격적인 대중을 대상으로 일방적인 강의를 하는 것이 아니라 한 개인과의 인격적인 대화를 통해 가르칠 수 있는 기회를 제공해 주는 것이 더욱 중요한 일이라고 강조한다.

결론

투르니에는 종종 공식적인 상담 교육을 전혀 받지 않았으면서 의학이나 정신 치료의 한계를 벗어난 상담 분야에까지 관여한다고 비난을 받는다. 또 어떤 사람들은 인간에 대한 그의 이해가 지나치게 고지식하고, 지나치게 종교적이며, 너무 단순하다고 비난하기도 한다. 이에 대해 투르니에 자신도 인간에 대한 자신의 이해가 짧다는 것을 시인하면서, 자기는 심리학, 철학, 신학의 어느 영역도 소홀히 해서는 안 될 것이라 생각하여 비록 모든 면에서 부족하긴 하지만 이들의 상호 관계를 통해서 보다 효과적인 상담을 수행하려는 상담자라고 고백하고 있다.

또 그는 상담에 관한한 자신이 직업적인 전문가라기보다는 순수한 아마추어로 인정받기를 원한다고 한다. 이 말에서 자신이 하는 일을 즐기며 진지한 관심을 가지고 자신의 일에 임하는 동시에 직업적인 전문가보다 더 애정을 가지고 더 열성적으로 상담에 임하는 그의 자세를 엿볼 수 있다. 성경에 나오는 선한 사마리아인의 비유에서처럼 길에 쓰러져 죽어가고 있는 사람이 있을 때, 얼른 나서서 도와주어야 할 전문가들은 못 본체 피해 버리고 이 사람을 구해준 것은 전문가가 아닌 인간에 대해 애정을 가진 일반인이었던 것이다.

또 다른 면에서 투르니에는 자기에게 쏟아지는 비난으로부터 자신을 변호하기 위해 아마추어라는 표현을 사용하는 듯한 인상을 주기도 한다. 그는 전문가에게는 용납될 수 없는 많은 실수들이 아마추어에게는 허용될 수 있다고 생각하는 것 같다. 그래서 그는 아마추어로서 자신의 부족함을 구태여 숨기려 하지 않는 모습을 보여준다. 그러나 투르니에처럼 수십 년 동안 전문적으로 상담 활동을 해온 사람을 아마추어 상담자라고 부르고, 또한 거의 20권이나 되는 책을 써온 사람을 가리켜 아마추어 저술가라 칭하기에는 많은 어폐(語弊)가 있을 것이다. 비록 투르니에가 공식적인 상담 교육을 받은 정식 상담 전문가는 아니지만 그렇다고 해서 그와 같이 오랫동안 상담활동을 하고 연구를 해온 사람이 구태여 자기에 대한 비난에 대해 일일이 자신의 입증을 변호할 필요는 없다는 것이 필자의 견해다.

게다가 아마추어라고 해서 자신이 속한 분야에 대해 전문가만큼 많이 알지 못하거나 능력이 없는 것은 아니다. 이런 점은 올림픽 경기에서도 나타난다. 올림픽 경기에 프로 선수들은 출전할 수 없지만 아마추어 선수들은 경기를 통해 직업적으로 운동을 하는 프로 선수 못지않은 기량을 과시하는가하면 그보다 더 나은 기록을 세우기도 한다. 따라서 투르니에가 자신을 구태여 자격이 없는 아마추어 상담자라고 변호할 필요는 없다고 본다. 그의 겸허한 태도, 공식적인 상담 훈련의 결여, 자유분방한 문체, 평이한 일반 용어의 사용들을 들어 비판자들은 섣불리 그에 대해 '상담을 할 만한 충분한 능력이 없으며 인간에 대한 이해도 피상적인 이해에 그치는 무자격의 상담자'라고 생각할지 모른다. 그러나 「강자와 약자의 심리학」같은 그의 책을 주의 깊게 살펴보면, 우리는 투르니에야말로 상담자로서의 뛰어난 자질과 보기 드문 통찰력을 지닌 사람이며 인간 행동의 원인을 이해하는 빼어난 능력의 소유자라는 사실을 알 수 있게 될 것이다.

투르니에는 융이나 로저스 같은 뛰어난 상담자의 글을 통해 필요하다고 인정된 요소를 과감히 자신의 상담에 적용하지만, 그렇다고 해서 어느 한 사람이 상담 방법이나 이론에 얽매이지는 않는다. 그는 상담을 할 때 문제를 가지고 있는 개개인과 만나 인격적인 대화를 하고 그들의 필요를 제공해주고자 노력한다. 왜냐하면 자기와 같은 상담자에게는 이 방법이 가장 적절한 것이라고 생각하기 때문이다. 그는 자신의 성공적인 상담 사례를 즐겨 말하는 한편 어떤 때는 자신이 최선의 노력을 다했음에도 실패할 때가 있다는 사실을 솔직하게 인정한다. 그리고 다른 상담법을 가지고 상담하는 사람들을 비난하지도 않는다. 그는 단지 최선의 심리학적 방법을 사용하려 할 뿐이며 그러다가 특히 내담자에게 영적인 차원의 문제가 있을 때에는 과학적인 방법론을 뛰어 넘어 하나님과의 관계 속에서 문제를 다룬다.

지금까지 살펴본 바와 같이 투르니에에 의하면 내담자는 신체적, 심리적 고통 뿐 아니라 영적인 문제에 대해서도 적절한 도움을 받아야 한다. 따라서 상담자는 기술적인 면만 뛰어나서는 안 되며 영적으로도 성숙하여 날마다 겸손하게 하나님께 가까이 나아가며 성령의 인도하심에 순종하는 사람이 되어야 하는 것이다. 영적 성숙, 즉 하나님 앞에서 겸손하며 성령의 인도하심에 순종하는 태도를 지녀야만 한다.

투르니에는 그의 첫 번째 책에서 다음과 같이 말하고 있다.

"치료자가 명심해야 할 과제의 하나는 내담자로 하여금 자기에게 향하신 하나님의 뜻이 무엇인가를 발견하고 그 뜻에 순종하여 승리하는 삶을 살 수 있도록 돕는 것이다. 그러나 자신이 이러한 삶을 살지 못하면서 다른 사람들로 하여금 이러한 삶을 살도록 인도할 수는 없다. 지금까지 엄청나게 발전한 의학은 앞으로도 계속 발전해 갈 것이다. 그러나 지금 이 세계가 필요로 하는 것은 새로운 의술의 개발이 아니라 하나님께 기도하고 순종하는 삶의 의사들이다. 이들이 하나님과의 깊은 관계를 가지면서 현대의 모든 의학적 자료들과 지식을 사용할 때 우리는 예측하지 못했던 커다란 도움을 의학으로부터 받을 것이다."11)

의학 분야에 관계된 투르니에의 이 말은 어떤 분야에서도 똑같이

---

11) P. Tournier, *The Healing of Persons*(New York: Harper & Row, 1964), p.269.

적용될 수 있는데 특히 정신 건강의 영역에 속하는 상담에 이 말을 적용하여 '의학'을 '상담'으로 바꾸어 표현해도 별 무리는 없을 것이다.

투르니에는 영적인 요소들을 강조하기는 하지만 이것들이 상담할 때 꼭 수반되어야 한다고 주장하지는 않는다. 하나님께서는 그리스도를 믿지 않거나 비종교적인 태도를 보이는 상담자들을 통해서도 내담자의 영적 문제나 그 밖의 문제들을 해결해 주신다고 믿기 때문이다. 투르니에는 하나님께서 그 선하신 경륜을 이루시기 위해 주를 따르지 않는 사람들도 사용하셨던 성경의 예들을 들면서 이와 같은 일들이 상담에서도 일어날 수 있다는 사실을 강조하고 있다.

그러나 우리가 잊지 말아야 할 것은 세속적인 상담자들로 인해 영적인 혼란을 겪게 되는 내담자가 많다는 것이다. 이에 대해 투르니에는 상담자가 내담자에 대한 선한 의지를 가지고 있다면 효과적인 상담을 수행할 수 있을 것이라고 지적하는 한편 상담자의 영적 성숙에 대한 필요성도 강조하고 있다.

투르니에는 기독교 상담자의 상담이 일반 상담자의 상담보다 더 나은 결과를 가져오는 것은 그들이 일반적인 면에서만 치유 활동을 하는 것이 아니라 삶의 중요한 요소가 되는 영적인 문제까지 철저하게 다루기 때문이라고 본다. 그러나 동시에 투르니에는 비그리스도인 상담자에 의해서도 효과적인 상담이 수행될 수 있다고 봄으로써 기독교 상담자만이 올바른 상담을 할 수 있다는 편견을 갖고 있지도 않다. 이처럼 그는 영적인 문제에 대한 공평한 언급을 통해 특히 자신이 모든 신경증의 근본적인 원인이 된다고 믿는 죄의 문제에 대해 기독교 상담자는 일반 상담자의 기능을 무시하지 않으면서 자신의 영적인 삶을 통해 내담자의 영적 문제까지 다루어야 한다는 사실을 잘 지적해 주고 있다.

은퇴한 이후로 투르니에는 더 이상 상담 활동이나 저술 활동은 하지 않고 있다. 그러나 기독교 상담자들은 그에 의해 이룩된 수많은 업적들을 통해 큰 영향을 받았다. 그가 아무리 부인한다 할지라도, 후학(後學)들이 보다 새롭고 효과적인 미지의 상담 세계를 개척할 수 있게 된 것은 그의 많은 저서와 상담의 결과를 통해 얻게 된 통찰력으로 인해 가능하게 되었다는 것은 결코 부정할 수 없는 사실이다.

제5장 성장 상담
(Growth Counseling)

하워드 클라인벨(Howard Clinebell)

지난 10년 동안 상담학 분야에 있어서 신학부 학생들(seminary students)에게 하워드 클라인벨만큼 큰 영향을 미친 사람도 없었을 것이다. 그의 저서 「목회 상담의 기본 유형들, Basic Types of Pastoral Counseling」은 헤아릴 수 없을 만큼 여러 강의실에서, 그리고 다양한 신학적 견해를 취하는 학생과 교수들 사이에서 동시에 받아들여져 왔다.

그러나 클라인벨의 저술이 목회 상담에만 한정된 것은 아니었다. 그의 아내 샤롯테 클라인벨(Charlotte H. Clinebell)과 공동 집필한 「친밀한 결혼 생활, The Intimate Marriage」은 결혼 생활에 대하여 조언을 주는 가장 좋은 책들 중의 하나로 널리 인정되고 있다. 또 「종교와 심리학을 통해 본 알코올 중독자의 이해와 상담, Understanding and Counseling the Alcoholic: Through Religion and Psychology」이란 책은 목회 상담과 알코올 중독에 대한 매우 탁월한 치료 방법을 제시해 주고 있다. 그리고 그의 또 다른 저서 「지역 교회에서의 정신 건강 목회, the Mental Health Ministry of the Local Church」는 한 교회의 목회자가 어떤 방법으로 회중을 온전히 양육할 수 있는가 하는 문제에 대하여 매우 실제적이고 창조적인 방법을 제시해 주고 있다.

클라인벨은 성장 상담에 사용되는 다양한 상담 테크닉에 대해서는 별로 언급하고 있지 않지만, 성장 상담은 오늘날 행해지고 있는 다른 상담 방법들로부터 끌어낸 다양한 기본 방법들을 응용하고 있다. 그는 다음과 같이 말한다. □성장 상담은 성도의 영혼에 □생명을 더욱 충만하게□(요 10: 10)하도록 돕

는 데 앞장서야 하는 치유의 공동체로서의 교회와 목회자들에게 타인의 영혼
을 성장시키는 좋은 방법을 훌륭하게 제시하고 있다.□

　본장의 원고는 □영혼의 안내자■를 위해 클라인벨이 특별히 집필 기고한 것
이다. 성장 상담의 주요 방법과 신학적 이론에 대해 보다 자세한 내용은 최근
에 출판된 클라인벨의 저서 「성장 상담: 인간 완성의 실현을 위한 희망을 중
심으로 한 제 방법, Growth Counseling: Hope-Centered Methods for
Actualizing Human Wholeness」에 잘 나타나 있다.

　하워드 클라인벨은 캘리포니아의 클레몬트 신학교 목회 상담학 교수이다.
그는 듀포 대학에서 문학사(B. A.)를, 그리고 가렛 성경학원에서 신학사(B.
D.)학위를 각각 받았다. 또한 컬럼비아 대학과 유니온 신학교에서 수학했으
며, 종교 심리학으로 철학박사 학위(Ph. D.)를 받았다. 한편 교수로 취임하기
전에는 10년간 롱 아일랜드에서 교구 목사를 담임하였다.

성장 상담은 기본적으로 두 개의 목표를 가지고 있다. 첫째로 내담자가 자기 인생의 각 단계에서 잠재력을 최대한 발휘할 수 있도록 하며, 둘째로 모든 사람이 그들의 잠재력을 사용할 기회를 제공해 주는 사회, 즉 개인이 모두 귀하게 대접받는 사회를 창조하고자 한다.

성장 상담은 사람들을 새롭게 보는 방법이며, 동시에 그들을 돕는 방법이다. 성장 상담은 사람들이 지닌 과거의 실패나 현재의 문제를 '병적 증세'(pathology)로만 보는 것이 아니라 현재의 힘과 가능성이란 관점에서 바라본다. 이처럼 사람들을 그들의 힘과 가능성의 측면에서 봄으로써, 그들이 자기 자신을 용납하고 그들의 잠재력을 개발해 나갈 수 있도록 돕게 된다. 성장이라는 안경을 통해서, 즉 인간은 어떤 경우에도 성장할 수 있다는 사실을 전제하고 사람들을 보는 것은 우리가 남을 도울 수 있는 최선의 방법들 중의 하나이다.

성장 상담은 사람들을—비정상이거나 정상이거나 간에—풍부한 생명력과 잠재력을 가진 존재로 본다. 모든 사람들과 모든 관계들은 잠재적 가능성이라는 황금 광산을 가지고 있다. 그러나 대부분의 '정상적'인 사람들도 자신의 잠재력의 25% 밖에 사용하고 있지 않다. 이 점에 있어서 교육과 상담의 임무는 동일하다. 즉 사람들로 하여금 인생의 각 단계에서 잠재력을 확인하고 실현시킬 수 있도록 돕는 것이다.

성장 상담자들은 누구나 자신의 숨겨진 잠재력을 키우고 성취하려는 욕구를 가지고 있다고 본다. 이 성장 욕구는 지속적이긴 하나 종종 장애물에 부딪쳐 능력을 발휘하지 못하기도 한다. 모든 효과적인 상담과 교육은 이러한 성장의 강한 욕구를 이용한다. 따라서 교사나 상담자가 효과적으로 일을 해낼 수 있는가의 여부는 각 개인 상호간의 인간관계에 있어서의 성장 욕구를 일깨우고 자극하여 그 욕구를 해방시킬 수 있는 능력에 달려 있다.

성장 상담은 교육과 상담 사이에 밀접한 상호 보완적 관계가 존재한다고 전제하고 있다. 교육은 주로 성장과 양육을 강조하며, 보다 심층적인 재교육이라고도 볼 수 있는 상담은 성장하고 배울 수 있는 능력을 되찾게 해주려고 시도한다. 이처럼 이들은 동전의 양면과 같이 동일한 과정에서 서로 상호 보완하고 있는 두 개의 측면이다.

성장 상담은 사람들로 하여금 성장하지 못하게 방해하는 장애물들을 축소시키거나 제거하기 위해 단기적인 방법을 사용한다. 이 장애물들은 예를 들어 유년기에 괴롭고 잊혀지지 않는 심각한 위기를 겪거나, 깊은 감정의 상처를 경험함으로써 발생할 수 있는데, 계속적인 성장을 가능케 하기 위해서는 이 장애물들이 제거되어야만 한다.

한편 교회와 같은 기관에 조직되어 있는 각종 교육 그룹들은 많은 경우에 사람들로 하여금 그들의 내적인 힘과 잠재력을 보다 많이 사용할 수 있는 기회를 제공함으로써 꼭 구체적 상담을 하지 않아도 되도록 하고 있다. 이런 교회의 기관들은 상호 성장을 고무하는 소규모 공동체의 마당을 각 사람에게 제공함으로써 상담의 효과를 배로 높일 수 있다. 즉 상담에서 얻은 성장의 자극을 타인들과 더불어 직접 실행하고 유지할 수 있는 자연스러운 기회를 그 소규모 그룹 내에서 갖도록 해줌으로써 구체적인 상담 효과를 기대할 수 있는 것이다. 이처럼 교회 안에서는 목양자로서의 돌봄(pastoral care)-일생에 걸친 각 개인의 양육-이 중심이 되고, 목회 상담(pastoral counseling)은 깨어진 인간관계를 회복시키고 성장에의 장애물들을 제거하는 것으로 부차적 중요성을 갖는다.

성장 상담은 인간관계를 유지하려는 근거를 본능적인 인간 욕구 또는 충동이라고 본다. 왜냐하면 관계성 안에서만 사람들은 인간이 되고 또 인간으로 남아 있을 수 있기 때문이다. 오직 관계성 안에서만 사람들은 그들의 마음 깊은 곳에 있는 정신적, 영적 욕구 또는 갈망 등을 충족시킬 수 있으며, 이런 욕구들이 합해질 때만 잠재력을 꽃피울 수 있는 것이다. 그러므로 성장 상담에서는 한 사람의 성장을 촉진시키느냐 아니면 방해하느냐 하는 문제의 결정적인 변수가 되는 것은 그물처럼 짜여 있는 인간관계, 그리고 공동체 내에서의 협조체

계(support system)의 질이라고 보고 있다. 한편 한 사람의 성장을
극대화시키기 위해서는 그가 다음의 '성장 공식'(growth formula)
을 경험할 수 있는 깊이 있는 인간관계를 최소한 하나만이라도 가지
고 있어야 한다.

성장 촉진의 기본 원리는 다음 공식으로써 가장 간략하게 표현될
수 있다.

$$성장 = 돌봄 + 대면(Confrontation)$$
$$또는$$
$$성장 = 사랑 + 정직$$

이 공식은 곧 누구라도 참 사랑을 받고 현실을 도피하지 않고 그
현실과 정직하게 대면한다면 어떤 인간관계에 있어서도 성장은 일어
날 수 있음을 보여준다. 여기서 대면이란 현실의 파괴적인 부분과 건
설적인 부분 모두에 관계되어 있는데, 전자는 우리가 무시하거나 채
깨닫지 못하던 것이고, 후자는 우리의 아직 사용하지 않은 잠재력을
깨닫는 것을 포함한다.

성장 상담은 본래 현재와 미래에 주로 초점을 맞춘다. 과거는 현재
와 미래의 맥락 안에서만 파악될 뿐이다. 한 사람을 앞으로 나아가게
하는 미래의 힘은 적어도 과거가 그를 이미 정해진 운명의 굴레 안
에 붙잡아 두려고 하는 것만큼 큰 것이다. '살아 있는 과거' - 여전
히 현재에 영향을 미치는 과거의 부분 - 는 참된 과거가 아니다. 왜냐
하면 그것은 지금 각 개인과 인간관계 그리고 여러 만남에 영향을
주는 현재이기 때문이다.

성장 상담은 개인적 변화, 관계 변화, 제도상의 변화를 창조적 변
화, 즉 성장이라는 하나의 과정 안에 포함되어 있는 세 개의 상호의
존적인 차원들로 본다. 따라서 각각의 변화는 다른 나머지 두 개의
차원으로부터 지원을 받아야 하며, 이 세 분야에 동시에 초점을 맞추

는 상담과 치료 접근법이야말로 인간의 잠재력을 해방시킬 수 있는 가장 좋은 방법일 것이다. 한 개인의 해방은 그를 둘러 싼 관계구조의 해방과 분리시켜 생각할 수 없으며, 동시에 그가 속해 있는 사회와 더 나아가 생태학적 환경 등과 한 개인의 성장 잠재력을 억압하는 모든 열악한 사회 제도로부터의 해방과 분리시켜 생각할 수도 없는 것이다.

성장 상담과 개인

성장 상담은 인생의 위기를 개인의 삶에 있어서 전환점인 동시에 잠재적인 성장 기회로 여긴다. 그러므로 그 위기가 우연한 것이든, 일상적인 것이든 간에 모두 성장의 좋은 기회가 될 수 있다. 즉 상담자는 위기에 봉착하여 도움을 필요로 하는 사람이 스스로 자기의 내부에서 미래 지향적 의미를 찾아내고, 그 위기들로 인한 고통을 오히려 자기와 유사한 위기를 겪는 사람들과 관계를 맺어주는 다리로 사용하여 타인과 새로운 만남을 가질 수 있게끔 그 개인의 전체적 삶을 양육하고 도와줌으로써 건설적으로 행동하도록 잘 유도하여야 한다.

성장 상담은 한 개인의 영적 성장(spiritual growth)을 모든 인간 성장의 총체적인 핵으로 간주한다. 왜냐하면 영혼의 성장은 인간에게 있어서 고유한 점-의식, 결단력, 자유, 가치관(meaning), 사명감, 영적 생활관, 하나님과의 관계 등-을 포함하기 때문이다. 따라서 상담이나 치료가 종교적인 상담자에 의해서 행해지거나 세속적인 상담자에 의해서 행해지거나 간에, 영적 성장을 촉진시키는 것이야말로 개인 상담과 치료 요법의 핵심이 된다. 그런데 이러한 작업은 신학 뿐아니라 상담 이론과 방법론에 걸쳐 두루 전문적 훈련을 받은 사람들에게 특별히 요구되는 분야이다. 특히 신학적으로 훈련된 성장상담론자들은 이런 훈련을 받지 않은 세속적 상담자들을 여러 방면에서 많이 도와 줄 수 있다. 목회자는 본질적으로 영적 성장을 돕는 자이다. 그의 여러 사역 중에서도 이 영적 성장 사역이 가장 중요하다. 목회자는 이 방면의 세속 상담자들에게 영적 통찰력을 제공할 수 있는 동시에, 평신도들의 영적 성장 훈련을 직접 지도할 수도 있다.

기존의 많은 심리 치료 요법들과는 달리 성장 상담은 우리의 가장 깊은 성장 욕구를 영적 자아를 개발하는 데에서 찾는다. 따라서 '영적'인 것은 그에 선행하는 보다 더 기본적인 욕구들을 갖지 않는다. 즉 '영적'인 것이 가장 기본적 추진력인 것이다. 영적 자아에 대한 이해는 인간에게 있어 가장 인간적인 것이 무엇인가를 판단하고, 또 한 사람들의 내적인 잠재력을 해방시키는데 있어 필수적이다. 영적 성장 상담의 목표는 각 개인이 위기로 인한 여러 억압을 극복하고, 자기 삶의 구체적 현장에서 영적 성장을 실제로 체험할 수 있도록 돕는 것이다.

성장 상담과 사회의 개선

성장 상담은 또한 우리 사회의 여러 불합리한 구조와 법률, 각종 제도 등에 얽힌 사회 문제를 개선시키는 사회 발전을 큰 목표로 하나로 추구한다. 그리하여 사회가 각 개인의 충분한 성장을 부정하기보다는 오히려 조성하고, 또한 인간답게 사는 것을 방해하기보다는 오히려 돕도록 만들려고 애쓴다. 개인 상담과 관계 상담의 공통된 목적은 각 개인과 인간관계에 얽힌 제반 장애물을 제거함으로써 각 개인이 속한 집단들로 하여금 창조적 변화를 경험할 수 있도록 돕는 변화의 원동력이 되게 하는데 있다.

건전한 기독교 상담의 본질적 목표는 뿌리깊고 방대한 구조적 모순을 가지고 각 개인의 완전한 성장을 방해하는 우리 사회의 인종적 편견, 성적 쾌락주의, 경제적 불평등 등을 제거할 수 있는 능력을 사람들에게 부여하는 것이다. 성장 상담의 접근 방법을 이용하여 목사와 성도들은 교회의 풍부한 잠재력을 개발시켜 교회가 각 개인의 전인격 성장을 돕는 성장 훈련 센터가 되게 할 수 있다. 교회는 각 개인을 발전시키고 인간관계를 풍부하게 하여, 보다 진보된 삶을 살 수 있도록 도와주는 효과적인 훈련 센터가 될 가능성을 무한히 가지고 있다. 대부분의 학교도 학생들로 하여금 그들의 내적 능력을 보다 완전하게 발휘하도록 도울 수 있는 커다란 가능성을 가진 기관이다. 물론 여러 종류의 상담소들도 보다 나은 인간 발전을 위한 센터가 될 수 있는 잠재적인 가능성을 가지고 있다. 그러나 교회나 학교 또는 일반 상담소들이 가진 잠재력의 상당 부분이 성장 상담과는 반대의 입장을 취하고 있는 프로이드의 병리학 모델에서 파생한 소위치료 요법의 그늘에 가리워져 왔다. 이러한 병리학적 접근은 프로이드이래 대부분의 상담과 심리 요법의 이론과 실제를 지배해 왔었다. 그러나 이제 많은 사회 기관들이 성장이라는 관점에서 새로운 제도적 변신을 추구하고 있다. 교회가 영적 성장의 중심지로, 학교가 지적인 발전과 생활을 위한 기술을 일생동안 지속적으로 배우는 장소로, 상담 연구소가 적극적인 예방과 훈련의 장소로 변화하고 있다. 한편 성장 상담은 성장을 일생 동안의 과정이라고 본다. 이처럼 성장을 실제로 현실화시키는 것이야말로 교회와 같이 모든 사람이 동등한 인격체로 만나는 사회 기관 앞에 주어진 하나의 즐거운 도전인 것이다.

성장 상담론자들은 그 주요한 현실적 방법론으로 성장 혹은 양육그룹 운영을 채택하고 있다. 이런 소규모 그룹 안에서 사람들은 서로 관심을 가지고 개방적인 인간관계를 맺으면서, 서로 상대방의 성장을 격려하고 도와 줄 수 있는 기회를 갖는다. 이런 그룹 활동은 '정상적인' 사람들이 광범위하게 참여하도록 권장되어 교회, 학교, 사회의 여러 기관 안에서 널리 활성화되어야 할 것이다. 각 교회에 형성되어 있는 성공적인 결혼과 가정생활을 위한 소모임 활동, 역경에 처한 자들의 모임인 상조회 모임, 독신자 친목회, 영성 개발모임, 봉사 실천 모임들이 바로 지역 교회에서 벌어지고 있는 소그룹운동의 실례들이다.

성장 상담은 서로에게 관심을 갖고 서로의 성장을 위해 도움을 주고받는 것으로, 지금 우리 사회에서 절실히 필요로 하는 가장 기본이 되며 도움이 되는 자원이다. 그런데 이 자원은 자신의 고통과 성장 경험이 다른 사람에게 도움이 될 수 있다는 것을 깨닫는 데서 얻어진다. 목사나 교사나 상담자 등과 같은 전문가들의 주요 역할은 그들이 다른 사람의 성장을 촉진시키고 도울 수 있는 잠재된 능력을 개발해 낼 수 있도록 돕는 데 있다. 이는 비전문가들로 하여금 비인간화되고, 소외되고, 윤리적으로 타락한 현대에 매우 절실히 요청되는 전체 사회 성장 체제 확립에 있어 중요한 부분을 담당하도록 훈련시키는 것을 포함한다. 그러기 위해서는 전문적인 교육가와 상담자들이 먼저 그들 자신의 인격적인 성장을 지속시킬 수 있는 기회를 충분히 가져야 할 필요성이 있다. 다른 사람들이 성장하도록 돕기 위해서는 자기 스스로가 성장하는 사람이 되어야만 한다. 자신이 가지고 있지 않은 것을 남에게 나누어 줄 수는 없기 때문이다. 교회 안에서 일어나는 '평신도 부흥'과 정신 건강 센터에서 훈련 받은 자원봉사자와 준 전문가들의 활발한 활동은, 성장 운동에 있어서는 교육, 계층, 연령의 고하를 막론하고 누구라도 고통받는 자들을 위한 훌륭한 협조자가 될 수 있다는 기본적 사실의 산 증거라고 볼 수 있다.

성장 상담의 신학적-성경적 기초와 그 전제들

우리는 성경과 기독교 전통을 통해 성장 상담의 접근법에 대한 많은 역사적 근거를 찾을 수 있다. 다음은 성장 상담을 위한 신학적-성경적 기초가 되는 몇 가지 요소들이다.

1. 인간 안에 있는 풍부한 잠재력은 창조주의 선물이다. 하나님의 형상(Imago Dei, 창 1: 27)이 인간에게도 있다는 말은 사람들 안에

커다란 잠재력이 있다는 것을 의미한다. 이러한 잠재력에는 인간만이 가지는 유일한 특징들인 자기 인식, 창조적 능력, 양심, 가치 판단, 자유 의지, 결단력, 판단력, 애정, 양육, 초월적 사고 등과 같은 신적인 기능들이 포함된다. 존 캘빈(John Calvin)은 창세기 주석에서 인간이 하나님의 형상으로 창조되었다는 것은 "인간으로서는 결코 알 수 없는 하나님의 선한 속성이 인간에게 나타난 하나의 주목할만한 예증"이라고 말하고 있다.1) 그리고 폰 라드(Von Rad)가 구약의 인류학에 관해 언급하면서, 이 개념을 인간의 정신에만 국한시키지 않고 전체로서의 인간에 적용시키고 있는 것은 우리에게 매우 의미심장한 암시를 주고 있으며, 이는 성장 상담의 접근법이 강조하는 온전한 전인으로서의 인간과도 일치한다.2) 하나님은 모든 성장의 근원이 되시므로, 우리는 우리 자신이나 다른 사람들이 성장하도록 조작할 수도 없고 또 그럴 필요도 없다. 그러므로 우리의 할 일은 사람들로 하여금 성장케 하시는 하나님의 선물을 받아들여서 온전한 성장의 단계에 이르도록 그들을 하나님 앞으로 인도하는 것이다.

2. 성경에는 성장을 주제로 한 내용이 거듭해서 등장하고 있다. 그 예로서 시편 1 : 3에서 복 있는 사람을 묘사한 "시냇가에 심은 나무"라든지, 예수가 하나님 나라에 들어갈 수 있는 전제 조건으로서 어린아이와 같이 되어야 할 것을 강조하신 것 등을 들 수 있다(눅 18: 16, 17). 개방성과 빠른 성장은 어린이의 중요한 특징이다. 또한 "어린아이와 같은 방식을 버림"(고전 13: 11)에 대한 강조는 각 개인이 가지고 있는 현재의 생활 자세, 태도, 인격이 보다 높은 단계로 성장해야 할 필요가 있음을 여실히 드러내고 있는 것이다.

---

1) John Calvin, *Commentaries on the First Book of Moses Called Genesis*, Vol. 1, translated by John King(Grand Rapids: Wm. B. Eerdmans, 1948). p.96.

2) Gerhard von Rad, *Genesis, A Commentary*(Philadelphia: Westminster Press, 1961), p.56.

3. 성경은 인간의 잠재력이 온 세상을 통해 신비스럽게 실현될 것을 예시하고 있다. 이것은 마치 세상에 영적인 세계가 있어 인간 안에 있는 풍부한 가능성을 실현시키게 하는 것과 같다. J. B. 필립스(Phillips)는 로마서 8: 19을 다음과 같이 해석한다. "모든 피조물은 간절한 마음으로 하나님의 아들들이 ─ 딸들이 ─ 자신들의 본래의 모습으로 나타나는 놀라운 광경을 보려고 고대하고 있습니다."

4. 성경은 인간과 역사 안에 성장과 자아실현을 방해하는 세력이 뿌리 깊이 내재해 있음을 예시해 주고 있다. 인간의 타락과 범죄, 어리석음 등은 모두 개인적으로나 집단적으로 인간 안에 있는 잠재력의 실현을 방해하는 강력한 요소들이다. 따라서 성장 상담이 목회사역에 적절하게 활용되기 위해서는 죄, 악, 병리학에 대한 충분한 이해가 선행되어야만 한다.

5. 성경은 성장의 목표를 완전하고 건전하며 건강하다는 의미를 가진 평강(Shalom)을 얻는 것이라고 규정하고 있다. 이러한 성장의 목표는 인간관계 안에서 이루어져야 한다. 평강을 주는 친밀한 인간관계가 이루어지는 공동체 안에서는 각 개인들이 자유롭고 완전하게 발전할 수 있는 기회가 충분히 제공된다.3) 요한복음에는 예수가 오신 목적이 사람들로 하여금 '완전한 생명'을 발견할 수 있게 하는데 있는 것으로 묘사되어 있다(요 10: 10). 이것은 성장 접근법의 목적이 사람들로 하여금 관계를 통해 성장케 하고 평강을 얻게 하는데 있음을 잘 나타내 준다.

6. 성경은 비록 성장이 하나님의 선물이기는 하나 그 선물을 받기 위해서는 갈등과 고통과 위험을 감내해야 한다는 것을 예시해 주고 있다. 사람이 죽음에 처할 만한 고통에 직면해 있다가 다시 소생하는 것이나, 좁은 문과 좁은 길(마 7: 14)로 가기를 힘쓰라는 것들은 다 이러한 사실을 잘 보여주는 것이다. 거듭나기 위해서는 먼저 성장을

---

3) Douglas J. Harris, *The Biblical Concept of Peace, Shalom*(Grand Rapids: Baker, 1970).

방해하는 인간적인 요소들이 죽어야 한다(롬 6: 5-11). 새로운 생명과 새로운 의식의 상태로 거듭나기 위해서는 먼저 인간적인 낡은 방어 기제가 무너져야 한다. 결혼을 통해 상호간에 정신과 육체적인 교류의 합일을 얻으려면, 신랑 신부 두 사람은 지금까지 자신들이 구축해온 각자의 방어벽들을 허물어 버려야 한다. 그러나 거기에는 서로를 노출시키는 밀접한 관계를 통해 서로에게 상처를 줄 수 있는 위험이 잠재되어 있는 것이다. 분명히 성장을 지속케 하는 잠재력은 하나님의 선물이다. 하지만 그 선물을 받아들이는 데에는 각 개인의 전폭적이고 의도적인 참여가 요구된다. 따라서 성장은 하나님의 선물이지만, 인간의 성취로 완성되는 것이다.

7. 성장의 과정은 '새로운 존재'로 되어가는 과정이다. 사회적 측면의 성장 목표인 새로운 차원의 의식, 관심, 정의감을 가진 새로운 존재로 변화되는 성장은 곧 겨자씨(마 13: 31), 한 덩어리의 빵 반죽 속에 든 누룩(마 13: 33), 주인이 맡긴 달란트(마 25: 14-30), 여러 종류의 밭에 뿌려진 씨앗(마 13: 18-23) 등의 비유처럼 각 개개인이 그리스도인으로서 성장 과정에 참여할 때 비로소 이루어진다. 그러므로 새로운 존재로 성장하는 것은 하나님의 선물인 동시에 궁극적 의미에서 우리의 참여를 촉구하는 하나의 신비스러운 하나님의 사역이다.

8. 신약성경에 나타난 성장 공식은 "은혜 가운데 감사"하는 것이다(엡 4: 15). 이러한 성장 공식은 신학적으로 은총과 심판 간에 있는 상호 관련성과 의존성의 형태가 무엇을 의미하는가를 보다 잘 이해할 수 있게 한다.

9. 예수는 사람을 대하실 때 현재의 상태로만 보시지 않고 성장의 가능성을 지닌 사람으로서 대하셨다. 공관복음서들은 예수가 아주 평범한 사람들을 통해 얼마나 놀라운 역사를 이루셨는가를 잘 보여준다. 그 예로서 예수는 평범한 어부에 불과한 바요나 시몬에게 잠재되어 있는 커다란 힘과 특성을 보았다. 예수는 시몬에게 "반석"(마 16:

18)이라는 뜻을 가진 새로운 이름을 줌으로써 그로 하여금 자기에게 내재된 잠재력을 깨닫도록 도와주었다. 그리하여 갈릴리지방의 보잘 것없는 어부에 불과했던 시몬은 후에 초대 교회의 강력한 지도자 베드로가 되었던 것이다.

한편 예수가 여자들을 대하신 태도는 우리에게 극적인 좋은 실례를 보여 주고 있다. 예수께서는 당시의 시대 통념을 좇아 여자들을 단지 남자들의 소유물이나 기능인으로 보지 아니하고, 마리아와 마르다의 이야기(눅 10: 38-42)에서 볼 수 있듯이 여자를 전인적인 존재, 성장 가능한 존재로 봄으로써 많은 여자 추종자들에게 그들이 발전할 수 있는 가능성의 문을 열어 주셨다. 예수는 독특한 자신의 성장 상담법을 통해 사람들과 관계를 맺으셨고 말씀과 행동으로써 성장 관계법을 널리 전파하였다. 예를 들면 예수는 "일어나 네 상을 가지고 집으로 가라"(막 2: 11)에서 볼 수 있는 바와 같이 사람들을 만나 그들의 문제를 해결해 주고는 더 이상 죄짓지 말고(요 8: 11) 정결한 삶을 살라고 말씀하셨던 것이다. 이러한 의미에서 볼 때 예수는 인간으로 하여금 자신의 발전을 방해하는 세력에서 벗어나 온전한 인간이 되게 하는 구속자이시다.

10. 성경은 다른 사람에게 자신을 내어줄 때 성장이 더욱 촉진된다는 사실을 예시해 주고 있다. "누구든지 제 목숨을 구원코자 하면 잃을 것이요 누구든지 나를 위하여 제 목숨을 잃으면 찾으리라"(마 16: 25).

이와 같이 인간의 잠재력에 대한 원리는 인간의 본질과 성장에 대한 성경적, 신학적 이해를 통해 보다 강화되고 필요한 정보를 얻게 되며, 특히 이 원리가 피상적인 낙관주의로 흐르게 될 때에는 다시 바로 잡을 수 있는 근거를 제공받게 된다.

성장 상담의 주요 개념들

잠재력 개발

성장 상담의 핵심이 되는 이 개념은 앞에서 이미 논의한 바 있다. 즉 사람들은 놀라운 잠재적 창조력, 지능, 그리고 사회적, 개인적으로 필요한 기능들을 소유하고 있다. 인간에 내재되어 있는 이 잠재력은 충분히 개발되어질 수 있는 것이므로 교회와 학교, 또한 상담 센터 등에서는 사람들이 이 잠재된 가능성을 충분히 개발할 수 있도록 도와야 한다. 건강은 병이 없는 것만을 의미하지 않는다. 더 나아가 건강은 개개인이 자신의 잠재력을 이끌어내어 충분히 활용하는 것까지를 포함한다.

희망

성장 상담의 전문가들은 희망이 창조적인 변화를 위한 본질적이고 필요 불가결한 동기를 부여해 준다고 보고 있다. 따라서 성장 상담은 내담자에게 실제적인 희망을 갖게 해주기 위해 노력한다. 사람은 자신의 미래에 대해 어떤 의미를 느끼며 그 미래를 위해 노력하게 될 때 삶의 희망을 갖게 된다. 그리고 이러한 희망은 믿음과 사랑을 잃고 침체되어 있는 사람에게 다시 신뢰와 사랑을 증진시키는 역할을 한다.

동기

동기의 원리는 성장 상담의 중심 개념이 된다. 동기는 어떤 일에 대해 신중하게 선택하는 것을 의미한다. 그리고 그것은 선택의 자유를 가지고 있다는 것을 의미한다. 계획적이지 못한 삶의 자세는 과거, 무의식, 사회 환경 등에 '희생'(victim)되어 끌려다니게 된다. 그러나 자신에게 주어진 상황을 잘 인식하는 사람은 이 상황에 대한 자신의 태도를 선택하고 이들을 보다 창조적인 형태로 재정립할 수 있는 능력을 가지고 있다. 그러므로 성장 상담에서는 사람들로 하여금 비록 멀리 내다보지 못하고 제한적이라 해도 보다 나은 미래를 위해 계획을 세울 것을 장려하고 있다.

성장 상담에서는 동기의 한 표현으로 건설적 사고와 행동을 하도록 권면한다. 개인의 미래와 인간관계는 상대방에 대해 책임을 다하고 적절한 반응을 취하는 건설적인 행동을 통해 성장한다. 우리는 비록 제한된 것일망정 현재의 선택권과 능력을 자주적으로 활용함에 따라 자존감과 내적인 힘, 그리고 삶에 필요한 적절한 적응 능력을 얻게 된다.

성장만을 위한 성장은 건전한 것이 못된다. 지속적인 성장을 위해서는 성장의 결과가 밖으로 확산되어야 한다. 따라서 훈련을 통해 그 성장 결과가 건설적인 행위로 드러나도록 해야 한다. 따라서 사람들에게 성장의 동기를 부여하고 이를 발휘케 하는 장(場)인 성장그룹은, 한편으로는 개인의 영적인 성장을 촉진시켜 주는 다리의 역할을 하는 동시에, 다른 한편으로는 공동체의 건설적인 변화를 위한 사회적 교량 역할을 담당한다.

잠재력 개발의 방해 요소

죄는 개인적인 죄이든 집단적인 죄이든 잠재적 능력의 실현을 방해하는 치명적인 요소가 된다. 성장 상담은 인간의 삶이 죄로 부패되었고 파괴적이며 연약한 상태에 있다는 것을 충분히 고려한다. 그리고 이런 현실적인 상황들을 회피하지 않고 적극적으로 대면하여 이를 극복하려고 한다. 인간의 재능이 수많은 인명을 살상하고 인류를 파멸로 몰아붙이는 가공할 만한 새로운 무기들을 개발하는 데에 사용되는 것은 인간의 엄청난 창조적 잠재력을 오용하고 있는 대표적인 사례이다. 잠재력의 대부분이 실현되지 못하고 사라지거나, 또 어느 정도 실현된다 해도 오용되는 것은 하나님으로부터 주어진 재능이 제대로 실현되지 못하고 낭비된 데에서 오는 결과이다. 이러한 오용이나 낭비는 또한 역사를 통해서 인간들을 수없이 파멸로 인도한 주요 원인 가운데 하나이기도 하다. 그러므로 인간은 이러한 상태에서 벗어나야 한다. 변화와 성장이 실현되리라는 희망을 가지고 인간 삶의 부정적인 측면을 긍정적으로 보는 것이야말로 인간이 저지르는 악한 행위로부터 벗어날 수 있는 최선의 방법이다. 만일 이 악을 선천적이며 불가피한 것으로 본다면, 우리는 아무런 소망도 없는 무기력한 존재라는 느낌을 가질 수밖에 없을 것이다. 그리고 그러한 사실에 대해 체념하거나, 아니면 보다 완벽한 체계를 구축한 과학의 개발이나 하나님에 의해 악의 문제가 해결되기를 기다리는 수밖에 없다. 그러나 이런 수동적인 태도는 인간이 현실적 문제에 건설적으로 대처하지 못하게 하며 결국 악의 문제를 해결하지 못하게 할 뿐이다. 그러므로 우리는 죄와 악에 대해 능동적이고 의도적인 적절한 반응을 하여 하나님으로부터 오는 성장을 경험하여야 할 것이다.

성장 상담은 인간이 기본적으로 경험하게 되는 여섯 가지 차원, 즉 마음, 신체, 대인 관계, 자연, 사회, 하나님을 통해 성장할 수 있도록 돕고자 한다. 성장하기 위해서는 때로 위험과 고통을 감수해야 하기도 하지만, 성장은 두말할 나위 없이 모든 사람에게 필요한 것이요 가치가 있는 것이다.

문화와 인격의 상호 관련성

성장 접근법이 개인들을 돕고 또 친밀한 관계로 성장하도록 돕기 위해 고안된 체계 그 이상의 것이 되기 위해서는, 보다 광범위한 사회 문화적 요인과 인격 요인을 효과적으로 연결시키는 개념상의 다리가 필요하다. 즉 인격적인 측면에서의 필요와 사회 문화적인 측면에서의 역동성이 어떻게 상호 작용을 하여 영향을 미치는가를 보여주어야 하는 것이다. 성장 상담은 인격 형성이 전적으로 사회문화의 영향하에서 이루어진다는 견해나 프로이드처럼 사회 문화적인 요소들을 단순히 인간 심리의 내적인 작용 정도로 보는 견해를 모두 거부한다. 물론 인격이 문화에 의해 영향을 받는 것은 사실이다. 하지만 반면에 인간 내부에 사회 제도를 포함한 모든 문화의 발전에 영향을 미치고자 하는 일종의 기본적인 욕구가 있다는 사실을 간과해서는 안 된다.

아브라함 매슬로우(Abraham Maslow)는 성장 상담을 뒷받침해 주는 몇 가지 주요한 원리들을 제공하고 있다.4) 매슬로우의 기본 욕구에 대한 설명은 심리학적인 요소와 사회 문화적인 요소들을 통합하는 데에 큰 도움을 준다. 그는 인간의 기본적인 욕구에는 5단계가 있으며, 이 욕구들은 다시 인간의 기본적인 동기들을 유발한다고 보았다.5) 이 욕구들은 다음과 같다.

1) 생리적 욕구-배고픔, 갈증, 섹스
2) 안전 욕구-안정, 일관성, 확실성, 안전
3) 사랑과 소속에의 욕구-수용적인 따뜻한 관계
4) 자존감에의 욕구-우월, 능력, 자격, 자신, 지위, 인정
5) 자아 실현의 욕구-재능, 소질, 잠재력의 개발

사람들은 기본 욕구 5단계에서 먼저 낮은 단계의 욕구를 경험하기

---

4) Abraham Maslow, *Toward a Psychology of Being*(New York: D. Van Nostrand, 1968).
5) Abraham Maslow, *Motivation and Personality*(New York: Harper & Row, 1954).

시작하다 점점 성장하면서 높은 단계의 욕구를 경험하게 된다. 그러나 대부분의 사람들은 가장 낮은 단계의 욕구에 머물러 그 단계를 벗어나지 못하고 있는 것이 사실이다.

우리는 매슬로우의 기본 욕구 5단계에 또 하나의 간과할 수 없는 중요한 욕구인 영적 욕구를 첨가할 수 있을 것이다. 이 영적 욕구는 매슬로우가 규정한 5단계의 욕구와 잘 조화를 이루며 상호간에 긴밀한 관계를 갖고 있다. 인간에게는 에릭 프롬(Erich Fromm)이 "방향 설정의 틀과 헌신의 대상"이라고 명명한 의미와 목적에의 욕구가 있다.6) 많은 사람들은 신앙 생활을 통해서 영적 욕구를 충족하게 된다. 그러나 사람들이 충족하고자 하는 영적 욕구의 양상은 다른 욕구에 의해 영향을 받게 되는데, 이는 특히 사람들이 속한 사회 문화적 상황에 따라 그들이 어떤 욕구를 강하게 가지고 있는가에 의해 크게 좌우된다. 예를 들자면 사회에 불안감이 고조될 때 사람들은 대개 초자연적이고 초월적인 신에게서 안정을 얻고자 하는 욕구를 가지게 된다. 이와 같이 영적인 삶의 양상이 다른 기본적인 욕구들을 충족시키는 것과 긴밀한 관계에 있다는 사실을 간과해서는 안 된다.

성장 상담에 대한 시대적 요청

인간에게 잠재된 능력의 개발에 대한 생각은 이미 일반 대중에게까지 널리 알려진 사실이다. 이 시대는 사람들이 잠재력을 개발하여 활용할 것을 요구하고 있다. 이것은 성장 상담 운동과 상담자가 생기고, 성장 상담으로 대표되는 치료 요법이 개발되고, 의식의 강화에 대한 관심이 널리 확산된 것만 보아도 잘 알 수 있다. 또한 개발도상국이나 선진국이나를 막론하고 일어나고 있는 해방 운동은 인간의

---

6) Erich Fromm, *Psychoanalysis and Religion*(New Haven: Yale University Press, 1950), p.21.

잠재력을 개발하고 발휘할 수 있는 기회를 억압하는 세력들에 대한 강력한 항쟁의 표현이다. 개발도상국이 정치적, 경제적, 심리적인 식민 상태에서 벗어나려고 애쓰는 것도 인간의 잠재력 개발의 필요성을 강조해 주는 또 다른 증거이다.

스탠포드 연구소의 사회정책 분석가인 두앤 S. 엘진(Duane S. Elgin)은 미국에 새로운 개척 정신의 바람이 불고 있다고 말한 바 있다. 오늘날 미국 사회에 새로운 도전이 서부 개척이라는 도전과(제1차 개척 정신) 산업 혁명과 기술 혁명이라는 도전(제2차 개척 정신)을 대체하기 시작하였다. 새로이 등장한 개척 정신은 바로 개인적인 성장과 창조적이고 건설적인 사회 변화를 위한 도전이다. 다시 말해서 이러한 새로운 도전은 '우리들 인간의 집합적인 잠재력을 실현하는 것'이다. 엘진은 사람들이 내적인 문제에 관심을 가지고 개인적인 성장에 치중하는 것을 단지 만연된 사회 문제로부터의 도피주의로 보지 않고 오히려 인간의 잠재력 개발과 의식의 강화에 대한 새로운 경향으로 보았다.7)

잠재력 개발 및 성장에 대한 관심이 고조되고 본격적으로 이러한 성장 활동이 실시될 때, 성장 상담소나 관련 연구 기관들은 인간의 성장과 전인적인 발전을 위해 큰 공헌을 할 것이다. 그리고 이것은 영적 성장과 가치 윤리관의 발전을 함축한 내적 성장과 함께 인간의 성장에 필수적이고 근본적인 두 가지 요소가 된다.

우리는 이 운동이 널리 실시되어야 할 시점에 와 있다고 볼 수 있다. 이것은 인간 앞에 놓여진 새로운 당면 과제이며, 개개인의 의식의 친밀한 관계 형성, 도덕적 발전, 공동체 사회의 건설적 갱신을 위해 필요한 운동이다.

이러한 시대적 요청에 부응해서 성장 상담의 원리들은 인간의 가능성들을 개발하고 삶의 목표를 실현하는 데에 필요한 여러 가지의

---

7) D. S. Elgin, "What Waits Across America's New Frontier?" in *Los Angeles Times*, December 19, 1974.

실제적인 방법들을 제시해 주고 있다.8)

8) 여기 소개되어 있는 저술들은 Howard Clinbell이 쓴 것으로 성장 상담에 관한 내용을 담고 있다. *Growth Counseling: New Tools for Clergy and Laity*(15 do-it-yourself cassette courses with *User's Guides*, Abingdon Press, 1973). Part Ⅰ, "Enriching Marriage and Family Life"; Part Ⅱ, " Coping Constructively with Crisis"; *Growth Counseling for Marriage Enrichment: Pre-Marriage and the Early Years*(Fortress Press, 1975); *Growth Groups: Marriage and Family Enrichment, Creative Singlehood, Human Liberation, Youth Work, Social Change*(Abingdon Press, 1977); *Growth Counseling For Mid-Year Couples*(Fortress Press, 1977); *Growth Counseling: Hope-Centered Methods for Actualizing Human Wholeness*(Abingdon, 1979); *Contemporary Growth Therapies: Resources for Actualizing Human Wholeness*(Abingdon, 1980).

제6장 교류 분석법
(Transactional Analysis)

H. 뉴톤 멜로니(H. Newton Malony)

교류 분석법(T. A.)은 현대의 일반 상담법 중 가장 널리 알려지고 받아들여지는 방법 중의 하나이다. 에릭 번(Eric Berne)에 의해 창시되고 토마스 해리스(Thomas Harris)에 의해 보급된 교류 분석법은 기독교 상담이나 비기독교 상담을 막론하고 똑같이 효과 있는 상담법으로 인정되어 왔다.

교류 분석 이론은 사람들 간에 이루어지는 모든 교류 관계의 기저에는 자신의 삶에 중요한 의미를 부여해 주는 사람과의 개인적인 관계를 통해 형성되어온 부모-성인-아이의 자아 상태들이 놓여 있다고 주장한다. 이 자아 상태들은 사람들이 서로 상호 작용하는 것과 유사한 방식으로 상호 작용을 한다. 우리가 자유롭고 온전하게 살 수 있는 유일한 길은 우리 자신과 상대방을 모두 긍정적으로 받아들이는 데 있다는 것이 바로 교류 분석 상담의 기본 전제이다.

기독교 신앙은 이웃과의 교류에 대한 개념과도 잘 일치하고 있다. 기독교 신앙은 이 땅의 인간들을 향하신 하나님의 뜻에 그 토대를 두고 있는 역사적인 신앙이다. 그리고 하나님의 아들 예수 그리스도께서 사람의 몸을 입으시고 이 땅에 오셨다는 것을 인정하는 신앙이다. 따라서 하나님과 인간과 그리스도의 관계를 나타낼 때 교류적 관계라는 표현과 개념이 가장 적절하다고 하겠다.

교류 분석 상담자들은 내담자의 호소를 수동적 입장에서 청취하는 것이 아니라 적극적이고 능동적으로 그들과의 교류를 시도한다. 그리고 내담자로 하여금 문제가 치유될 수 있다는 확신을 심어 주고 자신 역시 그러한 확신을 잃지 않으려 한다. 이는 기독교 상담학과 교류 분석 상담 이론과의 접목이 이루어질 수 있는 중요 대목이 아닐 수 없다. 자아내의 내적 교류, 한 자아와 또 다른 자아와의 교류가 인간의 문제를 치유하는데 이용될 수 있음을 뉴톤 멜로니는 이 글을 통해 나타내 주고 있다.

뉴톤 멜로니는 기독교 교육에 교류 분석을 사용할 수 있으리라고 본 몇몇 그리스도인들 중의 하나이다. 본장은 멜로니가 본서를 위해 특별히 직접 기고한 것으로, 최근 그는 이 교류 분석법을 보다 널리 보급하기 위한 저서를 집필 중에 있다.

멜로니는 임상 심리학자로서 수년간 현장에서 일한 동시에 캘리포니아 패시디나의 풀러 신학 대학원 심리학과 부교수로 봉직하고 있다. 그는 남부 버밍햄대학에서 학사 학위를, 예일 신학부에서 신학 석사를, 그리고 문학 석사와 철학 박사(Ph. D.) 학위를 피버디 대학에서 받았고 「현대 종교 심리학의 이해, Current Perspectives on the Psychology of Religion」를 포함하여 몇 권의 책을 편집 또는 공동 집필하였다.

"내담자가 어떤 문제를 갖고 있든지 간에 중요한 것은 우선 그 문
제를 치료하는 것이다"   ─에릭 번(Eric Berne)

"비록 일반 상담법이라도 그리스도인이 그것을 활용한다면, 결국 그
것은 기독교 상담이 될 것 아닌가?" ─벤자민 존스(Benjamin Jones)

위에 인용된 말 중 첫번째 것은 TA의 창시자 에릭 번의 것이고,
둘째 것은 벤자민 존스라는 잘 알려져 있지 않은 상담자의 말이다.
위의 말들은 한편으로는 TA가 취하고 있는 중요한 입장들 중의 하
나를, 다른 한편으로는 그리스도인이 비기독교적 상담 방법들을 사용
할 때에 있을 수 있는 위험 중의 하나를 드러내고 있다.

많은 기독교 상담자들은 에릭 번이 강조하는 '적극적 치료'
(non-nonsense healing)에 호감을 갖고 있기는 했지만 동시에 그들
은 기독교의 관점에서 TA의 무조건적 수용에 따른 위험성도 충분히
인식하고 있었다. 이처럼 신중한 견해를 갖고 있지 못한 사람은 위에
언급한 벤자민 존스와 같이 성급한 판단을 내릴 위험이 있는 것이다.
즉 벤자민은 교회 내에서의 일반 상담이 기독교적인 결과를 낳으리
라고 생각하였지만 그 결과는 꼭 그렇지만은 않을 때도 많이 있었던
것이다.

TA나 다른 일반 상담의 접근 방법에 대하여 말할 때, 기독교 상
담자들에게 가장 좋은 표어는 '빨리 알수록 좋다'는 것이다. 그 방
법론이 기독교 신앙과 조화된 것인가 아니면 서로 상반되는 것인가
하는 문제는 그 근본 전제와 방법론에 달린 것이기 때문이다. 어느
한 일반 상담법을 그대로 답습하여 상담을 하면서 단순히 교회 건물
안에서 상담을 하거나, 아니면 상담을 마칠 때 기도 한번 했다고 해
서 그것이 곧 일반 상담법을 잘 활용한 기독교 상담의 실례가 되리
라고 생각해서는 안 된다.

따라서 본장은 TA를 자기들의 상담 접근 방법으로 채택하거나,

혹은 거절하기 전에 먼저 TA의 내용에 대해 철저히 알아보고자 하는 기독교 상담자를 위해 쓰여졌다. 필자는 TA의 사용을 인정하고 그 유용성을 확신하지만, 그것의 한계성도 또한 잘 알고 있다. 따라서 TA가 '기독교적인' 상담 방법론이라고 불리워지기 위해서는 몇 가지 중요한 면에서 재삼 고려되어야 한다고 생각한다.

본장은 TA의 근본 전제들, 이론, 방법론 등에 대해 서술하고 있다. 이것은 TA가 최근에 들어서 매우 일반화되었다는 인식하에 쓰여진 것이다. 대개의 사람들은 TA에 대해 어느 정도는 알고 있다. TA에 관한 「나도 옳고 너도 옳다, I'm OK-You're OK」[1]와 「삶과 연극, Games People Play」[2] 등은 많이 읽혀지고 있다. 또 TA에서 사용되는 용어인 '부모'(Parent), '성인'(Adult), '아이'(Child)와 같은 용어들은 일상 대화에서도 사용되는 것들이므로 별다른 정의가 필요없는 것들이다. 따라서 TA에 대한 더 이상의 사전 지식은 필요없을 것 같다.

우리가 잘 알고 있는 바 대로, 충분치 않은 지식은 오히려 위험스런 것이 될 수 있다. 사람들은 자신들이 실제로 알고 있는 것보다 더 많이 TA를 알고 있다고 생각할지도 모른다. 그러나 보다 진지한 상담자가 되려면 인간과 삶에 대한 책들을 많이 읽기를 바란다.

현 시점에서 가장 중요한 것은, 본장을 읽은 사람들이 TA에 대해서 읽은 것이나 알게 된 것을 능숙하게 평가할 수 있게 되는 것이다. 그렇게 함으로써 과연 TA가 기독교 상담자들에게 가치가 있는가에 대한 결론을 보다 현명하게 내릴 수 있을 것이기 때문이다.

---

1) T. Harris, *I'm OK-You're OK: A Practical Guide to Transactional Analysis*(New York: Harper & Row, 1969).

2) E. Berne, *Games People Play: The Psychology of Human Relationships*(New York: Grove Press, 1964).

TA의 전제들

TA의 기본 전제에는 기독교 상담자들이 고려해 볼 가치가 있는 점들이 많이 있다. TA에서는 종교에 대해 부정적 태도3)와 아울러 긍정적인 태도4)도 보이면서 분명한 입장을 제시하지 못함으로 인해, 이것이 기독교적이냐 비기독교적이냐 하는 논쟁은 끝나지 않고 있다. 그러나 TA가 성경을 인용하고 교회를 인정하든 인정하지 않든 간에 TA도 결국 다른 상담 이론들과 마찬가지로 인생의 본질에 대한 나름대로의 신념을 그 바탕에 깔고 있는 것만은 사실이다. 물론 이런 인생의 본질에 대한 신념이 근본적으로 종교적이며, 가치관과 윤리의식의 판단 기준이 된다는 것은 더 말할 필요가 없을 것이다. 따라서 TA도 근본적으로 종교적 신념을 갖고 있는 것이므로 TA의 각 전제들이 기독교와 조화될 수 있을 것인가 아닌가에 대한 문제만을 각각의 경우에 따라 재고해 보면 될 것이다.

삶의 위치(Life Position)

이제 그 실례로 삶의 위치에 대한 TA의 전제들을 살펴보자. 토마스 해리스(Thomas Harris)는 삶에 대한 기본 태도를 다음과 같이 네 가지 유형으로 제시하였다.

삶에 대한 이런 기본 태도들은 모든 인간 행동의 배후에 놓여있으리라 추측된다. 그것들은 마치 사람들이 물 속으로 뛰어들기 전에서 있는 4개의 다이빙 대(臺)와 같은 것이다. 또 이 네 가지 태도들은

---

3) Harris, op. cit.

4) M. James, Born to Love: Transactional Analysis in the Church(Reading, MA: Addison-Wesley, 1973); and James and L. M. Savary, The Power at the Bottom of the Well: TA and Religious Experience(New York: Harper & Row, 1974).

사람들이 세상을 대하는 자세를 의미하기 때문에 삶의 위치(Life Positions)라고도 불리어진다.

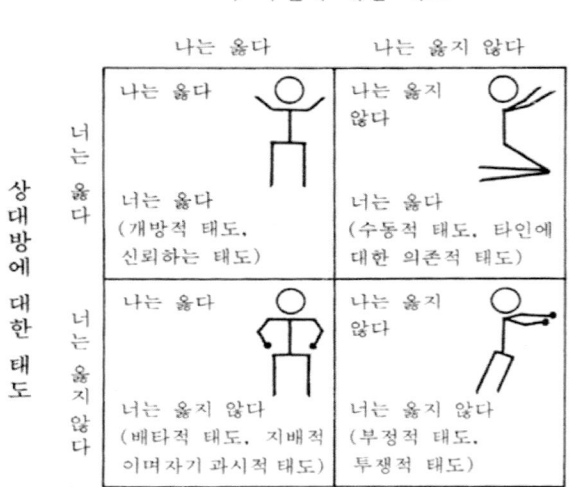

나 자신에 대한 태도

TA는 인간은 본래 긍정적인 태도(나도 옳고 너도 옳다, I'm OK-You're OK)를 가지고 태어나지만 살아나가는 동안에 이 태도를 잃어버린다는 사실에서 출발한다. 또 TA는 살아가는 동안에 인간은 자의든 타의든 최초의 바람직한 태도에서 그 외의 세 가지 자세 중 한자세로 바뀌어, 지배적이며 자기 과시적이거나, 의존적으로 되거나, 투쟁적인 사람으로 되기가 십상이라고 간주한다. 따라서 최선의 길은 본연의 긍정적인 태도를 회복하는 것이다. 우리가 자유롭게 온전하게 살 수 있는 유일한 길은 우리 자신과 상대방을 모두 긍정적으로 받아들이는데 있다는 것이 바로 TA상담의 기본 전제이다.

그러나 우리는 "과연 우리 모두가 정말로 긍정적인 존재인가?"라는 질문도 필연적으로 던져야만 한다. 사물에 대한 태도와 그 사물의 실재는 별개의 것이기 때문이다. 그런데 TA에서는 세계를 선하고 믿을만한 가치가 있는 곳이라고 단언한다. 이것은 입증할 수는 없지만 충분히 전제해 볼 수 있는 사실이다. 한편 기독교 신앙은 TA의 이런 세계관보다 더 성숙한 세계관을 우리에게 제시하고 있다.

기독교 신앙은 모든 것을 '신뢰와 긍정'(OK-ness)의 눈으로 바라보는 TA의 기본 전제에 서로 일치하기도 하고 그렇지 않기도 하다. 이것은 '이 세계가 하나님의 선한 땅이요, 모든 사람들은 죄 없이 창조되었다'라는 TA의 가정을 확증해 준다. 그러나 그리스도인들이 세상을 선하다고 보는 것은 그것이 하나님께 속해 있기 때문이다. 즉 하나님은 세상을 창조하셨고, 그 뒤에서 세상을 주관하신다. 기독교 신앙은 TA에서 주장하는 것처럼 세상 자체가 선한 것은 아니라고 보며 세상에 대한 TA의 전제 이전에 하늘과 땅의 창조자가 계심을 주장하고 있다. 이것은 '나도 옳고 너도 옳다'(I'm OK-You're OK)라는 주장에 근본적인 타당성을 부여한다. 즉 그리스도인은 '하나님이 OK이므로 나도 OK-너도 OK'라고 말할 수 있는 것이다. 그러나 TA와 기독교가 이 세상에 대한 긍정적 태도라는 면에선 서로 일치하고 있지만 TA가 긍정적 태도의 근본 원인을 하나님의 창조라고 인정하는 것은 아니다.

다시 말해 기독교 신앙은 한 사람이 건강하고 완전해지기 위한 단계로서 인생을 긍정해야 한다고 생각하기는 하지만 그 근본 동기는 TA에서와는 달리 이론적인 차원을 넘어서 보다 더 근본적인 이유, 즉 하나님에서 찾고 있다.

그리스도인들은 한편으로는 각 개인이 처음의 진실했던, 즉 태어날 때의 '나도 옳고, 너도 옳다'라는 상태를 나중에 다시 찾는다는 점에는 동의하지만, 삶에 대한 두려움이나 교만이나 투쟁 등의 자세가 단지 잘못된 인식에 불과할 뿐이라는 점에는 찬동하지 않을 것이다. 왜냐하면 이 땅은 하나님을 떠나 죄 중에 거하게 되었기 때문이다. 따라서 불만, 교만, 투쟁 등의 요소는 엄연한 현실로 받아들여야 한다고 그리스도인들은 생각한다. 사실 기독교 신앙에서는 인간의 현실

상황에 대한 가장 올바른 표현을 '나도 옳지 않고, 너도 옳지 않다'라고 보고 있다. "모든 사람이 죄를 범하였으매 하나님의 영광에 이르지 못하더니"(롬 3: 23)라는 성경의 말씀이 이 신념을 확증해준다.

사람들이 자기들을 긍정적인 존재(their OK-ness)라고 주장한다면 기독교적 관점에서 이것은 무엇을 뜻하는가? 인간이 긍정적인 존재이냐 아니냐 하는 문제는 TA가 제시한 것처럼 인간을 보는 태도의 변화로 결정되는 문제가 아니라 죄가 모든 인간 속에 들어있고 죄는 하나님만이 씻어주실 수 있다는 사실을 인정하느냐에 의해 판단될 문제이다. 결국 기독교적 관점에 의하면 죄로 오염된 인간은 자신의 어떠한 노력이나 긍정적인 이해로도 '나도 옳고, 너도 옳다'라는 본연의 자세로 돌이킬 수는 없다. 이에 대해 기독교 신앙은 (롬 8장) 인간으로는 불가능한 이 일을 하나님이 그리스도 안에서 인간을 대신하여 이루신다고 선포한다. 하나님은 우리 죄를 용서하시고 우리를 긍정적인 위치로 회복시키셨다. 그러므로 기독교는 TA의 전제를 다음과 같이 수정하여 말한다. 즉 "나도 옳지 않고 너도 옳지 않다. 그러나 그것은 아무래도 상관 없다"(I'm not OK-You're not OK, but that's OK). 이 생각은 바로 하나님께서 이루시는 구원에 관한 믿음이다. 다시 말하면 앞에서 살펴본 것처럼 그리스도인은 자기의 신념을 이 세상에 두는 것이 아니라 세상을 주관하시고 인간을 구속하시는 하나님에 둠으로써 인간을 변화된 새로운 존재로서 볼 수 있게 된다.

대본과 연극(Scripts and Games)*

인간의 본질에 대한 TA의 기본 전제들이 기독교와 조화를 이루는

---

* 역자주: Games는 본래 사례라고 보아야 정확할 것이나 보다 나은 이해를 위해 연극으로 보았고 Scripts는 다양한 사례 내지는 연극의 상황들을 포함하고 있는 대본으로 보았다.

지에 대하여 이번에는 대본과 연극의 개념을 통해 살펴보기로 하자.

여기에서 다루려고 하는 대본은 인생의 기쁨이나 성취감이 없는 그리 만족스럽지 못한 생활을 하는 사람들에 관한 인생 드라마이다. 이런 사람의 생활은 내면에 잠재해 있는 '성인'(Adult)의 기능이 축소됨으로 해서 순종적이거나 반항적인 '아이(Child)의 자아 상태'에 의해 지배당하고 있다. 이러한 사람들은 일찌감치 인생의 주도권을 포기하고, 자신의 내부에 존재하는 '비판적인 부모'(Critical Parent) 라는 의식 세계에 모든 권한을 부여함으로써 자신의 자율적 의지를 실천하지 못하며 항상 억눌린 감정 상태에서 혼란스런 삶을 살게 된다. 그러면서도 이들 내부에 존재하는 '아이'로서의 본성은 생활에서 즐거움을 느끼지 못하거나 무엇인가에 의해 구속 받고 있다는 사실에 불만을 가지고 있다. TA에 의하면 이러한 상황은, 그 사람 내부의 성숙한 '성인'으로서의 본성이 다시 활성화되고, 구속받지 않는 '자유로운 아이'(Free Child)와 '양육적인 부모'(Nurturing Parent)의 자아 상태가 다시금 제 기능을 각각 회복할 때에야 개선될 수 있다고 한다. 이와 같이 내면의 성숙한 성인, 자유로운 아이, 양육적인 부모의 세 가지 기능이 새로이 균형 있게 개선된 사람은 더 이상 타인들의 도움을 구하고 기대에 의존하여 사는 삶이 아닌 자율적인 삶을 살 수 있을 것이다.

성인의 기능이 축소되고 '아이의 자아 상태'에 지배받는 사람의 상황에 관한 연극은 얼마든지 있다. 이런 연극들은 대부분 인생의 기쁨이나 성취감이 없는 불만족한 상황에서 벗어나지 못하고 허덕이는 사람의 자기 파괴적인 삶의 모습을 묘사하고 있다. 그리고 이러한 연극의 저변에는 '나는 옳지 않다'라는 부정적인 아이의 감정이 깔려 있다. TA는 이러한 연극들을 통해 아이의 자아 상태에 의해 지배받는 사람은, 사람들과 친밀하게 지내거나 능력 있는 사람이 되거나 자유 의지대로 살 수 없다는 전제를 확인할 수 있다고 주장한다. 이러한 연극은 주인공의 다음과 같은 독백과 더불어 막이 내려지게 된다.

"그것 봐. 내가 말한 그대로야. 나는 옳지 않아. 나를 사랑하는 사람은 아무도 없잖아?" 그러나 TA는 이러한 전제가 바뀌어져야만 하며, 그럴 때 진정한 의미에서 인생의 변화는 가능하게 된다고 주장한다.

누차 강조하건대, 기독교 신앙은 이와 같은 TA의 전제와 조화를 이루기도 하지만 한편으로는 TA보다 인간에 대한 이해를 훨씬 근본적으로 제시해 주고 있다. TA는 인간의 부정적인 현재의 상황에 대한 책임이 주변 환경이나 다른 사람들에 있는 것이 아니라 개개인 자체에게 있다고 직설적으로 주장하는데 이런 면에서 '연극과 대본'의 개념은 기독교 상담자들에 의해서도 쉽게 받아들여질 수 있을 것이다. 한 개인의 어린 시절은 그가 겪는 타인이나 주변 환경에 대한 경험들과 그 경험들의 특성에 의해 결정된다. 그러나 그의 본질적인 상황은 자신 이외에 누구에 의해서도 변화될 수 없다. 다만 현재의 상황에서 벗어나려는 열망과 확신있는 새로운 결단을 통해서 변화는 가능하게 된다. 단지 이해하고 있는 것만으로는 변화를 가져올 수 없다.

기독교에서는 죄란 본래 집단적인 성격보다는 개인적인 성격을 띠고 이 땅에 존재하게 되었다는 사실을 인정하고 있다. 기독교적 견해에 의하면 인간의 문제 상황은 개개인이 하나님의 뜻대로 살지 않고 다른 사람들의 관심과 요구대로 살려고 할 때 발생하게 된다. 따라서 이러한 인간의 곤경에서 벗어날 수 있는 길은 하나님을 떠난 죄에 대하여 자각하며 현재의 상황에서 벗어나려는 결단을 통해서 가능하다.

바로 이 점에서 기독교 신앙은 TA와 일치되지 않고 있다. TA는 인간의 상태에 대해 진지하고도 충분하게 연구, 분석하지 않음으로 해서 개인을 현재의 부정적인 상태에서 긍정적인 상태로 전환시킬 수 있는 근거를 상실하고 있다. 그리고 TA는 인간이 자기의 의지와 결단을 통해 변화될 수 있다고 주장함으로써, 인간의 죄에 대하여 충분히 고려하지 않고 있으며, 구원에 대하여 부적절한 개념을 갖고 있음을 여실히 드러내 주고 있다. 아울러 TA는 인생이라는 연극과 대본의 주인공인 인간은 자신이 창조된 가장 중요한 목적인 하나님의 영광을 위해 살려고 하기보다는 보편적으로 자기 자신의 능력과 목적에 따라 살려고 한다는 사실을 간과하고 있다.

더 나아가 TA는 인간의 긍정적인 상태는 마음을 고쳐먹는다고 해서 되는 것이 아니라, 인간의 의지와는 무관하게 하나님으로부터 오는 은총을 받아들일 때 가능하다는 사실을 인정하지 않는다. 그러나 기독교적 시각에서 볼 때, 아무리 총명하고 선량한 사람일지라도 그는 여전히 죄인이며 절망적인 존재이므로 자신의 삶을 바꾸기를 원한다고 해서 마음대로 바꿀 수는 없다. 스스로 아무리 자기들은 긍정적인 존재(their OK-ness)라고 주장한다 해도 그것은 공허한 외침에 불과한 것이다.

인간의 부정적인 상태를 변경시킬 수 있는 유일한 권능은, 예수 그리스도를 통하여 만물을 새롭게 하신 하나님께만 속해 있다(참조, 요 1: 1-18). 그리고 인간이 과거의 상태에서 벗어나고 또 미래를 위해 긍정적인 상태로 회복되는 것은 오로지 하나님께서 하신 일에 대한 철저한 믿음을 통해서만 가능한 것임을 우리는 간과해서는 안 된다. 이와 같이 TA의 전제들은 기독교 신앙과 일치하는 면도 있지만, 결정적인 면에서 차이가 있을 수 있으므로 기독교 상담자들은 TA에 대해 수용적이면서도 날카롭고 비판적인 안목을 가져야 할 것이다.

기독교 상담자들은 TA가 인본주의적 전제에서 출발하고 있다는 사실을 숙지하여 이 전제들을 반드시 기독교 신앙에 의해 재조명하여야 한다. 이러한 사전 단계를 거친 뒤에야 TA의 전제들을 기독교 상담에 적용할 수 있을 것이다. 또 이런 과정을 거칠 때에만 TA는 인간의 문제에 치유의 빛을 던져주는 진정한 상담법이 될 수 있다.

이웃과의 사귐(Stroking)

이제 기독교 신앙과 조화될 수 있는 TA의 전제들 중 네 가지를 마지막으로 다루고자 한다. 그 첫째는 '이웃과의 사귐'(Stroking)인 데 TA는 이것을 인생에서 본질적인 것이라고 주장한다. 사람들은 누구나 이웃과 사귀면서 살아간다. '이웃과의 사귐'은 신체적인 접 촉을 하면서 사귀는 관계일 수도 있고 서로 알고 지내면서 만나면 그저 인사만 하는 정도의 관계일 수도 있다. 그러나 그 사귐의 정도 야 어찌됐든 간에 다른 사람들과의 사귐이 없거나 그들로부터 인정 받지 못하는 삶은 곧 죽음을 의미한다고도 볼 수 있다. 기독교 신앙 도 이러한 '이웃과의 사귐'에 대한 개념을 잘 지지해 주고 있는데 성경에 의하면 인간은 하나님의 교제 안에서 창조되었으며 또한 인 간 상호간에 교제하도록 창조되었다(참조, 창 3장). 특히 성부 성자 성령의 삼위일체는 인간의 사귐이 어떠해야 하는 가를 잘 보여주는 하나의 귀한 모델이라 하겠다.

이웃과의 교류(Transactions)

만일 이웃과의 사귐이 삶의 본질이라면, 이웃과의 교류는 일생을 통해 쌓아가는 인간관계이다. "이웃과의 교류는 우리가 일생 동안 해야 할 일이다"라고 말할 수도 있을 것이다. 또 인생 그 자체가 이 웃과의 교류라고도 볼 수 있다. 이런 면에서 생각할 때 TA가 이웃 과의 교류 관계를 중요시하여 신중하게 분석하는 것은 결코 우연한 일이 아니다. 또 TA에서는 이웃과의 교류에 큰 영향을 주는 인격을 인간 내면의 문제가 아니라 인생을 살아가는 태도의 문제로 보고 중 요시하고 있다. 더 나아가 한 개인의 삶 전체와 역사를 대하는 TA 의 입장은 다음과 같다. 사람의 일생에는 어떤 종류의 것이든 일련의 사건들이 일어나기 마련이며 때로는 위기로 몰아넣는 사건들도 생긴다. 그러므로 인생에 있어서 시간은 중요한 의미를 가지고 있으며, 한 사람의 지나 온 일생이 섣불리 취급되어서는 안 된다.

기독교 신앙은 이웃과의 교류에 대한 개념과도 잘 일치하고 있다. 기독교 신앙은 이 땅의 인간들을 향하신 하나님의 뜻에 그 토대를 두고 있는 역사적인 신앙이다. 그리고 하나님의 아들 예수 그리스도께서 사람의 몸을 입으시고 이 땅에 오셨다는 것을 인정하는 신앙이다. 따라서 하나님과 인간과 그리스도의 관계를 나타낼 때 교류적 관계란 표현과 개념이 가장 적절하다고 하겠다. 이상에서 볼 수 있는 바와 같이 TA는 기독교와 마찬가지로 교류 관계를 매우 중요시한다는 큰 장점을 가지고 있다.

치료(Healing)

TA의 또 하나의 궁극적인 전제는 바로 치료는 가능하다는 것이다. 본장의 앞부분에서 언급한 에릭 번의 인용구가 이 전제에 대한 좋은 증거가 된다. "내담자가 어떤 문제를 갖고 있든지 간에 중요한 것은 우선 그 문제를 치료하는 것이다." TA상담자들의 특징은 그들 대부분이 치유의 가능성에 대한 확신을 가지고 있다는 점이다. 그들은 의자에 깊숙이 눌러 앉아 몇 달이고 자신들을 찾아온 내담자의 말을 수동적으로 듣고만 있으려고 하지는 않는다. 오히려 그들은 매우 적극적으로 문제의 원인을 찾아 내담자가 가져온 문제를 해결하려 한다. 그리고 내담자의 문제는 분명히 해결될 것이며 내담자는 현재상태보다 나은 상태로 변화될 수 있다고 확신한다.

인간은 건강하게 살고 정신과 신체 간에 균형 잡힌 건전한 삶을 살수 있다는 이런 낙관적인 사고방식은 또한 기독교 신앙의 특징이기도 하다. 그러나 기독교의 낙관주의는 인간의 본래적인 능력보다는 하나님의 권능에 근거를 두고 있다. 기독교 신앙도 문제의 해결을 통한 치유를 인정하고 있다. 그러나 이 치유가 가능하게 된 것은 그리

스도가 오셔서 만물을 새롭게 하셨기 때문이라는 사실을 강조한다
(참조, 계 21:5). 그리스도인은 현재, 그리스도의 초림과 앞으로 있을
재림 사이의 시대에 살고 있다. 그리고 많은 그리스도인들은 이 땅에
하나님의 나라가 아직 이루어지지는 않았지만, 한편으로 그 나라는
이미 개개인 안에 실현되고 있다는 사실을 확신하고 있다. 기독교 상
담자들은 이와 같이 모든 사람들 속에 하나님의 나라가 실현되어 이
땅에서의 삶이 새로워지기를 기대하고 있다. 어쨌든 TA에서 주장하
고 있는 바와 같이 오늘날 새로운 세대에는 보다 나은 삶으로의 변
화와 문제의 치유가 절실히 요청되고 있다.

용어(Language)

TA는 누구나 이해할 수 있는 용어를 사용하기를 강조한다. 에릭
번이 TA의 이론 전개에서 사용하기를 원했던 용어는 바로 일상적인
생활에서 사용되고 있는 부모, 성인, 아이, 연극, 대본 등과 같은 간
단한 것들이었다. 일부 TA상담자들이 대중적인 용어 사용에 대해반
대를 하기도 했지만, 에릭 번은 자기의 생각에 확신을 갖고 있었다.
불만을 갖고 있는 사람들에 대해 그는 다음과 같이 말하고 있다. "
자, 진정하시고 내 말을 들어보시오. 사람들이 알아들을 수 없는 전
문 용어는 되도록 사용하지 마시오. 여러분의 생각을 누구나 알아들
을 수 있는 말로 표현하시오. 언어는 의사소통을 위한 것이지 결코
상담자의 권위를 세우거나 과시하기 위한 것은 아니라는 사실을 이
해해 주시오."

이러한 TA의 전제와 기독교 신앙은 잘 조화를 이루고 있다. 기독
교신앙은 성경학자들만의 것이 아니라, 모든 사람들에게 허락된 하나
님의 은총이다. TA와 기독교에서 공히 일반인들의 참여를 중시하고
강조하는 이유는 개개인이 자신의 문제를 인식하고 스스로 대처해나
갈 수 있는 여지와 능력을 제공하려는 의도에서이다. 이 사실은 심리

요법이나 구원의 문제는 모두 각자가 자신의 방법으로 감당해내야 하는 특권인 동시에 책임이라는 말이다. 에릭 번은 이렇게 말했다. "잠자고 있는 사이에 문제의 해결이라는 선물을 가져다주는 산타클로스는 없다. 그러므로 결국 개개인은 자신의 문제를 스스로 처리해야 하며 또 그럴만한 능력도 가지고 있다." 그의 이러한 확신은 훌륭한 TA 뿐만 아니라 훌륭한 성경적 상담을 수행하는 데도 꼭 필요한 기본 요소가 된다.

교류 분석 이론

앞에서 이미 시사된 바와 같이, 이론의 바탕이 되는 전제로 인격 (personality)은 사람들이 서로 상호 작용하거나 교류하는 태도를 말한다는 것이다. 그렇다고 해서 이 전제가 개인의 내면에는 인격의 작용이 없다는 것을 뜻하고 있는 것은 아니다. 실제로 모든 사람의 의식 세계에는 교류에 영향을 주는 인격 구조가 있다.

많은 사람들이 부모, 성인, 아이(P-A-C)의 자아 상태로 묘사되는 TA의 인격 구조에 대해 잘 알고 있는 편이다. 하지만 대부분의 사람들은 TA가 설명하는 인격 구조의 이 세 요소를 단지 프로이드의 초자아, 자아, 개인의 본능적 충동에 대치되는 새로운 명칭에 불과한 것이라고 생각하고 있다. 물론 TA가 정신 분석에서 파생된 것이긴 하지만, 위의 용어들이 서로 같은 의미로 사용되고 있지는 않다. TA가 초자아와 이드(Id) 같은 무의식적 충동의 중요성을 인정하긴 하지만, 그보다는 의식적인 영향을 더 중시하고 있다. 따라서 TA의 P-A-C는 프로이드학파의 용어인 '자아'에 해당하는 의식의 세계를 지칭하는 용어이며, 다른 두 요소들과는 별로 관련이 없다.

TA이론은 사람들 간에 이루어지는 모든 교류 관계의 기저에는 자신의 삶에 중요한 의미를 부여해주는 사람과의 개인적인 관계를 통해 형성되어온 P-A-C의 자아 상태들이 놓여 있다고 주장한다. 이 자아상태들은 사람들이 서로 상호 작용하는 것과 유사한 방식으로 상호작용을 한다. 이 세 가지 자아 상태는 복잡하고도 독자적인 방법으로 서로 활발하게 상호 작용을 하고, 어느 한 기능이 우세하지 못하도록 상호간에 견제를 하기도 하며, 서로의 기능을 변질시켜 버림으로써 다른 사람과 교류 관계를 형성하려는 당사자에게 영향을 주기도 한다. 따라서 이상적인 상태는 성인의 자아 상태가 타인과의 교류 관계에 핵심적인 역할을 담당하면서, 실제적이고 현실적인 방법으로 아이와 부모의 기능을 충족시켜 주는 것이다. 그러나 순수한 의미에서의 이런 상황은 거의 일어나지 않는다.

TA의 기본 구조는 각각의 자아 상태들이 발휘하는 기능을 다음과 같은 모형으로 잘 설명하고 있다.

TA의 내적 인격 구조

기본 구조   기능 구조

부모 → 양육적인 부모 | 비판적인 부모

성인 → 성인

아이 → 순종적인 아이 | 반항적인 아이 / 현명한 아이 / 자유로운 아이

부모(Parent)의 자아 상태는 비판적이거나 양육적인 기능을 갖고 있다. 그리고 아이(Child)의 자아 상태는 순종적이거나 반항적이고 또는 현명한 아이, 자유로운 아이의 기능을 가지게 된다. 이와 같이 인격의 기본 구조는 기능 구조의 바탕이 된다는 면에서 기능 구조와 밀접한 관련성을 가지고 있다.

　TA는 P-A-C의 기본 구조를 통해 점차적으로 인생의 대본에 이르기까지 그 이론을 확대시키고 있다. 즉 인격의 기본 구조를 통해 기능 구조를 설명하고, 기능 구조를 통해 교류 관계를 설명한다. 그리고 교류 관계를 통해 인생의 사례 내지는 연극을 설명하고 이들을 종합하여 다시 인생의 대본 이론을 취급한다. 다시 말하자면 TA의 이론은 인간관계의 간단한 작용에서 복잡하고 다양한 상호 작용에까지 확대되는데, 이를 순서적으로 배열해 보면 다음과 같다.

기본 ⓟ 　 기능
구조 ⓐ → 구조 → 교류 관계 → 연극 → 대본(여러 상황의
　　 ⓒ 　　　　　　　　　　　　　　 연극들을 집약한 것)

　개개의 인간과 이들이 맺는 인간관계에 대한 이와 같은 논리 구조를 통해서 기독교 상담자들도 TA이론을 기독교 상담에 적용하여 가치 있게 사용할 수 있을 것이다. TA이론은 사람들이 서로 어떻게 상호작용하게 되는가를 재치 있게 잘 묘사하고 있으며, 또한 그 상호 관계들이 왜곡되어지는 방식에 대해서도 아주 잘 분석하고 있다. 사람들은 서로를 위해 존재하고, 인격은 이웃과의 사귐을 특징지어주는 실제적인 삶의 태도라는 TA의 전제들은 언제 어디서나 인정되고 받아들여질 수 있는 사실이라고 필자는 확신한다.

TA의 방법

　사실 TA에는 대부분의 TA 상담자들이 공통적으로 내세우고 있는 강조점들이 있기는 하지만 특별히 기술이라고 할 만한 것은 없다. TA에서는 조기 치유를 강조하고 그 상담자들은 대개 문제의 해결을 위해 적극적으로 참여하려는 경향이 있다는 사실은 이미 언급한 바

와 같다.

　TA상담자들의 또 하나의 특징적인 경향은 이들이 대체로 교사의 역할을 수행한다는 점이다. TA상담자들은 대부분의 사람들이 상담을 통해 상담에 사용되는 용어나 자신이 가지고 있는 문제를 털어놓고 이야기 하는 방법을 배우게 된다는 것을 잘 알고 있다. 그래서 그들은 상담을 하는 동안 시간을 내서 종종 도표를 그리기도 하고 용어를 설명하기도 한다. 또 자기가 아는 모든 것을 내담자와 함께 나누고자 하기 때문에, 상담 중에 상담자만이 사용할 수 있고 내담자는 알아들을 수 없는 전문 용어는 사용하지 않는다. 이와 같이 TA상담자는 내담자가 상담 용어를 배우고 그것으로 자기 스스로 문제의 분석을 할 수 있게 되기를 기대한다. TA상담에서는 종종 「승리하는 삶, Born to Win」5)과 같은 책을 권면하고 그에 관해 토론하기도 한다. 이러한 방법은 상담에 좋은 효과를 가져다 줄 수 있다. 물론 문제의 치료는 문제의 인식보다는 문제의 재구성 내지는 재평가를 통해 이루어지는 것이기는 해도 한편으로 내담자가 TA의 용어와 원리들을 배움으로써 자신의 상황을 바꿀 수 있는 기본 바탕을 얻을 수도 있는 것이다.

　TA에 관한 몇 가지 다른 요소들을 살펴보기로 하자. 우선 강조할 것은 치료 계약의 중요성이다. 먼저 상담자와 내담자는 서로 어떤 변화를 원하고 있는가를 분명히 해두지 않는 한 적절한 치료가 행해질 수 없다. 이러한 이유로 상담자는 상담을 시작하기 전에 내담자와 문제에 대한 합일점을 찾는데 많은 노력을 기울여야 한다. TA상담에서는 아무런 목적도 없이 지껄이거나, 과거의 쓸데없는 일을 토론하면서 시간을 보내거나, 수동적으로 듣기만 하는 경우는 찾아보기 힘들다. 그 대신 흔히 "오늘은 어떤 문제를 다루어 볼까요?"라는 말로 상담을 시작한다. 또한 상담을 통한 치유는 단계적으로 서서히 이루

---

5) M.　James　and　D.　Jargeword, *Born to Win*(Reading,　MA: Addison-Wesley, 1971).

어지게 마련이다. 그러므로 가장 바람직한 상담은 내담자가 매번 상담을 통해 문제에 대한 새로운 사실을 알고, 나아지고 있다는 새로운 느낌을 가지며, 또는 문제를 조절하는 새로운 기술 획득 같은 면에서의 어떤 변화가 자신에게 일어났다는 느낌을 조금씩이라도 갖게 해 주는 것이다. 그러나 상담 치유는 어려운 작업이므로 내담자는 상담자와 치료에 대한 계약을 맺어야 하며 문제의 치유를 위해서는 내담자 스스로 노력해야 한다는 것을 명심해야 한다.

한편 상담자는 상담 과정에서 내담자에게 기본적으로 다음과 같은 3P를 제공해야 한다. 즉 내담자가 문제에 대해 반항하도록 허용(Permission)하고, 내담자가 의지할 수 있는 잠재적인 힘(Potency)이 되고, 두려워하고 있는 내담자를 보호(Protection)해 주어야 한다. 만약 TA에서 주장하고 있는 바와 같이 내담자가 가지고 있는 대부분의 문제가 개인 내부에 있는 비판적 부모의 기능이 순종적이거나 반항적인 아이의 기능을 억압한 데에서 연유된 것이라면, 이 상황에서 가장 필요한 것은 내담자로 하여금 자신의 비판적 부모의 요소에 순응하지 않도록 허용(Permission)하는 것이다. 이때 TA상담자는 내담자에 대해 양육적인 부모의 기능을 수행하며 내담자가 자유로운 교류 관계를 갖도록 돕는데, 변화는 바로 여기에서부터 시작된다.

그러고 나서 상담자는 신뢰적인 관계를 형성하기 위해 내담자에게 용기를 북돋아준다. 그는 내담자에게 이렇게 말한다. "나에게 의지해 보세요. 당신은 해낼 수 있습니다. 내가 도와드릴 테니까요." 이러한 권면은 내담자에게 큰 힘(Potency)이 되는 한편, 내담자로 하여금 문제의 해결을 위한 변화가 가능하다는 확신을 갖게 해준다.

그러나 TA상담자는 변화라는 것이 쉽게 일어나는 것은 아니라는 사실을 잘 알고 있다. 타인과의 교류 관계에서 그 관계가 아무리 고통스럽고 부정적인 것이라 해도 지금까지 지속해 오던 교류 관계에 이상이 생기게 되면 내담자는 불안을 느끼게 된다. 그러면 상담자는 "아무것도 염려할 것 없어요. 모든 것이 잘 될 거예요"라는 말로불

안에 싸여 있는 내담자를 감싸주고 보호(Protection)해 준다.

이와 같이 허용(Permission), 힘(Potency), 보호(Protection)는 TA 상담자들의 상담에 전형적으로 나타나고 있는 세 가지 특징인데, 이 3P는 특히 상담자들이 내담자로 하여금 자신의 문제를 치유하고 타인과 자유스럽고 친밀한 교류 관계를 형성하도록 돕는 상담 과정에서 생겨나게 된다.

TA상담법은 이것이 기독교 신앙의 기본 전제와 조화되기만 한다면 기독교 상담자들에 의해서도 적극적으로 수용될 수 있을 것이다. 한편 상담자와 내담자가 세상을 낙천적으로 선하게만 보고 상담을 하더라도 자신들의 인간적인 가능성을 신뢰하는 태도로 임하는 것과, 상담자와 내담자 모두가 예수 그리스도를 통해 모든 인간이 이 땅의 죄와 사망의 권세를 물리치고 선을 이룰 수 있다고 믿는 태도는 전혀 근본부터 다른 별개의 것이다. 필자는 전적으로 후자의 태도를 지지하며, 모든 기독교 TA상담자들도 상담을 할 때 이러한 태도를 취해주기를 바라고 있다.

본장에서는 간단하게 TA의 전제와 이론과 방법들을 기독교 신앙의 빛 안에서 재조명해 보았다. 만일 기독교 상담자들이 그리스도를 통해 하나님께서 나타나시는 계시의 빛으로 TA의 낙관적인 인본주의를 주의 깊고도 철저하게 재해석한다면 TA는 유용하게 사용될 수 있는 상담법이 될 것이다.6)

---

6) TA에 대해 더 깊이 연구하고자 하는 독자는 H. Newton Malony의 다음 책들을 참고하기 바란다.
TA-Background; TA-Persons As they Are (Personality); TA-Persons As they Become (Psychopathology); TA-Persons As They Could Be (A prescription); I'm not OK-You're not OK-But That's OK; TA-A Bibliography; TA-A Psychotherapist's Confession of Faith: Part I.

제7장 가족 상담
(Family counseling)

존 A. 라센(John A. Larsen)

　전통적으로 상담이라 하면 문제를 가지고 있는 사람이 문제의 해결에 필요한 도움을 받고자 상담자와 일대일로 만나는 것을 의미했다. 그러나 최근 몇 년 동안의 경향에 비추어 볼 때, 상담은 이제 기존의 일대일의 관계에서 벗어나 보다 다양한 양상을 띠게 되었다. 내담자들은 종종 집단적으로 한두 명의 상담자와 상담을 하며, 경우에 따라서는 여러 명의 상담자와 그룹 상담을 하기도 한다. 또한 기존의 상담은 주로 상담자의 사무실에서 이루어졌으나 이제는 다양한 장소나 환경에서 그리고 다양한 분위기 속에서 상담이 실시되고 있으며, 상담의 목적도 무척 다양해졌다.

　이와 같이 최근 들어 상담 분야의 발전이 급속도로 진행되었는데 그 중에서 가장 눈에 띄는 것 중의 하나는 가족 상담의 확산이라 하겠다. 가족 상담은 가족의 한 구성원에게 □문제가 생겼을 때□ 그 문제에는 필히 가족의 영향이 내제되어 있다고 보는 입장이다. 따라서 상담자는 문제를 가지고 있는 당사자하고만 상담하는 것이 아니라, 가족 전체와 함께 만나 공동의 노력을 통해 문제를 해결하고자 한다. 라센은 이러한 가족 상담의 접근법을 □체계 이론□(systems theory)에 기초하여 개괄적으로 설명하고 있다. 그러나 유감스럽게도 체계 이론은 그리 이해하기 쉬운 이론이 아니며 또한 기독교적인 이론도 아니다. 그럼에도 불구하고 이 이론은 많은 기독교 상담자들에게 커다란 영향을 주고 있으며 그 방법론이 널리 받아들여지고 있는 실정이다. 따라서 이 원리에 대한 주의 깊은 이해는 기독교 상담에 관심을 가지고 있는 독자들에게 큰 도움이 될 것이다.

  존 라센은 코네티컷의 뉴 브리튼에 소재한 클링버그 아동 및 가족 문제연구 센터에 근무하는 심리학자이다. 그는 미네소타에 있는 베델 칼리지에서 문학사(B.A.)를, 그리고 듀크 대학교에서 목회학 석사(M. Div.)를 취득하고, 보스턴 대학교에서 목회 심리학과 상담학을 전공하여 박사 학위(Ph. D.)를 받았다. 그는 두 명의 아들을 둔 가장인 동시에 가족 문제의 전문가이기도 하다. 가족 상담은 이제 하나의 전문 분야로 성장했다. 불과 30여 년 전에 하나의 조그만 상담 운동으로 시작된 가족 상담은 이제 폭넓은 이론적, 경험적 토대를 바탕으로 하여 그 자체의 독자적인 방법론을 제시하고 있다. 또한 다른 상담 전문 분야와 마찬가지로 가족 상담 분야에도 가족 상담에 관계된 학위나 훈련 프로그램들이 설정되어 있고, 결혼 및 가족 문제 상담자 협의회(the American Association of Marriage and family Counselors)같은 단체들, 가족 상담윤리 강령, 가족 상담자 자격 제도, 학회 모임, 가족 상담 관계잡지 등이 있다. 가족 상담자들의 대부분은 가족 상담이 심리학이나 정신 의학, 사회사업학의 한 분파에 불과하다는 견해를 거부한다. 오히려 그들은 가족 상담이 다른 대부분의 정신 건강 분야와 뚜렷하게 구별되는 독특한 상담이라고 주장한다.

　가족 상담 혹은 가족 치료 요법은 문제를 가진 한 개인과 만나 상
담을 통해 문제의 해결을 모색하는 전통적인 상담과는 다른 방법론
을 사용한다. 전통적인 개인 상담과 가족 상담과의 차이점은 상담자
의 상담 유형에 뚜렷하게 나타나고 있다. 즉 개인 상담을 강조하는
전통적인 상담에 비해 가족 상담에서는 문제를 지닌 한 개인보다는
문제의 효과적인 해결을 위해 가족이라는 하나의 조그만 사회집단
전체와의 공동 작업을 강조한다. 또한 가족 상담의 접근법, 상담목표,
상담 기술 등도 개인 상담의 전통적인 방법론과 차이가 있다. 그러므
로 가족 상담의 방법론은 비교적 새로운 상담 방법론일 뿐 아니라
우리에게 익숙해 있는 전통적인 방법론과도 많은 점에서 차이가 있
는 방법론인 것이다.

　목회자를 포함한 많은 기독교 상담자들은 상담을 필요로 하는 사
람을 돕는 데 있어 가족 상담의 방법론에 점점 더 많은 관심을 쏟고
있다. 가족 상담이 본래 기독교적인 상담론은 아닐지라도 그 기본전
제와 목적은 사회적 존재로서의 인간에 대한 기독교적 이해와 가정
에 부여된 기독교적 가치에 잘 부합되고 있기 때문이다. 교회1)와 가
족 상담자들 모두가 가정은 한 인간의 개인적, 사회적 욕구들을 기본
적으로 충족시켜 주는 장(場)이며 또한 그러한 장으로서 가정은 필수
적으로 보존되어야 할 가치가 있는 장소라고 인정하고 있다. 따라서
교회나 가족 상담자들은 비록 그 방법은 서로 다를지언정 현대 사회
의 심각한 도전에 직면해 있는 가정이라는 장을 보존하고 강화시키
기 위해 노력하고 있는 것이다.

---

1) S. R. Reiber, "Western Christian Conceptual Framework for Viewing the
　family" in F. I. Nye and F.M. Berardo, eds., *Emerging Conceptual
　Frameworks in Analysis* (London: Macmillan, 1970).

기본 전제들

어떤 상담법이든지 거기에는 대개 내담자에 대한 상담자의 생각과
행동에 영향을 미치는 몇 가지 기본 전제들이 있게 마련이다. 이제부
터 일반적인 기독교 상담에 해당되는 전제와 가족 상담의 기본전제
들을 비교하며 살펴보기로 하자. 필자의 견해로 기독교 상담에는 두
가지의 필수적인 조건이 갖추어져야 한다. 첫째, 기독교 상담자는 참
된 신앙을 가진 독실한 그리스도인이어야 한다.2) 이것은 상담자가
그의 태도나 사고와 행동에 있어서 기독교적이어야 한다는 것을 의
미한다. 자기중심적 태도와 욕망을 가지고 이기적인 신앙생활을 하는
사람은 기독교 상담자가 될 수 없다. 따라서 기독교 상담이 이루어지
기 위해서는 무엇보다도 먼저 진실된 그리스도인 상담자가 되어야
한다. 기독교 신자가 상담했다고 해서 꼭 기독교 상담이 되는 것은
아니다. 상담자가 참되고 진실한 신앙인이어야 참된 기독교 상담이
이루어지는 것이다.

둘째, 상담의 전 과정이 기독교적으로 실시되어야 한다. 다시 말해
서 상담의 목적이나 그 목적을 성취하기 위한 제반 방법들을 기독교
적 원리나 기독교의 윤리적 행위 기준에 입각해서 실시해야 하는 것
이다. 그러나 또한 기독교 상담은 궁극적 가치와 현실적 가치를 구태
여 구별하지 않는다. 왜냐하면 기독교적 관점에서 볼 때는 다 중요한
요소들이기 때문이다.

기독교 상담은 복음 전도나 영적 지도와 관련된 활동과는 다르다.
복음 전도의 목적은 사람들로 하여금 그리스도를 영접하고 신앙생활
을 하게 하는데 있으며, 영적 지도의 목적은 신자의 믿음과 그리스도
에 대한 헌신된 삶을 더욱 격려하고 강화시키는데 있다. 전도나 영적
지도의 중심 내용은 언제나 신앙이므로 이러한 활동은 기독교적인

---

2) G. Allport *The Person in Psychology*(Boston: Beacon Press, 1968).

활동이 될 수밖에 없다.

그러나 기독교 상담의 목적은 사람들로 하여금 환경에 잘 적응하도록 도와주며 나아가 자기가 처한 상황에 좀더 효과적으로 대처하도록 돕는 데 있다. 따라서 기독교 상담은 단지 영적인 영역에만 국한된 것이 아니라, 인간들이 경험하는 사회적, 감정적인 면까지를 폭넓게 다루고 있다. 이와 같이 기독교 상담은 다양한 문제를 다루고 있기 때문에 상담의 내용이 복음 전도와 영적 지도 활동처럼 꼭 기독교적인 것만은 아니다. 그러므로 모든 기독교적인 상담 활동은 상담의 내용보다는 상담자의 신앙과 기독교적인 상담 목표에 의해 좌우되는 것이다.

많은 기독교 상담자들은 가족 상담을 문제의 해결에 필요한 중요한 상담이라고 인정한다. 그렇다면 가족 상담이란 무엇인가? 가족 상담을 이해하기 위해서는 먼저 그 기본 전제들을 잘 이해해야 할 것이다. 그 전제들은 다음과 같다. 첫째, 한 개인의 생각과 감정과 행위는 그가 속한 사회적 배경을 통해 보다 잘 이해할 수 있다. 행동주의 심리학자들은 이미 오래 전부터 사회적 환경이 한 개인의 행동에 중요한 영향을 미친다는 사실을 간파해 왔다. 우리는 누구나 상황에 따라 자신의 행동이 달라진다는 사실을 깨달을 수 있을 것이다. 예를 들어 우리가 대하는 고용주나 배우자에 따라 우리의 행동은 각기 달라지게 된다. 이처럼 사회적 상황이 행동에 영향을 미친다는 주장을 반박할 사람은 별로 없을 것이다.

둘째, 사람은 사회적 집단, 특히 가족에 의해 강한 영향을 받기 때문에 상담은 대개 그 사람의 가족 구조를 이해하거나 변경함으로써 진전될 수 있다. 물론 모든 문제들이 가족과 관련되어 생기는 것은 아니다. 그러나 대부분의 문제들에는 반드시 가족이 관련되어 있기 마련이다. 가족은 감지하기 어려울 정도로 미묘하게 구성원에게 영향을 주어 문제의 발단이 되며 그 문제를 지속시키는 역할을 할 때가 있다. 반면 가족은 그 구성원의 문제 해결에 도움을 주며 더 이상 문제가 확산되는 것을 막아 주기도 한다. 그러므로 어떤 경우이든지 간에 가족이 상담에 참여하는 것은 문제의 해결에 커다란 도움이 되는 것이다.

세째, 기독교 가정도 다른 일반 가정이 부딪히는 것과 같은 삶의 문제들과 주변 상황으로부터 심각한 영향을 받을 수 있다는 점이다. 기독교 신앙이 비록 인간의 실존적 문제에 대한 해결 방안을 제시해 주기는 하지만, 누구도 연약한 인간의 한계를 벗어날 수는 없다. 그러므로 기독교 가정도 가족간의 무관심이나 차별, 부부간의 갈등, 대화 단절 등 가정에서 생길 수 있는 문제들에서 결코 완전히 자유로울 수는 없는 것이다.

이론적 접근

최근에 가족 상담 이론이 많은 사람에 의해 제시되고 있는 것은 이 분야가 다방면으로 발전하고 있는 증거라고 볼 수 있다. 이러한 다양한 접근법의 실례로 구조적 가족 상담 요법(structural family therapy), 전략적 가족 상담 요법(strategic family therapy), 보웬식(式)가족 상담 요법(Bowenian therapy), 복합 가족 상담 요법(multiple family therapy), 가족 네트워크 상담 요법(family network therapy), 연합 가족 상담 요법(conjoint family therapy) 등을 들 수 있다. 이러한 접근법들은 각기 상당한 차이가 있는 상담 방법을 채택하고 있지만 이들은 모두 공통적으로 '체계 이론'3)이라고 알려진 접근법에 근거하고 있다. 이 접근법을 논의하기 위해서는 몇몇 전문 용어를 사용해야 하므로 이 용어들에 대해 먼저 알아보는 것이 바람직할 것이다.

---

3) V. Satir, J. Stachowiak, and H. A. Taschman, *Helping Families to Change*(New York: Jason Aronson, 1975).

체계로서의 가족(Family as a System)

'체계 이론'의 견지에서 볼 때, 가족은 하나의 체계(system)라고 볼 수 있는 사회적 단위이다. 이 가족 체계는 다양한 개인들과 소집 단들을 포함하고 있다. 여러 세대가 함께 사는 확대 가족 뿐 아니라 핵가족도 한 체계로 볼 수 있다. 즉 종속 체계들은 개개인이나 두 명으로 구성된 그룹, 또는 가족 구성원들이 모여 형성된다. 대부분의 경우에 가족의 한 구성원이나 종속 체계(subsystem)에 변화가 생기면, 다른 구성원이나 종속 체계들에도 변화가 일어난다. 예를 들면 가족 중 한 구성원이 결혼을 하면 가족의 전체 체계에도 어떤 유형으로든지 변화가 일어나기 마련이다. 이와 같이 가족의 전체체계는 가족의 한 개인에게 일어나는 사건들에 의해 영향을 받는다. 마찬가지로 전체 체계의 변화도 개개의 구성원들에게 영향을 미칠 것이다. 가족의 구성원들은 정서적으로 밀접하게 결합되어 있기 때문에 가족은 결속되어 있지 않은 개개인들의 단순한 집단이기보다는 오히려 하나의 단위로서 작용한다고 볼 수 있다. 이것이 바로 가족체계 이론에서 중시하고 있는 근본적인 핵심 내용이다.

체계의 경계(System bundaries)

어떤 사회 체계이든 거기에는 경계가 있기 마련이다. 가족의 체계도 그 예의가 될 수는 없으며 거기에는 두 가지 유형의 경계(境界)가 있다. 첫째는 가족이라는 체계가 외부에(비가족, nonfamily) 대해 갖는 커다란 경계이다. 이것은 한 국가의 경계선과도 같은 것이다. 이 가족의 경계 영역은 가족과 가족 외적인 요소들을 구별시켜 준다. 둘째는 한 가족 체계 내에 있는 종속 체계의 경계이다. 즉, 이것은 한 국가내의 주(州)의 경계선과 같은 것이다. 이러한 두 가지의 경계는 가족 내의 다양한 구성원들과 종속 체계들이 외부의 간섭에 좌우됨

이 없이 자신들의 과업과 역할과 책임들을 다 할 수 있도록 해준다.

균형잡힌 삶을 유지하기 위해서는 적절한 자기 경계(境界)가 있어야 하듯이 사회 체계도 적절한 기능을 수행하기 위해서는 분명한 체계의 경계가 있어야 한다. 그러나 미누친(Minuchin)4)의 주장에 의하면 적절한 경계일지라도 거기에는 어느 정도의 타인의 간섭이 있을 수 있다고 한다. 즉 다른 사람들이 고의적으로 개인의 독자공간(personal space)에 끼어들어 혼란을 초래하는 경우도 있지만, 반면에 어떤 환경들은 너무 불확실하거나 경직됨으로 오히려 혼란을 야기하는 경우도 있다고 한다. 이러한 원리는 가족의 경우에도 똑같이 적용된다. 가족 체계의 경계가 모호하면 구성원들은 서로의 영역에 지나치게 관여하게 된다. 그리고 경직된 경계는 구성원들 사이에 정서적 격리의 결과를 초래하게 된다.

가족 상담자들은 세대간에 분명한 경계가 있을 때 가정의 원만한 조화가 이루어진다는 사실을 인정한다. 예를 들어 자녀들이 부모의 부부 관계를 침해해서는 안 되는 것이다. 자녀가 부모와 친밀한 관계를 형성하는 것과 부부 관계는 별개의 문제인 것이다. 세대간의 경계가 무시될 때 그 가족은 필연적으로 내적 분열과 갈등에 직면하게 될 것이다.

또 체계의 경계는 상담의 대상을 선정하는데 중요한 위치를 차지한다. 대부분의 가정 문제는 흔히 가족 내부의 체계 경계가 극도로 모호하거나 경직되었을 때에 생기게 되므로 가족 내의 종속 체계는 가정 문제와 아주 밀접한 관련성을 가지고 있다고 볼 수 있다.

종속 체계 간의 관계(Relationship between subsystems)

전통적으로 상담자는 문제의 진상을 파악하기 위해 대개는 문제를

4) S. Minuchin, *Families and Family Therapy*(Cambridge: Harvard University Press, 1974).

유발시킨 가장 우선적인 요인을 찾아내려고 했다. 그러나 체계 이론은 그렇지 않다. 체계 이론에서는 체계 내에 속한 모든 사람과 종속 그룹은 의식적이든 무의식적이든 어느 정도 문제와 관련되어 있다고 본다. 따라서 '문제의 가장 우선적인 원인' 같은 개념은 존재하지 않는다. 이러한 입장에서 가족 상담자는 상담을 할 때 문제의 근원을 알아내려고 하기보다는 가족의 구성원이 현재의 문제에 어떻게 관련되어 있으며 어떤 영향을 주고 있는가 하는 것을 알아내는데 더 관심을 기울인다.

'무기력한' 남편과 '지배적인' 부인 사이에서 생기는 전형적인 문제의 예를 생각해 보자. 아내가 지배적일수록 남편은 더 무기력해지며, 남편이 무기력해질수록 아내는 더 지배적으로 된다. 그리하여 이들은 부정적인 악순환에 빠지게 된다. 체계 이론의 견지에서 볼 때 부부의 행동은 상대방의 행동에 의해 큰 영향을 받는다. 그러므로 결혼 생활 중에 생긴 한 개인의 문제를 충분히 이해하기 위해서는 부부간의 전체적인 상호 관계를 먼저 고려해 보아야 할 필요가 있는 것이다.

이러한 체계 내의 상호 관련성에 대한 새로운 발견은 고대 히브리인의 공동체 생활과 그에 따르는 책임에 관한 견해와 일치되는 면이 있다.

체계의 균형(Systemic balance)

가족은 위기 상황이나 스트레스에 직면했을 때 안정된 상태를 유지하려는 경향이 있다. 잭슨은[5] 이러한 안정된 상태를 '항상성'(homestasis-생리학적인 용어로 신체 내부의 체온, 화학적 성분 따위가 정상적인 상태를 유지하려는 성질-역자주)이라는 용어로 표현하

---

5) D. D. Jackson, "The Question of Family Homeostasis" in *The Psychiatric Quarterly Supplement*, 1957, 31, 79,-90.

였다. 정상적인 가정이든 결손 가정이든 간에 모든 가정은 현재의 균형과 안정을 그대로 유지하려 한다. 그리하여 가정에 위기 상황이 닥치게 되면 그 구성원들은 변화에 직면한 가정의 안정을 위해 노력을 하게 된다.

우리는 가족 구성원들의 행동을 통해 가족 내의 균형과 조화를 유지하려는 이러한 노력을 잘 엿볼 수 있다. 때로 이런 노력은 문제상황에 직면했을 때 어떠한 고정적이고 상습적인 상호 작용의 형태로 나타나기도 한다. 이런 형태들은 대개가 아주 미묘하게 나타나고 또 구성원들조차도 제대로 의식할 수 없는 경우가 많기 때문에 전문가도 그 행동의 의미들을 올바로 파악하기는 어려운 일이다. 하지만 일단 가족 구성원들의 행동 유형들이 밝혀지기만 하면, 대개 그 가족이 주어진 상황에 어떻게 대처할지에 대한 예측이 가능해진다.

가정의 균형을 유지하려는 또 다른 현상은 가족의 한 구성원이 독자적인 성장을 하는 것을 다른 구성원들이 달가워하지 않는데서 나타난다. 한 개인의 변화는 다른 구성원들에 의해 영향을 받게 되는데, 그들은 변화를 극소화하고 가정의 현재의 상태를 유지하려고 하는 것이다. 그러나 이러한 노력을 통해 유지된 가정의 균형이 가정에 닥칠 문제나 스트레스를 현저히 경감시킬 수 있는 긍정적인 변화를 가로막는 역기능적인 작용을 하기도 한다.

체계의 균형을 유지하려는 노력은 한 구성원의 문제가 개선됨에 따라 이번에는 다른 구성원들이 문제의 조짐을 드러내는 상황에서도 잘 찾아볼 수 있다. 왜냐하면 가정의 구성원간의 역할은 변화되고 또 상호간에 교환되기도 하지만 가정의 기본 구조는 변경되지 않기 때문이다. 따라서 한 구성원의 문제가 개선된다 해서 근본적으로 가정에 어떤 긍정적인 변화가 일어나는 것은 아니다. 대체로 가정은 어떤 변화를 맞이하기보다는 현재의 상태를 그대로 유지하려는 경향이 있기 때문에, 이러한 균형을 깨뜨리지 않기 위해서 한 구성원의 문제가 개선되고 그에게 어떤 변화가 생기게 되면, 다른 구성원에게 문제의 조짐이 생겨 그가 그 역할을 담당하게 된다. 그러므로 이와 같은 가족 체계의 모순에서 탈피하려면 현재의 상태를 그대로 유지하기 위해 가족 구성원간에 이루어지는 부정적인 역할 담당의 악순환이 중단되어야 한다. 그리고 다른 적절한 방법으로 가정의 상황을 개선시키고 가족 체계의 안정과 균형을 이루어야 한다. 가족 체계의 균형을 유지하려는 노력이 오히려 문제나 위기적인 상황에 직면한 가정이 위기에서 벗어나고 문제를 해결하는데 장애 요소가 될 수 있다는 사실은 가족 상담에서 중요하게 다루어지고 있는 요소 중의 하나이다.

삼자 관계와 삼인조 그룹(Triangles and triads)

삼자 관계란 세 사람 사이에서 벌어지는 상호 관계를 의미한다. 1960년대 초반에 보웬(Bowen)[6]에 의해 최초로 제안된 이 개념은 그동안 가족 상담자들로부터 폭넓은 지지를 받아왔다. 삼자 관계는 주로 한 아이와 부모의 관계로 대변되고 있는데, 이러한 기본 삼자관계는 특히 가정 문제에 있어서 중심적인 기능을 담당하고 있는 관계로 인식되고 있다.

가정에 대한 연구를 통해 보웬은 두 사람의 관계, 특히 부부 관계는 그들 사이에 문제가 없을 때에만 제대로 유지되는 것을 많이 보았다. 그리고 이들은 상호간에 의견 차이나 문제가 생길 경우, 가족 내의 제삼자의 지원을 얻으려고 하며, 그렇게 함으로써 가족 내에 삼자 관계가 형성하게 된다.

아내와 일정한 거리를 두고 관계를 유지하려는 남편과 그렇지 않은 아내의 예를 들어보자. 그리고 이러한 상황이 부부 관계에서 해결되지 않고 지속된다고 가정해 보자. 서로에 대한 불만은 점점 고조되고 그들의 갈등은 결국 자녀에게도 영향을 미치게 된다. 그들은 자녀

---

6) M. Bowen, "Theory in the Practice of Psychotherapy" in P. J. Guerin, ed., *Family Theory and Practice*(New York: Gardner Press, 1976).

앞에서 서로를 비난하거나 무시하면서 싸울지도 모른다. 이런 그들의 행동에는 알게 모르게 자녀의 지지를 얻으려는 속셈이 깔려 있게 마련인데, 이는 결국 자녀에게 자기편이 되어 상대방이 잘못되었다는 것을 인정해 달라는 것과 마찬가지이다. 그리하여 상처받기 쉬운 예민한 감정을 가진 아이는 이 상황에 휘말리게 되고 그럼으로 해서가족의 위기 상황은 오히려 더 악화되어 간다.

이렇게 해서 생긴 삼인조 그룹은[7] 가정 내에서 생기는 삼자 관계의 한 유형에 속한다. 이제 아이는 부모의 문제에 휘말려 그 문제로 인한 스트레스의 증세를 보이게. 된다. 그리고 부부 간에 있었던 긴장은 이제 삼자 관계를 형성하고 정서적, 행동적 장애 증상을 나타내기 시작한 아이에게로 옮겨진다. 부모가 이제 아이에 대한 공통적인 관심을 갖게 되고, 자신들의 말썽 많은 문제에 고정된 시선을 돌릴 수 있게 된다. 이러한 경우에 아이의 상태는 대개 부부가 얼마나 적절한 관계를 유지하는가 하는 것에 의해 좌우된다.

삼자 관계에는 다분히 문제를 더욱 악화시킬 수 있는 소지가 잠재되어 있다. 삼자 관계에 있는 두 구성원에게 문제가 생길 때 대개 이 문제는 다른 삼자에게도 악영향을 끼치게 된다. 그 예로써 제삼자인 아이는 부모의 문제에 끼어들지 않는 것이 좋다. 그는 어느 편을 지지하든 결국은 부모를 공격하게 되는 것이므로 악영향을 받게 되기 때문이다. 그럼에도 불구하고 부모는 아이를 자기편으로 끌어들이려고 할지 모른다. 이러한 태도는 아이에게 감당하기 어려운 짐을 지우는 것에 불과하며 심한 압박을 주어 문제를 유발할 뿐이다.

삼자 관계에서의 두 구성원은 문제가 없을 때는 제 삼자 없이도 좋은 관계를 유지하는 경향이 있다. 그럴 때 다른 두 사람으로부터 자기가 소외되었다는 느낌과 함께 제 삼자는 그들 사이에 끼어들어 한 사람에게 접근하려 할 것이다. 물론 제 삼자가 다른 구성원들의

---

7) Minuchin, *op. cit.*

태도에 개의치 않는다면 이와 같은 현상은 일어나지 않을 것이다. 그러나 이러한 현상이 일어나면 이미 관계를 맺고 있던 사람 중에 한 명은 어쩔 수 없이 소외되고 그로 인해 또다시 문제가 생기게 된다.

삼자 관계에서 발생하는 정서적 요소들은 긴장을 전가시키려는 끊임없는 행동들의 원인이 된다. 그리고 아이러니컬하게도 두 사람의 관계를 깨뜨리려는 역할을 하는 긴장은 또한 삼자 관계를 지속적으로 유지하게 하는 역할을 하기도 한다. 그리하여 긴장은 삼자 관계 전체에 확산되어 영향을 미치지만 대개는 근본적인 문제가 해결되지 않기 때문에 긴장은 해소되지 않은 채로 남아 있게 된다. 이러한 상태로 삼자 관계 내의 갈등은 점점 커지는 것이다.

삼자 관계가 반드시 부모와 자녀 간에만 형성되는 것은 아니다. 여기에는 여러 세대가 함께 포함되어 있을 수도 있으며8) 경우에 따라서는 가족 외부의 사람이 삼자 관계에 포함될 수도 있다. 또한 삼자 관계가 긍정적인 기능을 발휘하기도 하는데, 그리스도인 부부가 자신들의 문제와 갈등의 상황에 하나님을 모시고 삼자 관계를 형성하는 것이 그 예이다. 이 방법은 그리스도인들에게 필요한 좋은 방법으로 자신들의 문제를 스스로 풀려고 하기보다 그 문제를 하나님께 내어 놓음으로써 하나님과의 관계를 통하여 문제를 해결하는 방법이다.

요약하자면, 삼자 관계는 근본적으로 연약한 구성원이 취하는 방어적인 상호 관계이다. 이들은 고통스런 문제나 갈등이 생길 때 방어적인 반사 작용으로서 다른 사람을 끌어들여 삼자 관계를 형성하게 된다. 즉 삼자 관계는 당사자간에는 어떤 대화나 약속을 통해서도 문제를 해결할 수 없을 때 생기게 되는 것이다. 그러나 단지 문제 및 갈등을 피하거나 남에게 전가시키기 위해 삼자 관계를 형성하는 것과 문제의 해결을 위해 제 삼자와 삼자 관계를 이루는 것과는 구별되어

---

8) J. Haley, "Toward a Theory of Pathological system" in G. H. Zuk and I. Boszormenyi-Nagy, eds., *Family Therapy and Disturbed Families*(Palo Alto, CA: Science and Behavior Books, 1967).

야 한다. 회피적이고 방어적인 태도로 형성된 삼자 관계는 결코 가정의 문제나 갈등을 해결해 주지 못한다. 오히려 더 악화시킬 뿐이다.

가족 상담의 기본 요소

가족 상담은 상담할 때 문제의 본질이나 상담 목표에 따라서 그에 합당한 방법을 선택하고 상담 계획을 수립한다. 가족 상담을 실시하는 대부분의 가정은 대개 다음과 같은 두 가지의 유형에 속하게 된다. 첫째는 친구의 죽음과 같은 가정 밖의 문제들로 인해 별 문제없이 잘 유지되던 균형이 일시적으로 흔들리게 된 경우이다. 이러한 경우는 비록 실제적인 문제는 심각한 것이지만 가정의 구성원들이 그로 인해 큰 상처를 받는 것은 아니므로 상담의 목표는 대개 가정이 정상적인 상태를 회복하는데 있게 된다. 그리고 상담자는 간단하고 권면적인 적절한 상담 과정을 통해 문제의 해결을 위한 필요한 도움을 줄 수 있다.

둘째 경우는 가족 중의 한 명이 상가에서 도둑질하다가 잡히거나, 자녀를 학대하는 등의 고질적이며 병적인 가정의 문제가 존재하는 것이다. 이러한 가족은 각 구성원이나 종속 체계가 대개 분명한 체계의 경계를 이루지 못하고 있기 마련이다. 그러므로 이런 가정의 상담 목적은 문제의 징후를 제거하기보다는 가족 체계를 변화시키는데 두고 있다.

그래서 가족 상담에서는 체계의 변화를 유도하기 위해 상담의 각 단계에 따라 각기 다양한 방법을 사용한다. 이런 방법은 상담 관계의 형성, 문제의 이해, 가족 체계의 이해, 상담 목표의 설정, 상담 활동 등과 같은 각각의 상담 단계를 논의하는 가운데 함께 소개될 것이다.

상담 관계의 형성

상담은 처음이 중요하다. 상담자는 상담을 시작할 때 모든 가족들로부터 신뢰와 존경을 받도록 해야 하며, 그것을 바탕으로 해서 그들과 긴밀한 관계를 형성해야 한다. 그러나 문제와 갈등 속에 있는 가족과 상담을 할 때, 이런 관계를 형성하는 것은 쉬운 일이 아니다. 특히 가족들이 마음의 문을 열고 상담자를 문제의 중심에 받아들이지 않을 때는 더욱 그렇다. 하지만 이러한 가정에 있는 문제를 해결하고 어떤 변화를 일으키기 위해서는 상담자는 가족들과 신뢰적인 친밀한 관계를 형성하고 그들의 진지한 지지와 협조를 얻어야 한다. 그리고 상담자는 특정한 어떤 한 개인과의 지나친 관계 형성이나 영향력 행사, 또는 한 개인을 문제 자체로 보는 일이 없도록 주의해야 한다. 이러한 경향은 체계 이론을 숙지하여 전체 가정을 대상으로 상담을 함으로써 방지할 수 있을 것이다.

문제의 이해

문제의 정확한 이해는 문제 해결의 열쇠가 된다. 문제는 대개 개인적인 형태로 나타나기 때문에 상담 초기에는 우선 그 문제가 순수하게 개인적인 문제인지, 아니면 가족과 관련되어 생긴 문제인지를 판단해야 한다. 그래서 만약 가족과 관련되어 생긴 문제라면 문제의 올바른 이해를 위해서 가족 전체를 상담 대상에 올려놓아야 한다.

가족 체계를 이해하기 위해서는 가족 체계의 구조적인 형태, 전체 체계를 이루는 개인이나 하부 체계의 경계의 문제, 구성원의 행동유형(상호 작용)과 가족간의 대화 그 가족 고유의 긍정적인 요소를 살펴보아야 한다. 우선 가족이라는 전체 체계의 구조적 형태에 대해 살펴보자. 즉 가족의 전체적인 윤곽을 파악하기 위해서는 가족 구성원간의 상호 관계, 상호 관계의 경계, 그리고 연결시켜주는 교량 역할을 하는 것들을 주의해서 살펴보아야 한다. 가족 전체의 구조는 핵심적인 하부 체계를 형성하고 있는 부부 관계나 삼자 관계, 그 외의 그룹들로 이루어지고 있다. 따라서 상담자는 각각의 요소와 전체 가족 구조와의 유기적 연계 체계를 잘 이해해야 한다. 예를 들어 흔히 가족을 구성하는 핵심 구조라고 일컬어지는 부부 관계는 이 관계로 인해 수반되는 여타 관계들을 형성하는 중심 역할을 하며, 가정을 이해하는데 중요한 요소 중의 하나인 것이다.9)

가족 체계의 경계는 그 상호간의 행동을 통해 알 수 있다. 예를 들어 어머니가 생활에 지나치게 관여하고 있다면 그것은 어머니와 자식간의 역할 경계가 모호하다는 것이며, 아버지와 자식간에 대화가 단절되었다면 부자간에 또는 부녀간에 경직된 체계 경계가 이루어져 있다는 것을 알 수 있다. 그러므로 가족의 정상적인 경계를 재정립하기 위해 상담자는 조부모, 부모, 부부, 형제, 자매간의 관계 뿐 아니라 각 개인간의 관계들도 정확하게 파악해야 하는 것이다.

문제를 올바로 이해하려면 가족 내의 각 개인이 서로의 관계 속에서 어떻게 상호 작용을 하는지 살펴보아야 한다. 즉 서로에게 대하는 일상적인 태도가 어떠한지, 또 이들이 취하는 특별한 관계 유형이 어떠한지를 알아야 한다. 가정에서 일어날 수 있는 삼자 관계에서 예를 들어보자. 아들에게 늘 엄하게 대하는 아버지가 있다고 하자. 그러면 이 아들은 어머니에게 쫓아가서 아버지의 엄격한 태도와 훈계에 대해 불평을 털어 놓고, 어머니는 남편에게 아들에 대해 좀 더 관대하게 대해 줄 것을 요구할 수 있을 것이다. 만약 남편이 이 제안을 받아들이지 않고 자기의 입장을 고집한다면 부부 관계는 점차 흔들리게 되는 것이 상례이다. 이때 서로를 비난하여 다투는 동안 아들에게 고정되었던 부모의 시선은 서로에게 고정되고 아들은 부모의 시선에서 벗어날 수 있게 된다. 이처럼 각 가정은 대개 이러한 문제나 위기

---

9) V. Satir, *Conjoint Family Therapy,* 2nd ed.(Palo Alto, CA: Science and Behavior Books, 1967).

적인 상황이 닥쳤을 때 그에 대처하는 나름대로의 고정된 관계 유형을 가지고 있다. 따라서 문제가 될 만한 사건이나 위기적 상황은 그러한 상황에서 가족이 어떤 관계를 형성하는지 그리고 가정에 생긴 참된 문제의 원인이 어디에 있는지를 알 수 있게 해주는 요소가 된다.

가족간의 대화도 문제의 이해에 도움을 주는 요소이다. 만약 가족간의 대화에 문제점이 있다면 그러한 것이 언제, 어떻게 일어나게 되었는가를 알아야 한다. 그리고 상담자는 이것이 가정의 구조적인 문제에서가 아니라 구성원들이 대화하는 방법을 몰라서 올 수도 있다는 사실도 염두에 두어야 한다. 사람들이 사실 서로를 많이 이해하는데 지름길인 대화를 어떻게 할지 모르는 경우가 허다하다. 이와 같이 해서 파악된 문제의 근본 이유는 상담자가 어떤 유형의 상담을 해야 할지에 대한 적절한 근거를 제공해 주게 된다.

또한 상담자는 어떤 가정이 아무리 힘들고 문제가 많은 상황에 처해 있다 하더라도 거기에는 반드시 긍정적인 요소들이 있다는 사실을 알아야 한다. 문제가 있는 가정은 대개 자신들의 장점을 경시하고 부정적인 것을 지나치게 강조하는 경향이 있지만, 어느 상황에 처하든지 그 상황에 대처하는데 도움을 주는 어느 정도의 장점은 어떤 가족에게나 꼭 있게 마련이다. 그리고 문제의 해결을 위해서는 외부의 요소들을 통해 도움을 받을 수도 있는 것이다. 상담자는 가족으로 하여금 이러한 장점과 도움의 요소들을 깨닫게 할 뿐 아니라 그것들을 활용할 수 있도록 도와주어야 한다.

이제 그 구체적인 방법을 설명해 보도록 하자. 문제를 이해하기 위해서 몇 가지 도식적인 방법이 사용되기도 한다. 조작적 방법(sculpting)[10]의 예를 들면, 상담자는 특정한 상황에 처했을 때 생기

---

10) F. Duhl, B. Duhl and D. Kantor, "Learning, space and Action in Family Therapy: A Primer of Sculpture" in D. Block, ed., *Techniques of Family Psychotherapy*(New York: Grune and Stratton, 1973).

는 가족간의 관계 유형을 알기 위하여 한 방에 각 구성원들을 배치시킨다. 그리고 각 개인들로 하여금 그러한 상황에서 자신들에게 생길 수 있는 감정을 그대로 표현하며, 또 그대로 행동하도록 지시한다. 즉 아버지의 역할을 맡은 사람은 의자에 앉아 얼굴을 찌푸린 채로 문제를 일으킨 자녀를 꾸짖는다. 그는 가정의 가장다운 권위 있는 태도를 취하며, 다른 사람들도 가정의 구성원으로 적절한 역할을 맡아 연기를 한다. 이것은 문제의 진단에 도움을 줄 뿐만 아니라, 각 구성원들에게 문제 상황에 처했을 때 자신들이 어떻게 행동하는가를 객관적으로 볼 수 있는 기회를 제공한다. 그리고 문제를 갖고 있는 구성원의 행동은 가족과의 관계를 다룬 이러한 임의적인 상황을 통해 더 잘 이해할 수 있게 된다. 이렇게 가정의 문제 상황을 임의로 조작해서 실행해 본 다음에, 이번에는 그런 상황에서 가족들이 취할 수 있는 바람직한 관계의 상황을 조작한다. 이러한 면에서 조작적 방법은 가정에 필요한 변화의 모습을 시각적으로 제시해 줄 수 있다. 그럼으로 해서 문제 상황에 처한 가족들로 하여금 상담의 목표를 보다 명료하게 이해하고 상담에 참여하게 하는 효과를 가져다 준다.

　요약해서 말하자면, 가족 내에 얽힌 문제들을 이해하기 위해서는 대체로 가족의 관계 구조나 상호 작용, 문제와 관련된 사건들, 그리고 그 가정의 장점과 특색들의 요소들을 살펴보아야 한다. 따라서 가족 상담은 가족간의 상호 활동과 역할 및 그 영향을 밝히는데 중점을 두고 있다.

적절한 가족 세계를 위한 접근

　가족 중의 한 명이 가지고 있는 문제를 해결하기 위해 가족 전체가 상담에 참여하는 가족 상담에서는 우선 온 가족이 문제를 가족 전체의 입장에서 보도록 인도한다. 그러기 위해서 상담자는 가정의 현상태를 유지하거나 지속시키기 위해 각 구성원이 어떤 역할을 하는가 하는 것에 대한 일종의 교육을 할 필요가 있다. 그런데 대개의 가정에서는 변화를 좋아하지 않기 때문에, 가족들은 상담자의 이러한 태도에 대해 불안감을 느끼기 쉽다. 상담에 임하는 상담자의 무뚝뚝하고 직선적인 태도는 가족 상담에 악영향을 끼칠 것이다. 또한 상담자의 부드럽기만 한 태도도 바람직하지 않다. 그러므로 가족 상담을 진척시키기 위해서는, 여러 가족들이 관련된 일 중에 특별히 생각나는 것들이 있으면 말해 달라고 요구하는 자연스런 방법을 사용하는 것이 좋다.

상담자는 그들의 말을 주의 깊게 경청한 후에, 현재의 문제와 그 일에 나타난 가족들의 상호 작용이 서로 어떤 의미와 관련성을 가지고 있는가에 대해 설명해 준다. 이러한 방식으로 상담이 반복되어 진행되다 보면 점차적으로 가족들은 현재의 문제에 자신들이 어떻게 관련되어 있는가를 이해하게 된다. 가족들이 문제에 대한 개인의 생각을 버리고 가족 전체의 차원에서 문제를 보기까지는 이러한 과정이 여러 번 반복되어야 한다. 이와 같이 가족들은 만남을 통해 자신들이 문제에 어떤 영향을 미쳤으며, 가정의 현상태 유지에 어떤 작용을 하는지를 깨닫게 된다. 따라서 이 만남은 단순한 교육 이상의 것을 의미한다. 이것은 가족 체계 내에 있는 문제를 드러내는 고통스런 과정이다. 다른 모든 만남들이 그러하듯이 이 만남의 과정도 만남을 통해 나타날 수도 있는 부작용의 위험을 인식하고 세밀한 주의 아래 이루어져야 할 것이다.

상담자의 목표 실정

상담의 목표는 모든 가족이 가족 체계의 현상태는 바람직하지 못하므로 바뀌어져야 할 필요가 있다는 사실을 인식한 후에 설립하는 것이 좋다. 가족 체계의 변화가 성원들에 의해 공통적으로 모색될 때 적절한 목표도 설정될 수 있는 것이다. 목표의 설정은 상담의 방향을 제시해 주며, 성공적인 상담의 필수 요소가 된다. 뚜렷한 방향이 없는 상담은 일관성 있는 상담의 과정을 유지할 수 없으며, 가족과 상담자로 하여금 목표 없는 무의미한 만남만을 지속하게 한다. 그리고 상담자는 한 개인만을 위한 것이 아니라 전체 가족의 관심에 부응할 만한 최선의 목표를 세워야 한다. 다시 말하면 목표는 가족개개인 모두를 위해 설정되어야 하는 것이다.

상담 활동

상담의 목표가 설정되면 이제 상담 활동에 들어가게 되고 그 과정에서 어떤 바람직한 변화가 생기게 된다. 가족들은 문제가 무엇이며 어떤 변화가 필요한가에 대해 말로만 토론하는 것이 아니라, 문제의 해결을 위해 직접적으로 상담 활동에 참여해야 한다. 가족처럼 정서적으로 연결된 체계는 직접적인 행동을 통해서만 변화를 경험하게 된다. 따라서 이해만 가지고는 변화를 경험하기 어렵다.

한편 상담자는 가족들에게 일련의 과제를 줌으로써 가족 내의 구조적인 변화를 유도할 수 있다. 예를 들어 경직된 삼자 관계는 일련의 과제를 통해 보다 자연스런 가족의 관계로 재구성될 수 있다. 상담자는 부모에게 부부가 함께 외출할 것을 권하고 자녀에게는 같은 날 자녀의 친구를 집에 초대하도록 지시함으로써, 자녀에 대한 부모의 과잉 집착을 방지하고 정상적인 부부 관계를 회복하게 하며, 자녀는 자녀대로 또래들과 정상적인 관계를 갖게 하는 효과를 얻을 수 있다.

이와 같은 상담의 활동이 효과적으로 적용되면 이들은 가족 상호간에 긍정적인 변화를 경험하게 된다. 예를 들어 조작적 방법과 역할 연기 방법 같은 것들은 가족들에게 문제에 관련된 서로의 관계에 대해 공감하도록 해주고 새로운 시각을 갖게 해준다. 그리고 더 나아가 가족 성원들 간에 새로운 관계를 시도할 수 있도록 도와준다.

가족들은 가정생활에 새로운 변화를 가져오기 위해 서로 구두 약속이나 서면 약속을 할 수 있다. 이 약속에는 서로 간에 일치된 구체적인 행동 지침들이 포함된다. 그리고 중립적인 제 삼자로서 상담자는 가족 간에 적절한 약속이 이루어지도록 돕는 역할을 한다.

가족 상담에서 사용되는 방법들은 대부분 가정 내의 효과적인 새 체계 구조를 형성하기 위한 것들이다. 이 방법들은 기존의 바람직하지 못한 파괴적인 관계 방식에서 벗어나 긍정적인 상호 관계를 형성하는데 도움을 준다. 우리는 가족 상담법의 이면에서 '체계가 변하면 개인도 변한다'는 기본 관계를 읽을 수 있다.

가족 상담의 한계

어떤 상담 이론이든지 거기에는 비판이 따르게 마련인데 가족 상담도 그 예외는 아니다. 가족 상담은 대체로 다음과 같은 세 가지의 한계들을 노출하고 있다. 첫째, 가족 체계가 중심이기 때문에 개인은 소홀히 다루어지기 쉽다. 둘째, 문제가 가족 전체와 관련되어 있다는 것을 강조하다 보면, 문제에 대한 개인의 책임 소재에 대해 상당한 혼란을 초래할 수 있다. 세째, 가정의 체계만을 패쇄적으로 강조하면서 가정에 미치는 사회나 국가의 영향을 간과해 버릴 수 있다. 그러므로 가족 상담자는 가족 상담에 내포된 이러한 치명적인 한계점들을 잘 인식하고 극복하도록 노력해야 할 것이다.

가족 상담에는 항상 여러 가지 문제들이 따른다. 어떤 가족은 문제로 인해 너무 심한 타격을 받아 가정의 주요 구성원들의 협조나 참여를 기대할 수 없는 경우가 있다. 가족의 개개인들과 적절한 약속 관계를 형성하거나 유지하지 못하는 것도 가족 상담을 어렵게 하는 요소가 되는데, 실제로 이것은 가족 상담의 성패를 좌우하는 주요 요소가 된다. 또한 문제를 통해 편향화된 가정은 상담자를 가정 문제의 중심에 받아들이기를 거부하는 경향이 있다. 이러한 요소들은 지루한 상담 과정을 통해 문제가 있는 한 가정을 변화시킨다는 것이 얼마나 어려운 일인가를 잘 보여 주고 있다.

결론

　가족 상담법의 역사는 비교적 짧지만 현재 널리 사용되고 있다. 이 방법이 비록 모든 문제를 해결해 주는 만능의 방법은 아니라 할지라도, 개인 상담에 국한된 전통적인 상담에 대응되는 또 하나의 효과적인 상담인 것만은 분명하다. 오늘날 가족 상담을 통하여 많은 문제들이 해결되고, 문제 있는 가정이 새로운 변화를 경험하고 있다. 그리고 개인이나 가정을 도우려는 상담자들에 의해 문제의 해결을 위한 적극적인 방법으로서 폭넓게 받아들여지고 있다.

　가족 상담은 기독교 상담자들에 의해 독특하고도 더욱 효과적인 면으로 상담에 적용될 수 있다. 기독교 상담자들은 기독교 신앙의 많은 요소들을 알고 있으며 그들은 또 가족 상담 요법을 통해 가정의 긍정적인 변화를 위한 특별한 방법들을 이해하고 사람들의 문제를 해결하는 일에 적용할 수 있다. 결국 기독교 가족 상담자들은 치유에 대한 기독교적 전통과 가족 상담의 방법론을 겸비함으로써 문제에 대한 궁극적인 해결의 효과를 얻을 수 있는 것이다.

제8장 성(性) 상담
(Sexual counseling)

커티스 벤너달(Curtis Wennerdarl)

최근 들어 어떤 사람들은 우리 사회를 口성 문제로 가득 찬 사회口라고 규정하고 있다. 성(性)이란 본래 하나님이 출산과 애정 행위의 목적으로 창조하신 것이었는데 오히려 우리의 사고를 지배하는 사악하고 이기적이며 교묘하고 탐욕적인 충동의 원천이 되었다. 오늘날 성은 다른 사람을 조종하는 도구로 사용되고 있으며 속옷의 판매에서부터 정치, 경제 등 각 방면에 이르기까지 본래의 의도와는 달리 왜곡되어 악용되고 있다. 사회가 전반적으로 성에 대한 건전하지 못한 태도에 의해 지배되어가고 있는 것이다. 그리고 심지어는 교회와 신자들의 삶에도 적지 않은 영향을 끼치고 있음을 우리는 부인할 수 없다.

그리하여 현대에 들어 성 생활의 조절, 성에 대한 터무니없는 기대치, 성적 무능력 등의 문제들은 기독교 상담자나 비기독교 상담자를 막론하고 공통적인 주요 관심의 대상이 되고 있다. 그러나 유감스럽게도 아직까지 성 상담에 대한 기독교적 접근이 명확하게 제시되고 있지 않지만, 성경을 통해 이 시대와 성적 문제를 가지고 있는 사람들에 대한 하나님의 가르침을 깨닫는 동시에 성 상담의 필요성과 가능성을 볼 수 있다.

본장에서 커티스 벤너달은 성(性)에 대한 성경의 기본 전제를 제시한 후에 부부 간의 성 생활에 대한 상담의 문제를 거론하고 있다. 우리는 그의 설명을 통해 성 문제를 일으키는 요인이 과연 무엇이며, 이에 대한 상담법으로는 어떤 것이 있는가를 알게 될 것이다. 벤너달은 목회자를 비롯한 기독교 상담자들이 과거처럼 성 문제를 회피할 것이 아니라, 이러한 문제를 가진 사람들과 만나 상담을 해야 할 책임이 있다고 강하게 주장한다.

커티스 벤너달은 록포드 대학에서 문학사를 받고, 트리니티 신학교에서 신학 석사를, 일리노니 대학에서 사회사업학 석사 학위를 취득했다. 그는 시카고에 소재한 가족 연구소에서 가족 문제 상담에 관한 2년 동안의 연수 과정을 마치고 후에 생식 생물학 협회(Reproductive Biology Foundation)와 성 연구소에서 성 기능에 관한 수련 과정을 거쳤고, 현재 가정문제 상담자 협회(American Association of Marriage and family counselors)의 회원인 동시에 일리노이 디어필드에 있는 트리니티 신학교의 목회상담학과 심리학의 객원 교수로 봉직하고 있으며, 일리노이 그레이슬레이크에서 독자적으로 개인 상담, 결혼 상담, 가족 상담 활동을 하고 있다.

현대의 기독교 상담자는 다방면에서 전문가가 되어야 한다. 목회자 뿐 아니라 기독교 상담자들은 성 문제의 증가와 그에 관한 서적의 증가 추세에 따라 이 분야에 대한 성경적인 지식을 획득하고 성 상담을 할 수 있는 자질을 갖추어야 하게 되었다. 기독교 상담자는 성 상담에 어느 정도까지 관심을 갖고 참여해야 하는가? 그것은 상담자의 자질이나 관심의 정도, 교회와 주변 사회의 상황과 필요 등의 제반 요소들에 의해 결정될 문제이다.

상담자는 성에 대한 최근의 일반 개념을 이해할 필요가 있는데 이는 다음과 같은 현대적 추세에서 기인한다.

첫째, 오늘날의 그리스도인들은 그 어느 때보다도 성에 관한 많은 책과 기사를 접하고 있다. 그리하여 이들 출판물의 내용이 심지어 교회 모임에서도 거론되고 있는 실정이다. 따라서 상담자나 교회지도자가 이들 모임을 지도할 때는 화제가 되는 성에 관련된 기사들을 잘 이해하고 있어야 효과적인 그룹 지도를 실시할 수 있을 것이다.

둘째, 기독교 상담자나 목회자가 부부 상담을 진행하는 동안, 많은 부부들이 성 관계가 부부간의 중요 문제가 되고 있음을 호소하는 경우를 많이 접하게 될 것이다. 따라서 상담자가 부부 상담이나 혼전상담을 할 때 이들은 불가피하게 성 문제를 다루어야 한다. 기독교적인 대중 전달 매체도 성 문제를 적극적으로 다루는 오늘날, 목회자나 상담자들이 성에 관한 언급을 회피하는 것은 결혼 생활에서 성적 관계가 그리 중요하지 않다는 인상을 줄 우려가 있다.

세째, 오늘날 많은 상담소에서 성 상담이 실시되고 있다. 따라서 목회자나 상담자는 이러한 상담소들의 구체적인 상담 방법이나 상담 원리들을 이해할 필요가 있다. 이것은 특히 성과 관련된 문제를 가지고 있는 부부를 돕고자 할 때 더욱 필요한 일이다.

성경적, 역사적 관점에서 본 성 상담

우리는 이제부터 성 상담의 근본 전제들과 방법론들을 요약하면서 결혼 생활에 미치는 성의 역할에 국한하여 성 상담을 이해하고자 한다.

오늘날 많은 그리스도인 저술가들이 행동주의적, 인본주의적 사상을 가진 일반 학자들에 의해 크게 영향을 받고 있기 때문에, 그들의 사상이나 저서 중에서 어떤 것들은 기독교적인 것으로 받아들일 수 없는 것들도 있다. 또 이러한 일반 이론에 지배를 받고 있는 저서들에서 취급하는 성에 대한 태도는 하나님이 의도하신 본래 목적으로서의 성이나 성의 즐거움 등에서 벗어나고 있는 경우도 많다. 그러나 결혼과 가정에 대한 하나님의 영원하신 섭리의 차원에서 볼 때, 현대의 성에 관한 저서들의 상당 부분이 그리스도인이 결코 간과할 수 없는 내용을 제시하고 있는 것도 사실이다. 즉 일반 세속학자들의 연구에서도 기독교적인 성 개념과 결혼 생활에 적용할 수 있는 것들이 많이 있는 것이다. 이러한 것들로는 특히 세인트루이스에 있는 생식생물학 협회의 윌리엄 매스터스와 버지니아 존슨의 연구결과를 들 수 있다. 이들의 실험 방법을 비록 대부분의 그리스도인들이 긍정적으로 평가하고 있는 것은 아니지만, 사실 그리스도인 부부와 상담할 때 이들의 연구 결과는 매우 유익한 도움이 되고 있다.

그 실례로 매스터스(Masters)와 존슨(Johnson)은 부부의 친밀한 관계가 올바른 성 기능을 위한 선행 조건이라고 주장한다. 그들은 「성적 무적응, Human Sexul Inadequacy」에 제시되고 있는 상담 프로그램에서 "좋은 부부 관계는 인내를 통하여 얻어질 수 있다"고 설명하였다.[1] 즉 부부의 정상적인 성 생활에서 테크닉이 중요하기는 하지만 보다 중요한 요소는 상호간의 효과적인 교류 관계라는 것이

---

1) William Masters and Virginia Johnson, *Human Sexual Indequacy*(Boston: Little, Brown & Co., 1970), pp.2,3.

다. 이것은 성과 결혼 생활에 관한 성경의 가르침과 일치하고 있다. 성경에는 실제적인 테크닉에 관해서 별로 언급되고 있지 않지만, 결혼생활의 역할과 책임 그리고 영구성에 관한 많은 지침들이 제시되고 있다.

성경에 '성'(sex)이란 말이 실제적으로 나타나고 있는 것은 아니지만, 하나님은 분명히 성을 창조하셨고 부부 관계를 강조하시기 위해 성경에 성과 관련된 표현들을 사용하셨다. 즉 성경에서 하나님은 "혼인을 귀히 여기고 침소를 더럽히지 않게 하라"고 강조하셨다(히 13:4). 비록 성의 출산 기능에 관한 언급이 있기는 하지만(창 1:27), 성경은 주로 성적인 관계의 교류적이고 친밀한 측면을 강조하고 있는 것이 사실이다. 또한 성경에는 성 생활을 표현하기 위한 것으로서 '안다'(know)라는 말을 자주 사용되고 있다(창 4:1; 마 1:25).이와 같이 하나님께서는 결혼한 가정의 성적인 관계야말로 지극히 정상적이고 건전한 관계임을 가르쳐 주시고 있다.

이외에도 우리는 고린도전서 7:3-5에서 부부의 상호 성 관계에 대한 귀중한 교훈을 얻을 수 있다. "서로 분방하지 말라 다만 기도할 틈을 얻기 위하여 합의상 얼마 동안은 하되 다시 합하라"(고전 7:5). 특별한 경우를 제의하고는 부부의 성 생활을 잘못된 것으로 보고 금지할 필요가 없는 것이다. 성이 그릇된 무기로 사용되어서는 안 된다. 여기에서 묘사되고 있는 바대로 성은 서로 나누는 것이다. 이것은 남녀 모두에게 차별 없이 적용되고 있는 하나님의 교훈이다.

현대 사회의 광범위한 기술적, 사회적 변화는 결혼 생활에도 커다란 영향을 미치고 있다. 의학의 발달로 부부들은 산아 제한을 통해 성으로부터 출산 기능을 분리시킬 수 있게 되었고, 원치 않는 임신에 대한 두려움 없이 성을 즐길 수 있게 되었다. 그리고 부부들은 자녀들을 양육하기 위해 투자해야 하는 매일 매일의 책임을 줄이고 건강하게 오래 살고자 소규모의 핵가족을 꾸미는 경향을 보이고 있다.

이제 가정은 더 이상 자녀를 출산하기 위한 것만은 아니다. 대부분의 가정문제 전문가들은 사람들이 가정을 통해 서로의 깊은 정서적 욕구를 충족하려 한다고 주장함으로써 이러한 사실을 뒷받침해 주고 있다. 가정의 교육적 기능은 다른 사회 기관으로 이전되었고, 그로 인해 성 생활을 비롯한 친밀한 부부 관계의 필요성이 증가하게 되었다. 어떤 면에서 성의 기능이 주로 생식 작용에 국한되었을 때는 별 문제될 것이 없었다. 또한 성경에서 가르친 대로 성이 생물학적 기능의의 여러 가지 기능을 수행하는 것은 사실이므로 성경의 가르침 대로 성을 사용하면 문제가 없을 것이나, 결국은 그리스도인도 일반 사회의 기술적, 사회적 변화의 영향에서 벗어날 수는 없는 것이다. 다른 사람들과 마찬가지로 그리스도인들도 어쩌면 결혼 생활에서 지나치게 많은 것을 기대할지 모른다. 시드니 조라드(Sidney Jourard)는 그의 논문에서 이러한 견해를 잘 피력하였다.[2] 즉 그는 논문을 통해 결혼자체가 하나의 환상적인 우상이 될 수 있다는 사실을 제시하였다. 사실 사람들이 결혼이라는 사실에 대해 보다 현실적인 이해를 하고 결혼을 한다면, 많은 사람들이 실제의 결혼 생활이 자신이 그렸던 비현실적 상상의 것과 다르다고 하여 현실에 환멸을 느끼고 이혼을 하는 사태는 줄어들 것이다.

   그리스도인의 가정에도 불안감, 실망, 애정 없는 행동, 충족되지 못한 성 생활 등의 문제들이 있을 수 있다. 인간의 죄된 본성으로 인하여 인간 사이에 완전한 관계란 있을 수 없다. 그러나 부부가 신앙생활을 통해 성숙해감에 따라 가정생활에서 생길 수 있는 부정적인 요소들은 극소화 될 수 있을 것이다. 인간이 연약한 존재라는 사실과 인간의 한계를 안다면, 가정에서 생기는 감정상의 문제들로 인해 결혼 자체를 비난하는 오류에서 벗어날 수 있을 것이다. 왜냐하면 인간이 갖고 있는 한계 조건으로 인해 인간 사이에는 배우자뿐 아니라 다른 누구와도 얼마든지 문제가 생길 수 있기 때문이다.

---

2) Sydney Jourard, "Marriage Is for Life" in *Journal of Marriage and Family Counseling*, July 1975, pp.199-208.

만족할 만한 성 생활이 이루어질 때, 부부는 서로 더 가깝게 느껴지며 좀더 온전하게 '그리스도 안에서 하나' 되는 경험을 가질 수 있다(엡 5:31). 그렇다고 해서 성 생활이 결혼 생활의 궁극적인 목적이 된다는 것은 아니다. 성은 그리스도인의 결혼 생활 중 그 일부분일 뿐인 것이다. 결혼 생활에는 적절한 조화와 절도가 있어야 한다(빌 4:5).

이제 성 상담의 역사에 대해 살펴보도록 하자. 정신분석학적 견지에서 성적 문제들은 전통적으로 내면에 있는 갈등의 징후로 이해되어 왔다. 예를 들어 성 관계 중 오르가즘에 도달하지 못하는 여성에 대해, 그녀는 미성숙하고 내면에 성적 갈등이 있기 때문에 장기간의 정신치료를 받을 필요가 있다고 할지도 모른다. 마찬가지로 성불능의 남성은 불능 콤플렉스로 인해 고통을 당하고 있으며 이의 해결을 위해서는 성 불능증세로 인해 야기될 부모와의 갈등을 해소해 주어야 한다고 진단을 내릴지도 모른다. 이러한 사례에서 우리는 성적인 문제를 잠재적인 문제의 징후로 보는 정신 분석학적 입장을 잘 엿볼 수 있다. 그리하여 정신 분석론자들은 상담을 할 때 대개 성적 문제 그 자체는 거의 언급하지 않는다. 잠재적인 문제의 징후만 해결되면 성적 문제는 자동적으로 해결될 것으로 생각하기 때문이다.

1950년대에 들어 결혼 상담이 실시되기 시작하자, 사람들은 성 기능장애는 결혼 생활에서 부부간의 직접적인 의사 교환의 문제, 또는 보다 더 광의적인 감정상의 이해를 포함하여 커뮤니케이션에 문제가 있을 때 생기는 증상이라고 보게 되었다. 마찬가지로 결혼 상담에서도 대개의 경우에 성 관계는 언급되지 않았다. 여전히 성 기능은 부부의 커뮤니케이션 관계가 변화되면 자연히 회복될 것이라고 생각되었다. 따라서 구태여 성에 대해 언급하지 않아도 되었던 것이다.

한편 최근의 성 상담 이론에 의하면 경우에 따라서는 성 자체가 문제가 되기도 한다. 즉 성 기능 장애가 반드시 내면의 정서적 문제나 부부간의 잘못된 커뮤니케이션으로 인한 것만은 아닌 것이다. 따라서 상담 과정에서 성 기능 장애를 구체적으로 거론하고 문제의 원인이 될 만한 요소들을 다양하게 찾아볼 필요가 있다. 부부 간에 수행할 수 있는 성과 관련된 과제를 주어, 집에서 그 과제를 수행하면서 문제의 원인을 찾고 해결하려는 것은 좋은 방법이다.

성 상담은 독특한 상담이기는 하지만, 그렇게 다른 상담 원리들과 차이가 있는 것은 아니다. 오히려 기존의 상담 원리들과 밀접한 관련성을 가지고 있다는 것이 필자의 견해이다.

성 문제의 원인

성 상담자들은 상담을 할 때 개인의 과거를 중요시한다. 그들은 성 기능 뿐 아니라 결혼 생활에서 부부가 가졌던 여러 관계 유형들을 조사한다. 그리고 이들이 커뮤니케이션 기술을 향상하도록 도와주며, 성 문제의 생태학을 이해시키기도 한다. 상담자들은 성에 대한 충분한 지식이 부족한 것도 성 문제에 있어서 중요한 요소가 된다는 사실을 잘 알고 있기 때문이다.

부정확한 지식

아직도 사회에서는 전반적인 개방 풍토에도 불구하고 성에 대해 이야기하는 것을 타부시하고 있다. 이것은 부부 사이에서도 마찬가지이기 때문에 대부분의 그리스도인들은 아가서의 직선적인 표현들을 보고 사뭇 놀라지 않을 수 없다. 오늘날까지도 이렇게 성에 대해 이야기하는 것을 꺼리다 보면 사람들은 성에 대한 잘못된 지식을 갖게 된다. 다른 분야에서도 그렇듯이 사람들이 성에 대한 적절한 이해를 하지 못하면, 자기 생각대로 판단하게 되고 잘못된 이해를 하게 된다. 예를 들어 경영 정책의 전환이 일어났을 경우에 경영자측이 그에 대한 적절한 해명을 하지 않는다면, 결국은 오해와 의심을 가져다주게 되는 것과 마찬가지이다. 성 문제에서도 잘못된 지식이나 지식이 부족한 경우는 문제를 유발하는 요소가 된다. 경우에 따라서는 부부가 성에 관한 올바른 이해를 함으로써 문제가 점차 해결되고 더 이상의 아무런 도움이 필요 없게 되기도 한다.

이제 보다 구체적인 실례로 성 불능자인 짐(Jim)과 수(Sue)의 경우를 살펴보자. 짐의 성 기능 장애로 인해 이들의 결혼 생활에는 긴장과 갈등이 생기게 되었고, 의학적으로도 그 원인을 규명하지 못하자 이들은 상담자를 찾아와 상담을 하게 되었다. 상담이 진행되면서 상담자는 짐의 성기가 발기할 수 없었던 때는 성 관계를 가진 직후뿐이었다는 것을 알게 되었다. 이것은 생물학적으로 볼 때 당연한 현상이다. 즉 사정한 후 생리적으로 금방 다시 사정할 수는 없는 것이다. 그 간격은 개인에 따라 다를 수는 있지만, 누구나 한번 사정한 후 다시 사정하려면 어느 정도는 기다려야 한다. 이것은 짐과 수가 이전에 생각했던 것처럼, 아내에 대한 남편의 사랑과는 아무런 관계가 없는 것이다. 여자에게는 이러한 간격이 없기 때문에 남성과 여성의 생물학적 차이를 알지 못했던 그들은 짐의 사랑에 문제가 있다고 생각했던 것이다. 상담자가 그들에게 이러한 생물학적 차이점을 설명해 주자, 그들의 관계는 눈에 띌 만큼 개선되었다. 자신들의 상태가 정상이라는 사실을 깨닫자 그들 사이의 갈등과 긴장은 사라지게 된 것이다. 한편 에드(Ed)와 조앤(Joan)이라는 부부는 성 관계를 가질 때, 동시에 오르가즘에 도달하지 못할 때가 종종 있다고 하소연해 왔다. 그래서 상담자는 이러한 동시적인 오르가즘의 경험이 필요하기는 하지만 성 관계를 가질 때마다 꼭 경험할 수 있는 것은 아니라고 설명하였다. 정서적 요인뿐만 아니라 생리학적 구조의 차이에 의해서, 항상 동시적인 오르가즘을 경험할 수는 없는 것이다. 이 사실을 안 그들은 즉시 그들의 문제에 대한 해답을 얻었던 것이다.

이들 두 부부에게 문제가 되었던 것은 심각한 정서 장애나 잘못된 결혼 생활이 아니라 성에 대한 올바른 이해의 부족이었다. 우리 사회는 성을 터부시하여 성의 생물학적 요소를 간과하였다. 성의 생물학적 차이를 모르는 데에서 많은 문제들이 생길 수 있다는 사실을 우리는 명심해야 한다. 그러므로 우리 그리스도인들도 성적 기능의정서적, 영적 차원뿐만 아니라 생물학적 차원에서도 올바른 이해를 할 필요가 있는 것이다.

두려움

정확한 성 지식의 부족 뿐 아니라 두려움도 성 문제의 원인이 된다. 현대 사회는 성취 지향의 사회이다. 겉으로 드러난 결과와 적당한 생산성이 어떤 일을 판단하는 데에 중요한 관건이 되고 있다. 이러한 성취 지향의 기준은 성 관계에서도 예외가 아니다. 오늘날 텔레비전이나 신문 등의 대중매체들은 성을 스포츠 경기처럼 묘사하는 경향이 있다. 사람들로 하여금 마치 관람객이 점수판을 들여다보듯이 항상 자기를 판단하고 평가하게 한다. 그래서 사람들은 "나는 지금 잘 해내고 있는가?"라는 강박적인 생각을 갖게 된다. 우리는 우리 자신을 현대 사회의 성에 관한 왜곡된 이미지에 비교해 봄으로써, 자칫하면 자기 자신이 문제를 갖고 있는 부적절한 존재라고 스스로 느끼게 된다. 이러한 생각은 곧 내적인 불안으로 발전한다. 게다가 대개의 부부들은 이러한 불안감을 서로 잘 털어 놓으려 하지 않기 때문에 이것이 미치는 영향은 더욱 커지고 급기야는 문제에 짓눌려 버리게 된다. 다시 말해 강박 증세를 갖게 되는 것이다. 그리고 이러한 불안감은 다시 성적인 문제를 유발할 수 있다. 인간의 성은 자연스런 과정이기 때문에 지나친 비교나 불안은 자연스런 표현을 가로막는 결과를 가져다주기도 한다.

성 상담자는 내담자로 하여금 그들이 느끼는 성에 대한 두려움을 상담자에게 말하도록 권고해야 한다. 이러한 과정을 통해 내담자는 때로는 단지 두려움을 털어놓는 것, 그 자체만으로도 종종 성 기능증진의 효과를 얻기도 한다. 상담자는 성에 대한 사회의 통념이 비실제적이고 조작된 것이라고 설명해 줄 것이다. 많은 경우에 일반인들은 적절하지 못한 성 관계를 통해 자신들의 정신적인 공허감을 채우려고 하고, 어느 정도는 성의 타부가 결국 부정적인 결과를 가져다주는 것이다. 따라서 그리스도인들은 성에 대한 하나님의 계획을 서로 이야기하고 토론하여 올바로 이해해야 할 것이다.

앞에서 언급했듯이, 정확한 지식은 성에 관한 불안을 감소시킬 수 있다. 남자는 흔히 자신의 성기의 크기로 인해 고민하게 되는데 이러한 종류의 두려움은 아무런 근거가 없는 두려움이다. 여성의 질(vagina)은 남성의 성기에 따라 신축성 있게 조절된다. 게다가 발기 전 상태의 성기의 크기는 사람에 따라 다양할지 몰라도, 발기된 성기의 크기에는 별 차이가 없다. 이처럼 성에 관한 올바른 지식을 알게 되면, 성기의 크기로 인해 고민하는 남성들은 더 이장 자신에게 문제가 있다고 생각하지 않아도 될 것이다. 본질적으로 성을 통한 의미 있는 사랑의 표현은 결코 성기의 크기에 의해 좌우되지 않는다. 그리고 여성의 가슴의 크기에 의해서도 좌우될 수 없는 것이다.

부부의 갈등

우리는 성에 대한 새로운 지식을 알게 되고 성적인 불안이 경감되었다고 해서, 성 문제가 반드시 개선되는 것은 아니라는 사실도 알아야 한다. 정상적인 부부 생활을 하지 못하는 사람들의 문제란 이보다 더욱 복잡한 것이다. 많은 경우에 정상적인 부부 관계를 형성하기 위해서는 도움이 필요하다. 대부분의 성 상담에서 성 관계가 거론되긴 하지만, 실제로 그 촛점이 되는 것은 부부간의 갈등을 해소하는 데에 있으므로 부부 관계의 제반 요소들이 다 상담의 대상이 된다. 그리하여 이러한 성 상담을 통해 부부들은 성 생활은 부부 생활의 한 측면

일 뿐이며, 또한 제반 결혼 생활은 성 기능에 잠재적인 영향을 미치고 있다는 사실을 깨닫게 된다.

리타(Rita)와 랠프(Ralph)의 경우를 예로 들어보자. 리타는 랠프에 의해 성적으로 무시당하고 있다고 느꼈다. 그러나 상담하는 과정에서 리타는 성적인 관계뿐만 아니라 다른 부부 관계에서도 이러한 느낌을 받고 있는 것이 밝혀졌다. 랠프는 흔히 리타의 의견을 무시한 채 독단적으로 결정을 하고 행동하였다. 그는 그녀가 한 일에 대해 칭찬하는 법이 없었다. 아무리 힘든 가사 일을 했어도 그녀의 책임이기 때문에 당연히 해야 할 것으로 생각하였다. 또한 그는 "사랑해"라는 말도 해주지 않았다. 이러한 그의 태도에 리타는 화가 났고 무시받고 있다는 느낌을 가졌으나, 그에게 상처를 주지 않기 위해 이런 느낌을 그에게 이야기하지는 않았다. 그러다가 그녀는 결국 무시당하고 있다는 느낌으로 인해 랠프와의 성 관계에 반응을 할 수 없게 되었다. 이처럼 성적인 문제는 전체적인 부부 관계의 문제에서 오는 것이다. 그러므로 상담자는 이러한 부부들로 하여금 자신들의 관계에 내포된 문제를 올바로 보고 부부 관계에 새로운 변화를 가져오도록 도와야 할 것이다.

덕(Doug)과 웬디(Wendy)가 어느 날 상담자를 찾아와 자신들의 기계적이고 즐거움이 없는 성 생활의 문제를 호소하였다. 이 경우도 상담을 하는 과정 중에 그들이 일상생활에서 느끼고 있는 지루함과 염증이 이렇게 표현되었다는 사실이 밝혀졌다. 그들은 예전에는 진취적이었고 생기 있었으며, 적극적인 그리스도인이었다. 그러나 지금은 모든 일에 염증을 갖게 되었고 영적으로도 정체 상태에 있게 되었다. 이런 경우에 상담자는 성적인 문제 뿐 아니라 영적 생활의 정상화를 위해 도움을 주어야 한다. 이처럼 결과가 성적 문제로 드러났다고 해서 이를 성적인 문제로만 취급한다면 문제 해결에 필수적인 다른 중요한 요소들을 놓치고 마는 것이다.

덕과 웬디 같은 경우의 부부들은 대개 자신들에게 있는 문제는 성적인 문제뿐이라고 확신하면서 상담자를 찾아온다. 성 관계가 개선된다면 다른 문제들도 해결될 수 있을지 모른다는 것이다. 그러나 이러한 생각이 어느 정도는 옳다고 해도 부분적인 진리일 뿐이므로, 상담사는 상담을 통해 내담자들이 전체적인 면에서 자신들의 관계를 점검해 볼 수 있도록 도와야 한다. 또한 상담자는 주의 깊게 상담을 진행시켜야 한다. 단순하게 "근본적인 문제는 성 관계에서 온 것이 아니다"고 말해 버리는 것은 바람직하지 못한 태도이다. 그리고 내담자의 상황과 처지를 고려하여 상담을 시작해야 한다. 내담자가 상담분위기에 친숙해지고 불안감을 갖지 않게 하면서 문제의 해결에 필요한 요소들을 발견하도록 상담을 진행해야 한다. 그렇게 함으로써 그들은 보다 실제적으로 자신들의 관계를 조망해 보며 제반 부부 관계의 상호 연결성을 깨닫게 된다.

상담 방법

성 상담에는 다양한 방법이 사용되고 있다. 그러나 이것들은 모두 문제를 해결하는 요술 방망이가 아니라 부부의 성적인 관계를 개선하도록 돕는 도구일 뿐이다. 문제 해결을 위한 부부의 적극적인 태도가 없이는 이러한 방법들은 아무런 효과를 가져다주지 못한다. 또한 이러한 방법들의 효율성은 기본적으로 결혼 상담에 적용하는 기술에 달려 있기도 하다.

이미 언급한 바대로 성 상담의 가장 기본적인 목적은 부부들로 하여금 성 생활에 대한 자신들의 느낌을 개방적으로 자유롭게 털어놓고 의논하게 하는 것이다. 부부는 자기들의 불만이나 욕구를 분명하게 털어 놓음으로써 성적 문제를 야기시킨 장애들을 극복할 수 있게 된다. 이러한 것은 정상적이고 성숙한 결혼 생활을 회복하려는 양자 간의 일치된 마음과 협조를 통해 가능하며, 이기적이며 요구만 하는 태도를 가지고서는 불가능한 일이다. 그리고 하나님은 각 사람에게 서로 상이한 성적인 필요와 관심을 주셨다. 그러므로 이러한 성적인 차이로 인해 자신들 사이에 어떤 문제가 있다고 생각하여 고민하거나 다툴 필요는 없는 것이다.

커뮤니케이션 방법 지도

성 문제를 가지고 찾아오는 부부들은 대부분이 서로를 이해하지 못하겠다고 주장하므로 성 상담자들은 부부들에게 서로를 표현하는 방법을 가르쳐 준다.

오늘날 비록 커뮤니케이션 관계의 자료들이 범람하고 있는 실정이지만 사실 실제적인 도움을 주는 자료들은 그리 흔하지 않다. 그러나 특별히 커뮤니케이션 관계에 대해 도움을 주는 자료를 들라면 「완전한 이해, Alive and Aware」3)라는 커뮤니케이션 프로그램을 추천할 수 있는데, 이것이 비록 그룹 부부 상담을 위해 고안된 것이기는 하지만 개별적으로 부부와 상담을 할 때에도 유용하게 적용될 수 있다. 그리고 구체적인 커뮤니케이션 기술 지도에 중점을 둔 이 프로그램이 비록 성경에서 따온 것은 아니라 할지라도, 그 개념은 그리스도인의 결혼 생활에도 충분히 적용될 수 있을 것이다.

적절한 성적인 표현은 친밀한 커뮤니케이션의 필수적인 요소가 된다. 그러나 흔히 결혼한 여자들의 성적 욕구의 표현은 금지되어왔다. 이것은 결혼 생활에 대한 성경의 견해와 일치하지 않는다. 남편이 아내에 대한 자신의 역할을 충실히 수행하기 위해서는 아내의 성적 필요나 욕구들을 바로 이해해야 한다. 또한 충분한 커뮤니케이션이 없이 적당히 짐작해서 행동하는 것은 오히려 오해를 불러일으킬 수 있다. 여성의 성적 주기는 아주 다양하며 예민하다. 여성에게 성적 자

---

3) Sherod Miller, Elam Nunnally, and Daniel Wackman, *Alive and Aware*(Minneapolis: Interpersonal Communication Programs, Inc., 1975).

극을 일으켰던 행동도 그것이 지속되면 여성에게는 더 이상의 자극을 주지 못할 수도 있다. 남성이 여성의 성적 욕구를 저절로 알아 그 필요를 가극하며 충족시켜 줄 수는 없다. 이것은 여성에게도 마찬가지이다. 그러므로 부부 사이에는 지속적인 커뮤니케이션이 필요한 것이다.

생활사 조사(History-taking)

이것은 성 상담에서 중요하게 사용되고 있는 방법인데 우리는 「성적 무력증, Human Sexual Inadequacy」이라는 책을 통해 이 방법을 이해할 수 있다.4) 사람은 살아가면서 특정한 사건들을 통해 중요한 영향을 받게 된다. 그리고 특히 이러한 사건들에 어떠한 의미가 부여됐을 때는 더욱 큰 영향을 받게 된다. 즉 성 상담에서 내담자가 부모의 죽음과 같은 사건에 부딪혔을 때 어떠한 느낌을 가졌느냐하는 것을 밝히는 것은 아주 중요한 요소이다. 예를 들어 싸운 후에 부모의 죽음을 경험했을 때는 다른 때보다 더 큰 정신적 의상을 입을 수 있는 것이다.

내담자의 성장 환경은 직접적인 대화나 글을 통해 알아낼 수 있는데 일상적으로 경험하는 사건들과 그에 대한 개인적 느낌을 보다 정확히 알기 위해서는 대화 방법을 사용하는 것이 바람직하다. 하지만 어느 방법을 사용해도 무방하므로 상황에 따라 적절히 선택하는 것이 좋다.

경우에 따라서는 다른 성 상담 방법을 사용하지 않고도 이 방법만으로도 중요한 변화가 일어나기도 한다. 단순한 질문만으로 이것이 서로의 문제를 정확하게 파악하게만 해준다면 부부들이 서로 잘 이해하고 성 생활을 할 수 있도록 도울 수 있는 것이다.

---

4) William and Masters and Virginia Johnson, *op. cit*, pp. 34-51.

생활사를 조사하는 가운데 상담자는 내담자가 가지고 있는 성에 대한 가치관을 확인하는 것이 중요하다. 어떤 사람이든지 의미 있는 성 경험에 관한 자기 자신의 가치관을 갖고 있게 마련이다. 상담은 대개 내담자가 갖고 있는 가치관의 범위 내에서 실시된다. 일반적인 견해와는 달리 성 상담자들은 피상담 부부의 성에 대한 가치관이나 행동 양식, 생각들을 전면적으로 바꾸려고 하지는 않는다.

상담자는 피상담부부의 생활사를 조사한 후에, 부부의 상황에 대한 자신의 견해를 들려준다. 여기에는 가족 배경, 성장 과정, 과거와 현재의 부부 관계, 성에 대한 가치관 등이 다 망라되어 구체적으로 언급이 된다. 물론 이때 상담자가 경고적이거나 위협적인 태도를 취해서는 안 된다. 이처럼 상담자가 가족 배경이나 성장 과정 등의 생활사를 조사하는 이유는 대개 사람들은 자신이 속한 가족 배경에 의해 영향을 받기 때문이다. 그래서 특히 긴장이나 쇼크, 갈등이 많은 집에서 자란 사람은 주어진 상황에 대처하고 극복하기 위해 감정적인 행동 유형을 보이게 된다.

빌(Bill)과 메리(Mary)의 경우를 예로 들어보자. 그들은 빌이 육체적으로, 정서적으로 자주 위축된다는 문제를 가지고 상담자를 찾아왔다. 그래서 상담자는 빌의 성장 배경을 살펴보다가 빌이 어렸을 때 그의 부모가 자주 싸웠다는 사실을 발견하였다. 이런 사실로 미루어 보아 빌은 부모가 큰 소리로 떠들며 다툴 때 자기 방 속에 숨어 책을 읽거나 그 소리를 듣지 않으려고 라디오를 크게 틀어 놓았을 것이라는 것을 짐작할 수 있다. 그리고 차 안에서 부모가 다툴 때 그는 다른 것들을 생각함으로써 그 상황에서 벗어나려고 했을 것이다. 빌은 자신이 처한 환경 속에서 이러한 방어 메커니즘을 가지고 살아왔을 것이다.

그런데 빌은 성장한 지금도 여전히 메리와의 관계에서 옛날과 똑같은 방어 기제를 사용하고 있는 것이다. 때때로 신체적으로 위축된 증상을 보이며 메리와 한 방에 있으면서도 그녀의 말에 귀를 기울이지 않는다. 그는 메리와의 사소한 갈등에도 전에 부모에게 취했던 똑같은 행동을 반복하고 있는 것이다. 빌은 메리가 화해하기를 원할 때마다, 과거의 일들을 되살려 다시 부모들처럼 싸우게 될까봐 두려워하여 위축된다. 결국 빌은 상담을 통해 어릴 때는 그의 방어 기제가 유용했지만, 결혼 생활을 하면서도 여전히 그러한 방법을 사용하는 것은 바람직하지 않다는 것은 깨달아야 했던 것이다. 메리는 빌의 위축되고 소극적인 행동을 비난할 필요도 없고, 빌은 자신이 할 일에 대해 위축되거나 죄의식을 가질 필요가 없는 것이다. 그들은 상담을 하면서 점차 효과적인 커뮤니케이션의 방법을 배우고 서로간에 의미 있는 변화를 경험할 수 있게 된다.

부부들 중에는 도저히 함께 부부 생활을 할 수 없다고 생각될 만한 상황을 경험하는 부부들이 많이 있다. 이러한 부부들은 자신들의 관계를 신중하게 점검해 보면서 함께 다음과 같은 미완성된 문장들을 완성해 보는 것이 바람직하다.

"나의 결혼 생활에서 가장 중요한 것은_이다."

"내가 당신에게 바라는 것은_이다."

"우리의 결혼 생활에서 나는_할 수 있기를 바란다."

이러한 과정을 통해서 서로 맞지 않는다고 생각하던 부부들은 대개가 놀랍게도 결혼 생활에 대한 서로의 바람이 비슷하다는 것을 발견하게 될 것이다. 다시 반복하자면 부부 관계에는 친구로서의 관계, 동반자로서의 관계, 친밀한 커뮤니케이션 등의 요소들이 갖추어져야 한다. 이러한 공통적인 요소들은 부부의 관계를 강화시켜주는 것이다. 한편으로 결혼 생활에 대한 부부들의 다양한 바램들을 실현시키기 위해 상담도 상황에 따라 다양한 방법을 사용할 수 있을 것이다. 영적인 성숙이야말로 성공적인 결혼 생활의 필요조건이라고 생각하는 부부가 있다고 하자. 그런데 제반 문제와 갈등에 의해 이러한 동일한 목적이 가리어졌다면 상담자는 이러한 장애들을 제거하고 부부자신들의 공통된 목적 내지는 소망을 실현할 수 있도록 도와야 한다.

상담 계획 작성

부부의 상태가 구체적으로 분석되면 특정한 상담 계획을 세울 수 있다. 성 상담은 대개 결혼 생활에 문제가 있는 부부에게 실시되므로 우선 상담자는 부부로 하여금 자신들의 결혼 생활에 대한 이해를 통해 새로운 변화에의 필요성을 느끼게 하고 상담에 임하는 자세를 견고하게 할 필요가 있다. 심한 다툼으로 파괴된 부부 관계를 다룬다는 것은 쉬운 일이 아니다. 이들 관계는 구체적인 성 상담을 실시하기 전에 어느 정도 정리될 필요가 있다.

따라서 성 상담에 들어가기 전에 성적인 문제가 신체적인 질병에 기인한 것은 아닌지 살펴보아야 한다. 성은 인체의 자연스런 기능에 의해 이루어지는 것이므로 다른 신체의 요인에 의해서도 영향을 받을 수 있는 것이다. 이러한 이유로 해서 오늘날 대부분의 상담소는 전체적인 상담의 한 과정으로서 반드시 신체검사를 실시하고 있다.

상담 자료의 적용

상담자는 어느 상담 자료이든지 그것을 상담에 적용하기 전에 주의 깊게 연구할 필요가 있다. 그 예로 성의학적 검사의 과정을 들어 보자. 어떤 상담소에서는 사무실 내에서 벌거벗은 상태로 상담하는 경우가 있다. 이것이 의료진에 의한 신체검사의 일환으로 실시되는 곳도 있지만, 어떤 상담소에서는 의사가 아닌 일반 상담자들이 성 문제를 일으킨 신체적인 경과를 설명하라고 요구함으로써 인위적으로 성적자극을 주기도 한다. 이러한 과정을 성의학적 검사(sexological examination)라고 한다. 그러나 상담자는 상담 자료를 적용하기 전에 특정한 임상적 상담 프로그램을 구체적으로 이해해야 한다. 그리고 실제의 적용은 매우 다양해질 수 있으므로, 적용할 때는 신중하게 해야 한다.

애무 요법(Sensate focus)

성 관계를 가질 때 부드럽고 충분한 애무는 서로의 사랑을 적극적으로 표현해 주는 좋은 요소가 될 수 있으므로 상담자는 이러한 것을 권고하기도 한다. 오늘날 같이 급변하는 사회에 사는 사람들은 충분한 애무도 없이 바로 성 관계를 갖는 경우가 많다. 따라서 상담자는 부부들에게 충분한 애무 시간을 가지라고 한다. 이것을 우리는 애무요법이라고 할 수 있다. 이 애무요법을 사용하는 상담자는 부부에게 서로의 몸을 골고루 애무할 것을 권한다. 부부는 처음에는 서로의 생식기 부분에 대한 애무를 해서는 안 된다. 그렇게 함으로써 얼마간은 충동을 억제할 수 있을 것이며 보다 자연스럽게 서로에 대한 새로운 사랑의 표현들을 경험할 수 있게 된다. 그리고 전처럼 실수하거나 무감각하게 성 관계를 가짐으로써 서로에게 불만을 가져다주는 경우는 줄어들 것이다. 발기 불능의 남성은 더 이상 발기에 대한 강박관념을 가지지 않아도 된다. 실제로 발기 불능에 대한 두려움은 결국 발기 불능의 결과를 초래할 수 있는 것이다. 물론 이러한 애무 행위가 자동적으로 결혼 생활에 어떤 변화를 가져다주는 것은 아니다. 여기에는 변화를 위한 서로의 협조와 개방적인 태도가 있어야 한다. 그렇지 않으면 이러한 행위들은 역으로 그들의 문제를 지속시키는 또 하나의 부정적인 요소로 전락되고 말 수 있는 것이다.

성 상담에서는 빈번히 부부에게 특정한 과제가 부여되는데 그 대표적인 것은 바로 신체적인 친밀한 접촉(physical touch)이다. 미국사회에서 신체적 접촉은 커뮤니케이션의 중요한 수단이며 특히 위기적 상황에서 그 효과는 자못 크다고 볼 수 있다. 이와 같이 오해로 인해 문제가 생긴 부부 관계에서도 신체적인 친밀한 접촉은 효과적인 커뮤니케이션 방법이 될 수 있을 것이다.

선물 교환

이 방법은 결혼 상담이나 성 상담에 유용하게 사용될 수 있다. 부부는 특정한 기간 동안 서로 매일 선물을 교환할 것을 약속한다. 이것은 대개 7일 정도가 적당하다. 선물은 상대방이 좋아할 만한 것이면 어떤 것이든 좋다. 그것은 유형적인 것이나 무형적인 것이나 어느 것이라도 무방하다. 이 방법은 많은 효과를 가져다 줄 수 있다. 한편, 상담자의 권면에 의한 것이므로 부부는 어색함 없이 자연스럽게 선물을 주고받을 수 있다. 이 방법은 부부 관계의 주고받는 본질적인 속성을 강조해 주고 있는데, 부부는 이를 통해 단절된 자신들의 관계를 회복할 수 있는 가능성을 얻게 되는 것이다. 이러한 과제를 마치고 나면 상담자는 부부에게 자기가 받은 가장 의미 있는 선물을 생각해 보라고 권면한다. 이러한 과정을 통해서 부부는 다시 자신들의 관계에 대한 새로운 사실들을 깨닫게 된다. 대개의 경우에 이 방법은 부부가 결혼하기 전 데이트를 하면서 경험했던 즐겁고 행복했던 관계들을 다시 경험하게 해준다. 그리고 이러한 과정을 통해서도 알 수 있는 바대로 상담이란 부부의 온전한 참여가 요구되는 적극적인 과정인 것이다.

성 상담은 부부의 전체적인 삶의 질을 성숙시켜 주는 역할을 한다. 현대의 대중문화는 지나치게 성교를 강조한다. 현대의 성 이론가들은 성교가 단지 부부 생활의 일부분일 뿐이라고 강조한다. 부부는 서로의 친밀한 관계를 형성하기 위해 다양한 활동을 할 필요가 있다. 그리스도인 부부들에게는 영적인 성장을 나누는 것도 친밀감과 관계의식을 증진시킬 수 있는 좋은 방법이 될 수 있을 것이다. 함께 공원을 산책하거나 독서하는 것도 좋은 방법이다. 비록 부부 관계에서 성교가 중요한 요소이긴 하나, 서로의 친밀한 관계를 위해서는 다른 여러 가지 방법을 함께 사용하는 것이 바람직하다.

성 상담에서 신뢰적이고 편안한 분위기를 형성하는 것은 무척 중요한 요소인데, 이러한 분위기는 부부가 서로를 있는 모습 그대로 노출시킬 때 형성된다. 이를 통해서 부부는 서로의 약점뿐만 아니라 장점도 알게 되며, 자신들도 모르는 사이에 친밀감을 가질 수 있게 된다. 사람들은 살아가면서 때때로 견디기 어려운 압박을 받기도 하므로, 상담할 때 적절한 유우머를 사용하는 것도 바람직한 방법이다.

실패의 경험

성 상담에도 좌절과 실패의 가능성은 얼마든지 있다. 어떤 때는 상담이 너무 완만하게 피상적으로 진행되는데, 이런 경우에는 변화가 일어난다 해도 그것은 대개 일시적인 변화에 불과하다. 또한 내담자도 상담에 참여하는 과정에서 실패할 수 있는 가능성과 실패의 가치를 인식하고 그것을 긍정적으로 받아들일 수 있는 준비를 갖추어야 한다. 그들의 정상적이지 못한 관계에서는 얼마든지 맡겨진 과업을 제대로 수행할 수 없는 가능성이 있는 것이다. 그러나 이럴 때에 이미 자신들의 관계에 대한 새로운 이해와 통찰이 가능하게 된다. 모든 기독교적 체험과 마찬가지로 궁극적인 변화와 관계의 회복은 흔히 고통과 좌절과 실패의 어두운 그늘에서 일어나는 것이다.

결론

우리가 지금까지 다루어온 성 상담의 개념에는 충분히 기독교 결혼상담 사역에 적용될 수 있는 것들이 있다. 물론 모든 성 상담의 방법들이 기독교적 상황에 적용될 수 있는 것도 아니다. 하지만 하나님은 우리에게 다양한 방법을 주셨으므로 우리는 이들을 조화있게 사용해야 할 것이다. 또한 실제로 인간에게 닥치는 수많은 문제들을 해결할 수 있는 쉬운 방법이나 대책이 있는 것이 아니므로 우리는 기도하고 인내하며 하나님의 도우심을 기다리는 것이 필요하다.

성은 인간의 삶의 한 부분으로 하나님께서 창조해 주신 것이다. 그러나 유감스럽게도 오늘날 하나님의 의도에서 벗어난 성 문화가 번성하고 있고, 각 가정에 성적인 문제가 늘고 있다. 이런 상황에서 성 상담은 우리에게 적절한 도움을 줄 수 있을 것이다. 그러나 우리는 어떠한 인간적인 해결 방법도 완전하고 종국적인 방법은 될 수 없다는 사실을 명심해야 한다. 따라서 성 상담은 결국은 오늘날 심각하게 대두되고 있는 가정 문제에 대한 궁극적인 해결 방법으로서가 아니라 단지 부분적인 해결을 위한 노력일 뿐이다.5)

---

5) 성 상담에 대한 계속적인 연구를 위해서는 다음의 책을 참고하라.
  Helen Singer Kaplan The New Therapy(New York: Brunner/Mazel Inc., 1974).
  Tim LaHaye and Beverly LaHaye, *The Act of Marriage*(Grand Rapids: Zondervan Publishing House, 1976).
  William Masters and Virginia Johnson, *Human Sexual Inadequacy* (Boston: Little, Brown & Co., 1970); *Human Sexual Response*(Boston: Lttle, Brown & Co., 1966); *The Pleasure Bond*(Boston: Brown & Co., 1970).
  Sherod Miller, Elam Nunnally, and Daniel Wackman, *Alive and Aware* (Minneapolis: Interpersonal Communication Programs, Inc., 1975). Ed Wheat and Gay Wheat, *Intended for Pleasure*(Old Tappan, NJ: Fleming H. Revell Company, 1977).

제9장 권면적 상담
(Nouthetic counseling)

제이 E. 애덤스(Jay E. Adams)

제이 E. 애덤스는 그의 저서 「유능한 상담, Competent to Counsel」에서 그가 어떻게 해서 상담의 분야에 뛰어들게 되었는가를 소상히 밝히고 있다. 사실상 목사로서 상담 방법에 대한 아무런 지식도 갖추지 못했던 애덤스는 가난한 교구민들을 돕는 과정에서 깊은 좌절을 맛보아야 했다. 설교학이나 웅변학에 대한 학위들은 가지고 있었지만 상담에 대해서는 아무런 공식적 수련 과정을 거치지 않았던 그는 우선 로저스 학파와 프로이드파의 이론들을 자신의 목회 사역에 적용하려 했으나 이내 그들에 대해 실망하고 말았다. 그래서 그는 될 수 있는 대로 상담에 관한 많은 책을 읽었고, 일리노이 대학의 상담학 과정에 등록하여 여름 학기 동안 O. 호바트 모우러(O. Hobart Mowrer)에게서 배웠다. 이러한 노력을 통해 애덤스는 그의 口권면적 접근법口을 발전시키기 시작했다. 이 접근 방법은 「유능한 상담」에 소개되었으며, 수많은 책과 소논문들을 통해 계속적으로 발표되어 왔다.

애덤스는 복음주의자들, 특히 복음주의 노선에 있는 목사들 중에서, 가장 잘 알려지고 가장 큰 영향력을 행사하는 기독교 상담자들의 스승이라 할 수 있을 것이다. 하지만 그는 현대 심리학과 정신 의학에 대한 그의 비관에 동조하지 않는 사람들이나, 그의 성경관이나 그의 초기 저서들에 드러난 대로 도전적인 스타일을 받아들이지 않는 사람들로부터 많은 비난을 받고 있으며 그의 견해는 논쟁의 대상이 되고 있다.

특별히 본서를 위해 기고된 논문은 상담에 관심을 가지고 있는 독자에게 권면적 상담에 대한 간결한 설명을 제공하고 있으며, 좀더 구체적으로 권면적 상담의 이론을 설명하고 있는 책들에 대해 귀중한 안내를 해주고 있다.

제이 E. 애덤스는 목회학 연구소의 소장이며 Journal of Pastoral Practice 의 편집인으로 활동하는 동시에 웨스트민스터 신학교의 실천 신학 객원교수로 봉직하고 있다. 그는 존스 홉킨스 대학에서 문학사(B.A.)를, 미국성공회 신학부에서 신학사(B.D.)를, 템플 대학교 신학부에서 신학 석사(S.T.M.)를, 미조리 대학에서 철학 박사 학위(Ph.D.)를 각각 수여 받았고 그 후 일리노이 대학에서 심리학을 연구하였다. 현재 그는 가족과 함께 조지아 매콘 근처에서 살고 있다. 권면적 상담은 현대의 심리학이나 상담학에 대한 실망으로부터 비롯되었다. 상담에 관한 전문적인 도움을 의뢰하는 방법이나, 성경과 심리학의 통합 모델은 둘 다 만족할 만한 것이 못되었다.[1] 따라서 적절한 새로운 상담법의 필요성이 절실해졌던 것이다. 그러나 사실 새로운 것이라 해도 상담은 이미 예부터 존재하던 것이다.

성경은 □생명과 경건에 속한 모든 것□(벧후 1:3), 즉 정상적인 일상생활 뿐 아니라 삶의 태도와 신앙, 가치, 삶의 패턴 등의 변화를 위해 필요한 모든 것을 내포하고 있다.[2] 이러한 면에서 볼 때 상담은 자칭 전문가라 하는 사람들이 해야 할 일이라기보다는 자기의 생명을 바쳐 목회 사역에 임하는 목회자들의 할 일이며 비록 비공식적이더라도 모든 그리스도인이 해야 할 일이다.[3] 의사들은 뇌손상이나 뇌종양, 유독 물질 섭취 등으로 인한 이상 행동 증세를 보이는 사람들을 의학적으로 치료하며, 심리학자들은 하버드 수면 연구소(Harvad Sleep Laboratories)의 수면 박탈로 인한 영향 연구 등과 같이 인간의 기능을 실험을 통해 연구하여 보고하는 일을 한다. 하지만 이들에게는 상담에 대한 성경적 근거나 성경적 상담 훈련, 성경적 규범 등이 결여되어 있다.

---

1) Jay Adams, *Competent Counsel*(Grand Rapids: Baker, 1973), Chapter 1.

2) 참조, 딤후 3:15-17; *Jay Adams Competent to Counsel*,(Nutley, NJ: Presbyterian and Reformed, 1970); Jay Adams, *The Christian Counselor's Manual*(Nutley, NJ: Presbyterian and reformed, 1973).

3) Jay Adams, *Competent to Counsel: The Christian Counselor's Manual; Lectures of Counseling*(Nutley, NJ: Presbyterian and Reformed, 1977).

상담의 관심은 사람들이 삶을 살아가는 방식을 변화시키는데 있다. 좀더 구체적으로 말하자면 바람직하지 않은 가치관이나 삶의 태도, 믿음, 행동 등의 변화에 관심을 갖는다는 말이다. 그러면 이러한 변화를 위한 적절한 규범을 어디에서 찾을 수 있을까? 권면적 상담자들은 이러한 규범을 제시해 주는 유일한 자료로서 주저 없이 성경을 제시한다.

프로이드 이전에 살았던 그리스도인들은 성경을 통해서 서로에게 필요 적절한 도움을 줄 수 있었으며, 예수 그리스도는 성경을 통하여 완전한 상담자가 될 수 있었다. 하나님은 현대의 심리 요법이 등장하기 이전에 이미 당신의 백성들의 삶과 변화에 필요한 모든 것들을 제시해 주셨던 것이다. 구원과 성화의 메시지와 더불어 성경은 사람들에게 어떻게 하면 하나님을 기쁘시게 하고 이웃에게 선한 일을 하며 살아갈 수 있는가를 제시해 주고 있다. 그러나 불신자들은 사람들에게 삶의 방식이나 개인적인 문제들을 다루는 방법을 가르치기 위해 구원이나 성화 즉 예수 그리스도가 도외시된 새로운 방법을 개발하기에 이르렀는데, 우리는 이 사실을 현대의 심리 치료 상담의 출현에서 확인할 수 있다. 이러한 잘못된 방식으로 상담에 임하는 모든 심리 치료자들은 실제로 자신들을 하나님과 성경에 대등한 자리에 올려 놓는 잘못을 범하고 있다. 이것이 바로 상담 심리학이나 정신 의학이 성경적 상담과 통합될 수 없는 분명한 이유인 것이다.[4]

---

4) 참조, "The Sovereignty of God and Counseling" in *What Avout Nouthetic Counseling?*(Nutley, NJ: Presbyterian and reformed, 1976).

권면적 상담자들은 상담자들이 하나님의 말씀인 성경을 상담의 기본 토대로 사용하는데 실패했기 때문에 현재와 같은 상담 분야의 혼란이 초래되었다고 주장한다. 질보르그(Zillborg)는 상담 분야가 태초에 있었던 것과 같은 혼돈의 상태에 있다고 표현했다.5) 상담의 구심점이 되고 상담 분야에 어떤 일치점을 가져다 줄 수 있는 유일한 상담의 책인 성경이 인간의 대용품들로 대치된 이상 이러한 상담분야의 혼란은 불가피한 것이다.

권면적 상담은 1969년에 소개된 이래로 성경 중심의 목회자들과 교인들에게 널리 받아들여져 왔으며 오늘날에는 말 그대로 수천 명의 사람들이 권면적 상담을 성공적으로 실행하고 있다. 많은 성경대학이나 신학교 뿐 아니라 미국 내의 여러 상담 기관들, 펜실베니어 레버록에 있는 기독교 상담 교육 센터(the Christian counseling and Educational Center)6) 같은 곳에서 권면적 상담 훈련 과정을 제공하고 있으며, 워싱턴 시에서는 존 브로거에 의해 평신도를 위한 권면적 상담훈련 프로그램 뿐 아니라 테이프를 통한 훈련 과정이 개발되기도 하였다. 권면적 상담에 관한 책들이 지금까지 12개 국어로 번역 또는 번역 중에 있으며, 세계적인 관심을 불러일으킨 권면적 상담의 보급을 위해 전 세계적으로 강연이 실시됨과 동시에 다른 나라들에도 센터의 건립이 계획 중에 있다. 최근에 필자는 비엔나 대학의 정신병원에서 장내를 가득 메운 청중에게 권면적 상담에 관해 강의하는 기회를 가진 적이 있는데, 오스트리아의 그리스도인들은 권면적 상담을 아직껏 접해 보지 못했던 아주 귀중하고 유용한 상담으로 받아들였다. 권면적 상담에 관해서는 이미 여러 편의 석사 학위 논문과

---

5) 참조, Jay Adams, *Competent to Counsel, p.1.* Zillborg의 말은 맞는 말이기도 하고 틀린 말이기도 하다. 사실 이 분야는 혼란에 빠져 있다. 그러나 Zillborg의 말과 같이 태초의 혼돈상태와 비슷한 상태가 아니라 그보다 훨씬 더 나쁜 상태에 있다.

6) 여기에 대한 문의는 다음 주소로 하라. DrJohn Bettler, director of CCEF, 1790E. Willow Grove Ave., Laverock, PA 19118.

박사 논문 1편이 쓰여졌다. 성경적 상담에 대한 관심이 처음 발표된 이래 지금까지 매우 크게 확산되어 왔으며 하나님은 기대했던 것 이상으로 많은 축복들을 허락하셨다.

한편 권면적 상담에 대해 부정적인 견해를 가진 사람들이 있는데, 이러한 현상은 오히려 권면적 상담이 널리 확산되고 수용되고 있다는 것을 보여주고 있는 한 예라고 할 수 있다. 사실 이들이 제시하는 체계는 매우 비조직적이고 정반대의 의견이 아니라 대개는 절충적인 것들이다. 또한 이들에게는 특히 방법적인 요소가 결여되어 있다. 따라서 권면적 상담자들은 이들과 논쟁을 하기보다는 이들이 보다 훌륭한 상담자가 되도록 돕는 데에 관심을 두고 있다. 권면적 상담의 영향은 이에 반대해 온 사람들의 글을 통해 여실히 드러나고 있다. 앞으로는 더욱더 많은 사람들이 권면적 상담에 함께 참여하여 보다 성경적인 권면적 상담을 발전시켜 나가야 할 것이다.

한편 1977년에 형성된 전국 권면적 상담자 협의회는 자격있는 상담자, 상담소, 상담자 훈련소 등을 공인함으로써 성경적인 권면적 상담을 개발하는데 공헌하고 있다.

이론

'Nouthetic'이라는 단어는 신약성경에서 상담과 관련되어 자주 등장하고 있는 희랍어 단어 'nouthesia'에서 파생된 말이다.[7] 'nouthesia'라는 말 속에는 다음과 같은 세 가지의 뜻이 내포되어 있다.[8]

1. 변화-내담자는 성경적 규범에 합당하지 않은 방법으로 살고 있기

---

7) Parakaleo라는 말도 역시 상담에 관계되어 사용되나, 상담의 상황에서 흔히 사용되어지는 말은 아니다.

8) 영어에는 이 말을 한 단어로 옮길 수 있는 단어가 없다

때문에 변화될 필요가 있다.

2. 대면-내담자에게 바람직한 변화를 일으키기 위해서는 상담자와의 대면이 이루어져야 한다.

3. 관심-효과적인 대면과 변화는 사랑을 통해 얻어질 수 있다. 상담에서 우선되어야 할 것은 내담자에 대한 관심이다.

권면적 상담에 있어서 사랑은 변화에 동기를 부여해 주는 중요한 요소가 된다. 즉, 상담자의 사랑과 관심은 하나님과 이웃에 대한 내담자의 사랑을 유발시키고 증진시켜 주는 요소이다.

한편 생리적 이상으로 인해 생긴 것이 아닌 모든 문제들은[9] 죄로 인해 유발된 것이라고 간주될 수 있다. 성경에 기록된 대로 하나님과 이웃을 사랑하지 못하고 죄된 생활을 하다 보면 그로 인해 심각한 문제가 유발될 수 있다고 보아 권면적 상담자들은 이 문제에 촛점을 맞추고 상담을 진행한다.

상담자들은 내담자가 아무리 어린 아이일지라도 지속적인 죄된 생활에 대해 그가 어떤 양심으로 반응하는가를 발견해 낼 수 있다. 권면적 상담자들은 일부 사람들의 오해처럼 부모나 가까운 다른 사람들이 아이에게 미치는 커다란 영향을 간과하지는 않는다. 그러나 아무리 영향력이 큰 사건일지라도, 아이가 그에 대해 어떤 반응을 하지 않으면 영향력을 미칠 수 없다.

결국 죄된 본성을 가지고 죄인으로 태어난 아이는 많은 잘못된 습관적인 반응 패턴을 발전시킬 것이고 이 반응 패턴은 성인이 될 때까지도 지속되어 많은 문제를 유발시킬 수 있다. 여기에서 중요한 사실은 죄된 반응을 보이는 그 자신 외에 누구도 이러한 반응 패턴의 원인은 아니라는 것이다. 어떤 사건도 다른 사람에게 위궤양 같은 문제들을 유발시킬 수는 없는 것이다. 다시 말해 위궤양이 일어난 원인

---

9) 권면적 상담자들은 내담자의 행동에 생리적인 이상이 있는지를 규명하기 위해서 의사와 긴밀하게 의논한다.

은 환자 자신에게 있는 것이다. 물론 다른 사람들이 하나님과 내담자에 대해 죄를 지은 잘못이 있기는 하지만 하나님은 그에 대해 잘못 반응한 내담자에게도 책임을 물으신다. 그러나 예수 그리스도는 당신을 십자가에 못 박은 자들을 위해 기도하셨지, 그들의 죄된 행위로 인해 자신이 위궤양에 걸리시지는 않았다. 예수 그리스도는 사람들의 죄된 행동에 사람들처럼 죄된 반응을 보이신 것이 아니라, 이것에 대해 올바르게 반응하셨고 제자들에게도 그와 같이 할 것을 요구하셨다.10)

그리스도인은 예수께서 대신해서 돌아가심으로 죄를 사하시고 죄의 세력으로부터 자유케 해 주셨으므로 놀라운 변화를 경험할 수 있다. 예수는 그리스도인들의 유전자를 바꾸거나, '정신적인 병'11)을 치료하거나, 죄된 과거를 변화시키기 위해 죽으신 것이 아니다. 또한 우리의 상처받은 기억들을 치유하기 위해 오신 것도 아니다. 그분은 우리의 죄를 용서하고 하나님과 이웃에 대한 우리의 관계를 변화시키기 위해 오셨다. 그리스도는 성령의 강력한 인도하심을 통해 우리로 하여금 우리의 죄된 반응 패턴을 인식하고 극복하게 하시며 더욱 더 하나님의 의로우신 방법대로 살아가도록 도우신다. 성경적인 상담자들은 다른 모든 상담자들과 마찬가지로 내담자의 변화에 많은 관심을 기울인다. 그러나 이들이 관심을 갖는 변화는 단순한 옛 패턴의 변화가 아니라 외적인 행동을 변화시키는 마음의 변화, 즉 내적인 삶의 변화이다.

복음은 깊은 마음의 변화를 일으키는 것이므로, 권면적 상담자들은 복음이야말로 비그리스도인들을 돕는 데 반드시 필요한 것이라고 보고 있다. 이들이 복음을12) 강조하는 것은 다음과 같은 몇 가지 이유

---

10) 참조, *How to Overcome Evil*(Nutley, NJ: Presbyterian and reformed, 1978). 이 책은 성경에서 이 문제를 어떻게 다루고 있는지를 보여준다.

11) 참조, "Is Society Sick?" in *The Big Umbrella*(Nutley, NJ: Presbyterian and Reformed, 1973).

가 있기 때문이다.

1. 하나님은 내적인 변화를 원하신다.
2. 그리스도를 통한 구속은 내적인 변화를 일으키기 위한 것이었다.
3. 의적인 변화에만 관심을 쏟으면 근본적인 문제의 해결을 못한 채 단순한 외적인 변화만 보고 문제가 해결되었다고 믿을 위험이 있다.

상담자는 모든 문제 상황에 대해 내담자와 사전 상담(pre-counseling)을 실시해야 한다. 이것은 상담과는 구분되어야 하는데 상담에 들어가기 전에 이러한 최소한의 사전 상담을 함으로써, 상담자는 복음을 믿지 않는 내담자에게 복음을 적용함으로써 야기될 수 있는 상담의 장애 요소를 제거하고 내담자의 문제 회복에 대한 상실된 열망을 불러일으키는 효과를 꾀할 수 있다.

상담자는 사전 상담을 할 때, 이 과정은 문제를 해결하기 위한 본 상담에 들어가기 전에 실시하는 예비적인 단계임을 분명히 밝혀야한다. 어떤 면에서 권면적 상담자들은 하나님의 자녀에게 생긴 문제는 반드시 해결될 것이라고 주장하기도 하는데, 이와 같은 문제의 해결이나 궁극적인 변화를 위해서는 새롭게 거듭나는 중생의 경험이 있어야 할 것이다.13)

상담자는 디모데후서 3:16에 나타나 있는 4단계의 상담 과정을 근거로 하여 성경적 상담을 실시할 수 있다.14)

---

12) 고전2장은 복음의 두 가지 요소를 밝혀준다. 첫째, 그리스도는 죄인들을 위한 속죄양으로서 대속의 죽음을 죽으셨다. 둘째, 그분은 죽은 자 가운데서 다시 살아나셨다.

13) 이것이 바로 권면적 상담자들이 다른 모든 상담을 피상적이고 부적절한 상담으로 보는 이유이다.

14) 필자의 저서 중 다음 책들을 참조하라. *The Christian Counselor's Manual; Competent to Counsel; Lectures on Counseling.*

1. 그리스도인 내담자로 하여금 성경에 제시된 신앙과 삶에 대한 하나님의 요구에 직면하게 한다―교훈.
2. 죄를 인정하고 고백하게 하기 위해 적절한 성경 구절을 사용한다―책망.
3. 용서를 통하여 내담자로 하여금 곤경에서 벗어나도록 도와주어, 하나님과 또한 이웃과의 관계가 변화하도록 한다―바르게 함.
4. 내담자에게 하나님을 기쁘시게 하는 성경적 삶의 모습들을 제시하고, 전에 가졌던 삶의 패턴들 대신 새로운 삶의 패턴을 개발하도록 도와준다―의로 교육.

이와 같이 모든 권면적 상담의 기본 바탕에는 성경이 적용된다. 이것이 권면적 상담을 독특하게 만드는 점이다. 많은 사람들은 "당신은 왜 공학이나 의학, 또는 다른 수많은 학문 분야에 대해서는 성경을 기본 교제로 사용하지 않으면서, 왜 상담에는 사용합니까?"라고 묻곤 한다. 그 대답은 아주 간단하다. 성경은 공학이나 의학이나 다른 분야의 기본 교제로 사용하도록 주어진 것이 아니라, 사람들로 하여금 하나님과 이웃들을 사랑하도록 돕기 위해 주어진 것이기 때문이다. 성경은 이 세상에서의 삶의 기준이 되며, 범죄한 삶을 의로운 삶으로 변화시키는데 필요한 모든 것을 가르쳐 주고 있다. 그리고 성경에는 가치관과 신앙, 태도와 행동 양식들을 형성하는데 필요한 모든 것도 다 제시되어 있다. 참으로 어떠한 책도 이처럼 모든 것을 다 포함해 제시해 줄 수는 없으며, 다른 모든 책을 다 합친다 해도 성경만큼 참된 변화를 가능케 하는 안내와 도움을 줄 수는 없다.

성경은 상담자들을 훈련시키는 데에서도 가장 귀중한 길잡이가 된다. 훌륭한 상담자를 양성하기 위해서는 제자 삼아 양육하는 방법이 사용된다. 요한복음 3:32; 5:19, 20, 30;8:26, 28, 31, 38에 이 방법에 대한 신학적인 근거가 제시되어 있다. 예수 그리스도는 기독교 상담자 훈련의 모델이 되는, 아버지와 아들이라는 제자 관계를 형성하셨다. 그리스도는 보고 듣는 것으로 배우셨다. 듣는 것만을 강조하여 교과서-강의 방법을 낳았던 희랍의 아카데미에서 유래된 '아카데미식' 모델에 반해, 성경적 방법은 보다 완전하며, 말로 가르치는 것과 관찰하는 것을 모두 강조한다. 전인적인 교육은 전인적으로 성숙한 사람에 의해 어느 것 하나에 치우침이 없이 통합된 방법으로 실시될 때 이루어질 수 있는 것이다. 진리는 삶을 통해 발견된다.15) 따라서 권면적 상담자들은 상담사 훈련을 실시할 때 강의, 독서, 토의 뿐 아니라 역할 연극, 사례 연구, 세미나, 상담견학 등을 복합적으로 실시하며 이를 위해 많은 훈련 기관들을 세우고 있다. 그리고 이들은 상담의 이론과 실제적인 기술을 분리시키지 않고 통합하여 가르친다.

　기독교 상담자들의 주된 관심의 하나는 하나님을 모든 문제와 상담하는 과정에 지엽적인 방법으로가 아닌, 상담활동의 가장 중앙에 소개하는 일이다. 하나님을 기쁘시게 하는 것이 곧 문제를 해결해주는 것은 아니지만 상담에서 최우선되어야 할 사항이다. 상담자는 내담자들에게 "먼저 하나님의 나라와 그 의를 구하시오"라고 말해야 한다. 참새 한 마리가 떨어지는 것도 다 하나님의 섭리 가운데서 일어나는 것처럼 하나님 없이는 아무런 문제의 해결도 있을 수 없다고 주지시킨다. 하나님은 늘 당신의 영광과 택하신 자녀들을 위해 역사하시며, 인간의 모든 삶에 깊이 개입하신다. 하나님을 알지 못하는 내담자들은 이러한 사실을 쉽게 받아들이지는 않지만 이것을 인정하면 모든 것이 변하기 시작한다. 이에 관해 자세한 것을 알려면, 「상담학 강의」에 있는 '상담과 하나님의 주권'을 보라.16)

　한 개인의 문제를 대하는 이런 입장은 이에서 파생되는 많은 세부적인 것들과 함께, 성공적인 상담에서 나타나고 있는 본질적인 요소인 문제 해결의 희망을 불러일으켜 준다.17) 이와 같은 희망에 관한

---

15) 참조, Competent to Counsel.

16) *Op. cit.*

보다 자세한 것은 「기독교 상담자를 위한 지침서」18)를 보라.

최근에 어떤 사람들은 그리스도인이 스스로 변화를 일으킬 수 있다고 보는 견해에 반대하여 그리스도인은 스스로 문제를 해결하려고 해서는 안 된다고 주장하고 있다. 왜냐하면 자신을 포기하면 할수록 하나님은 더 크게 관여하시기 때문이라는 것이다. 사실 이러한 주장의 의도는 좋은 것이지만, 여기에는 위험한 요소가 없지 않다. 갈라디아서 2:20은 많은 사람들에게 의해 곡해되고 있는데 이런 사람들은 예수께서 대신해서 사시기 때문에 자신은 그저 가만히 앉아서 수동적으로 살면 된다고 생각한다. 그러나 이 구절은 삶에 대한그리스도인의 책임을 말해주고 있다. 살아가면서 실제로 믿고 말씀에 순종해야 할 것은 바로 그리스도인 자신이다. 성경은 하나님의 능력과 함께 삶에 대한 인간의 책임을 동시에 요구한다. 하지만 내담자는 성령의 권능에 의거하여 놀라운 변화를 경험할 수 있다.19) 만일 그리스도인이 자신의 삶에 대한 아무런 책임도 지지 않았다면 대부분의 신약성경은 기록되지 않았을 것이다. 예를 들면 고린도전서는 한 페이지 정도로 축소되었을 수도 있었으리라. 즉 변화에 대한 인간의 책임을 그렇게 상세하고 깊이 있게 다룰 필요가 없었을 것이기 때문이다. 성령은 우리가 해야 할 일을 결코 대신해 주시지 않는다. 오히려 우리를 가르치시고 해야 할 일을 할 수 있게 힘을 주시고 끝까지 도우신다.

---

17) 이 희망은 성경에 나타나는 변함없는 하나님의 약속에 근거를 둔 자신에 찬 기대이다.

18) *Op. cit.*

19) 이 문제에 대해서는 곧 출간될 *Theolgy of Counseling*이라는 책에서 좀더 깊이 다룰 예정이다.

방법론

권면적 상담의 방법론은 다른 상담 방법에서 빌려온 것이 아니다. 그런데 여기서 좀더 분명히 해두어야 할 점은 '수단'과 '방법' 사이에는 차이점이 있다. 즉 방법은 목적을 달성하기 위해 고안된 중간 목표를 근절하는 것이라면 수단은 바로 이 목표를 이루고자 하는 다양한 시도를 의미한다고 볼 수 있다. 권면적 상담자들은 성경적 상담 방법을 발전시키기 위해 많은 수단을 사용할 수 있을 것이다. 그러나 방법론은 하나님의 말씀에 근거하여 이루어져야 하며, 따라서 그리스도인들은 절충적인 방법론을 사용할 수는 없다. 성경의 전제와 원리에 일치되는 수단과 방법을 통해 성경적인 해결 방안을 모색해야 한다.

다음은 성경적인 자료들을 바탕으로 해서 개발된 상담 방법들이다.

1. 상담할 때 관련된 모든 사람들을 상담에 참여시킨다.
2. 상담하는 동안 그 자리에 없는 사람들에 대해 비방이나 험담을 하지 않도록 한다(참조, 「유능한 상담」; 「커다란 우산」).
3. 내담자의 문제로부터 하나님과 이웃을 향한 내담자 개인의 책임을 가려낸다(참조: 「유능한 상담」).
4. 성경적인 언어로써 문제들을 분석하고 규명한다(언어는 어떤 사물의 의미나 상태, 내용 등을 드러내준다). 즉 어떤 말을 쓰느냐에 따라 그것이 의미하는 바나 지시하는 바가 다르게 나타나는데, 예를 들어 '병' 하면 의사를 찾게 되고, '죄' 하면 예수 그리스도를 찾게 된다(참조. 「성경과 상담」[20]).
5. 적합한 자료에 근거한 성경적 행동 계획들을 세운다(참조, 「기독교 상담자를 위한 지침서」).
6. '그리스도 안에서' 이미 일어난 근본적 변화와 더불어 일어나야 할

---

20) Jay Adams, *The Use of the Scriptures in Counseling*(Grand Rapids: Baker, 1975).

거룩하게 하는 변화의 요소를 강조한다('…로부터' '…로', 즉 옛 상태에서 새로운 상태에로의 변화; 참조, 「기독교 상담자를 위한 지침서」).

7. 그리스도께서 머리가 되신 교회라는 틀 안에서 돌보고 훈련하며, 교회의 모든 자원들을 활용한다(참조, 「상담 혁명에 있어서의 당신의 위치」21); 「하나님의 양떼를 먹임」 제2권22).

8. 매번 상담에서 일어날 변화를 기대하고, 이에 대해 계획을 세우며 처방을 내린다(참조, 「기독교 상담자를 위한 지침서」).

9. 상담은 대개 일주일 간격으로 하게 되는데, 상담을 거듭하면서 내담자의 일주일간의 일상적인 생활에 어떤 변화가 생기는지 주목한다.

10. 내담자에게 일어난 성경적 변화를 설명해주고 나중에 다시 닥칠지도 모를 실패를 피할 수 있는 방법과 그 실패에서 스스로의 힘으로 빠져 나오기 위해 무엇을 해야 할 것인가를 가르친다(참조, 「기독교 상담자를 위한 지침서」).

한계

권면적 상담은 아직 초기 단계에 있다. 물론 권면적 상담에 필요한 많은 것들이 성취되었고 또 구비되었지만, 여전히 미비한 점이 많이 남아 있다. 인간의 삶에 닥치는 수많은 문제들, 즉 우울증이나 의욕 상실로부터 결혼 문제에 이르기까지 많은 문제들이 성경적으로 조명되고 해결되었지만, 여전히 더 많은 성경의 가르침과 구체적이며 효과적인 방법론 등이 개발되어야 한다.

하나님의 능력에는 한계가 있을 수 없다. 물론 우리가 상담하는 동안 하나님께서 안에 계시하신 것을 충분히 이해하지 못하고 적절히

---

21) Jay Adams, *The Use of The Scriptures in Counseling*(Grand Rapids: Baker, 1975).

22) Jay Adams, *Pastoral Counseling: Shepherding God's Flock,* Vol.2(Grand Rapids: Baker, 1975).

적용하지 못하는 실수를 저지름으로써 생겨난 한계는 있겠지만, 죄문제를 다루는 상담자가 십자가의 무한한 권능에 의존하여 최선을 다할 때 문제로 인하여 고통을 당하고 있는 내담자의 문제를 해결하고 그 삶이 효과적으로 변하도록 도울 수 있는 것이다.

결론

오늘날 성경적 상담은 점차적으로 널리 확산되고 있다. 사실 권면적 상담자이냐 아니냐는 그리 중요한 문제가 아니다. 필자는 단지 편의상 이 용어를 썼을 뿐이다. 가장 중요한 것은 상담자가 상담의 근거로 성경만을 인정하고 상담에 성경을 적용하느냐 하는 것이다. 성경적인 상담을 실시하는 상담자라면 누구나 신학을 깊이 알지 못하고서는 인간에 관해 언급하거나 인간의 변화에 관한 문제를 논의할 수 없다는 사실을 알 것이다. 그러므로 기독교 상담자가 성공적인 상담 활동을 하려면 성경의 이해에 필요한 폭넓은 지적 배경이 요구되는데, 상담자는 성경의 해석원이나 성경의 가르침을 체계화한 신학 그리고 설교와 상담을 통하여 일상적인 삶에 성경을 적용시키는 실천 신학분야 등에 관해 이해를 가지고 있어야 한다. 한 마디로 간단히 말하자면 기독교 상담은 말씀을 전파하는 사역에 있어서 중요한 역할을 차지하는 한 분야인 것이다.

제10장 성경적 상담
(Biblical counseling)

로렌스 J. 크랩(Lawrence J. Crabb, Jr.)

이 책 안에 있는 많은 다른 상담론들도 □성경적 상담□이라고 표제를 달 수 있겠지만, 특별히 로렌스 크랩 박사는 자신의 상담론을 가리켜 □성경적 상담 □이라고 일관성 있게 명명하고 있다. 또한 그가 수년 전 플로리다에 세운 □ 성경적 상담 연구소□는 각 교회에서 온 성숙한 그리스도인들을 성경적 상담 으로 훈련시킴으로써 증가하는 각 교회의 상담 필요성에 효과적으로 대처하 고 있고 지역 사회 발전에 공헌하기 위해 필요한 자료들을 제공하고 있다.

크랩은 성경적으로 중요한 요소로서 세 가지를 강조한다. 첫째는 □격려□다. 이는 흔히 신자들 사이에서 이루어지고 있는 것인데, 삶의 위기와 곤경에 직 면하여 고통당하고 있는 사람에 대한 사랑에서 우러나오는 위로이며 원조이 다. 둘째 요소는 □권고□이다. 이것은 삶의 문제에 대해 적절한 성경적 해결 방침을 제시해 주는 것이다. 셋째 요소는 □교화□이다. 교화를 통해 사람들은 자기 자신에 대한 잘못된 이해와 인생과 하나님에 대한 그릇된 개념들이 삶 에 어떠한 무의미한 결과를 가져다주는지를 올바로 보고 이해할 수 있기 때 문이다.

그는 본장에서 성경적 상담법을 설명하면서 심리학과 기독교의 통합을 긍 정적인 입장에서 기술하고 있다. 심리학과 기독교를, 분리되었거나 동등한 관 계로 보는 견해가 있는가 하면 전적으로 심리학을 거부하고 성경적 방법론만 을 택해야 한다는 주장도 있다. 그러나 크랩의 일반적 견해는 성경을 중심으 로 하되 일반 심리학에서 받아들일 것은 받아들인다는 입장이다.

따라서 성경적 상담이란, 기존의 심리학과 상담학의 연구 성과들을 거부한 상태를 말하는 것이 아니라, 기존의 일반적인 견해들을 오히려 성경적인 내용을 정확히 전달하고 이해시키기 위한 도구로서 사용한다는 것이다.

로렌스 J. 크랩은 얼시너스 대학을 졸업하고, 일리노이 대학에서 임상심리학으로 문학 석사(M. A.)와 철학 박사(Ph. D.) 학위를 받았다. 현재 그는 플로리다주 보카 레이튼에서 독자적인 상담 활동을 하고 있고, 각종 회의와 세미나의 강사로 활동하고 있으며 □성경적 상담 연구소□의 소장으로 있다. 그는 이미 「성경적 상담의 기본 원리, Basic Principles of Biblical Counseling」와 「성경적 상담학, Effective Biblical Counseling」을 저술한 바 있다.

최근에 어떤 부인이 나를 찾아와 이렇게 말하였다. "나는 하느님이 정말로 우리의 생활 중에 역사하시는지 의심스럽습니다. 그의 길을 따르려고 아무리 노력해도 여전히 성경에서 말하는 새로운 피조물은 될 수 없었습니다. 도대체 무엇이 잘못되었을까요?"

이러한 류의 질문에 대해 그리스도인들은 확신을 가지고 "유일한 해답은 그리스도이다"라고 선포해 왔다. 그러나 아이러니컬하게도 오늘날 교회에는 서로 "예수로 인해 내 삶이 변화되었다"라고 웃으며 말하면서도, 실제로 그 내면에는 아직 성취되지 않은 바램들과 고통스런 감정들로 인해 괴로워하는 사람들로 가득 차 있는 것도 또한 사실이다.

게다가 사람들이 개인적, 정서적 문제에 대한 많은 것들을 알게 됨에 따라, 교회에서 가르치고 강조한 그리스도인의 삶의 모습이 자신들의 삶에 꼭 들어맞는 것은 아님을 점점 인식하게 되었다. 참된 그리스도인의 삶을 살고자 노력한 많은 사람들이 여전히 생의 중심이 되는 해답을 얻지 못하고 있는 것이다.

그리하여 이들 중에는 기독교에 대해 환멸을 느끼고 인본주의적인 태도로써 고통을 피하며 쾌락을 추구하는 삶을 사는 사람이 있는가 하면, 외적으로는 그리스도인의 삶을 살지만 내적으로는 자신들의 불만족한 상황에서 벗어나고자 자기만족을 추구하는 인본주의에서 해답을 찾는 사람들도 나타나게 되었다. 반면에 어떤 사람들은 내적인 아픔과 성취되지 않은 바램들에도 불구하고 여전히 그리스도는 이 모든 것에 대한 유일한 해답이 되신다는 믿음을 고수하고 있다.

이와 같은 상황에서 선택의 길은, 그리스도를 포기하고 행복해지느냐 아니면 그리스도를 그대로 믿음으로써 가련한 채로 남아 있느냐 하는 것이다. 어떤 사람들은 두려움과 죄의식 때문에 기독교를 떠나지 못하고 머물러 있고, 어떤 사람들은 확고한 신념을 가진 채 신앙에서 떠나지 않는다. 또 "주여 내가 주밖에 누구에게로 가오리까?" 하는 태도를 가지고 복음의 영역 내에서 사는 사람들도 있다.

이와 같이 그리스도인이 살아가는 동안 당혹스런 상황에 접하게 되어 고통스러워 할 때, 사람들에게 적절한 도움을 줄 수 있는 사람들이 나타났으니 그들이 바로 '기독교 심리학자' 또는 '기독교 상담자'라고 불리는 사람들이다. 이들은 사람들로 하여금 참된 성경적 신앙을 지키며 동시에 사람들이 받는 압박, 신경증적 징후들, 공허감, 성급한 기질, 불행, 무기력 등 의학적인 원인에 의해 야기된 것이 아닌 제반 인간의 문제들을 해결하도록 돕는다.

지난 20여 년 동안 크게 발전한 기독교 상담학 분야는 이제 일반 상담학 분야와 마찬가지로 매우 다양한 '기독교'적인 상담 접근법들을 가지게 되었다. 그리고 상담에 관심을 가지고 있는 그리스도인들을 위해 교류 분석 요법(T. A.), 형태 요법(gestalt therapy), 이상적 감정 요법(rational-emotive therapy), 정신 분석학(psychoa-nalysis), 행동 수정(behavior modification) 등의 이론이 기독교적 시각으로 재해석되었다. 또 빌 고타드(Bill Gothard)가 「실제적인 그리스도인의 생활을 위한 조직 신학, Systematic Theology of Practical Christian Living」에서 혼란의 여지가 있는 것들을 분명하게 정리하였다. 이 외에도 다른 성경적 상담법이 출현함으로써 이 분야의 발전은 가속되었다.

필자는 많은 상담법이 이미 제시된 이러한 상황 속에서 단지 또 하나의 상담법을 첨가시킴으로써 혼란만 가중시키는 결과를 초래하지 않기를 빌며 상담에 대한 독자들의 이해를 돕기 위해 좁게는 성경적이며 넓게는 제반 심리학적 이론들을 초월하는 상담법을 소개하고자 한다.

심리학과 기독교의 통합

심리학과 기독교의 통합은 성경적 심리학이 가장 우선하는 과제이

다. 하나님은 모든 그리스도인들에게 영감된 정확 무오한 말씀을 주
셨다. 이 말씀을 우리는 계시된 진리라 한다. 또한 그리스도인들은
일반 심리학(secular psychology)에 속한 다양한 이론들에도 접하게
된다. 이들을 각각 하나의 원으로 도식화해 보자. 그리스도인들은 계
시된 진리의 원 중심에 예수 그리스도와 그분의 사역을 모신다. 일반
심리학은 우주의 중심은 인간이며 가장 최상의 것은 개개인의 행복
이라고 주장하는 인본주의의 전제에서 출발한 것인데, 이들은 이러한
일반 심리학을 원의 중심에 놓는다. 따라서 통합론자들에게 대두되는
문제는 "이 두 원 사이에 어떠한 관계가 있는가?"하는 것을 규명하
는 것이다.

　통합에 관한 접근들로는 대개 다음과 같은 네 가지를 들 수 있는
데, 복음주의자들은 대체로 이러한 입장의 하나를 지지하게 마련이
다.

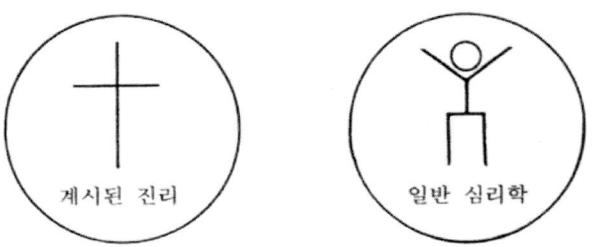

계시된 진리　　　　　일반 심리학

　첫째는 이 두 분야를 분리되었으나 동등하다고 보는 입장이다
(Separate but Equal). 이러한 입장을 지지하는 사람들은 만일 감기
에 걸렸다면 의사의 진찰을 받으라, 집을 설계하기를 원한다면 설계
사와 상의하라. 정신적 질병으로 고통을 받고 있다면 심리학자나 정
신병의사를 찾아가 보라고 권면한다. 문제를 해결하기 위해서는 그에
합당한 도움을 줄 수 있는 사람을 찾아가거나 방법을 취해야지 신앙
만 가지고서는 안 된다는 것이다. 물론 그들은 영적인 문제가 있다면

목회자를 찾아가야 한다고 서슴없이 주장한다. 그러나 모든 문제를
다 목회자가 해결해 줄 것이라고 기대해서는 안 된다는 것이 이들의
입장이다. 이 입장을 도식해 보면 다음 페이지의 그림과 같다.

둘째는 문제 해결에 두 분야가 다 유용하다는 입장이다(Tossed
Salad). 이 입장을 지지하는 사람들은 성경에서 몇 가지 관련된 개념
들을 끄집어내어서, 그것을 심리학의 개념들과 섞어서, 기독교 심리
학이라는 새로운 혼합물을 만들어 낸다. 그러나 이 입장에는 서로 상
반되는 개념들의 혼합이 결국은 오래가지 못한다는 문제점이 있다.
이러한 모순은 한 전제만 받아들이고 다른 전제는 포기하든가, 진리
는 상충되는 논리의 상호 작용을 통해 얻어질 수 있다는 헤겔학파의
견해를 채택할 때 해결될 수 있을 것이다. 그러나 오늘날, 우리의 사
고방식에 큰 영향을 끼치고 있는 헤겔학파의 정반합의 원리는 결국
은 영적인 자살을 초래하는 결과밖에 우리에게 주는 것이 없다. 성경
들은 성경의 궁극적 진리에 기초하여 문제의 해결을 추구하기보다는,
실용주의의 기준에 입각하여 그럴듯해 보이는 것이라면 무엇이든지
적용하는 경향이 있다. 또한 현재의 상황에 적합하다고 여겨지는 것
들을 진리라고 생각한다. 그래서 성경의 절대적인 진리들은 결국 사
람들이 가장 적합하다고 생각하는 것들에 의해 좌우되는 유동적인
진리가 되고 마는 문제가 있다.

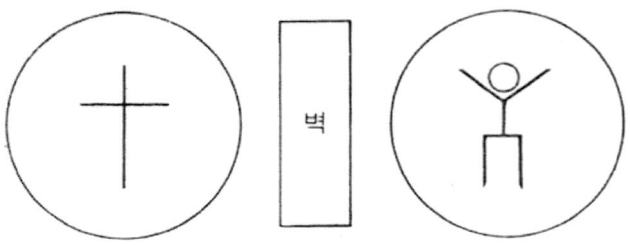

그러나 진리에 대한 성경적 접근은 참 아니면 오류라는 대조적인

논리를 전개하고 있으므로 겉보기에 어떤 가치가 있어 보일지라도 서로 일치하지 않는 개념들은 함께 적용될 수 없다. 이러한 원칙을 소홀히 다룰 때 자칫하면 성경의 권위는 상실되고 인간의 지혜가 그 위에 올라서게 될 위험이 있다. 비록 이러한 방법에도 그럴듯해 보이는 것이 있기는 하지만 성경은 이것은 결국 영적인 사망을 초래할 뿐이라고 가르친다. 우리는 성경의 권위만 주장할 것이 아니라 우리의 모든 개념들을 성경의 권위 아래 두어야 한다. 이것은 통합론자들이 심리학뿐만 아니라 성경에도 정통해야 하며, 심리학적인 개념들이 성경과 조화되지 못할 때는 즉시 그 개념을 버릴 수 있어야 한다는 것을 의미한다. 이 모델을 도식하면 다음과 같다.

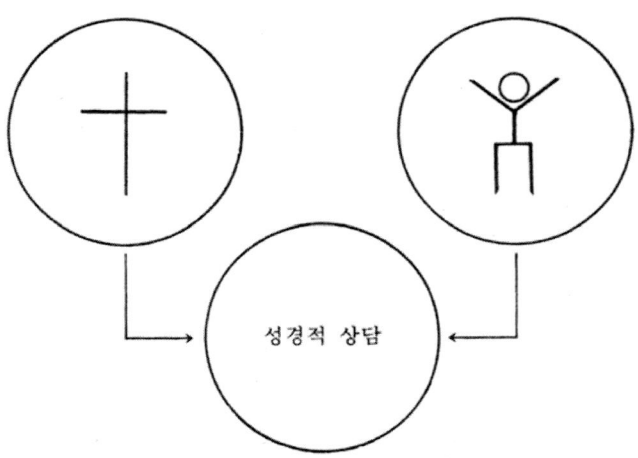

셋째는 일반 심리학을 거부하는 성경 중심의 절대적인 입장이다 (Nothing Butterists). 이 입장을 지지하는 사람들은 인본주의에 근거한 일반 심리학을 거부하고 오직 말씀과 그리스도와 믿음만을 주장한다. 이 입장은 다음과 같이 간단히 도식화할 수 있다.

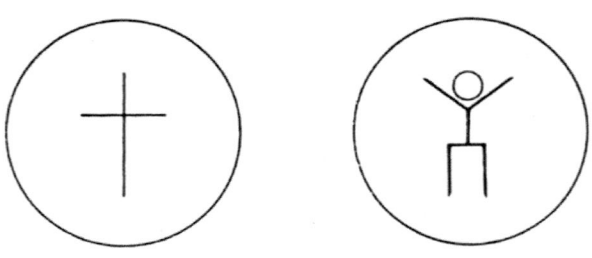

　여기에는 대다수의 신학자와 목회자들, 심지어는 오늘날의 기독교 심리학자들 중의 상당수가 포함될 것이다. 필자는 이들에게 다음과 같은 두 가지 면에서 이의를 제기하고 싶다. 첫째, 그들은 심리학이 문제의 해결에 아무것도 제공해 주지 못한다고 주장한다. 이와는 반대로 필자는 심리학을 통해 많은 진리들이 발견되어져 왔으며, 그것들은 하나님이 계시하신 진리에 어긋나지 않는 것들이라고 생각한다. 둘째, 그들은 어떻게 보면 상담을 '죄를 깨닫게 해주고 변화하게 하는' 하나의 간단한 모델이라고 과장해서 생각하는 것 같다.그래서 모든 문제는 직접적인 행동의 변화를 통해 해결될 수 있다는 부당한 전제에 의해, 정서적 고통으로 인한 예민한 느낌 같은 것은 흔히 무시되고 있다.

　넷째는 성경을 중심으로 하되 일반 심리학에서 받아들일 것은 받아들이는 입장이다(Spoiling the Egyptians). 이 개념은 이스라엘의 역사적인 사건에 근거한 것이다. 이스라엘 백성들은 무한하신 하나님의 능력에 의지하여 하나님의 명령을 거스르는 어떠한 타협도 거부하면서 애굽을 떠나왔다. 그리고 그들은 애굽을 떠나면서 하나님이 허락하신 애굽 사람들의 도움을 거절하지 않았다. 즉 이것은 애굽으로 묘사되는 심리학의 입장을 거부하고 전적으로 성경에 의존하면서도 하나님께서 허락하신 심리학의 도움은 기꺼이 받아들이는 입장을 의미한다. 이 모델은 다음과 같이 도식될 수 있다.

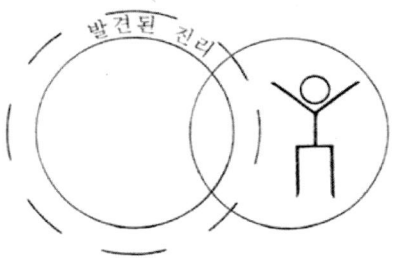

이 입장을 지지하는 사람들은 비록 일반 심리학이 자주 성경적 개념들과 마찰을 일으키기도 하지만, 그러면서도 일반 심리학은 그리스도인에게도 적용될 수 있는 개념들을 발전시키게 된다고 주장한다. 그리스도인들은 일반 심리학의 도움을 얼마든지 받을 수 있다. 그러나 먼저 인본주의적 전제에 근거하고 성경과 모순되는 개념들을 주의 깊게 가려내어 거부해야만 한다. 하나님과 그 말씀에서 벗어나지만 않는다면 무엇이든지 약속의 땅(the Promised Land)으로 가는 어려운 여정에 필요한, 즉 문제의 해결에 필요한 자료로서 받아들여지는 것이다. 도식에서 본대로 이 입증은 비록 일반 심리학에 속한 것일지라도 성경적 심리학에 도움을 줄 수 있는 것들이 있으면 결코 간과하지 않는 입장이다.

성경적 상담의 전제와 이론

통합의 입장을 결정하고 나면 이제 다음 단계는 '성경적'이라는 말의 한계와, 성경적 상담의 전제적인 기초를 정의하는 것이다. 우리에게는 본질적으로 동의해야 할 몇 가지 분명한 요소들이 있다. 어떤 보수 신학자는 기독교의 중심적인 전제는 성경에 나타난 삼위일체 하나님의 제2위(the second person)이신 예수 그리스도라고 주장하였다. 그리고 그는 다음과 같이 덧붙여 말했다. "이 전제는 우주에 있는 다른 모든 진리 체계의 핵심 진리가 되며, 그 모든 진리들을 통합해 주는 중심 진리이다." 우리는 이러한 믿음을 가지고 그 믿음대로 사는 사람을 가리켜 복음주의자라고 할 수 있을 것이다. 그러나 이러한 믿음을 거부하거나 이에 대해 의심을 품는 사람들은 자기들을 복음주의자라고 불러서는 안 될 것이다.

성경적 상담 모델은 인격적인 전능하신 하나님의 존재에 대한 확신에서부터 시작된다. 그분은 무한하시지만 우리 인간은 유한하다. 그런 의미에서 우리는 조건적이고 일시적인 존재이다. 또한 그분은 인격적인 분이시다. 우리도 역시 그분의 형상으로 지음 받은 인격적인 존재이다. 따라서 우리는 하나님께 의존하는 인격적 존재이다. 인격적인 존재로서 참되게 살려면 우리에게는 반드시 충족되어야 할, 인격적인 필요 요소들이 있다. 또 우리는 불확실하고 일시적인 존재이므로 이 요소의 충족은 우리 밖에서부터 와야 한다. 이 인격적인 필요 요소란 무엇인가? 바울은 자신의 삶의 목적은 그리스도라고 말했다. 즉 그는 그리스도께 영광을 돌리고 기쁘시게 하며 섬기는 것이 목적이었던 것이다. 프랭클(Frankl)은 모든 인간들은 삶의 의미를 추구한다고 주장하였다. 이것과 비슷한 뜻으로 우리는 인간에게 필요한 요소로서 우선 중요성(significance)에의 욕구를 들 수 있다. 이것은 자신의 삶이 논리적이고 인격적으로 의미 있는 목표를 향해 적절히 나아가고 있는 가치 있는 삶이란 것을 확인하려는 욕구이다.

효과적인 인격적 삶에 필수적으로 요구되는 두 번째 요소는 안전(security)의 욕구인데, 이는 어떤 사람에 의해서 무조건적으로 보는 욕구이다. 글래서(Glasser)는 최소한 다른 한 사람과만이라도 이러한 보호를 받고 보호하는 관계가 필요하다는 것을 강조한다. 또한 로저스(C. Rogers)의 전체상담론에는 순수하고 비소유적이며 무조건적인 용납을 희구하는 이러한 안전의 욕구가 깔려 있다. 바울은 자기를 사랑하시고 자기를 위하여 자신을 내어주신 인격적인 하나님을 알게 되어 구원의 확신과 안전감을 갖게 되었다. 이와 같이 인간은 인격적인 존재로서 온전한 존재가 되려면 근본적으로 '중요성'과 '안전'이 필요한 것이다.

다시 한번 정리하자면 인간이 제대로 살기 위해서는 반드시 중요성과 안전의 요소들이 충족되어야 한다. 이러한 요소 없이는 완전한 삶을 살아갈 수 없다. 이러한 요소들이 있을 때 사람들은 어떠한 상황에 처하든지 이것으로부터 힘을 얻어 풍성한 삶을 누릴 수 있다 (빌 4:11-13).

한정적이며 일시적인 존재인 인간은 외부로부터 의미와 사랑의 원천을 필요로 한다. 유한한 존재가 통합을 위한 자체적인 구조의 틀이 될 수는 없기 때문이다. 유한한 존재로서의 존재 현실과 속성은 무한한 존재에 의해 좌우되며 또한 의존하게 된다. 즉 인간은 유한하므로 무한자이신 하나님을 향하는 것이다. 그런데 무한자에게 비인격적인 요소가 있다면, 유한한 인격적 존재인 인간에게는 문제가 생긴다. 결국 의도되지 않은 비인격성은 논리적으로 전혀 의미가 없는 제멋대로 된 행동이나 사랑할 수 없는 비인격적인 냉혹한 문제를 가져다 줄 뿐이다. 따라서 만약 인격적인 하나님이 없고 그분을 삶에 모실 수도 없다면 인간에게는 중요성도 안전도 있을 수 없다. 그러나 무한자가 인격적인 존재이시라면 유한자의 삶에도 의미가 있을 수 있다. 인간은 잘 조화된 질서가 잡힌 세계 속에서 자신에 대한 중요성을 가지게 되며 스스로의 선택에 의해 역사를 만들어가는 능동적인 존재가 될 수 있다. 또한 인격적인 하나님과 친밀한 관계를 가질 수 있다. 인간은 서로 돌볼 수 있는 인격체이다. 무한하신 인격자와의 관계를 통해 비록 한정적이며 일시적 존재이기는 하나 서로 사랑할 수 있게 되었다. 그러므로 그리스도인들은 그리스도야말로 인생을 의미로 가득 채워 주심으로 해서 중요성을 갖게 해주며, 있는 모습 그대로를 용납하고 사랑해 주심으로 인해 안전감을 갖게 해주는 유일하게 가치 있는 근본 원천이 되신다고 확신한다.

그러나 모든 인간은 죄로 인해 하나님으로부터 멀어진 채로, 자기 자신에게서 욕구를 충족시키기 위한 원천을 찾으려고 하였다. 그리하여 중요성과 안전을 얻기 위해 결국은 아무런 효과도 보지 못하고 말, 방법들을 모색하게 되었다. 이러한 인간적인 방법들은 당장은 아니더라도 언젠가는 반드시 실패하고 말 것들이다. 모든 정신병리학의 밑바탕에는 하나님의 도움 없이 인간의 욕구를 충족시키려는 인간의 죄된 동기가 깔려 있으며, 이것은 하나님 없이도 가능하다고 믿는, 무신론적인 생각에 의해 비롯된 것이다. 우리 모두는 중요하고 안전하게 되기 위해서는 ____이 필요하다고 믿게끔 된 죄로 오염된 세상에서 사단에 의해 조작을 당하고 있다. 우리에게서 기본적으로 문제가 되는 것은 이 미완성된 문장에 무엇을 써 넣도록 배워왔는가 하는 점에 있다. 우리는 성장하면서 거짓말 하는 것을 배우고 우리의 삶은 거짓말에 의해 영향을 받아왔다. 그래서 아들러는 거짓말을 가리켜 우리의 삶을 안내하는 허구라고 명명했는지도 모른다. 어떤 사람들은 중요성이나 안전과 같은 것을 보장해 주는 가치 있는 것으로서 경제적 성공이나 깨끗한 행동, 그리고 큰일의 성취, 지속적인 좋은 평탄, 칭송, 사랑하는 배우자, 단란한 가정 등등의 요소들을 선택할 것이다. 논의를 계속하기 위해 또 하나 반드시 짚고 넘어가야 할 인간에 대한 이해는 인간은 중요성과 안전을 필요로 하는 인격적인 존재일 뿐만 아니라, 기본 신념에 의해 세계를 평가하는 이성적 존재이기도 하다는 점이다. 그러나 인류의 타락 이래로 인간은 하나님 없이도 스스로 자신의 삶을 유지하고 평가할 수 있다고 믿는 어리석은 이성적 존재가 되었다.

또 인간은 삶을 통해 경험하게 되는 사건들에 대한 스스로의 가치평가에 의해, 그 사건들에 대해 어떤 반응을 보여야 할지를 결정하는 의지를 가진 존재이기도 하다. 만약 안전감을 얻기 위해 배우자의 사랑이 필요한 것이라고 생각하는 사람이 배우자가 자신에게 거부적인 반응을 보이는 상황에 직면하면, 그는 그것을 위협적인 요소로 간주하고 자기의 필요를 충족시키기 위해 배우자를 변화시키려고 할 것이다. 이 노력이 성공하면 기분이 좋겠지만 만약에 실패하면 화를 내거나 좌절하고 불안해하는 등의 나쁜 감정을 갖게 될 것이다. 이와 같이 인간은 목표에 도달하거나 실패함에 따라 그 결과에 의해 감정적인 영향을 받는 감정적 존재이기도 하다.

인간은 무의식적으로 자신에게 중요성과 안전에 대한 위협이라고 생각하는 문제가 생길 때마다, 의식적으로 그 사건을 대단한 것으로 여기면서 자신이 위협받고 있다고 느끼는 경향이 있다. 그리고는 중요성과 안전감을 무너뜨리는 문제들을 제거하려고 한다. 만약에 이 시도가 성공적이면 좀더 만족감을 가지게 된다. 그러나 이러한 인간들의 어떠한 시도에 의해서도 궁극적인 문제는 해결되지 않고 남아 있게 된다. 하나님 외의 다른 존재나 하나님께서 제공하시는 것이 아닌 다른 방법에 의해서는 결코 궁극적인 문제의 해결이 있을 수 없기 때문이다.

우리는 자신의 필요를 충족시키기 위해 하나님외의 다른 존재나 방법에 의존하는 대표적인 경우를 현대의 결혼관에서 쉽게 찾아볼 수 있다. 오늘날 여성들에게 그리스도인의 아내가 되는 법을 가르치고 있는 많은 책들은 실제로는 어떻게 하면 효과적으로 남편을 다룰 수 있을까 하는 것을 가르쳐 주고 있다. 그 책들은 이렇게 말한다. "당신은 남편의 사랑을 받아야 합니다. 그렇지 않으면 당신은 안전감을 느끼지 못할 것입니다." "여기에 당신의 남편으로 하여금 당신의 욕구를 충족시키도록 만들 수 있는 몇 가지 묘책이 있습니다." 아내가 남편을 위해 노력하는 것은 바람직한 것이다. 필자의 아내가 이러한 지침에 따른다 해도 필자는 이에 전혀 반대할 생각이 없다. 그러나 필자가 우려하는 부부 관계에서의 핵심적인 문제가 여기에서 다루어지고 있다는 점이다. 즉 여기에서 제시하고 있는 것은 단지 자기의 필요를 충족시키기 위해 서로를 규칙적으로 찾는 자기중심적인 부부관계일 뿐이다. 이것은 개에 붙은 진드기의 관계 (a tick-on-a-dog relationship)와 유사한 관계이다. 이러한 부부들이

가진 문제는 두 마리의 진드기만 있고 개는 없는 것처럼, 서로 주고
받고 용납하는 부부관계 없이 서로를 이기적인 목적으로 이용하려는
데 있다고 볼 수 있다.

사람들은 자신의 필요를 충족하기 위해 환경을 조절할 수 없다면,
차선책으로 안전한 위치로 퇴행하는 경향이 있다. 어떤 부인이 남편
의 문제에 대해 이렇게 말했다. "만일 내 남편이 나에게 상처를 준
다면, 나는 우리 사이에 거리를 두어서 그로 인해 큰 상처를 받지 않
도록 할 거예요." 자, 여기에 있는 문제는 무엇인가? 이 부인은 마음
속으로 남편이 자신을 비판한 일을 자신의 안전을 위협하는 아주 끔
찍한 것으로 판단하였다. 이 말은 안전하기 위해서는 남편의 사랑이
필요하다고 보는 철저하게 의도된 그녀의 심중을 드러내는 단적인
증거가 된다. 이러한 그녀에게 그녀의 퇴행적인 태도를 꾸짖든지, 성
경을 들추어가며 남편에게 복종하라고 지시하는 것은 아무 효과를
가져다주지 못한다. 남편에게 자발적으로 순종하려면, 먼저 자기 자
신이 안전해지기 위해 남편에게 요구하려는 마음을 바꾸어야 하는
것이다.

필자의 정신 건강과 정신 병리학 이론은 다음과 같이 도식화할 수
있다.

정신적 건강

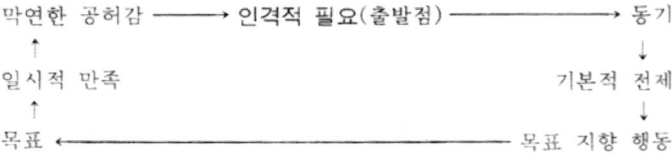

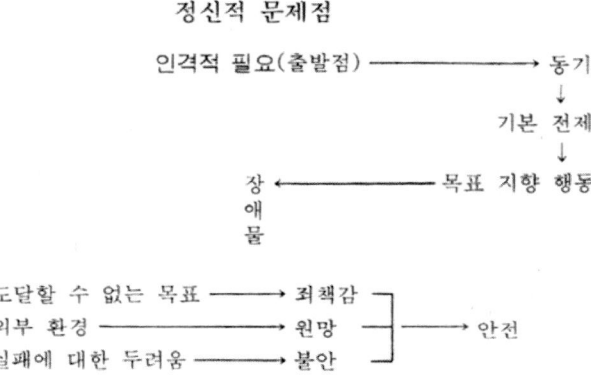

인간에겐 기본적으로 중요성과 안전에 대한 욕구가 있다. 우리는 이러한 욕구를 충족시키고 싶어한다. 그래서 중요하고 안전하게 되기 위해서 기본적으로 도달해야 하는 목표가 무엇인가를 고려하고 그 목표를 성취하기 위해 행동에 착수한다. 만일 적절한 행동을 통해 목표에 도달하면 성취감에 기분이 좋아질 것이다. 그러나 그리스도를 떠나서는 진정 만족할 만한 진정한 문제의 해결이란 있을 수 없으므로 곧 불만족한 상태로 되돌아가 다시 무의미한 과정을 반복하게 된다. 따라서 오늘날 신경증적인 문제나 질병을 가지고 있지 않은 사람들은 대부분 정신 건강의 순환 주기를 되풀이하고 있다고 볼 수 있다.

인간은 목표의 성취를 위해 노력하다가 장애물에 부딪히면 좌절하게 된다. 따라서 행동주의 상담자, 현실주의 상담자(reality thera-pists), 권면적 상담자 등은 장애물에 부딪히지 않으려면 적절하고 책임 있고 성경적인 행동을 하라고 강조한다. 그러나 문제는 행동에 있는 것이 아니라 중요성과 안전에 대해 잘못 인식함으로써 그것에 대한 그릇된 목표를 설정하고, 그것을 추구하는 사람에게 있는 것이다.

만일 장애물이 "나는 사랑받기 위해 완전해 지고 싶다" 등과 같은 도달할 수 없는 목표에서 비롯된 것이라면, 그 사람은 자기가 설정한 목표에 도달하지 못하는 자기 자신을 호되게 비난하고 죄책감을 갖게 될 것이다. 목표가 잘못되었을 때는 장애물에 부딪힌 결과 자신에 대한 죄책감을 갖게 된다는 것이다. 한편 자신이 중요한 존재임을 확인하기 위해 승진해야 했는데 상사가 엉뚱하게 다른 사람을 승진시킨 경우와 같이 장애물이 주위의 환경에서 온 것이라면, 사람들은 목표 성취를 좌절시키는 외부적인 장애물들에 대해 원망감을 갖게 된다. 세 번째 장애물은 사랑받고는 싶지만 남편에 의해 거부당할까봐 결혼하지 못하는 경우와 같은 실패에 대한 두려움이다. 이런 경우에 성경들은 심리적으로 불안감을 갖게 된다. 밀러(Miller)와 돌라드(Dollard)의 갈등 연구는 이러한 류의 두려움과 불안을 이해하는 데 많은 도움을 준다.

목표에 도달하는데 실패하여 자기는 중요하지 않으며 안전하지도 않다고 느끼는 사람들은 더 큰 상처를 받지 않으려고 몸을 도사리는 경향이 있는데, 이는 시도하지 않는다면 실패할 것도 없다는 생각에서이다. 필자는 대부분의 신경증적 징후들은 위기 상황에 직면한 사람들이 안전한 상황으로 도피하려 할 때 생긴다는 아들러의 말에 동의한다. 사람들은 아무리 사기가 저하되었다 해도 일을 할 수는 있다. 또 어떤 부인이 강박증에 시달린다 해서 남편이 자기 아내를 저버리지는 않는다. 문제가 되는 신경증적 증후는 다소 여러 가지 원인들이 복합적으로 얽혀서 나타나는데, 이 증후는 어떤 목표와 관련되어 있는가? 이 징후를 통해 무엇이 이루어졌는가? 어디에서 안전을 얻으려 하는가? 하는 질문들을 통한 '목적론적인 분석'을 해 봄으로써 신경증적인 증후들을 쉽게 이해할 수 있다.

한번은 어떤 여성이 신체적인 아무런 뚜렷한 이유도 없이 2년 가까이 지속적으로 자신을 괴롭혀온 심한 두통의 문제를 가지고 찾아왔다. 상담이 진행됨에 따라, 두통이 그녀에게 미치는 두 가지 효과가 발견되었다. 첫째로 그녀는 두통으로 인해 어머니로부터 많은 관심을 받을 수 있다는 점이고, 둘째로 그녀의 어머니가 딸의 두통으로 인해 대단히 괴로워하고 걱정하고 있다는 점이다.

그녀는 안전해지기 위해 어머니의 사랑을 절대적으로 필요로 하고 있었다. 그런데 이러한 목표를 수행하기 위해서는 두 가지의 장애물을 해결해야 했다. 즉 그녀는 불안감을 야기시키는 실패의 두려움과, 원망감을 일으키는 환경적 장애―그녀의 어머니는 그녀가 어린시절 그녀의 청을 심하게 거절했었다―를 가지고 있었다. 그녀가 어머니와 자신들의 관계를 터 놓고 얘기한다는 것은 너무 두려운 일이었을 테고, 적개심을 표현한다면 더욱더 거절당하기만 할 것이라는 판단이셨다. 그래서 그녀는 두통이라는 수단으로써 어머니의 관심을 불러일으켜 거절의 두려움을 경감시켰고, 어머니에 대한 적개심을 안전하게 표현할 수 있었다. 그녀가 자신의 두통의 원인을 이해하게 되자, 우리는 그녀가 안전하게 되기 위해서는 어머니의 사랑이 필요하다고 믿었던 그릇된 신념에 대해 논의하였다. 그녀는 하나님의 사랑을 서서히 깨달아가면서부터 잘못된 의존과 개념들을 버리기 시작하였다. 그리하여 3개월여의 기간이 지나는 동안 그녀의 두통은 깨끗이 사라지게 되었다.

바울이 본 변화의 본질적인 요소는 마음을 새롭게 하는 것이었다. 이에 비해 스키너(Skinner)는 환경을 새롭게 해야 된다고 주장하며, 로저스는 감정을, 글래서는 행동을, 정신 분석가들은 성격을 새롭게 해야 된다고 주장한다. 그러나 그리스도는 바울과 마찬가지로 마음을 새롭게 해야 한다고 강조하셨다. 모든 변화는 기본적으로 전과는 다르게 생각하고 다르게 믿으며 기본 전제를 바꾸는 데에서 온다. 그러면 변화의 조건이 되는 기본 전제는 무엇인가? 그것은 바로 그리스도이시다. 유한한 인격적 존재인 인간의 중요성과 안전은 전적으로 그리스도와의 관련성에서 얻어질 수 있는 것이다.

물론 이러한 변화를 얻기 위해서는 우리를 변화시키는 성경 말씀을 이해해야 한다. 올바른 성경적 통찰이 없이 변화를 기대하기는 힘든 일이다. 문제로 인해 고민하고 사기가 저하되어 있는 사람에게 무턱대고 "예수님은 당신을 사랑하십니다"라고 한 마디 던지는 것은 굶고 있는 사람에게 적당한 식이 요법은 건강에 중요한 요소라고 말하는 것과 별반 다를 것이 없다.

그러면 우리는 사람들의 가장 깊은 내면에 자리잡고 있는 생각을 어떻게 변화시킬 수 있을까? 한 예를 들어보자. 어떤 남자가 자기를 스치고 지나가는 성경에 대해 신경질적인 반응을 보이는 습관을 가지고 있었다. 그는 자신이 통제할 수 없는 좋지 못한 습관의 문제를 가지고 상담을 청해 왔다. 당신이라면 어떤 식으로 그를 돕고자 할 것인가? 성경 말씀에 따라 행동을 조심해야 한다고 강조해서는 그에게 좌절감밖에 줄 수 없다. 그는 신실한 그리스도인으로서 수년 동안 자기의 태도를 고치려고 노력해 왔지만, 계속해서 실패만 경험해 왔던 것이다. 그리하여 그는 하나님이 정말 계신지, 만일 계시다면 도대체 그를 돌보아 주고 계신지를 의심하는 지경에까지 이르게 되었다.

그래서 필자는 우선 그를 거부하지 않고 받아들인다는 사실을 그가 느낄 수 있도록 했다. 상담자로서의 필자가 그의 아픈 마음을 이해한다는 것을 그가 알지 못하는 한, 아무리 그를 용납한다 해도 실제적으로는 아무 의미가 없기 때문에 필자는 그에게 동감하며 그 사실을 인정한다는 것을 말했다. 그러자 그는 엄격하게 거절하는 어머니로부터 받은 상처를 이야기하기 시작했다. 이러한 경험을 통해 그는 거절당하는 것에 대한 심한 두려움을 갖게 되었다고 고백하였다. 우리는 그가 거부당하고 있다고 느낄 때마다 자신을 보호하기 위해 어떻게 행동하는가, 즉 거부에 대한 그의 현재의 반응들에 대해 함께 생각해 보았다.

이와 동시에 필자는 안전에 대하여 그가 갖고 있는 기본 전제를 조사하기 시작했다. 그는 어린 시절에 경험했던 많은 거절로 인해 상처를 받았고 성경들로부터 받는 거절은 그에게 치명적인 상처를 준다는 것을 강하게 인식하였다. 그리하여 그는 남에게서 비판을 받거나 거부되는 한 안전한 사람이 될 수 없다는 그릇된 생각을 갖고 성장하였다. 그에게서 드러난 궁극적인 문제는 모든 사람들로부터 완전하게 사랑받지 않은 한 자기는 가치 있는 존재가 될 수 없다고 믿는 잘못된 신념에 있었다. 그래서 그는 타인이 거부적인 태도를 조금이라도 나타내면 자신의 존재 가치가 안전하지 못하다는 것을 느끼게 되었던 것이다. 하지만 그것은 전혀 옳지 않은 생각이다. 성경의 안전은 그리스도의 사랑과 십자가의 구속 사역에 의해 확고해진다는 것을 그는 미처 몰랐던 것이었다. 그리스도는 자신을 구세주로 믿고 고백하는 사람은 누구나 영원히 용납해 주신다. 이러한 사실을 깨닫지 못한 이 남자는 무의식적으로 자기의 안전이 거절당하지 않는데 달려 있다고 믿었기 때문에 타인의 어떠한 거부적인 태도에도 신경질적인 반응을 보였던 것이다.

그는 주님이 자신을 사랑하신다는 것을 알았지만 주님의 사랑이 자신의 안전 욕구와 관련이 있을 것이라고는 생각하지 않았다. 그는 자신의 안전이 다른 사람들의 사랑에 의해 좌우된다고 생각했고 그 사랑이 거부되고 있다고 느낄 때는 화를 내었던 것이다. 필자가 그에게 안전은 그리스도를 통해 얻어지는 것이지 결코 다른 사람들의 사랑이나 용납에 의해 얻어질 수 없는 것임을 설명하자 그는 이렇게 질문했다. "그렇다면 저의 좋지 못한 태도를 고치기 위해서 어떻게 해야 합니까?"

바로 이 시점에서 하나님의 말씀이 요구된다. 말씀에 대한 신뢰가 없이는 상담은 더 이상 진전될 수 없다. 인간의 죄된 본성은 성경을 믿지 못하게 하는데, 이 사람은 성경이 진리라는 것을 인정하고, 그 말씀을 실제로 경험해 보기 위해서 상담에 적극 참여하기로 하였다. 필자는 그에게 가로 3인치, 세로 5인치로 된 카드를 주면서 다음 문장을 쓰라고 지시하였다. "예수님의 사랑만이 나를 안전하게 할 수 있으며, 나는 그의 사랑을 소유하고 있다. 따라서 나는 어떠한 상황에 처하든지 안전할 수 있는 모든 것을 가지고 있다." 그리고 화가

날 때마다 마음속으로 이 문장을 되뇌어 보도록 하였다. 이제 상담에서 어려운 과정이 새로이 대두되는데, 그것은 그로 하여금 전과 같은 상황에 직면했어도 이제는 자기 안에 계신 그리스도로 인하여 안전에 필요한 모든 것을 갖고 있다는 것을 믿으며 상대방에게 친절한 말을 하게 하는 것이다. 즉 어떤 느낌을 갖든지에 구애받음이 없이 이러한 자신의 행동을 스스로 선택하는 단계이다.

일주일이 지난 후, 그는 마지못한 것이기는 했지만 신경질적이지 않은 말을 몇 마디 할 수 있었다고 보고했다. 그러나 전과 같은 상황에 닥쳤을 때 여전히 분노를 느끼고 있었다. 몇 주일간 성실한 노력을 한 후 드디어 그는 사무실에서 울음을 터뜨리며 말했다. "이제야 비로소 예수님께서 나를 사랑하신다는 사실을 믿을 수 있게 되었습니다." 그는 좀더 상담이 진전되는 가운데 옳지 못한 타인과의 관계를 건설적으로 개선할 수 있었다. 즉 그는 전처럼 신경질적인 반응을 보이지 않고 그 상황에 적절하게 대처할 수 있었던 것이다.

성경적 상담의 전 과정은 다음과 같이 간단한 7가지 모델로 도식화할 수 있다.

1. 부정적 감정을 확인하라
↓
2. 문제 행동을 확인하라
↓
3. 잘못된 사고를 확인하라

7. 중요성과 안전의 감정을 즐기라
↑
6. 올바른 행동을 선택하라
↑
5. 올바른 성경적 사고에 대해 결단하게 하라
↑
4. 올바른 성경적 사로를 가르치라

이 7단계 모델에는 다양한 테크닉과 접근 방법을 사용하는 상담유형들이 내포되어 있다. 1단계에서는 로저스 학파의 상담법이 적절하며, 2단계에서는 아들러 학파가 사용하는 어린 시절의 회상을 통한 분석 방법이 도움이 된다. 3단계는 때때로 자유 연상과 꿈의 분석, 그리고 생활사 분석 등에 의해 적절한 도움을 받을 수 있다. 인지의 재형성과 인지 조화 이론, 그리고 이성적―감정적인 절차 등은 모두 4단계에서 사용될 수 있다. 형태 상담법, 도덕적 지도 및 설득, 약속 등은 5단계에 도움이 될 수 있다. 6단계에서는 행동 수정, 향정신성 약물(psychoactive drugs), 최면 등이 적용될 수 있다. 7단계는 결과를 예의 주시하는 단계로 상담을 통해 성취된 중요성과 안전에 대해 함께 기뻐하며 즐거워하는 상담의 마지막 단계이다.

성경적 상담과 지교회

상담이 이론대로 쉽게 이루어진다면 좋겠지만 실제로는 그렇게 용이한 것이 아니다. 많은 그리스도인들은 자기들의 동기를 제대로 이해하지도 못한 채 잘못된 목표에 도달하려고 애쓰고 있다. 그러나 이들이 자기를 확인하기 위한 조건으로 성공이나 타인의 인정들을 추구하는 것이 잘못된 것이라는 사실을 깨닫는다 해도 마음을 새롭게 하고 바람직한 변화를 경험하기 위해서는 장기간의 점진적인 상담과정이 필요하다. 어떠한 상담법을 사용하더라도 당장에 긍정적인 결과를 기대할 수는 없는 것이다.

한편 상담이 종종 잘 진행되지 않고 궁극적인 결과를 얻지 못하는 근본적인 이유는 무엇일까? 그것은 하나님이 주신 중요한 자원을 충분히 효과적으로 사용하는데 실패하고 있기 때문이다. 필자는 지금 일반 상담소의 경우를 말하는 것이 아니다. 지교회에서의 상황이 이렇다는 것이다.

지교회는 사람의 기본적 욕구인 중요성과 안전을 제공할 수 있는 중요한 위치에 있다. 우리는 우리가 만물을 주관하시는 하나님께 속해 있다는 인식을 통해 중요성에 대한 욕구를 충족할 수 있다. 하나님은 예수 그리스도의 교회를 이 땅에 세우는 사역을 중심으로 우리의 삶을 인도하신다. 따라서 우리는 우리의 중요성을 인식하고 하나님의 도우심을 통해 이 땅을 변화시키는 일에 참여할 수 있다.

이제 목회자나 성도들이나 할 것 없이 더 이상 목회자만이 교회의 모든 일에 책임을 져야하며, 또 그럴 수 있는 각종 은사를 받은 유일한 사람이라고 생각해서는 안 된다. 바울은 에베소서에서 목회자들의 사명은 교인 하나하나를 양육하여 복음을 전하는 사역에 동참시키는 것이라고 보면서, 목회자는 이 일을 통해 자신이 하나님의 영원한 목적을 성취하는 일에 참여하고 있다는 감격적인 중요성을 얻을 수 있다고 강조하였다. 이러한 예를 하나 들어보자.

필자의 고향 교회에 다니는 어떤 남자에 관한 경우이다. 이 사람은 일 년 전만 해도 아주 비참한 상태에 있었다. 그의 결혼 생활은 파산 지경에 이르렀고 매사에 의욕이 없었으며 심지어는 하나님에게서도 멀어져가고 있었다. 비록 그가 예배에 참석하고 행복한 척 하더라도 그는 자신이 가치없는 존재라는 느낌과 더불어 절망과 외로움을 갖고 있었다. 그러나 이 일 년 동안 그는 목회자가 되어 지역 교구의 사람들을 가르치고 소규모의 성경 연구 모임을 이끌면서 자신이 알고 있는 하나님에 대해 함께 나누며, 그리스도가 교회를 사랑하신 것처럼 자기 아내를 사랑함으로써 그녀가 영적으로 성장하도록 도와주었으면 하는 소망을 갖게 되었다. 그는 다른 사람들이 영원한 삶을 갖도록 돕는 목회자에게서 자신의 중요성을 찾게 되었다. 그리하여 요즈음 그는 때때로 사기가 저하되고 의욕을 잃을 때도 있지만 생기 발랄한 온전한 그리스도인으로서 매순간순간 성장하고 있다.

지교회들은 단지 중요성의 욕구를 충족시키기 위한 수단만 제공하는 것이 아니라 안전의 욕구를 충족시켜 주는 역할을 하기도 한다. 그런데 오늘날 많은 교회에서 성도들의 교제가 그저 일주일에 한 시간 정도 함께 앉아 찬송가를 함께 보고, 악수를 하며 "오늘 설교, 좋았지요?"하고 간단히 이야기하는 정도에 그치고 있으니 안타까운 일이다. 하나님은 성도들 간의 친밀하고 개방적인 깊은 관계를 원하신다. 그러므로 지역 교회는 그 성도들 간에 어려운 일을 서로 도우며 아플 때 찾아가 도와주고, 서로를 격려하며 자녀들의 문제를 함께 나누며 하나님의 뜻에 합당하게 살고 나의 상황에 관계없이 항상 상대방이 받아 주고 인정해 주는 사랑으로 가득 찬 의미 있는 교제가 이루어지도록 도와야 한다. 이러한 성도간의 친밀하고 의미 있는 교제를 통해 안전의 욕구는 충족될 수 있는 것이다.

필자는 이론과 실제 사이에 있는 큰 차이를 극복하기 위해 성경적 상담 연구소(The Institute of Biblical Counseling-IBC)를 설립했다. 이는 상담자를 훈련시켜서 지교회로 하여금 성도들의 필요를 잘 충족시켜 주게 하기 위한 것이다. 본 연구소(IBC)는 이미 앞에서 언급한 7단계 모델에 근거한 3단계 상담 훈련을 제공하고 있다.

1단계	1. 부정적 감정들 을 확인하라	→ 격려 →	7. 중요성과 안전 의 감정을 즐기라 ↑
2단계	2. 문제 행동을 확 인하라	→ 권고 →	6. 올바른 성경적 행동을 선택하라 5. 올바른 성경적 사고에 대해 결단 하게 하라 ↑
3단계	3. 잘못된 사고를 확인하라	→ 교화 →	4. 올바른 성경적 사고를 가르치라

1단계-격려에 의한 상담

교회의 모든 성도들은 1단계 상담에 대한 훈련을 받을 필요가 있다. 그래서 서로간의 일상적인 교제를 통해 드러나지 않은 상대방의 고통이나 문제에 보다 민감하게 되고, 대화를 주의 깊게 들으며 관심을 갖고 서로를 돌볼 수 있게 되어야 한다.

2단계 – 권고에 의한 상담

장년 그룹은 일상적인 문제를 다루고 있는 성경적 원리들을 배우고 다른 사람들의 어려운 문제를 성경적으로 해결할 수 있도록 돕기 위한 2단계 상담 훈련을 받을 수 있다. 제2단계 상담 훈련은 대략 35시간 내지 40시간이 소요된다.

3단계 – 교화에 의한 상담

지교회의 몇몇 성숙한 성도들은 6개월 내지 1년의 훈련을 받음으로써 격려나 권고적 상담에 의해서도 해결되지 않는 어려운 문제를 지닌 사람들을 도울 수 있다.

사람들은 불완전한 이 세상에 살아가면서 저마다 중요성과 안전의 욕구를 가지게 된다. 이러한 필요들에 대해 지교회는 매우 효과적인 상담을 제공할 수 있다. 모든 성경적인 상담의 중심은 예수 그리스도이다. 그러므로 지교회는 예수 그리스도가 중심이 된 상담을 실시해야 한다. 궁극적으로 인간들의 깊은 내면의 욕구들을 충족시켜줄 수 있는 분은 예수 그리스도 뿐인 것이다.

제11장 제자화 상담
(Discipleship counseling)

게리 R. 콜린스

몇 해 전에 □제자화□에 관한 일련의 강의에 참석한 적이 있었다. 그 강의
들이 특별히 인상적이었는지 아니면 지루했는지는 잘 기억나지 않지만, 분명
한 사실은 제자화에 대한 강의들을 통해 내 마음이 요동하기 시작했었다는
것이다. 예수께서는 모든 믿는 이들을 제자로 삼으려 하셨다는 사실을 필자는
여러 해 동안 신앙생활을 하면서 인정해 오던 터였다. 하지만 기독교의 핵심
이라고 할 수 있는 믿는 이들을 제자로 만드는 일이 심리학자로서 특히 필자
의 상담 활동과 어떤 관계가 있으리라고는 보지 않았었다. 그러나 강의에 참
석한 후 필자는 그 동안 적용하던 상담법을 재검토하기 시작했고 「상담자가
되는 길, How to Be a People Helper」을 세상에 내놓았다. 본장의 내용은
바로 이 책 중에서 발췌한 것이다.

□제자화 상담□은 새롭고 독특한 기독교 상담의 접근법은 아니다. 오히려
이것은 상담의 근본 요소들에 대해 이전에 알고 있던 내용들을 요약한 것이
며, 상담의 요소들이 성경의 가르침, 특히 주께서 당부하신 대 사명과 어떤
관련이 있으며, 이를 바탕으로 해서 어떻게 성경적인 상담을 할 수 있는지에
대해 보여 주려는 하나의 시도이다.

기독교 상담자란 과연 어떤 사람인가? 이들의 상담 목적은 불신자인 상담자의 목적과 어떻게 다른가? 상담자가 성경을 진지하게 읽는다면, 이는 내담자와의 관계에 어떤 영향을 미칠 것인가? 상담자들 사이에 있는 개성의 차이나 내담자 개개인의 상이성, 상담할 때 직면하게 되는 다양한 문제점들을 포괄하는 성경적 상담이 있는가? 기독교 상담이 아닌 일반 상담의 것이라고 해서 그들이 개발하여 효과적인 원리이자 방법으로 인정받은 것들을 거부해야만 하는가?

나는 임상 심리학 박사 학위를 받고 대학 상담소에 근무하게 되었을 때 이러한 의문점들을 갖고 있었다. 당시에 나는 상당히 우수한 학교에서 공부를 하고 상담학에 관한 학위를 받았지만, 스스로를 유능한 상담자라고는 생각하지 못했다. 그리고 그리스도인으로서 학교에서 공부한 일반적인 상담 방법을 단순히 따르기보다는 무언가 다른 기독교적인 어떤 것을 해야 하지 않을까 하는 막연한 생각을 하고 있었다. 그러나 나는 어떤 것을 해야 할지를 몰랐다. 게다가 주립 대학에 근무하고 있던 관계로 나는 내담자들에게 종교에 관해 많은 것을 이야기할 수 없었고, 그런 식으로 일을 지속할 수도 없었다. 나는 상담을 하기 위해 찾아오는 외로움과 좌절감에 젖은 젊은이들에게 예수 그리스도의 복음이 필요하다고 확신하였다. 또 나의 뇌리에서 떠나지 않는 사실도 있었는데, 그것은 학교에 다닐 때 숙제로 썼던 논문이었다. '심리 치료의 효율성'이라는 제하의 그 논문은 상당량의 연구 자료들을 검토한 후의 결론으로 심리 치료를 위한 상담이 별로 효과가 없다는 것이었다. 이러한 결론은 대학원을 갓 나온 젊은 심리학자였던 필자의 상담 의욕에 적지 않은 영향을 끼쳤다.

대학 상담소에서 근무하는 동안 나는 많은 사람을 도왔으며 학교 당국도 만족해하였다. 그러나 나는 상담 활동에 만족하지 못했다. 몇 달 후 나는 교단에 서는 것이 더 적성에 맞다고 판단하여 미네소타에 있는 발전하고 있던 대학의 심리학과로 근무지를 옮겼다. 가르치는 것은 아주 보람된 경험이었지만 여기에서도 나는 여전히 상담의 문제에 대해 고민하였다. 바로 이때 그 당시에 명성을 날리고 있던 폴 투르니에(Paul Tounier, 제4장 참조)를 만나 처음으로 기독교 상담에 대한 어떤 잠재적인 가능성을 보기 시작하였다.

투르니에는 겸손하고 경건한 상담자로서 상담 활동 뿐 아니라 저술활동을 통하여 수많은 성경들을 도왔다. 모든 사람이 투르니에 박사의 입장에 전적으로 동의하지는 않을지라도 필자는 그에 관한 책을 쓰면서[1] 그가 효과적인 기독교 상담을 실시하고 있다는 사실을 확인할 수 있었다. 사람들을 돕는 상담자로서 그는 성경을 진지하게 대하며, 이해심이 많고, 늘 기독교적인 사랑을 전하며 개개인간의 다양성을 인정한다. 비록 그가 독특한 상담 이론을 전개하고 있다는 성경들의 주장을 일축하고 있기는 하지만 투르니에는 상담에 대한 성경적 접근법을 발전시켜 온 것이 사실이다.

그러나 근래에 성경적이라고 주장하는 상담법들이 많이 출현함으로써 독자들은 어떻게 이처럼 수많은 성경적 상담법이 있을 수 있는가 하는 의문을 갖게 되었다. 우리는 신학자들이나 신학도들 뿐 아니라 상담자들도 오류를 범할 수 있는 인간이라는 것을 기억하여야만 한다. 또 우리는 다각도로 사물을 보아야 한다. 장로교인과 침례교인은 다기독교적이긴 하지만 몇 가지 기본적인 요소에서 각각의 입장에 따라서 약간의 견해 차이를 보이고 있다. 하나님의 말씀에 아무리 충실하다 해도 설교나 성경 해석에 상이한 성경적인 접근법이 있을 수 있는 것이다. 상담에 있어서도 마찬가지이다. 이러한 상이한 점 때문에 우리는 천국에 도달할 때까지, 그래서 상담이 더 이상 필요하지 않을 때까지는 완전한 상담 이론을 지닐 수 없다는 것을 인식하면서, 다양한 상담법들에서 배울 것을 배워야 하는 것이다.

우리는 이 땅에 있는 한 주께서 우리에게 당부하신 커다란 사명을 외면할 수는 없다. 이처럼 제자화는 성경에서 아주 중요하게 취급되

---

1) Gary R. Collins, *The Christian Psychology of Paul Tournier*(Grand Rapids: Baker, 1973.)

고 있는 개념이다. 그래서 우리는 기독교 상담을 어떤 면에서는 제자
화상담이라고도 부를 수 있는 것이다.

기본 전제

제자화 상담은 성경에 기초를 둔, 성경을 그 출발점으로 하는 상담
이다. 그것은 주께서 당부하신 사명의 중요성을 인식하고, 다른 사람
들을 제자화한다는 것을 그 핵심으로 하는 상담관인 것이다. 제자화
상담자들은 성경을 통해 말씀하시는 하나님께서 또한 심리학을 포함
한 학문을 통해서도 그분의 세계에 관한 진리를 나타내신다는 것을
인정한다. 그리하여 심리학적 방법이나 기술을 진지하게 취급하는 동
시에 그것들이 과학적으로 실용적으로 타당한지, 기록된 하나님의 말
씀에 어긋나지 않는지를 신중하게 조사한다. 제자화 상담은 상담자의
인격이나 기술 그리고 내담자의 필요, 성격 문제에 따라 다양한 방법
을 사용한다.

제자화 상담의 목적은 사람들로 하여금 일상생활에서 좀더 효과적
으로 정상적인 기능을 발휘하도록 도와주는 것이다. 즉 영적, 심리적
갈등과 대인 관계의 갈등으로부터 벗어나고, 하나님과의 관계가 깊어
짐에 따라 평안을 찾고, 타인과의 원만한 관계를 유지 발전케 할 뿐
아니라 그리스도 안에서 자신들이 가지고 있는 잠재력을 충분히 인
식하여 적극적으로 예수 그리스도의 제자가 되도록 하는데 있다. 제
자화 상담에는 다음과 같은 6가지 원리가 내재되어 있다.

6가지 원리

1. 상담자는 성숙한 인격, 가치관, 삶의 자세, 확신 등을 겸비해야

한다. 이러한 요소들은 상담에 커다란 영향을 주는 가장 중요한 것들이다. 바울은 갈라디아 교회에 보내는 서신에서 개인적인 문제를 가지고 있는 사람을 바로 잡아 온전한 상태에 이르게 하라고 권면 하였다(갈 6: 1). 갈라디아 성도 중에는 죄 가운데에 있는 사람들이 있었다. 그래서 사도 바울은 이들에게 관심을 가지고 '신령한 자'들이 이들을 도우라고 당부하였다.

영적인 그리스도인은 갈라디아서 5장에 나오는 대로 사랑, 희락, 화평, 오래 참음, 자비, 양선, 충성, 온유, 그리고 절제 등을 지닌다 (갈 5: 22, 23). 또한 예수 그리스도의 가르침과 일치되는 가치관을 소유하며(갈 5: 24), 성령에 의해 이끌리며(25절), 자기중심적으로 문제를 일으켜 자신의 헛된 영광을 추구하지 않는 사람이다(26절). 이러한 요소들은 갈라디아서 6장에 제시된 훌륭한 상담자의 특징이기도 하다.

덧붙여서 말하자면 치유하는 자로서의 상담자는 온유하며(1절), 내담자에게 확고한 태도로 대하기는 하지만 자비로운 사람이어야 한다. 그리고 내담자와의 친밀한 관계가 형성됨으로 해서 올 수 있는 여러 가지 유혹에 대해 조심하면서(1절), 얼마 동안 내담자의 고통을 함께 나누어 지며(2절), 겸손하고(3절) 상담자로서의 위치와 중요성을 의식하면서도, 내담자에 대해 우월감을 가지고 행동하는 교만한 사람이 되어서는 안 된다. 상담자는 자기를 스스로 살핌으로써 실제적인 자기의 모습을 알고 다른 사람들과 자신을 비교하지 않으며(4절), 누구나 각각 자기의 몫으로 부여된 인생의 짐을 져야 하듯이 내담자들도 자기의 짐을 지도록 도와야 한다. 그리고 이 외에도 필요하다면 내담자에게서도 기꺼이 배우고 모든 좋은 것을 함께 나누려는 자세를 가지며 늘 하나님을 인정하며 자기의 행동을 조심하는 사람이어야 한다(7, 8절). 상담자는 상담이 어떠한 진전이 없이 길어지고 힘들어질 때도 인내할 줄 알며(9절), 기회 있는 대로 모든 이에게 선한 일을 하되(10절) "더욱 믿음의 가정들"에게 필요한 도움을 주어야 한다.

여기에 열거한 훌륭한 상담자들이 갖춰야 할 지질들은 물론 따르기가 쉽지는 않지만 그렇다고 달성할 수 없는 불가능한 기준은 아니다. 이러한 요소들은 예수 그리스도와의 밀접한 교제 속에 살아가는 그리스도인이라면 지닐 수 있는 덕목들이다. 하지만 헌신된 삶을 사는 그리스도인이라고 해서 저절로 훌륭한 상담자가 되는 것은 아니다. 훌륭한 상담자가 되기 위해서는 상담에 필요한 여러 가지 기술이나 방법을 배워야 한다. 그러나 예수 그리스도를 따르는 성경의 중요한 특징인 사랑이라는 말로 압축될 수 있는 여러 가지 특성들이 상담에서 중요한 역할을 한다는 것은 중요한 사실이다.

이러한 상담자가 갖춰야 할 요소들은 상담자의 상담 방법이나 기술만큼이나 중요한 것들이다.[2] 결국 상담자가 성공적인 상담을 하는 것은 꼭 이론적 근거나 테크닉이 좋아서라기보다는 내담자에 대한 따뜻한 마음과 공감대 형성, 온정, 솔직한 태도를 지니고 있기 때문인 것이다.

따뜻한 마음과 관심을 교류하는 공감대 형성(empathy)은 '느끼다' 혹은 '공명하다'라는 의미의 독일어 아인플룽(einfulung)에서 유래된 말이다. 공감대 형성의 경우를 흔한 예로 설명해 보자. 대부분의 사람들은 차를 타고 가다가 속도를 늦추어야 할 상황에 부딪치면, 비록 운전을 하고 있지 않을 때라도 무의식중에 발에 힘을 주어 바닥을 밀어본 경험이 있을 것이다. 그때 사람들은 운전사의 상황을 함께 느끼는 것이며, 그들과 공감하는 것이다.

유능한 상담자는 상담을 할 때 문제를 내담자의 입장에서 보고 이

---

2) R.R. Carkhuff, *Helping and Human Relations: A Primer for Lay and Professional People, Volume I, Selection and Training*(New York: Holt, Rinehart and Winston, 1969); C.B. Truax, "Therapist Empathy Genuineness, and Warmth, and Patient Therapeutic Outcome" in *Journal of Consulting Psychology*, vol.30, 1966, pp.395-401; and L.M. Brammer, *The Helping Relationship: Process and Skills*(Englewood Cliffs, NJ: Prentice-Hall, 1973).

해하려고 한다. 사람들은 대개 문제를 가진 사람을 보면 '저 사람 왜 저래?' 하고 의문을 품는다. 그러나 상담자는 '저 사람은 자기가 처한 상황에 대해 어떻게 생각하고 있을까?' '내가 저 사람이라면 과연 나는 어떨 것인가?'라고 상대방의 입장에서 문제를 보려고 한다. 자기 나름대로의 객관적인 견해를 가지고 문제를 대하기보다는 문제를 내담자의 입장에서 보고, 내담자에게 그가 어떤 느낌을 가지고 그 상황을 어떻게 생각하고 있는가를 알려주는 것이 더 바람직하다는 것을 알아야 한다. 그럴 때 내담자는 점차 상담자가 자신의 문제를 실제적으로 이해해 주려고 한다는 사실을 인식하게 되고 그럼으로 해서 상담자와 내담자간에 좀더 바람직한 친밀한 관계가 형성된다.

온정(warmth)은 관심을 가지고 돌보는 것(caring)과 어느 정도 일맥상통하는 말이다. 그것은 얼굴 표정, 말투, 몸짓, 태도, 눈길이 마주치는 것, 내담자의 안정을 위한 행동 등에 의해 보여지는 우호적이고 사려 깊은 상태를 의미한다. 온정은 "나는 당신에 대해 관심을 가지고 있으며 당신이 잘 되기를 원합니다"라고 말하는 것과 같다. 그리고 이것은 행동에 속한 문제이다. 진실로 내담자를 위하는 상담자라면 구태여 말로 이러한 관심을 알려야 할 필요는 없는 것이다. 사람들은 상담자의 태도와 행동에서 자연스럽게 그것을 알게 되는 것이다.

솔직한 태도란 상담자의 말과 행동이 일치하는 것을 의미한다. 상담자는 내담자에게 정직해야 하며, 거짓말이나 불성실하게 보일 수 있는 어떤 말이나 행동도 피하는 것이 바람직하다. 어떤 학자에 의하면 솔직한 태도를 지닌 사람은 자발적이고 충동적이거나 무례하지 않고 자신의 가치관과 태도에 일관성을 보이며 방어적이 아니면서도 또한 자신의 감정을 알고 자기 자신의 감정을 타인과 기꺼이 나누려는 사람이다.

예수께서 사람들의 문제에 공감하시고 따뜻한 마음과 솔직한 태도를 보여 주신 것처럼, 성공적인 기독교 상담자가 되려면 내담자에게 이런 태도로 대해야 한다. 그러나 자칫하면 이러한 요소들이 너무 지나쳐 균형을 상실할 수가 있다. 너무 지나친 공감은 객관성을 잃게 하고, 지나친 온정은 내담자를 불편하게 하며, 지나치게 솔직한 태도는 내담자에게 필요한 것이 무엇인지 분별하지 못하게 한다. 따라서 상담자는 자주, 상담에 임하는 자신의 근본 동기를 살펴보아야 한다. 상담자는 남을 돕는 자로서 그 돕는 관계를 통해서 자신의 필요를 충족시킬 수도 있지만, 상담자의 가장 우선적인 과제는 역시 자신보다도 문제와 갈등으로 고통당하는 사람들이 문제의 해결을 얻고 성숙된 삶을 살도록 돕는 데 있다.

2. 상담자의 도움을 필요로 하는 내담자의 동기나 태도는 상담에 중요한 역할을 한다. 대부분의 상담자들은 간혹 가다 고집이 세고 비협조적이며 행동의 변화에 관심이 없는 내담자와 상담을 하면서 좌절감을 느꼈던 경험이 있을 것이다. 이처럼 반항적인 십대나 또는 자신의 상태는 결코 호전될 수 없다고 생각하는 의기소침해진 사람과 상담할 때는 먼저 상담에 임하는 이들 내담자의 태도가 변하지 않는 한 진정한 문제의 해결이나 변화는 일어나지 않는다. 내담자가 도움을 원치 않을 때나 자신에게 문제가 있다는 사실을 의식하지 못할 때, 또는 상담자나 상담 과정을 충분히 신뢰하지 않을 때는 성공적인 상담을 기대할 수 없다.

하나님은 인간을 창조하실 때 각자에게 다 자유 의지를 주셨다. 따라서 불신자를 억지로 영적인 성숙에 이르게 하는 것이 불가능한 것처럼 문제 해결이나 변화의 의지가 없는 내담자를 돕는다는 것은 사실 어려운 일이다. 그러므로 상담할 때는 이러한 상황을 충분히 의식하고 내담자 자신이 변화가 일어나야 한다는 사실을 깨달음으로써 상담에 적극적으로 임하게 하는 것이 중요하다. 이미 강조한바 대로 상담은 내담자가 변화하고 성장하도록 도와주는 과정이다. 따라서 성장이 가장 잘 이루어지기 위해서는 상담자와 내담자가 함께 적극적으로 상담에 참여해야 하는 것이다. 문제는 문제를 가지고 있는 성경 자신이 잘 아는 법이다. 또한 내담자는 자신의 문제를 잘 알 수 있을 뿐만 아니라 문제의 해결을 위해 과거에 어떤 것이 효과가 있었으며 또는 그렇지 못했는가 하는 것을 알고 있다. 그러므로 상담자와 내담자는 성공적인 상담을 위해서 이러한 정보들을 함께 나누며 적극적으로 상담에 참여해야 하는 것이다.

물론 모든 내담자가 다 완고한 태도로 상담에 임하는 것은 아니다. 어떤 사람들은 상담에 대해 겁을 집어먹는데, 이럴 경우에 내담자는 자신의 문제나 실패들을 잘 털어 놓지 못하게 되며 경우에 따라서는 자신의 문제가 무엇인지조차도 알지 못하게 된다. 자신의 개인적인 문제를 다른 사람에게 이야기했다가 자칫하면 비난받거나 그 사람으로부터 거부될 수도 있기 때문에 사실 남에게 문제를 털어 놓는 것은 쉬운 일이 아니다. 이렇게 말도 못하고 혼자 문제를 가지고 고민하다 보면 어떤 사람들은 스스로 문제를 해결할 수 없는데서 오는 좌절감이나 자기 모멸감을 맛보게 된다. 이러한 요소들은 결국 상담을 방해할 수 있는 것들이기 때문에 상담자는 내담자가 긴장을 풀고 편안한 기분을 가져 상담에 적극적으로 참여하도록 유도해야 한다.

최상의 상담 결과를 얻으려면 내담자는 진심으로 변화되기를 바라야 하고, 상담자와의 상담을 통해서 문제가 호전될 것을 기대하며, 비록 상담 과정이 고통스럽다 하더라도 기꺼이 참여하겠다는 의지가 있어야 한다. 즉, 다시 말하자면 내담자가 문제 해결에 대한 소망을 가지고 상담에 임하는 것이 성공적인 상담의 중요한 열쇠가 되는 것이다.

우리는 이 같은 예로 병고침 받는 자의 의지나 믿음이 예수님의 치유 사역에서도 중요한 역할을 하는 것을 어렵지 않게 찾아볼 수 있다. 예수께서는 혈우증을 앓던 여인의 믿음을 칭찬하셨다(막 5:가). 또한 두 눈 먼 사람도 믿음으로 인하여 그 눈이 밝아졌고(마 9:29).

간질병 소년은 아버지의 믿음으로 인해 고침을 받았다(막 9:23-27). 이와는 대조적으로 예수님의 고향 사람들은 예수님의 치유의 능력을 믿지 않았기 때문에 병고침을 받지 못하였다(마 13:58). 어떤 사람들은 믿음은 희망이나 기대와는 다른 것이라고 반박할지 모르지만 히브리서 기자는 이 둘을 함께 연결시켜 생각하였다(11:1). 다시 말해 믿음, 희망, 기대, 의지, 동기 등의 용어들은 어느 정도 서로 교차적으로 사용될 수 있는 것들로, 공히 문제해결에 대한 내담자의 바람이나 의지에 의해, 경우에 따라서는 상담자의 테크닉 여하에 관계없이 문제 해결이 일어난다는 것을 의미한다.

3. 상담에 있어서 상담자와 내담자 사이의 관계는 상담에 커다란 영향을 미친다. 성공적인 상담을 위해서는 양자간에 좋은 관계가 형성되어야 한다. 그래서 어떤 학자는 상담이란 일차적으로 또는 그 이상의 사람들 사이에서 형성되는 '돕는 관계'라고 묘사하기도 하였다.3) 때때로 우리는 이런 관계를 일컬어 상담 인터뷰, 치료 활동, 만남, 혹은 '친구들 간의 의미 있는 대화'라고 하는데 어떤 경우이든지 성경들은 특정한 문제에 대해 다른 사람과 함께 관계를 형성하게 된다.

상담자와 내담자의 관계는 그 본질적인 양상이나 관계의 정도에 있어서 성경마다 다르게 마련이다. 두 사람이 만나 어떤 관계를 형성하게 되면 거기에는 두 사람의 성격, 가치관, 태도, 불안, 욕구, 느낌, 이해, 능력 등이 함께 포함되게 된다. 이처럼 각각 상이한 요소들을 가진 두 사람이 관계를 맺는 것이기 때문에 서로 간에 다른 만큼 그들의 관계가 일치되고 조화로운 관계가 되기는 어렵다. 그러나 개별적 인간이 맺는 관계의 어려움을 극복하기 위해서 우리는 예수께서 사람들과 어떠한 관계를 맺으셨는지 주의 깊게 살펴볼 필요가 있다.

---

3) Brammer, *op. cit.*

예수님은 관계를 맺으시되 사람에 따라 접근하시는 양상이 아주 달랐다. 니고데모와는 지적인 대화를 나누셨으며, 바리새인들과는 책망이 담긴 대화를 하셨고, 마리아와 마르다와는 위로와 용기를 주는 관계를 맺으셨으며, 어린이들에게는 사랑으로 대하셨다. 예수께서는 개인적인 성격, 필요 사항, 이해 수준 등의 차이를 인식하고 사람을 대하실 때 사람에 따라서 적절한 관계를 형성하셨던 것이다. 내담자모두를 똑같은 방식으로 다루려는 상담자들은 내담자의 개별적인 차이를 인정하지 않음으로 해서 상담에 필요한 적절한 관계를 이루지 못하게 된다. 그러므로 상담자는 내담자를 만나거나 어떤 방법을 상담에 적용하려 할 때 모든 사람이 다 똑같지는 않다는 사실을 명심해야 한다.

예수께서는 다양한 방식으로 성경들을 다루셨을 뿐만 아니라, 관계의 정도나 친밀도에 있어서도 사람마다 각기 달랐다. 예수님은 베드로, 야고보, 요한과 남다른 특별한 관계를 가지셨는데 그 중에서도 요한을 가장 사랑하셨던 것 같다. 그리고 비록 이 세 사람들 만큼 친밀한 관계는 아니었지만 그리스도의 사역을 뒤이을 사도로 선택된 다른 제자들과도 끝까지 당신과 동행하는 끊을 수 없는 관계를 맺으셨다. 또 누가복음 10장에서 우리는 예수님이 70여명의 제자를 특별히 훈련시키신 사실을 엿볼 수 있다. 이외에도 그리스도는 부활하신 이후에 500여명의 무리 앞에 나타나셨으며, 수천을 헤아리는 군중들에게 나타나시기도 하였다.

예수님과 제자들 및 다른 사람들과의 친밀함의 정도는 다음과 같은 그림으로 설명될 수 있다. 예수님을 원의 중심에 모시고 그 친밀한 관계의 정도에 따라 사람들을 표시하면 가까운 제자인 요한이 첫째이고, 예수님이 사랑하셨던 세 사람은 둘째, 그리고 열 두 제자는 셋째, 70여명의 제자는 넷째, 500여명의 무리들은 다섯째이다. 그리고 마지막으로 원의 가장 끝부분에는 일반 군중들을 위치시킬 수 있을 것이다.

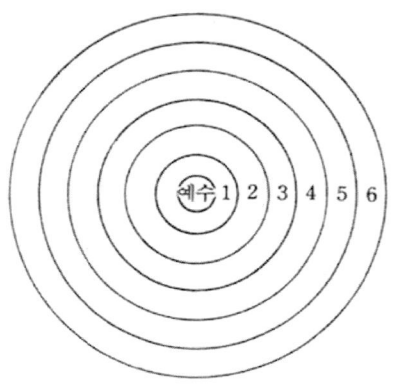

 대부분의 사람들도 이러한 형태로 대인 관계를 형성하게 된다. 즉 어떤 사람들과는 절친한 관계를 유지하지만 다른 사람들과는 그렇지 못한 관계를 갖는다. 상담에 있어서도 상담자와 내담자는 친밀한 관계를 이루어야 하지만 한편으로는 단지 피상적인 관계에 머무를 가능성도 있다.

 사람은 누구나 다른 사람들과 더불어 살고 있다. 그런데 그 중에서도 한두 명의 친구들이나 가족과는 매우 친밀한 관계를 형성하지만 다른 사람들과는 소원한 관계를 유지하거나 우연한 기회에 만나는 정도에서 그친다. 사람들이 맺는 인간관계의 친밀함의 정도가 모두 같을 수 없는 것이다. 따라서 상담자가 내담자의 가장 절친한 친구가 되려고 노력할 필요는 없다. 물론 상담이란 친밀한 관계하에서 이루어지는 것이긴 하지만 상담의 근본 목적은 문제를 가진 내담자를 도와주는 것에 있기 때문이다. 경우에 따라서 상담자와 내담자의 관계는 원의 중심부에 가까이 올만큼 친밀하여 심중의 느낌이나 관심, 필요 사항들을 깊이 나눌 수 있을 것이다. 또는 서로간에 친밀한 관계가 형성되지 않아 단지 내담자에 대해 몇 마디 나누고 별로 심각하지 않은 문제들에 대해 간단한 대화를 하는 정도로 상담이 진행될 수도 있다. 한편 상담자는 내담자의 문제에 개인적으로 깊이 개입하지 않고서도 정신 건강에 대한 대중 강연을 하거나 저술 활동을 함으로써 다른 많은 사람들에게 도움을 줄 수 있다. 이와 같이 사람들을 돕는 데는 꼭 일대일 상담이 아니더라도 그룹 상담이나 대중강연, 대중 매체 등의 방법이 사용될 수 있으며 이들을 통해 직접 만나지 못하는 사람들에게 도움을 줄 수 있다. 상담은 내담자를 도와주는 과정이지만 그 도움은 내담자와 상담자와의 관계를 통하여 이루어지기 때문에 이들의 관계가 좋으면 좋을수록 상담은 더 성공적이 되는 것이다.

4. 상담은 내담자의 감정, 사고, 행동 모두에 ch점을 맞추어야 한다. 많은 일반 상담과 기독교 상담에서 내담자의 감정과 사고, 행동 등이 강조되기는 하지만 이 세 가지 모두를 강조하는 것은 그리 흔치 않다. 그 예로 알버트 엘리스(Albert Ellis)의 이성적 정서적 치료 요법(Rational Emotive Therapy)은 제목만 볼 때는 사고와 감정을 다 강조하는 것 같지만, 실제로는 내담자가 어떻게 생각하는지에 대해서만 집중적으로 다루고 있다. 한편 이와는 대조적으로 칼 로저스(Carl Rogers)는 내담자의 느낌을 가장 강조하고 문제에 대한 지적인 분석에는 별로 관심을 기울이지 않는다. 또 어떤 사람들은 행동의 변화를 강조하고 내담자의 느낌이나 생각은 별로 중요하지 않다고 보아, 때때로 내담자가 의식하지도 못하는 사이에 상담을 실시하기도 한다.

그런데 우리가 성경을 자세히 보면 느낌과 사고와 행동이 거의 같은 비중으로 나타나고 있는 것을 알 수 있다. 우선 정서적인 느낌이나 감정의 문제를 생각해 보라. 예수께서는 당신의 사역을 하시는 동안 울기도 하셨고 때로는 분노하기도 하셨다. 예수님은 감정을 결코 부인하지 않았으며 감정을 밖으로 표현하는 사람을 비난하지도 않았다. 예수님은 십자가에 못박혔을 때 그 밑에서 슬퍼하는 어머니나, 주님께 보이기 위해 어린 자녀를 데리고 오다가 제자들에 의해 제지

당한 부모가 느꼈을 느낌에 대해 예민하게 반응하셨다. 상담을 하다 보면 감정을 지나치게 강조하거나 경시 또는 부정하게 되는 경우가 생길 수 있다. 그러나 예수님은 이러한 어떠한 오류에도 빠지지 않으셨다.

또 예수께서는 합리적인 사고를 인정하기도 하셨다. 도마는 매우 의심 많은 사람이었으므로 예수는 도마를 합리적이고 지적인 방법으로 대하셨다. 그리고 도마의 믿음이 부족하다고 해서 그를 무시하거나 비난하지 않으셨다. 그 대신 예수께서는 도마의 의심을 해소시켜 줄 수 있는 명백한 증거를 보여 주셨다. 의심 많은 도마는 다른 제자들이 예수께서 부활하셨다는 것을 말해주었을 때 그 사실을 믿지 않고 다음과 같이 말했다. "내가 그 손의 못자국을 보며 내 손가락을 그 못자국에 넣으며 내 손을 그 옆구리에 넣어 보지 않고는 믿지 아니하겠노라"(요 20:25). 그리고 주님께서 제자들을 다시 찾아오셨을 때 그분은 도마를 향하여 "네 손가락을 이리 내밀어 내 손을 보고 네 손을 내밀어 내 옆구리에 넣어 보라 그리하고 믿음 없는 자가 되지 말고 믿는 자가 되라"(요 20:27)고 말씀하셨다. 한편 예수께서는 감옥에 갇힌 세례 요한이 주님의 메시야되심에 대해 의문을 품었을 때에도(마 11:2-6) 세례 요한의 질문에 대답이 될 만한 합당한 사실들을 제시하셨다. 그리고 당시의 종교 지도자들과 많은 논쟁을 하셨으며 니고데모와도 밤이 깊도록 대화를 나누셨다.

예수는 또 감정과 사고뿐만 아니라 죄와 죄된 행위에 대해서도 큰 관심을 가지셨다. 그리하여 간음하다 붙잡힌 여인을 용서해 주시면서 더 이상 간음하지 말고 죄를 짓지 말라고 말씀하셨으며, 마리아에게는 흥분하기 잘하는 생활 태도를 바꾸라고 지적하셨고, 부자청년에게는 재산을 팔아 남에게 나누어주라고 가르치셨으며, 싸우는 형제에게는 서로 욕심을 부리지 말라고 충고하셨다. 그리스도는 사람들의 죄된 행동과 자기중심적인 행동을 보시고 설교나 대화를 통하여 변화되라고 지속적으로 강조하셨다.

　감정과 사고와 행동에 대한 강조는 사도행전과 사도들의 서신에서
도 잘 나타나고 있다. 이 책들 속에서 모든 신앙인들은 자신의 행동
에 대한 책임을 져야 한다는 것이 계속적으로 제시되고 있다. 하지만
개인의 느낌과 사고를 무시하면서까지 행동을 강조하고 있지는 않다.
이처럼 느낌과 사고와 행동이 성경에서 다 중요하게 제시되고 있는
만큼, 이것들은 상담에도 중요하게 적용되어야 한다. 다음의 도표에
서 볼 수 있는 것처럼 이 세 가지 요소들은 서로 밀접하게 관련되어
작용한다. 즉 정서적인 문제가 생기면 동시에 생각하는 것과 행동하
는 것이 다 영향을 받게 되는 것이다. 따라서 이 세 가지 요소 중 어
느 하나라도 무시하거나 특별히 더 강조할 수는 없다.

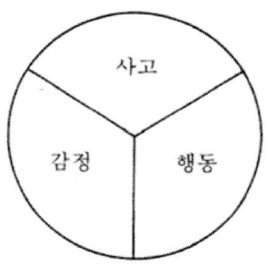

상담 테크닉

　5. 상담을 하려면 다양한 상담 기술을 알고 있어야 한다. 여기에서
‘기술’이란 말은 두 가지 관점에서 살펴볼 수 있는데 우선 집중해
내담자의 말을 듣고, 주의 깊게 관찰하는 것과 문제에 대해 적절하게
질문하는 것과 같은 상담 테크닉을 언급할 수 있다. 상담하려면 이러
한 기술들이 필요한데 이러한 것은 경험 있는 상담자를 통해 습득될
수 있다.

　최대한의 효과적인 상담을 실시하려면 상담에 대한 기본 방향이

설정되어야 한다. 상담자와 내담자는 분명한 목표를 가져야 하고 상담자는 최소한 이들 목표가 어떻게 성취될 수 있는지에 대한 것들을 알고 있어야 한다. 이때 목표를 달성하기 위한 제반 활동을 상담과정이라고 한다. 이것은 상담이 어떤 식으로 진행되어 가는가 하는 것을 말해 주는 것이다.

오늘날 상담 테크닉에 관한 수많은 책들이 쏟아져 나오고 있다. 상담 테크닉은 저자들에 따라서 약간씩 차이가 있지만 대부분의 저자들은 내담자를 이해하고 도우려면 상담자가 내담자의 말을 주의 깊게 듣고, 그때그때 적절한 질문을 하며, 격려와 용기를 주어야 한다는 것을 공통적으로 인정하고 있다. 그리고 이외에도 대부분의 저자들은 상담자가 내담자를 만날 때는 친절하고 온화한 태도로 대하며 내담자가 가지고 있는 죄의 문제, 아내를 사랑하지도 않으면서 사랑한다고 말하거나, 운동을 하지도 않으면서 좋아한다고 주장하는 등의 일관적이지 못한 언행, 자기 파괴적인 행동, 문제를 회피하려는 태도를 주의해서 잘 다루어야 한다는 사실을 공통적으로 주장하고 있다.

상담은 기본적으로 일종의 가르치는 행위이다. 내담자는 상담을 통하여 전과는 다르게 느끼고 생각하는 방법을 배우게 된다. 이런 점에서 상담자는 교사이다.

물론 상담자의 교수법은 아주 다양하다. 즉 충고를 하거나 지시를 하며 앞으로 어떻게 해야 한다고 설명해 주는 것 등의 방법이 있을 수 있다. 그러나 실제로 이렇게 말로만 하는 가르침은 별로 효과가 없다. 내담자를 효과적으로 가르치려면 어떻게 하면 보다 효과적으로 생각하고 살 수 있는가 하는 것을 직접 보여 주는 것이 좋다. 또한 내담자에게 어떤 진전이 있을 때 그에 상응하는 적절한 칭찬이나 격려 등을 해주며, 내담자와 함께 변화를 일으킬 수 있는 활동을 계획하고 수행하며 그 결과를 평가해 주는 것도 좋은 방법이다.

상담 테크닉 못지않게 상담의 목적 설정도 성공적인 상담을 위한 아주 중요한 요소가 된다. 상담이 어떤 식으로 진행되며 상담의 목적이 무엇인가 하는 것은 바로 상담의 과정을 설명해 주는 요소들이다.

상담의 과정은 상담 전문가들에 의해 자주 거론되고 있지만 의견의 일치를 보지 못하고 있는 실정이다. 어떤 상담자들은 상담을 아주 복잡한 과정으로 보지만 최근의 상담자들은 상담의 과정을 상당히 간소화하는 경향이 있다. 예를 들자면 이건(Egan)[4] 같은 사람은 상담을 4단계로 구분하고 있는데 1단계로는 내담자와의 친밀한 관계 형성, 2단계는 내담자의 필요에 반응하며 내담자로 하여금 자신의 느낌, 경험, 행동을 의식하도록 도와야 하고, 3단계는 상담자와 내담자 양자간의 깊은 이해의 단계, 끝으로 4단계는 문제의 해결을 위한 활동과 공동 평가의 단계로 분류하고 있다.

로렌스 브래머(Lawrence Brammer)[5] 같은 심리학자는 이건의 상담과정보다는 더 길지만 유사한 상담 과정을 제시하고 있다. 즉 그는 내담자와의 만남을 통해 문제 파악, 문제의 분류 및 상담의 목표설정, 관계 형성을 위한 절차 설정, 친밀한 관계 형성, 내담자의 느낌, 행동, 생각의 조사, 문제의 해결을 위한 활동의 계획, 실시, 평가, 그리고 문제 해결 등으로 상담의 과정을 분류하고 있다.

대체로 상담의 내용은 문제의 유형, 상담자와 내담자의 성격, 이들의 상호 관계 정도에 의해 결정된다. 이건과 브래머의 상담 과정에 기초하여 필자는 성경에 근거한 5단계 상담 과정을 제시하고자 한다.

a) 상담자와 내담자의 관계(요 6:63:26:7-13:요일 4:6).
b) 문제의 파악 및 분석, 그리고 문제의 해결을 위해 과거에 어떠한 일을 했는지를 조사한다(롬 8:26).
c) 문제의 해결을 위한 활동 계획 설정. 문제의 해결을 위한 여러 가지의 가능한 활동이 있을 수 있다(요일 14:26:고전 2:13).
d) 계획된 활동의 실행 및 상담자와 내담자의 공동 평가. 기대했던 결

---

4) G. Egan, *The Skilled Helper*(Monterey, CA: Brooks/Cole, 1975).

5) Brammer, *op. cit.*

과가 나오지 않을 경우에는 다시 시도한다(요 16:13; 행 10:19, 20:16:6).

e) 마무리. 내담자에게 이제부터는 문제에 직면했을 때 스스로 배운 바를 적용하며 문제를 극복해 나가도록 권면한다(롬 8:14).

상담과 제자화

6. 상담의 궁극적인 목표는 내담자를 제자로 삼아 그 내담자로 하여금 다시 다른 사람을 제자화하는 사람으로 만드는 것이다. 이 말은 자칫하면 크게 오해를 불러일으킬 소지가 다분히 있다. 즉 상담을 영적인 문제에만 국한시킨다거나 상담의 목표를 문제에 직면한 사람을 돕는데 두기보다는 영혼 구원에만 두고 있다고 볼 수 있는 것이다.

이 여섯 번째 원칙을 분명히 이해하기 위해 한 그리스도인 의사의 경우를 잠시 생각해 보기로 하자. 주께서는 모든 그리스도인들에게 제자 삼을 것을 부탁하셨다. 이것은 이 의사에게도 마찬가지이다. 그는 응급 환자실에서 구태여 성경을 펼치지 않더라도 간단한 대화를 통해서 적절하게 제자 삼는 사역을 실시할 수 있다. 고통을 치료해주는 것이 주께 영광이 되며 종종 복음을 전하기 위한 바탕이 된다는 사실을 잘 인식하고 성심 성의껏 치료를 해주면서 그리스도의 사랑을 전하는 것은 제자를 삼는 좋은 방법이다(잠 14:31; 마 10:42). 환자의 고통을 치료하면서도 영적인 문제에 대해 대화할 수 있는 것이다.

제자화 과정은 최소한 다섯 단계로 분류될 수 있다. 즉 접촉하여, 그리스도를 전하며, 결단하게 하고, 제자로 성장하게 하며, 다른 성경을 제자로 삼도록 가르치는 과정이다. 복음 전도는 이미 오래전부터 강조되어 왔지만, 제자 훈련의 중요성은 최근에 와서야 강조되기 시작하였다.6) 상담자는 이 두 가지 사명에 다 관심을 가져야 한다. 그

---

6) R.E. Coleman, *The Master Plan of Evangelism*(Old Tappan, NJ: Fleming

리고 이러한 사명을 가진 상담자는 다음과 같은 몇 가지 사항들을 유의해야 한다.

a) 상담자는 다양한 성경들과 만나게 된다. 그들은 복음을 전혀 들어본 적이 없는 사람을 만날 수도 있으며 이미 여러 해 동안 제자로서 또는 제자삼는 자로서 성장해 온 성숙한 성도와 상담하게 될 수도 있다. 상담자가 믿는 자들과만 상담해야 할 근거는 전혀 없는 것이다. 상담의 대상에 대해 사도 바울은 우리에게 적절한 교훈을 주고 있다(갈 6:10).

b) 상담자는 내담자가 5단계를 거치기까지 도와주거나 또는 일시적인 도움만 주고 다른 사람이 내담자를 도울 수 있도록 하기도 해야 한다. 상담자는 내담자를 만나 상담을 할지라도 복음은 다른 사람에 의해서 전달될 수 있으며, 내담자를 그리스도께 인도한다 해도 재자화는 다른 사람에 의해 이루어질 수 있다는 사실을 알아야 한다. 사람들은 수많은 다른 성경들과 함께, 그들의 영향을 받으며 살아간다. 그러므로 상담자는 자기만이 내담자를 도울 수 있다고 생각하여 내담자에게 지나칠 정도로 소유적인 태도를 보이지 않도록 해야 한다.

c) 상담자는 돌발적으로 너무 서둘러 영적인 복음을 전하려고 해서는 안 된다. 어떤 내담자들은 복음을 전하려고 무모하게 덤벼드는 그리스도인들에 대해 거부감을 느껴, 마음의 문을 더 굳게 닫아버린다. 상담자는 성령의 인도하심에 민감해야 한다. 경우에 따라서는 전혀 영적인 사실을 언급하지 않을 수도 있다. 제자를 삼으려고 노골적으로 덤벼들지 않는 것이 제자를 삼는 가장 효과적인 방법이 될 수도 있는 것이다.

d) 상담은 그리스도의 몸인 교회 공동체와 밀접한 관계가 있다. 로마서 12장, 고린도전서 12장 등에서 볼 때 몸은 서로를 지탱해 주며, 도

H. Revell, 1963); N.A. Henrichsen, *Disciples Are Made-Not Born*(Wheaton: Victor Books, 1974); and C. Wilson, *With Christ in the School of Disciple Building*(Grand Rapids: Zondervan, 1976).

와주며, 짐을 나누어 지며, 유지해 주기 위해 존재한다. 대부분의 사람들이 생각하듯이 상담에는 일대일의 개인 상담만 있는 것이 아니다. 교회는 상담자의 상담 활동과 내담자의 성장을 돕는 치유의 공동체가 되어야 한다.

e) 제자화 상담은 전인으로서의 균형에 관심을 가진다. 필자가 처음 제자화 상담에 대한 공개 강의를 했을 때 어떤 사람이 제자화 상담은 단순히 영적인 문제에만 관심을 가지는 것일 뿐이라고 비난하였다. 이 비난에 대한 해명은 성경은 결코 인간을 분리시켜 생각하지 않는다는 말로 충분할 것이다. 성경이 두 가지 내지는 세 가지, 또는 그 이상의 요소들로 구성되어 있다고 보는 것은 성경과는 다른 희랍 철학에서 유래된 개념이다. 사람은 통합된 단일한 존재이므로 영적인 문제나 정신 장애, 사회적 갈등, 신체적 질병 등이 단독으로 발생하지는 않는다. 어느 것 하나에 이상이 생기면 그 사람의 전체가 그 영향을 받게 된다. 상담자가 아무리 의학, 정신치료 영적 상담에 대해 전문적인 공부를 한다 해도 인간에게서 영적인 것, 정서적인 것 이지적인 것, 신체적인 것을 따로 구별할 수는 없다. 하나에 문제가 생기면 몸 전체의 균형이 상실된다. 따라서 영적인 문제에만 관심을 갖고 심리적인 욕구를 무시해서는 안 된다. 이것들은 결코 분리되어 생각될 수 없는 것이며 이러한 사실을 잊고 상담에 임하는 상담자는 내담자에게 해를 끼칠 뿐 아니라 주님께도 잘못을 범하는 것이다.

우리는 지금까지 제자화 상담의 원리들을 살펴보았다. 다시 한번 정리하자면 제자화 상담의 중요한 원리들은 상담자의 성숙, 내담자의 태도, 상담자와 내담자의 관계, 감정, 사고, 행동의 균형된 강조, 상담 기술, 사람들로 하여금 그리스도 안에서 성숙하고 온전한 제자가 되고 또한 제자 삼는 자들이 되도록 인도하려는 궁극적 목적 등이다.

제12장 목회 상담
(Three-Dimensional Pastoral Counseling)

폴 L. 워커(Paul L. Walker)

오늘날 지역 교회에서 상담 활동을 하는 상담자들과 목회자들에 의해 기독교 상담학 분야는 주목할 만한 발전을 하고 있다. 보이슨, 힐트너, 클라인벨, 오츠와 같은 저술가들이 목회 상담학을 하나의 학문 분야로 발전시키는데 공헌을 한 반면, 수많은 교구 목사들은 문제를 가지고 찾아온 사람들과 직접적으로 만나면서 상담에 필요한 상담 기술을 발전시켰다.

목회 상담에 대한 다양한 접근 원리들을 한 단원 내에 다 요약한다는 것은 불가능할 것이다. 워커는 □상담학 분야에는 상담자 수만큼 다양한 상담 원리들이 있다□고 주장한 바 있다. 따라서 우리는 성공적인 상담활동을 한 목회 상담자를 통하여 교회에서의 상담에 대한 그의 견해를 들어보려고 한다.

현대의 목회자들에게 커다란 도전으로 다가 오는 것이 있다면 그것은 바로 삶에 대한 근본동기를 잃고 정신적 영적인 문제에 싸여 교회를 찾는 많은 사람들의 영적 상태이다. 물론 목회자는 이들에게 필요한 도움을 줄 수 있어야 한다. 폴 워커는 이러한 현대인들의 심리 상태를 치유해주기 위해서 목회자가 갖추어야 할 영역을 세 가지 측면에서 설명해 주고 있다.

즉 성도들의 성장과 그들의 개인적, 가정적인 필요를 살피고 도와주는 목양자로서의 영역, 효과적인 상담을 위한 촉진자로서의 영역, 그리고 문제를 치유하는 치료자로서의 영역이 그것이다.

폴 워커는 거의 20여 년 동안 애틀랜타에 있는 마운트 파란 교회(Mount Paran Church of God)의 목사로 재직하고 있다. 워커는 신학교를 졸업한 뒤에 조지아 주립 대학에서 상담학 박사 학위를 받았다. 그는 목회 사역뿐 아니라 교단에서기도 했고, 「청소년 상담, Counseling Youth」, 「성경과 과학의 이해, Understanding the Bible and Science」, 「위기에 처한 삶에 대한 용기. Courage for Crisis Living」 등의 책을 저술한 바 있다.

마가렛 미첼(Margaret Mitchell)의 소설 「바람과 함께 사라지다」
에서, 윌 벤틴(Will Benteen)은 오하라의 장례식에서 오늘날 교회나
지역 사회에 있는 많은 사람들이 직면한 문제를 아주 적절하게 다음
과 같이 언급하고 있다. "삶에 대한 모든 사람의 근본 동기는 성경
마다 다 다릅니다. 제가 말씀드리고 싶은 것은 이 삶에 대한 근본 동
기를 상실한 사람은 이미 죽은 것과 다를 바 없다는 것입니다."

현대의 목회자들은 커다란 도전에 직면하고 있다. 오늘날 삶에 대
한 근본 동기를 잃고 정신적 영적인 문제에 싸여 교회를 찾아오는
많은 성경들을 위해 목회자는 그들에게 필요한 도움을 주어 문제를
해결하도록 해야 한다. 이제 이러한 상담 활동이 목회 사역의 중요한
국면이 되었다.

따라서 본장에서는 목회 상담의 필요성을 깊이 인식하고 목회자들
이 담당해야 할 세 가지 차원의 목회 상담에 관해 살피고자 한다. 세
가지 영역의 상담 모델은 다음과 같다. 1) 목양자로서의 목회자, 2)
촉진자로서의 목회자, 3) 치료자로서의 목회자.

목양자로서의 목회자

수많은 활동과 여러 분야의 일에 관계해야 하는 목회 사역은 그리
용이한 일이 아니다. 성공적인 목회자가 되려면, 성도들의 성장에 깊
은 관심을 갖는 목양자로서 제반 요소들을 통합할 수 있어야 한다.
목양자로서의 목회자는 사람들을 하나님께 가까이 나아가도록 인도
할 뿐 아니라, 그들이 자기 자신과 이웃에 대해서도 긍정적인 태도를
갖고 좋은 관계를 형성하도록 도와주는 일을 한다. 따라서 전체적인
맥락에서 볼 때 목양이란 목회자가 성도들의 개인적, 가정적인 필요
를 살피고 도와주는 것이라고 할 수 있다.

이러한 정의는 형식 중심이 아니라 인간 중심의 사역을 행하신 그

리스도로부터 비롯된 것이다. 다시 말해 주께서는 종교적 의식의 가치를 사람의 필요에서 찾으셨다. 그리스도에게 있어서 사람은 모든 예배의 절차나 교회 규칙에 대해 우선순위를 차지하였다. 그분은 늘 사람들을 사랑하시고 돌보셨으며, 그분의 나라에서의 새로운 삶을 위해 사람들을 종교적 전통의 굴레에서 벗어나 자유하게 해주셨다(눅 4:18; 11:46; 요 8:31-36; 마 23:4; 행 15:10; 갈 5:1). 이것은 무엇을 의미하는가?

1. 그리스도는 도움이 필요한 사람들을 주목하셨다. 주께서는 세리나 죄인들과 함께 식사하셨다(마 9장; 10:1-13; 눅 19:1-11). 그리고 수로보니게 여인의 필요를 채워 주셨으며(막 7:24-30) 사마리아 여인과도 먼저 대화의 문을 여셨다(요 4:4, 9, 27).

2. 그리스도는 전통에 구애 받지 않고 각계각층의 사람들과 접촉하셨다. 주께서는 간음하다가 잡힌 여인을 이해해 주시고 용서해 주셨다(비교, 요 8:1-11과 레 20:10). 또한 병들고 죽은 자를 만져주셨으며(비교, 막 1:41과 레 13:46; 막 5:13과 민 19:11, 13), 식사하기 전에 손을 씻는 것이나 정기적으로 금식하는 것과 같은 전통을 무시하셨다(막 2:18이하). 이외에도 종종 율법주의자들이 주장하는 안식일의 개념을 바꾸시기도 하셨다(막 1:21; 2:23이하; 3:1이하; 눅 13:10; 14:1; 요 5:8, 9; 9:14). 안식일에 대한 예수님의 생각은 다음 말씀에서 잘 나타나고 있다. "안식일은 성경을 위하여 있는 것이요 사람이 안식일을 위하여 있는 것이 아니니"(막 2:27).

3. 그리스도는 사람들의 필요를 채워 주셨다. 그리스도의 전체 사역은 사람들에 대한 사랑(눅 6:1-35), 연민(마 9:36; 눅 13:34, 35), 염려(막 9:24, 25), 자비(요 8:1-11; 마 12:20)로 특징지워질 수 있으며, 또한 상황에 따른 적절한 대처(마 13:58; 눅 16:30, 31), 하나님의 능력에 대한 확신(막 10:27) 등이 그 사역가운데에서 나타나고 있다.

한마디로 말하자면 그리스도는 사람들에 대한 사랑과 관심어린 사역을 통해 목양자로서의 참된 목회자상을 제시해 준 것이다.

우리는 사도 바울의 서신서에서도 예수님이 제시하신 목회자상과 비슷한 목회자의 역할을 찾아볼 수 있다.

1. 사도 바울은 사람들에 대한 애정, 사랑, 교제를 강조했다(롬 9:1-3; 고후 6:11; 7:3-9; 11:2, 29; 살전 2:7, 11; 3:6, 8; 갈 4:19; 빌 4:1).

2. 사도 바울은 신경써야 할 일이 많음에도 불구하고 지속적으로 개개인에 대한 깊은 관심을 쏟았다(고후 11:28; 롬 16장).

3. 사도 바울은 복음 전도에 못지않게 성숙한 신앙인이 되라고 주장했다(롬 14:19; 고전 8:1; 10:23; 14:3, 4, 5, 12, 17, 26;고후 13:10; 엡 4:7-16, 29).

4. 사도 바울은 사람들을 동등한 인격체로 보았다(고전 1:10; 16:15-18; 빌 3:15).

5. 사도 바울은 진실한 마음을 가지고 재치 있고 민감하게 사람들을 대하였다(행 26:29; 고전 9:19-27; 몬 1:14-20).

6. 사도 바울은 성숙한 그리스도인에 이르도록 균형된 삶과 온전함과 깨끗한 마음을 가질 것을 주장하였다. 그는 생각(롬 12:3), 태도 (딤후 1:7), 그 외의 전체적인 면(딛 1:8; 2:2)에서 온전함(엡 4:13)에 이를 것을 강조하고 있다.

바울 역시 그리스도의 모습 속에서 목양자로서의 참된 목회자상을 보았다.

상담 사역은 본질적으로 목양자의 역할에 해당되는 부분으로서 효과적인 목회 활동을 위한 중요한 요소가 된다. 목회 상담은 도움을 필요로 하는 사람들에게 적절한 조치를 취함으로써 건설적으로 문제를 해결할 수 있다는 새로운 이해와 책임감을 주기 위해 내담자와 함께 문제를 다루는 상담법이라고 정의할 수 있다. 이것은 목회자가 목양자로서 다음과 같은 면에서 상담을 주도해야 된다는 것을 의미한다.

1. 목회 상담자는 내담자가 상담자를 의식하지 않고 하나님께 철처

하게 자신을 개방하고 고백하도록 인도해야 한다.

2. 목회 상담자는 내담자로 하여금 문제에 영향을 주는 무의식적인 요소들을 의식하도록 도와주고, 자신의 감정을 조절하도록 적극적인 노력을 기울여야 한다.

3. 목회 상담자는 내담자의 자긍심을 고취시켜 줌으로써 내담자로 하여금 자선은 가치 있고 귀중한 존재라는 사실을 깨닫게 해야 한다.

4. 목회 상담자는 성령에 의지해야 한다. 그럴 때만이 상담자는 교만해지지 않게 되며, 내담자는 이러한 상담자를 긍정적으로 받아들임으로써 문제의 해결을 촉진하게 된다.

촉진자로서의 목회자

상담은 우연히 이루어지는 것이 아니다. 목회 상담을 하려면 우선 목회자가 성숙해야 하고 행동의 모범을 보여야 한다. 목회자는 상담을 하다 보면 자신의 장점 뿐 아니라 약점도 드러내 보이게 된다. 그러므로 효과적인 상담을 하려면 영적인 성숙을 통해 촉진자로서의 자질을 개발해야 한다.

목회자로서 촉진자가 되는 것에는 다음과 같은 의미가 내포되어 있다. a) 목회자는 자신이 먼저 능동적이고도 모범적인 삶을 살아야 한다. b) 목회자는 건설적이고 진실하게 사람들을 대해야 한다. c) 목회자는 사람들의 감정과 경험을 보다 잘 이해하려고 노력해야 한다. d) 목회자는 어떤 형편에 처하든지 성경들을 수용하고 적극적인 관심을 기울일 줄 알아야 한다. e) 목회자는 양육적인 태도로 대담자에게 자신의 입장을 주장하고 지도할 줄 알아야 한다. f) 목회자는 내담자로 하여금 느끼게 하고, 행동을 촉진하게 하고, 그의 존경과 신뢰를 받을 수 있는 반응 양상을 개발해야 한다. g) 목회자는 진정한 목양자의 모델을 그리스도에게서 찾는다.

그렇다면 이러한 개념들을 토대로 한 목회 상담은 실제로 어떻게 진행되는가? 목회 상담에 적합한 상담 테크닉은 무엇인가? 목회상담에 필요한 자료는 무엇인가?

상담법은 상담자에 따라 약간씩 차이가 있는 것이 사실이므로 어느 것을 꼭집어서 목회 상담의 이론적 구조로서 가장 적합한 것이라고 말하기는 어렵지만, 절충적인 면에서 적합하다고 인정되는 상담법은 다름아닌 아들러 학파의 상담법(Adlerian Counseling)이다.

이 상담법은 인간을 사회적 목적을 지닌 사회적 존재로 보는데, 특히 인간의 사회 목적론적인 측면을 강조한다. 넓은 의미로 볼 때 아들러 학파의 상담법은 인간은 자신의 목표를 세우고, 궁극적으로는 사회 그룹 내에서 자신의 위치를 찾을 수 있는 창조적 능력을 지닌 자유인이라는 것을 강조한다. 또한 아들러식의 상담법에 의하면 상담은 가족 전체와 관련된 일이다. 따라서 개인의 정신적인 질환은 가족의 병리적인 현상을 표현해 주는 것이라는 전제하에 개인 상담만 하는 것보다는 가족 전체를 상담하는 것이 더 바람직하다는 확신을 가지고 있다.[1]

아들러 학파의 상담은 중복되면서도 뚜렷하게 구별되는 네 가지 단계로 구성된 문제의 발견 및 해석 과정이다.

첫째, '관개 형성'의 단자이다. 이 단자는 신뢰, 존경, 이해와 문제 해결에 대한 기대가 우러나와 상담 관계를 형성하고 이를 유지하는 단계이다.

둘째, '분석' 단계이다. 이 단계는 가정의 문제를 이해하기 위해 여러 가지 심리학적인 조사를 실시하며, 가족들의 생활 방식을 분류하고, 출생 서열이나 형제간에 있을 수 있는 어떤 경쟁 관계, 부모의 상호 관계 등 가족 구조에 대해 조사하고 분석하는 단계이다.[2]

---

1) Group for the Advancement of Psychiatry, *Treatment of Families in Conflict*(New York: Science House, 1970), p.30

2) D.C. Dinkmeyer, *Guidance and Counseling in the Elementary School*(New

셋째, '해석' 단계이다. 이 단계는 내담자의 동기, 의도, 목표 등에 대해 대화하고 설명하는 단계이다. 내담자의 가정에서 문제가 발생했을 때 이 가족 구성원들이 취하는 행동 패턴을 통해서 문제의 근본 원인과 구성원들의 행동 패턴을 유추해 내는 과정이다. 따라서 여기에서는 어떤 이유나 느낌보다 구성원들이 보인 '행동'과 '목적'이 중시된다.

넷째, '재조사와 재교육' 단계이다. 이때 변화와 개선의 진전을 위한 특별한 방법이 요구되는데 자가 진단과 같은 방법은 내담자나 가족에게 알지 못했던 힘이나 결정 능력, 선택의 자유 등을 깨닫게 해준다. 이 단자의 궁극적인 목적은 잘못 설정된 목적들을 교정하고 가정의 각 구성원이 자기 신뢰와 자기 가치를 회복하도록 돕는 것이다.3)

이러한 상담 과정에서 특히 고려해야 할 점은 피상담 그룹은 그룹마다 각각의 독특한 상황 속에 있으므로 상담자의 적절한 지도절차가 요구된다. 따라서 본장에서는 특히 아들러 학파에서 소개한 몇 가지 실제적인 안내 지침을 제시해 보겠다.

1. 가능한 한 많은 사람들과 상담을 하라.

상담할 때 가정의 모든 어른들을 상담에 참여시키는 것이 좋다. 그러나 부모나 가정에 영향력이 있는 사람 중에서 상담에 참여하기를 꺼리는 사람이 있을 수 있는데, 그럴 경우에는 우선 상담에 참여하고자 하는 사람들과 먼저 상담을 하되 다른 사람들도 점차 상담에 참여시키도록 노력해야 한다.

2. 가정에서 일어나고 있는 구체적 상황들에 대해 함께 대화를 나누라.

York: Holt, Rinehart & Winston, Inc., 1968.)

3) T. Dreikurs and M. Sonstegard, "The Adlerian or Teleanalytic Approach" in G.M. Gazda, ed., *Basic Approaches to Group Psychotherapy and Group Counseling*(Springfield, IL: Charles C. Thomas, 1968).

어린아이의 행동은 단순히 아이의 행동에 그치는 것이 아니라, 가족간에 내재된 갈등과 그 상황을 예시해 주는 것이다. 문제아의 경우에 실제적인 문제는 아이 자체에 있는 것이 아니라, 부모나 조부모, 형제들 혹은 가족들의 복합적인 관계에 있을 수도 있다. 따라서 상담을 할 때는 가족간의 상호 관계에 대한 해석과 문제를 적절히 다루기 위한 방법들이 필요하게 된다.

3. 피상담 그룹이 저한 상황의 다양성을 이해하고, 그에 따른 적절한 상담 절차를 강구하라.

상담자와 상담을 하는 피상담 그룹은 아주 다양하므로 상담 절차도 그에 따라 적절하게 설정되어야 한다. 결국 상담자는 모든 피상담자들의 필요에 민감해야 하는 것이다. 상담자는 진지한 분위기에서 대화를 나누고, 서로 밀접한 관계의 문제에 대해서는 적절한 객관성을 유지한다. 동시에 상담에 많은 사람들의 적극적인 참여를 유도하고 좌석의 배열, 적절한 중재 등 구체적인 부분에까지 주의를 기울여야 한다. 이러한 일들을 적절히 해낸다는 것은 쉬운 일이 아니다. 그러므로 상담자에게는 융통성, 감수성, 개방적인 태도, 안전, 확신, 자신감, 책임감 등이 있어야 한다.

4. 상황에 따라 적절한 상담 테크닉을 적용하라.

경우에 따라서 모레노(Moreno)[4]가 개발한 싸이코 드라마(psychodrama)는 어린아이의 재교육에 도움이 될 수 있으며, 음악을 통한 방법도 상담에 효과적인 도움을 준다.[5] 전체 가족과 상담을 하는 동안 제 삼자처럼 그 과정을 지켜보는 것도 가정의 상호 작용을 이해할 수 있는 좋은 기회가 된다. 서로의 문제를 진지하게 토론하는

---

4) J.L. Moreno, *Psychodrama*(New York: Beacon, 1946).

5) A. Starr, "Psychodrama in the Child Guidance Centers" in R. Dreikurs, R. Corsini, R. Lowe, and M. Sonstegard, eds., *Adlerian Family Counseling*(University of Oregon: University Press, 1959); and R. Dreikurs, "The Dynamics of Music Therapy" in M. Bing, ed., *Music Therapy*(Lawrence: The Allen Press, 1954).

것은 서로를 보다 잘 이해하고 효과적인 가족회의를 할 수 있도록 도와준다. 가족 회의는 문제의 지속적인 개선을 위해 가족간에 시행되는 상담 과정의 한 절차로 볼 수 있다. 이러한 가족회의는 전체 가족의 정기적인 모임을 통해 이루어지며, 자유로운 토론과 의견 제시, 민주적인 회의 진행 등을 위해 합의된 일련의 원칙들을 통해 효과적으로 진행될 수 있다.6)

기본 전제들

상담을 하는 데에는 심리학의 적용이 불가피하다. 그러나 목회상담을 하기 위해서는 우선 기독교적인 원리 위에 상담 원리가 조명되어야 한다. 즉 교회에서 심리학적인 원리를 다루면서 세속화나 단순한 인본주의에 젖어들지 않으려면 몇 가지 근본적인 전제가 선행되어야 하는 것이다.

이제 심리학과 기독교의 원리에 공통되는 몇 가지 기본 전제들을 살펴보기로 하자.

1. 모든 진리는 하나님으로부터 비롯된다. 과학으로서의 심리학이나 단지 하나의 프로그램에 불과한 교회학(ecclesiology)으로서는 참된 진리를 알 수 없으며 제한적이다.

2. 실천 신학은 행동 변화에 대한 적절한 기준을 제공해 준다. 실천신학이나 관계 신학 그리고 심리학은 인간이 성숙해지고 풍성한 생산적인 삶을 누리는 것을 그 목적으로 하는 분야이다. 그렇지만 인간의 온전한 변화와 성숙을 위해서는 먼저 그리스도 안에서의 믿음과 개인적 체험을 통한 하나님의 구속에 의한 화목이 있어야 한다. 이러한 요소가 배제된 교회학이나 심리학은 어떤 행동주의적 테크닉

---

6) R. Dreikurs, R. Corsini, R. Lowe, and M. Sonstegard, eds., *Adlerian Family Counseling*(University of Oregon: University Press, 1959).

은 제시할 수 있을지 몰라도, 궁극적인 의미를 제공해 줄 수는 없을 것이다.

3. 인간은 하나님의 형상대로 창조되었다. 인간의 본질에 대한 심리학의 견해는 대체로 세 가지로 분류될 수 있다. 즉 행동주의자들은 인간을 자극에 대해 반응하는 존재라고 보고, 정신분석학자들은 내면적으로 반응하는 존재라고 이해하며, 현상학자들은 인간은 되어가는 과정 중에 있는 존재라고 말한다. 그러나 사실상 인간은 이 세 가지 모두에 해당한다고 볼 수 있다. 그리고 인간은 여기에서 한 단계 더 나아가 하나님의 형상대로 창조된 존재이다. 이러한 인간의 영적인 면은 심리학과 기독교에 의해 함께 연구되고 다루어져야 할 영역이다.

4. 인간은 영원한 존재이다. 인간은 물론 이 땅에서 건전한 인격과 효과적인 대인 관계를 가져야 한다. 그러나 심리학과 기독교에서 인간의 가치관이나 죽음, 영원한 실존의 문제를 다루지 않는다면, 인간은 그리스도의 부활과 재림의 사건을 구속적이고 종말론적인 의미의 역사적인 사실로서 보는 것이 아니라 단순히 기독교적인 하나의 현상으로서 인식하는 정도에 그칠 것이다. 이 땅의 풍습을 좇고, 이 땅의 삶에 깊이 젖어드는 것은 역설적으로 영원한 삶을 보지 못하고 영원성을 상실한다는 것을 의미한다. 이에 대해 사도 바울은 이렇게 말했다. "우리의 돌아보는 것은 보이는 것이 아니요 보이지 않는 것이니 보이는 것은 잠간이요 보이지 않는 것은 영원함이니라"(고후 4:18). 그러므로 "우리가 사방으로 우겨쌈을 당하여도 싸이지 아니하며 답답한 일을 당하여도 낙심하지 아니하며 핍박을 받아도 버린바 되지 아니하며 거꾸러뜨림을 당하여도 망하지"(고후 4:8, 9)않게 된다.

5. 인간은 성령의 도움을 받아 성장하게 된다. 성령은 이 땅에서 인간의 연약함을 도우시며 적극적으로 중재적인 사역을 전개한다(롬 8:26). 이는 기독교적인 모든 상담이나 치료 활동은 성령의 도우심을

통해 실시되어야 한다는 것을 의미한다. 이러한 전제는 과학으로서의 심리학적인 영역 밖에 속한 것이고 교회의 세속화에 밀려 종종 무시되곤 하지만, 심리학적 이해를 가지고 있는 헌신된 그리스도인에게 있어서 성령은 행동의 근본적인 변화를 가져다주는 잠재적인 힘이 된다.

다시 말하자면, 심리학이 목회 상담에 적용되기 위해서는 먼저 그리스도의 십자가에 의해 재조명되고 예수 그리스도의 주권적인 인도에 순종해야 한다.

치료자로서의 목회자

연구 보고에 의하면, 문제의 해결이나 변화의 정도는 상담자와 내담자 간의 관계에 내재하는 다양한 변수에 의해 결정된다고 한다. 이러한 변수들로는 공감대 형성, 솔직한 태도와 관심, 구체적인 대화, 지도 능력 등을 꼽을 수 있다. 이와 같은 요소들이 성경적인 원리에 의해 재조명되어 목회자와 내담자와의 관계에 적용되면 풍성한 영적인 축복과 참된 행동의 변화를 가져다 줄 것이다.

'공감대 형성'은 에베소서 4:31, 32과 고린도전서 13장에 근거한 것으로서, 한 사람의 내면 세계에 들어가 그가 가지고 있는 문제 뿐 아니라 그 사람 자체를 이해하고 보살피고 도우려고 하는 것을 전하는 것이다. 또한 다른 사람의 느낌과 경험을 예민하게 감지하고 반응하는 것을 의미하기도 한다.

'솔직한 태도'는 고린도후서 3:18에 근거한 것으로서, 목회자가 정직하게 자기 모습을 드러내는 것을 의미한다. 이는 편견이나 사심이 없는 개방되고 진실한 태도로 참된 자기 자신의 모습을 드러내는 것이다.

'존경'은 요한일서 1:7-10과 2:1, 2에 근거한 것으로서 목회자는 내담자를 아주 가치 있는 존재로 보고, 어떤 형편에 있든지 성심 성의껏 도와주어야 한다.

'구체적인 대화'는 에베소서 4:29에 근거한 것으로서, 상담자는 내담자와 대화할 때 유창하면서도 직접적이며 간단한 말을 사용해야 한다. 이는 내담자로 하여금 상담자의 의도와 문제에 대한 조언을 명료하게 이해하도록 해주며 다시 한번 또렷하게 재고할 수 있는 여지를 제공해 준다.

'지도 능력'은 요한일서 2:3-6에 근거한 것으로서, 상담자는 내담자로 하여금 건설적인 행동을 하도록 지도함으로써 효과적으로 문제를 해결하도록 도울 수 있다.

그러나 이러한 요소들을 통하여 상담자가 진정으로 내담자의 문제를 치료하며 변화하도록 도우려면, 목회자는 상담자로서의 자신의 역할 뿐만 아니라 내담자로서의 교구민의 역할과 상담의 과정까지를 철저히 이해하고 있어야 한다.

상담자

첫째, 상담자는 늘 자기 자신을 살피고 이해해야 한다. 이러한 의미에서 목회자는 주변 환경에 대한 자신의 인식을 점검하고, 자신의 가치관을 명확히 정립해야 하고, 내담자를 변화시키려는 적극적이면서도 편견이 없는 순수한 관심을 가져야 한다.

둘째, 상담자는 늘 적절한 상담을 하기 위해 노력해야 한다. 목회자는 성경적인 입장에서 상담에 대한 자신의 기본적인 전제를 점검하고, 다양한 내담자의 필요를 채워주기 위해 여러 가지의 행동모델을 제시할 뿐 아니라 다양한 역할을 수행해야 한다. 비록 일반적인 상담 원리나 구조에 의해 상담을 한다 해도, 목회자는 전문가의 입장에서 내담자로 하여금 보다 생산적이고 만족스런 삶을 살게 하기 위해 효과적인 행동의 변화를 가져다 줄 수 있는 다양한 방법을 구사하고 참된 상담 관계를 형성해야 한다.

세째, 상담자는 문제의 해결을 위한 적절한 능력이 있어야 한다. 따라서 목회자는 치료자, 보호자, 조력자로서 내담자로 하여금 스스로 문제의 해결을 추구하고 절제하며 성숙한 대인 관계를 갖고 자기 자신에 대해 책임을 지도록 돕는 역할을 적절하게 수행할 수 있도록 훈련을 받아야 한다.

내담자

앞에서 본 바와 같이 문제의 해결이 일어나려면 상담자는 내담자에 대한 다음의 몇 가지 사항을 유의해야 한다.

첫째, 내담자는 누구나 스스로 문제를 해결할 수 있는 능력이 있다. 이것은 내담자가 비록 현재는 성장을 방해하는 것이 있어 문제를 갖고 있기는 해도 그에게는 그 한계를 넘어 문제를 해결할 수 있는 능력이 있다는 것을 의미한다. 그러므로 상담자는 환경에서 오는 장애와 좌절의 요소를 극복할 수 있는 힘이 내담자에게 있음을 인정해야 한다. 모든 내담자는 자기 자신의 자아 능력이 있으며 성령을 통해 필요한 능력을 받을 수 있다. 그리고 스트레스를 받거나 어려운 상황에 처하더라도 내적인 안정과 균형을 유지할 수 있는 잠재적인 능력을 소유하고 있다. 다시 말하자면 내담자는 주변 환경에서 오는 어떤 한계적 상황이나 문제에 직면하더라도 자기 스스로 대처할 수 있는 능동적인 존재이다. 그리고 자기 자신의 문제에 대해 적절하게 해결책을 강구할 수 있는 잠재적인 내적 능력과 영적인 요소들을 가지고 있다.

둘째, 내담자는 상담자의 역할이 실제 경험에서 우러나온 것인가를 주시한다. 그러므로 상담자는 자신의 가치관에 주의를 기울여야 한다. 상담자와 내담자 사이의 관계 변수(공감대, 솔직한 태도, 무조건적인 배려)가 상담자 자신에게 있어서 삶의 방식이 되도록 해야 한다. 그리고 전문적인 상담 활동에만 국한하지 말고 일상적인 삶 속에서도 적절한 대인 관계를 이루어, 다른 사람의 일에 함께 공감하며 진실하고 차별 없는 관심을 보여야 할 것이다. 결론적으로 말해서 유능한 상담자는 내담자로부터 진정으로 내담자에게 관심을 갖고 문제와 곤경을 함께 감당하려는 성경으로서 인정을 받아야 한다. 이러한 인정을 받으려면 타성에 젖은 상담 활동에서 벗어나 적극적으로 내담자의 문제를 해결하려는 의지와 열성을 가지고 있어야 한다. 이것은 상담자가 위기적인 상황도 기꺼이 감수하고 늘 자기 자신을 새롭게 할 뿐만 아니라, 문제에 적극적으로 뛰어들어 진심으로 내담자를 돕고자 하는 자세를 의미한다.

즉 상담자는 내담자에 대해 친구, 격려자, 정보 제공자, 코치, 주님의 권능을 믿는 그리스도인 형제, 개인과 문제 상황 간의 중재자 등의 역할을 수행해야 하는 것이다.

이와 같이 상담자는 내담자의 외적인 문제 상황 뿐 아니라 내적인 필요까지도 충족시키는 일에 관심을 가져야 한다. 이러한 면에서 볼 때 상담은 신체적, 정서적, 영적 존재로서의 인간 전체를 동시에 다루는 활동이다.

상담의 과정

마지막으로 상담은 영적, 사회적 행동의 변화 과정이라고 볼 수 있다. 목회 상담에서 고려해야 할 것은 내담자에게 융통성과 다양성을 부여해 주는 아들러 학파의 상담법과 같은 상담 과정을 개발하는 일이다. 어떤 의미에서 영적, 사회적 행동 변화의 개념은 보다 개인적인 접근법을 강조하고 있는데, 여기에는 다음과 같은 의미들이 내포되어 있다. a) 내담자 개개인과의 독자적인 관계 형성. b) 내담자를 특징짓는 개인적인 요소들의 파악. c) 개인적인 요소들과 그리스도의 권능에 의지하여 다양한 집단 및 개인 상담을 위한 전략을 세움과 더불어 성격과 상담에 관한 모든 주요 이론을 적용한다. 이때 직업적 필요에 관련된 것으로는 특징-요인적 접근, 학식이 있는 내성적인 내담자를 위한 분석적, 자기실현적 접근, 원하는 방향으로 행동을 유발하기 위한 행동 지향적인 학습 원리와 행동주의적인 접근 방법 등이 있다.

다음 그림에서 볼 수 있듯이, 영적-사회적 행동 변화 모델은 성경적 원리에 근거한 가치관과 일상생활에서 다른 사람과 관계를 맺을 때 생기는 다양한 관계 요소들을 가지고 상담에 임하는 상담자와 자아 능력과 스스로 문제를 해결할 수 있는 자아 극복 능력을 가진 내담자간에 이루어지는 상담 과정이라고 볼 수 있다. 이 모델에서는 첫째로 상담자와 내담자 간에 독자적인 관계 형성, 둘째로 개인적인 요소들의 파악, 셋째로 구체적인 상담 실시 등의 상호 작용이 일어나게 된다.

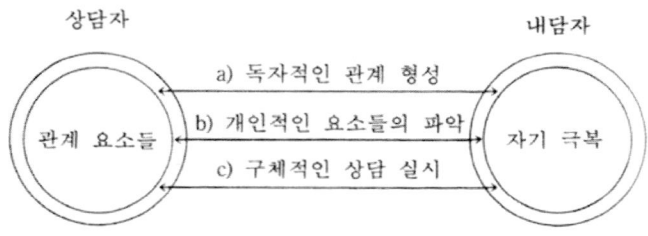

요약해서 말하자면, 목회 상담은 사람들에 대한 관심에서 우러나온 목회 사역의 한 부분이다. 교회가 걱정과 염려와 문제로 가득 찬 시대에 사는 상한 심령들에게 참된 위로와 평안을 주고 개인의 필요들을 채워 주려면, 반드시 상담 활동을 해야 한다.

그리고 교회에서 효과적인 목회 상담 활동을 하려는 목회자는 목양자로서, 촉진자로서, 치료자로서의 기능을 적절하게 수행할 수 있어야 한다.

제13장 사랑 요법
(Love Therapy)

폴 모리스(Paul Morris)

기독교의 가장 기본적인 주제는 하나님의 사랑일 것이다. 하나님은 사랑이시며, 당신의 형상대로 인간을 창조하시고, 인간이 죄를 짓자 인간의 죄를 대신하여 독생자 예수 그리스도를 죽음의 자리에 보내심으로 당신의 사랑을 확증해 보이셨다. 예수께서는 제자들에게 하나님이 무조건적으로 사랑하신 것처럼 □서로 사랑하라□고 말씀하셨다. 또한 □너희가 서로 사랑하면 이로써 모든 사람이 너희가 내 제자인 줄 알리라□(요 13:35)라고 말씀하셨다.

현대인에게 있어서 가장 큰 병은 사랑의 결핍과 과욕이다. 예수님께서도 위로는 하나님을 아래로는 서로를 사랑하는 것이 대 강령임을 선포하셨다. 모든 것이 앞서는 것이 사랑이며 모든 것을 초월하는 것이 사랑이다. 따라서 내담자와 상담자와의 관계 설정은 사랑을 나누는 관계이어야 하며 사랑의 나눔을 통해서 진정한 상담의 의미를 상호간에 깨달을 수가 있는 것이다.

본장에서 저자는 상담에 있어서의 전문적인 기술을 비판하고 있는데, 특히 그것이 사랑이 결핍된 테크닉 중심일 때 그렇다. 그는 기독교 상담은 기독교적 사랑이 특정한 테크닉에 우선하는 일종의 □사랑에 근거한 요법이어야 한다□고 주장한다.

저자는 일차적으로 성경에 상담법의 근거를 두고 있으며 글로서(Glasser)와 자노브(Janov)의 이론에 의해서도 영향을 받았는데 그의 상담원리는 □모든 인간의 행동은 사랑하고 사랑 받고자 하는 욕구에 근거한다□는 가정에서 비롯된다.

폴 모리스는 밥 존스 대학과 그레이스 신학교를 졸업했으며, 캘리포니아신학대학원에서 철학 박사 학위(Ph.D.)를 받았다. 전직 목사이자 캘리포니아 가든 그로우브에 있는 상담소 소장이기도 했던 그는 현재 워싱턴에 있는 교도소 연맹의 교육 담당관으로 일하고 있다. 이곳에서 그는 교도소내의 각종 세미나의 강연, 그리고 상담 요원 훈련 프로그램 개발을 맡고 있다. 본장은 1974년 틴데일 하우스 출판사에 의해 출판된 모리스 박사의 초기 저서 중 「사랑 요법, Love Theraphy」에서 발췌해온 것이기는 하지만, 이 책을 위해 특별히 마련되었음을 밝힌다.

내가 해야 할 첫 번째 일은 번호표를 받는 것이었다. "이름이 무엇이지요." 사무를 보는 쾌활한 소녀는 19살 남짓해 보였다. 그녀는 나의 성(姓)도, 직함도 묻지 않았다. 나는 가장 멋진 세로줄무늬 양복을 입었었다. 그래서 그녀는 내가 상원 의원쯤 된다고 생각하였을 것이다.

그녀는 이윽고 "고마워요, 폴. 슈가 곧 당신에게 올 거예요"하고 말했다. 나는 앉아서 기다렸다. 잠시 후 꼭 끼는 검은색 T셔츠와 진바지를 입은 슈가 나타났다. "저어, 폴." 그녀는 머뭇거리며 말했다. "나를 따라 오시겠어요?" 잠시 후 그녀가 권한 의자에 앉아 쉬면서, 그녀가 매우 능숙하게 일처리를 하는 것을 지켜보았다. "자, 됐어요."그녀는 중얼거렸다. "이제 캐롤이 당신을 위해 준비하고 있어요." 나는 다시 자리를 옮겨 캐롤의 앞에 앉았다.

"당신이 폴이군요." 그녀는 나를 보며 심드렁하게 말했다. 숙련된 솜씨를 발휘하였다. 그리고 나서 나는 거울 앞에 서서 넥타이를 매고 코트를 입었다. 나는 방금 '전문가들'에 의해 이발을 마친 것이다. 돈을 받고 내게 번호표를 준 그 상냥하고 젊은 여자는 전문가였다. 내 머리를 감겨준 검은색 T셔츠를 입은 여자도 전문가였다. 그리고 마음씨 좋은 캐롤도 전문가였다.

전문가가 손질한 내 머리는 썩 괜찮아 보였다. 슈와 캐롤을 위한 팁을 포함해서 14불50센트라니, 그리 나쁘지는 않았다. 그리고 그 이발소 문을 나서면서, 나도 어떤 분야의 전문가가 되어야겠다는 생각을 하게 되었다.

오늘 당신이 생계를 위해 접시 닦는 일을 한다면, 당신 역시 접시를 닦는 전문가임에 틀림이 없다. 또는 한 시간에 25불을 주고 고장난 수도 꼭지를 고치는 전문가를 고용할 수도 있다. 혹 마당의 잔디를 깎고 싶다면, 전문적인 잔디 서비스 센터에 요청할 수도 있다. 이처럼 현대 사회는 한마디로 말해서 전문가라는 괴물(Professional Monster)을 만들어내었다. 이러한 괴물은 정신 치료를 실시하는 상담 기관에서도 예외 없이 발견되고 있다.

우리는 우리에게 필요한 것들을 충족시켜 줄 '전문가'를 언제든지 고용할 수 있는 기술주의 사회에 살고 있다. 오늘날 많은 사람들이 전문가가 되려고 하지만 거기에는 많은 부작용도 따르고 있다. 어떤 측면에서 볼 때 전문가는 인간을 기생적(寄生的)으로 생활하게 하는 위험스런 존재일는지도 모른다.

오늘날 심리학자나 정신과 의사가 된다는 것은 직업적인 안정이 보장된다는 것을 의미한다. 그러나 사실 이름 뒤에 철학 박사나 의학 박사라는 호칭을 붙이기 위해서는 수많은 노고와 투자가 있어야 한다. 대학과 대학원에서 8-10년간 피나는 공부를 해야 하고 5천여 시간의 훈련과 경험이 있어야 한다. 그리하여 마침내 자격을 획득하면 그때부터는 전문가가 된다. 그러면 사람들을 치료해 주고 상담해 주는, 일 분당 2불 50센트를 받을 자격이 생기는 것이다.

전문가가 되면 치료법을 개선하거나 새로운 치료법을 만들어 낼 수 있다. 「정신 질환의 진단 및 통계 교본, Diagnostic and Statistical Manual for Psychiatric Disorders」의 세 번째 증보판을 보면 거기에 더 이상 '노이로제'라는 말이 나오지 않는 것을 발견할 수 있다. 이것은 전문가들이 노이로제를 예방하거나, 치료하는 새로운 완치을 발견했다거나, 신경 병리학이 의학적으로 아무 쓸모가 없게 되어서 그런 것이 아니다. 그 이유는 정신 질환의 진단 및 통계 전문가들이 '노이로제'라는 말 대신 '질환'이라는 말을 사용하기로 결정했기 때문이다.

전문가가 발휘하는 위력은 자신의 고유 분야에만 국한되지 않는다. 자신의 독자 영역을 넘어서까지 저력을 발휘하는 것이다. 예를 들어 국가가 과학 분야를 통괄하는 법률을 제정할 때, 국가는 관계 전문가들의 도움을 받는다. 법률가나 판사들은 어떤 사람이 2년 6개월 전 사람을 죽였을 때, 피고인이 그 당시 정신 이상이었는지의 여부를 알려면 당시 피고인의 상황에 대해 증언할 참고인이 필요할 것이다. 그

참고인은 가장 믿을만한 근거로 위의 교본을 갖고 증언할 것이다. 물론 피고인 측도 같은 교본을 인용하면서 기소자의 증언이 옳지 않다고 주장할 것이다. 법정은 어느 증언이 사실인지 결정해야만 하는데, 그 결정은 대개 가장 설득력이 있거나, 가장 전문적인 신뢰를 받는 증언을 한 사람이나, 혹은 가장 오랜 시간 동안 증언하였던 사람의 증언에 의해 이루어진다. 그리고 피고인의 운명은 이 결정에 의해 좌우된다.

정신의학자들은 치료상의 놀라운 완쾌율과 쏘라진(thorazin) 같은 좋은 약들, 또는 전기 충격이나 뇌 절제(lobotomy) 같은 훌륭한 치료 활동을 통해 오늘날 큰 신뢰를 얻게 되었다. 그래서 많은 환자들이 치료를 받기 위해 몰려들고 있으며, 치료가 길어지면 환자들로 혼잡해지기도 한다. 그러면 치료받기 위해 기다리는 많은 사람들에게 더 이상 진료할 수 없다는 팻말을 써붙이기도 한다. 특히 쏘라진과 같은 정신 치료용 약물이 도움이 되는 것은 쏘라진은 사람들을 무의식상태로 만들기 때문이다. 즉 쏘라진을 복용하면 신경이 마비되어 자신이 문제를 가지고 있다는 사실을 알지 못하게 된다. 이러한 치료들은 '화학 요법'(Chemotherapy)이라 불린다. 그래서 정신 의학자들은 놀라운 치료 방법을 통해 암 같은 병도 고친다면 정신적인 질병들을 못 고칠 것도 없을 것이라고 생각한다.

그러나 위에 열거한 자신에 가득 찬 정신의학자들 외에 자신들의 과학이나 방법이 불합리하다고 믿는 사람들이 생기는 것은 다행한 일이다.[1] 그들은 자신들의 방법이 거의 효과적이지 못하다는 사실을 인정한다. 그리고 정신의학자라기보다는 차라리 신경학자로서 재교육을 받아야 할 것이라고 주장한다. 이러한 진실한 태도는 참된 문제 해결을 위해서 더욱 많은 전문가들에게 확산되어야 할 것이다.

그렇다면 그리스도인 '전문가들'의 모습은 어떠한가? 8-10년 동

---

1) 참조, E. Fuller Torrey, *The Mind Game: Witchdoctors and Psychiatrists* (New York: Emerson Hall, 1972).

안 공부하고, 5000시간 이상을 전도사나 부목사 혹은 교육 목사나 음악 목사로 봉사한 교역자들, 그들은 모두 개인의 영적 성장을 책임맡은 자들이다. 그가 수천 명이 넘는 신도들이 있는 대교회의 목사이거나, 아니면 주일 학교 정도의 아주 적은 교회의 목사일지라도 성도들의 영적 성장을 돕는 전문가라는 점에는 아무런 차이가 없다. 즉 목사는 행정적으로나 다른 일에 의해 지장 받지 않는다면, 관심과 애정을 가지고 일대일로 성도들의 삶을 돌보아야 할 전문가인 것이다.

그런데 어떤 성직자들은 '정신적'인 문제들은 정신 치료 전문가에게 맡기고, 자신은 '영적인' 문제에만 관심을 가진다. 많은 목사들이 상담 전문가와 마찬가지의 상담 역할을 할 수 있다는 사실과 어떤 사람들은 더 효과적으로 상담할 수 있는 능력이 있다는 사실을 안타깝게도 깨닫지 못하고 있는 것이다.

광야에서의 외침

비틀거리며 정처 없이 진료소와 심리 치료자들과 목회자를 찾아 방황하는 많은 사람들이 외치고 있다. 그것은 도움을 필요로 하는 사람들의 외침이다. 이처럼 우리 주위에는 효과적이고 실질적인 도움을 필요로 하는 사람들이 많이 있다.

> 너 수염난 그리스도의 제자들
> 너 목수의 제자들
> 너 12살 난 철학자의 제자들
> 부활절과 크리스마스에 외치라.
> 다시 노를 잡은 자들에게로,
> 아침의 신선함과 그리고 5일간의 예배로 돌아가라고
> 인디언 법률 조항12를 위한 투사들

칠리(Chili)를 결코 먹어 보지 않은 선량한 시골 사람들
진리와 인생의 길을 구하는 자들아,
들으라!
네가 너만을 위한 십자군에서 물러날 때
너만을 위한 목적을 포기하며
마침내 누군가를 위할 때
나를 위한 시간을 가지라.
나는 날 사랑해 줄 누군가가 필요하니.2)

존 위트머(John witmer)

인간의 상황은 경제 현상과 별로 다를 바가 없다. 사회에는 경제적으로 풍요한 사람보다는 경제가 주는 부담으로 자유롭지 못한 사람들이 더욱 많다. 경제적 부담에 대부분의 사람들이 신음하는 것처럼 대부분의 사람들은 적절한 도움을 받지 못한 채 넘어지고, 비틀거리고, 방향 없이 방황하며, 불행하고 비참하게 살아간다.

캘리포니아의 어느 작은 마을에 금광이 있었다. 거기에는 금이 많이 있었으나 금을 캐낼 수가 없었다. 금값보다 캐는 비용이 더 들었기 때문이었다. 그리하여 수백만 달러 어치의 금은 그대로 땅에 묻혀 있게 되었다.

사회도 이와 마찬가지이다. 우리 각자의 내부에는 무한한 가치의 영혼과 정신이 있다. 그러나 그것을 활용하기 위해서는 상당한 대가를 치러야 한다. 인간에게는 많은 문제가 있다. 즉 해소되지 않는 고통, 질환, 혼란에 둘러싸여 있다. 그리하여 이러한 수많은 문제들을 철저하게 해결할 엄두를 내지 못하고 인간이 가지고 있는 엄청난 가치를 상실하게 되었다. 그럼으로써 인간의 가치는 인간의 문제들 속에 파묻히게 되었고, 오늘날 소위 전문가 시대라는 미명 아래 매몰되

---

2) John Witmer, *Rappings*(compiled by Robert Webber) (Wheaton: Tyndale House, 1971).

어 해결되지 못하고 빛을 잃게 되었다.

인간에게는 캐내지 않은 금광과 같은 인간의 능력을 개발해야 한다는 막중한 과제가 있다. 이 일은 켤코 무시되어서는 안 된다. 정부나 어떤 전문가들도 이 일을 해내지 못하였고, 오히려 악화시키는 결과만 가져왔다. 이 일은 교회 건물이나 교회 조직에 의해서도 이루어질 수 없다. 이 일은 오로지 예수 그리스도의 몸된 지체인 성도의 공동체에 의해 수행될 수 있다. 이 일은 신음하며 버림 받은 자들, 절규하는 낙오자들, 200피트나 되는 높은 곳에서 자살하려는 사람들에게 지금 곧 실시되어야 한다. 이들의 절규는 "나는 날 사랑해줄 누군가가 필요하니!"라고 외친 젊은 존 위트머의 절규이기도 하다.3)

"내가 너희를 사랑한 것 같이 너희도 서로 사랑하라 너희가 서로 사랑하면 이로써 모든 사람이 너희가 내 제자인 줄 알리라"

(요 13:34, 35).

예수 그리스도께서 우리에게 주신 유일한 명령은 서로 사랑하라는 것이다. 교회는 다른 무엇보다도 사랑을 실천하지 못하고 있다. 이제 그리스도의 지체된 우리는 서로 사랑해야 한다. 서로 돌보며 사랑을 실천해야 한다.

치료의 원리

문제를 해결하고 치료를 가능하게 하는 기본적인 요소는 순수하고, 개방적이며 정직과 사랑으로 돌보는 태도이다. 이것 없이는 정신 병원의 정신 외과 수술(psychosurgery), 전기 충격 요법, 화학 요법, 심리 치료, 게쉬탈츠(Gestalts) 요법, 교류 분석법 등 세상의 어떠한 치

---

3) *Ibid.*

료 방법도 도움이 되지 못할 것이다. 세상에 있는 모든 다양한 치료
들과 세미나들은 사랑이 전제되어 있지 않으면, 상처 하나 제대로 제
거하지 못하는 소리나는 꽹과리에 불과할 것이다.

인간이 하나님의 형상으로 창조되었다는 사실에서 가장 중요한 것
중의 하나는, 인간은 사랑할 수 있는 능력이 있으며 또한 사랑을 필
요로 한다는 점이다. 하나님은 사랑이시라고 성경은 말하고 있다. 하
나님은 사랑의 원천이시다. 어떻게 보면 사랑 자체이신 하나님께서
이해하기 힘든 일이다. 어떤 사람은 하나님이 어떤 필요(need)를 갖
고 계시다는 것은 불완전하다는 것을 말해 주는 것이라고 생각할지
도 모른다. 그럼에도 불구하고 예수께서는 "하나님을 사랑하는 것"
이 크고 첫째 되는 계명이라고 말씀하셨다. 생각해 보라. 하나님께서
우리의 사랑을 원하시지 않는다면 우리의 사랑이 왜 하나님께 그렇
게 중요하겠는가?

그렇다면 이제 어떤 사람이 유능한 상담자가 될 수 있을까를 생각
해보자. 유능한 상담자가 갖춰야 할 가장 기본적인 요소는 사랑할 수
있는가 하는 것이다. 즉 내담자와 서로 사랑할 수 있는 사람이 훌륭
한 상담자가 될 수 있다.

상담 자체는 능력이며, 사랑할 수 있는 사람에게서 나오는 기술이
다. 사랑은 하나님의 속성과 본질의 핵심적인 요소이다. 마찬가지로
'위로자', '보혜사'로 불리는 성령도 그 본질은 사랑이다. 성령
은 여러 가지 방법으로 우리를 도와주시며, 우리의 마음을 감찰하고
위로하는 분이다.

'보혜사'는 성령의 다른 명칭이다. 그것은 성경의 어느 부분에서
든지 동사 형태로 발견된다. 우리는 로마서 12:8에서 이 사실을 볼
수 있는데, 여기에서 보혜사는 소위 카리스마적 은사라고 하는 여러
능력들과 함께 상담의 은사를 주는 의미로 제시되고 있다. 이러한 능
력은 하나님으로부터 나오는 것이지 교실에서 얻어질 수 있는 성질
의 것이 아니다.

이 말은 행동 과학의 연구가 비효과적이라거나 불필요하다는 것이 아니다. 이와 같은 연구는 상담자에게 내담자들의 문제와 그 문제들을 다루는 방법 등을 잘 알려줄 수 있다. 그러나 고도로 훈련받은 상담학자나 신뢰받는 정신과 의사도 때로는 세상에서 가장 형편없는 상담활동을 할 수도 있다. 그러한 일은 이들 전문가의 동기가 잘못 설정되었을 때 일어나게 된다. 특히 아무리 직업적인 동기가 훌륭하여도, 사랑이 없다면 그것은 하나님으로부터 온 것이 아니며 내담자에게 아무런 도움을 주지 못할 것이다.

이제 본론으로 들어가서 사랑 요법은 구체적으로 무엇을 의미하는가를 알아보자. 그것은 사랑이 풍성한 위안자이자 전능자이신 성령의 힘으로 하는 치료 방법이다. 그것은 무뚝뚝한 '권위 중심'의 상담이 아니라 사랑과 순종에 기초한 상담이다. 상담자는 '예수님이라면 이 사람을 어떻게 치료하실까?' 라는 질문을 늘 스스로에게 한다. 이러한 사랑 요법의 목적은 내담자에게 그리스도의 사랑에 근거한 평안을 심어주는 것이다. 또한 아주 드문 경우이기는 하지만 내담자가 사랑으로 인해 평안을 얻었을 때, 문제를 유발하게 된 원인인 잘못된 요소들에 대해서는 질책하고 시정을 요구하기도 한다.

사랑 요법은 치료 과정에 상담자의 인격 전체가 포함되는 상담방법이다.

또한 사랑 요법은 성경에 근거한 것이다. 그러나 성경에 기초했다고 해서 성경에 있는 그대로 상담 활동을 한다는 것은 아니다. 다시 말하자면, 인간의 정신과 정서적 건강에 대한 핵심적인 원리를 성경에서 발견해낸다는 것일 뿐 실제로는 다양한 방법들을 사용한다. 극히 드물게 상담자가 내담자 앞에서 성경 구절을 인용하는 경우도 있지만, 대부분의 경우에 성경 구절 같은 직접적인 기독교에 관한 것은 상담자의 마음속에 간직하고 밖으로 드러내지는 않는다. 사실 유명한 심리 치료자들의 심리학적 원리들은 대부분 성경에 근거한 것들이다. 그리고 필자는 프로이드의 정신 분석(시 4:4)에서부터 게쉬탈츠, 자노

프의 치료 요법에 이르는 많은 심리학적 상담론의 영향을 받았으며, 이에 기초해서 나온 것이 바로 '사랑 요법'이다.

전에 필자가 젊은 의사로서 심리 치료 활동을 하기 시작할 때 읽은 책 중에 빌 글라서(Bill Glasser)가 쓴 「현실 요법, Reality Thempy」이라는 책이 있었다. 빌은 그 책에서 성경에서 가르치고 있는 사랑과 책임에 대해 구체적으로 설명하고 있었다. 매우 유능한 정신병 의사가 한 구절 한 구절씩 성경적인 원리를 적용했다는 생각이 필자의 흥미를 자아내었다. 그리하여 필자는 프로이드, 융, 아들러, 모우러, 로저스의 많은 다른 사람들의 원리들을 연구하기 시작했다. 이 작업을 통하여 필자는 어떤 원리든지 다 성경에 의해 조명될 수 있다는 중요한 사실을 발견하였다.

필자는 전능하신 주님으로부터 모든 사물들을 모아 분석하고 걸러내서 하나의 결과로 만들어내는 은사를 받았다. 그리하여 성경적, 심리적 기초를 바탕으로 연구에 도움이 될 만한 자료를 수집하였고, 수집된 정보를 가지고 다음과 같은 치료의 과정(therapeutic procedure)을 설정할 수 있었다.

치료의 과정

진단

상담자가 내담자를 처음 진단하는 과정에서부터 「정신 질환의 진단 및 통계 교본」에 제시된 질환이 있는지 없는지를 먼저 평가하려고 하는 것은 바람직하지 못하다. 이미 본 바대로 이 교본에 제시된 질환의 범위나 정의는 사뭇 유동적인 면이 있다. 게다가 내담자들은 일단 어떤 질환이 있다고 진단을 받으면, 마치 그 질환을 가진 실제 환자처럼 행동하는 경향이 있음을 명심해야 한다. 글라서나 모우러

등은 미리부터 단정을 내리는 것은 치료 과정에 부작용을 초래할 수 있으며, 또 비효과적이라고 주장하고 있다.

진단의 목적은 내담자의 증상을 확실히 이해하며 그 증상을 일으키는 근본 원인을 밝히는 데에 있다. 심리학적 테스트가 도움이 되지만 그것이 결정적인 것은 아니다. 이보다 훨씬 더 중요한 것은 내담자의 지나온 과거 생활의 내력을 밝혀내는 것이다. 테스트와 환자의 내력을 아는 것에 관해서 사랑 요법과 글라서의 접근법은 매우 다르다. 필자는 그의 체계는 별 효과가 없다고 본다.

상담자는 내담자가 자신의 생활, 어린 시절, 부모, 교육, 직업 등에 관해 털어놓는 것을 주의깊게 들음으로써, 상담 과정에서 직면하게 될 상황이나 문제를 다루는 데에 필요한 수많은 정보를 얻게 된다. 이 방법은 또한 내담자의 마음을 새롭게 해주는 데에 필요한 정보도 제공해 줄 수 있다.

목적

모든 치료의 목적은 재발되지 않는 영구 치료에 있다. 그러나 사실 완전한 치료는 이상적이기는 하지만 실제로는 불가능한 것이다. 우울증, 노이로제 혹은 정신 이상을 완전하게 치료해 줄 수 있는 특효약은 없다. 이러한 증상을 한번 보이면, 다리를 삔 사람이 다시 그 다리를 삐고, 암에 걸렸던 사람에게 다시 암이 재발하는 것처럼, 상황이 적당히 조성되면 또다시 심리학적 기능 장애가 일어나기 쉽다. 여기에 예외가 될 수 있는 사람은 없다. 누구에게나 행동 장애가 일어날 수 있는 것이다.'

그러나 잠재적인 긴장과 징후는 치료될 수 있다. 예를 들어, 동성애는 고쳐질 수 있다. 다시 말하면 그것을 유발하는 노이로제는 치료될 수 있다는 것이다. 그리고 비록 완벽한 치료는 아니라 할지라도 우울증과 불안은 해소될 수 있다. 정신 이상이나 정신 분열로 고통당하는 내담자도 성실하게 살아갈 수 있도록 조정될 수 있다. 때때로 내부 기능 장애의 경우와 마찬가지로 약은 경우에 따라 정서불안의 문제도 효과적으로 조절할 수 있다. 그러나 대개의 경우 약물치료는 심리학적 질환 그 자체가 아니라 내부 기능 장애만을 치료할 뿐이다.

심리 치료 목적은 이전의 비정상적인 사람을 정상적인 사람으로 만들려는 것이 아니라, 무책임하게 행동하는 사람들을 자기 행동 양식에 책임을 질 수 있도록 교정시켜 주려는 것이다. 또한 성경적인 규범을 갖고 있을 뿐만 아니라 그것에 따라 살아가도록 도우려는 것이다. 한편 성경적 규범에 따라 사는 것이 단지 종교적 행동 양식에만 얽매여 사는 것을 의미하지는 않는다. 성경적 규범에 따라 사는 것은 하나님과 자기 자신 그리고 다른 사람들과 감정적으로 만족스러울 만큼의 사랑의 관계를 이루는 것이다. 다시 말하면 세상을 살아가면서 자신의 상황과 처지를 제대로 이해하고, 이 세상이 아무리 고통스러운 곳이라 해도 살 만한 가치와 이유가 있다는 것을 깨닫고 사는 것이다.

치료 활동

상담자는 어떤 실제적인 치료 활동을 하기 전에 우선 내담자와 밀접한 사랑의 관계를 형성해야 한다. 이러한 관계는 문제 해결이나 치료에 적지 않은 영향을 끼치기 때문이다. 여기에서 영향을 끼친다는 것은 교묘한 어떤 작용을 한다는 것이 아니라 상담자와 내담자간에 서로 사랑과 신뢰의 관계가 형성된다는 것이다. 그래서 내담자로 하여금 상담의 과정에서 자기에게 부여될 몫 또는 요구들을 성실하게 수행하도록 하고, 상담자가 하는 말은 참된 것이라고 믿도록 하여 상담에 적극적으로 참여하게 하는 것을 의미한다.

이처럼 상담자가 차지하는 위치는 중요하다. 그러므로 상담자는 성경을 잘 알고 있어야 한다. 나아가 그리스도와의 관계를 통해 주안에서 기쁘고 행복하게 산다는 것이 무엇인지 이해해야 한다.

어떤 사람이 문제를 가지고 상담자를 찾아왔다고 하자. 그는 도움이 필요하여 상담자를 찾아왔을 것이다. 그는 자신에게 잘못된 것이 무엇인지 고민하면서 찾아왔을 것이다. 어쩌면 결혼 생활에 문제가 있을지도 모른다. 아니면 자녀에게 더 이상 손쓸 수 없을 정도의 심각한 문제가 있을지도 모른다. 그러나 분명한 것은 그의 생활 스타일이나 그 자신에게 어떤 잘못된 점이 있다는 것이다. 내담자는 상담자에게 자신의 지난 날들을 구체적으로 이야기하게 한다. 이것은 대개 1시간에서 5시간 가량 걸리는데, 충분히 하다보면 두세 시간 더 걸릴 수도 있다.

사랑 요법에서 사용되는 방법은 세 가지로 압축된다. 그러나 사랑 요법은 테크닉에 그리 크게 의존하는 상담법이 아니다. 오히려 상담에 임하는 태도나 사랑과 관심의 요소들을 더 중요시한다. 기술적인 측면에서 본다면 다음의 요소들은 다른 상담 테크닉과 크게 다를 바가 없다. 이제 그 방법을 좀더 구체적으로 살펴보자.

이해와 지도

문제를 이해한다는 것은 상담에 오랫동안 적용되어 왔던 방법이다. 이것은 내담자가 스스로 자신의 문제를 알 때 비로소 그 문제를 구체화할 수 있고, 왜 그런 문제가 생겼는지 이해하며, 문제를 해결하기 위해 자신에게 있는 능력을 사용할 수 있게 된다는 전제에 근거한 것이다. 이러한 일은 목회자와 상담하는 과정에서, 또한 존경하는 사람과 자신의 문제에 대해 상담할 때 일어나게 된다. 그리고 객관성을 잃지 않은 다른 사람의 시각으로 자신의 문제를 볼 때 일어날 수 있다.

다른 상담법에서와 마찬가지로, 여기에서도 상담자는 내담자의 말을 주의깊게 듣고 문제에 대해 내담자가 알지 못하는 사실들을 지도해 준다. 그리고 자신의 내적인 마음에서 우러나오는 진실한 태도로 문제 상황과 관련된 긍정적이거나 부정적인 요소들을 지적하며 실제적인 지도와 권고를 하게 된다. 그는 권고하거나 지도하는 것의 어려움을 인정하면서, 내담자가 자신의 조언에 잘 따르며 그에 따라 적절하게 행동을 변용하기를 바라는 마음으로 자신의 생각을 제시해준다.

이러한 방법은 다음의 조건이 충족되면 문제 해결을 위해 더욱 효과적인 방법이 될 수 있다. 첫째는 상담자가 내담자에게 충분한 영향력을 행사하는 것이다. 그러기 위해서 상담자는 내담자와 긴밀한 관계를 형성해야 한다. 그럴 때 비로소 상담자의 지도는 행동 변화를 유발할 수 있게 된다. 이것은 내담자에게 제시된 지도나 조언 자체가 요구적이거나 권위적이고 강력해서라기보다는 상호간의 친밀한 관계에 의해서 내담자로 하여금 상담자의 지도를 따르게 할 만한 충분한 설득력이 있기 때문에 가능한 것이다.

둘째는 내담자의 문제가 의식적인 차원에서의 이해만으로는 해결될 수 없을 만큼 심각하지 않을 때 상담이 효과적이라는 것이다. 당면한 문제 자체만이 아니라 또 다른 부작용을 일으키는 보다 심각한 문제를 가진 내담자의 경우는 그 문제를 이해하는 것만으로는 소용이 없다. 무엇이 잘못되었는지 발견할 수도 없고 어떤 대책이 제시되어도 해결되지 않는다면, 그 문제는 노이로제나 정신 이상에서 생기는 것이다. 이러한 경우에는 문제에 대한 이해나 지도, 증언만으로 도움이 되지 않기 때문에 보다 깊고 신중한 치료 활동이 있어야 한다.

카타르시스 요법(Programmed Cathartic Regeneration)

사랑 요법에 대해 쓰면서 필자는 '카타르시스 요법'이라는 심리 치료 방법을 개발하였다. 이것은 사랑 요법의 기본 개념과 비슷하며 오히려 이를 보다 더 확장한 것이라고 볼 수 있다. 프로이드는 모든 인간의 행동은 성적 충동에 의해 형성된다고 주장했다. 그러나 나는 모든 인간의 행동은 사랑을 하고 사랑을 받으려는 욕구에서 출발한다고 믿는다. 나는 여기에서 구태여 이 사실을 설명하지 않겠다. 단지 지적하고 싶은 것은 내담자의 문제 저변에는 사랑받고자 하는 욕구가 있다는 점이다. 카타르시스 요법의 목적은 내담자에게 자기 사랑, 이웃 사랑, 하나님 사랑을 심어 주면서 고통을 제거해 주는 것이다.

카타르시스 요법은 내담자로 하여금 편히 누워 쉬고 긴장을 풀면서 신체적으로 심리적으로 자기 자신과 만나게 하는 프로그램이다. 상담자는 내담자를 반 최면 상태가 되게 한 후 상상을 통해 카타르시스가 일어나도록 자극한다. 이러한 카타르시스는 짓눌렸던 감정이나 의식을 해소해 주는 치유적 효과를 가지고 있다. 아더 자노브 (Arthur Janov)는 노이로제나 정신 이상의 원인을 잠재 의식에서 찾고 있다. 이것은 정확한 견해이다. 사람이 정신적으로 자신을 통제할 수 있는 능력을 상실하는 것은 지난 날에 생긴 갈등이 해소되지 않은 채로 남아 있다가 급기야는 그 해소되지 않는 갈등이 이미 해결된 사항의 정신적인 통제 능력을 해칠 만큼 심화되었기 때문이다. 따라서 자노브 치료 요법의 목적은 이러한 내적인 갈등과 고통을 이해하고, 카타르시스를 통해 그것을 해소하여 치유의 여지를 마련하는 것이다. 그러나 필자의 견해로 볼 때 자노브의 주장에는 결여된 부분이 있다. 그것은 바로 치유의 촉매제가 되는 사랑이다. 사랑은 자신을 조절하고 책임 있는 행동을 하게 하는 원동력이 된다. 카타르시스 요법은 사랑에 근거하여 이러한 치유를 일으키려는 프로그램이다.

내담자는 상상을 통하여 하나님이나 그에게 아주 중요한 의미가 있는 사람의 사랑을 느낌으로써 고통이 사라지는 카타르시스 요법을 실시하다 보면 종종 극적인 격랑이 일기도 한다. 그것은 내담자에게 카타르시스가 일어나고 있기 때문이다. 그러나 이러한 과정에서 실제적인 치유가 일어나게 된다. 카타르시스를 경험하게 하려면 상당한 전문 기술이 필요하므로 훈련받지 않은 사람에 의해 시도되어서는 안 된다. 이 방법은 경험있는 유능한 사람이 충분한 시간을 갖고 실시한다면, 치료에 상당한 효과를 거둘 수 있을 것이다.

그룹 치료

그룹 치료는 문제를 이해하고 서로 나누는 과정과 카타르시스 요법을 실시하는 과정에서 행해질 수 있다. 그룹으로 치료 활동을 하는 것도 나름대로의 건설적인 효과를 지니고 있다. 즉 다른 사람의 경험을 듣고 그것을 자신의 경우와 비교하며, 또한 다른 사람들의 사랑과 관심 속에서 자신의 경험을 나누는 것은 치료에 커다란 도움을 준다. 이때 상담자의 역할은 최소화되어야 한다. 여러 사람이 모인 그룹은 그룹 자체가 치료적인 기능을 가지고 있기 때문이다. 상담자는 어떤 실제적인 방법을 제공하거나 그룹을 주도적으로 인도하려고 해서는 안되며, 궁극적인 목표를 위해서 그룹 활동이 잘 이루어지도록 조절하는 역할만 하면 되는 것이다.

기독교 정신의 회복

이 과정은 결코 섣불리 다루어서는 안 될 아주 중요한 과정이다. 솔직히 말해서 잘못 이해되고, 잘못 적용된 기독교만큼 심리적으로 문제가 있는 종교도 없을 것이다. 내가 볼 때 기독교는 종교가 아니다. 그것은 하나의 관계이다. 그러나 이것은 요망 사항일 뿐 대개는 그렇지 못하다. 여기에 상담실을 찾아오는 그리스도인들이 갖고 있는 생각들을 정리하여 몇 가지 제시해 보겠다.

"저는 아무런 가치도 없는 사람이에요. 오로지 그리스도만이 모든 것이 되십니다."

"저는 죄를 지을 때마다 용서를 구해야 합니다. 그렇지 않으면 용서받지 못할 것이기 때문이지요."

"저는 좀더 거룩해져야 해요. 즉 죄 짓지 않도록, 제가 할 수 있는 모든 일을 해야 합니다."

"저는 저를 향하신 하나님의 뜻을 계속해서 발견해야 합니다."

"저는 다시는 화를 내서는 안 됩니다."

"저는 다시는 맹세하지 않아야 합니다."

"저는 다시는 하나님의 계명을 범하는 일을 해서는 안 됩니다."

"저는 늘 하나님께 순종해야 합니다."

"저는 예수님을 제 생의 구주로 모셔야 합니다."

"그분은 흥해야 하고 저는 쇠해야 합니다."

"그리스도 외에 저는 아무것도 아닙니다."

"저는 더러운 누더기 같은 사람입니다."

"제 생각은 주님의 생각 앞에서는 아무것도 아니죠."

"저는 제 생에 사단이 침해하지 못하도록 늘 주의하고 경계해야합니다."

"저는 아무런 가치가 없는 존재입니다."

"저의 뜻과 의지는 주님과 다릅니다."

"인간적인 제 생각은 잘못된 적이 많아요."

"기도하지 않고 성경을 읽지 않으면 주님으로부터 멀어질 것입니다."

"저는 기도에 대한 응답을 받지 못해요. 제게 어떤 문제가 있나 봐요."

"성령으로 충만해야 한다는 것을 알지만, 제가 그런지는 모르겠어요."

"방언을 할 줄 알아야 하는데, 저는 방언을 못하는 걸 보니 성령이 충만한 그리스도인이 아니고, 구원받지도 못했나 봅니다."

"그리스도인은 항상 기쁘고 즐겁지요."

"그리스도는 모든 문제를 해결해 주십니다."

이와 같은 생각들은 거의 옳다. 그러나 내가 이 생각들이 온전히 옳다고 하지 않고 거의 옳다고 한 것은 그 각각이 다 참된 진리가 내포되어 있기는 하지만, 사실 이 진리들은 비현실주의의 그늘에 가리어져 있으며 각각의 생각에 완전히 사랑의 요소가 결여되었기 때문이다. 필자가 성경을 잘못 이해하고 있는 것이 아니라면 사랑은 그리스도인의 삶에서 가장 핵심적인 힘이며, 본질적인 요소이다.

잘못된 생각은 대개 잘못된 감정과 잘못된 행동을 초래한다. 하나님에 대해 엄격하게만 생각하는 사람은 결코 자신이 하나님의 뜻에 따라 살 수 없는 존재이며, 자신이 간구하는 것도 얻지 못한다고 생각한다. 이러한 사람은 은혜의 의미를 전혀 알지 못한다. 그리하여 은혜를 상실한 채 행동하고 느끼며 살아간다. 그들의 삶은 은혜의 좌절로 인한 끊임없는 갈등의 연속이다. 그러므로 이러한 그리스도인은 절대적으로 하나님과의 관계를 회복해야 한다. 그리스도인은 순수한 신뢰와 사랑 안에서 하나님을 이해하여야 한다.

그리스도인은 하나님의 사랑을 알고, 또한 하나님을 사랑해야 한다. 그리스도를 통한 용서의 범위와 깊이를 이해해야 한다. 하나님께서 우리를 인정하시며 주목한다는 사실을 깨닫고, 자신과 이웃이 얼마나 중요한 존재인가를 알아야 한다. 자신은 자율적인 존재로서 자신만의 개인적인 목적과 운명을 가지고 있으며, 하나님께서 이 일을 성취하게 하시며 그리스도인으로서 성장하게 하신다는 사실을 주목해야 한다. 그리고 엄청난 믿음의 힘을 깊이 인식해야 한다. 결국 성령 충만이나 하나님과의 온전한 관계, 재생케 하는 역사는 바로 이 믿음에 의해 가능하게 되기 때문이다. 그리스도인은 이 땅에서 해야 할 일이 아주 많이 있다. 그리스도인은 그때마다 믿음의 능력을 인식하고 모든 일을 믿음 가운데 행해야 할 것이다.

성경에는 효과적인 치료를 가능하게 하는 많은 요소들이 있다. 그러나 많은 사람들은 성경을 잘못 이해하고 신학적으로 잘못 생각함으로써 정서적으로 고통을 당하고 있다. 필자는 이들에게 건전하지 못한 신학적 입장을 지양하게 하고, 여유 있고 현실적인 신학적 입장을 갖도록 제시한다. 그리고 그들에게 하나님과의 긴밀한 관계를 통해 우리가 얻을 수 있는 정서적, 정신적, 영적 능력의 거대한 자원을 소개한다. 사람은 살아가면서 많은 문제와 고통을 경험하게 된다. 때로는 죄로 인해 문제와 고통을 만나기도 한다. 그러면 신앙이 성숙하지 못한 사람들은 설명할 수 없는 어려움이나 고난, 이유 없는 스트레스를 가리켜 하나님께서 자신을 치신다고 생각하게 된다.

루스 카터 스테플톤(Ruth Carter Stapleton)은 하나님께서는 인간의 생각을 치유하실 수 있다고 주장한다. 이것은 전적으로 옳은 주장이다. 스테플톤은 인간의 문제를 이해하고 위로하시며 사랑이 풍성하고 자비가 많으신 예수 그리스도를 마음속에 모시는 것이, 인간에게 끊임없이 요구하며 죄를 추궁하고 질책하시는 하나님의 모습을 모시는 것보다 훨씬 더 치유적인 효과가 있다는 사실을 발견하였다. 예수 그리스도의 사랑이 우리 안에 보다 풍성하게 넘칠수록 우리의 문제는 해결되고 건강한 승리의 삶을 살 수 있게 된다. 우리가 하나님으로부터 용납되고 있다는 사실을 느끼면 느낄수록 또한 우리 자신과 다른 사람들에 의해서도 용납되고 있다는 사실을 구체적으로 느낄 수 있을 것이다. 그리고 우리가 사랑이 풍성하시고 신실하신 하나님과 긴밀한 관계를 가지면 가질수록 우리의 생각은 더욱 하나님을 닮아 우리 자신에 대해 신실하며 책임 있게 되고, 보다 더 만족스런 삶을 살 수 있게 될 것이다.

제14장 집단 상담
(Integrity Therapy)

존 W. 드레이크포드(John A. Drakeford)

　미국 심리학 협회의 전 회장이며 일리노이 대학교에서 연구 활동을 하고 있는 모우러(O. Hobart Mowrer)는 자신을 가리켜 □기독교 상담자□라고 하지는 않을 것이다. 그러나 모우러가 자신에 대해 어떻게 생각하든지 간에 그가 그리스도인들에게 지대한 영향을 미쳤다는 것은 부인할 수 없는 사실이다. 그의 저서 「정신의학과 종교에 있어서의 위기, the Crisisin Psychiatry and Religion」는 출간되자마자 전문가들 사이에 논란을 불러일으켰다. 모우러는 인간의 문제들은 죄의 결과이며 심리 요법은 □가치관의 문제□이므로 상담을 할 때는 반드시 죄의식의 문제가 다루어져야한다는 것과 프로이드 심리학은 20세기의 악마와 같은 것이라고 주장하였다. 모우러는 교회가 상담 사역을 수행하지 않고 정신 의학자들에게 상담을 일임한다며 교회를 신랄하게 비난하였고, 신학에 대해서도 □인간의 실재적인 문제□를 다루지 않고 허구적인 말만 늘어놓는다고 공격하였다. 그리고 그는 계속해서 교회 지도자들이 보다 적극적으로 상담활동을 해야 한다고 촉구하였다. 그는 □교회는 새롭고 좀더 생기넘치는 방법으로 정신 질환의 문제에 관심을 가져야 한다. 교회는 정신 의학이나 심리 요법으로는 이러한 문제가 해결될 수 없다는 사실을 인식하고, 수동적인 자세에서 벗어나 기독교의 거대한 잠재력과 권위를 통해 현대인이 당면한 문제들을 다루어야 한다□고 역설하였다.

　모우러는 애덤스(Jay Adams, 9장 참조)와 드레이크포드에게 커다란 영향을 주었다. 그래서 기독교 상담자이자 신학교 교수이기도 한 드레이크포드는 모우러의 □집단 요법□의 개념을 더욱 발전시켜 교회에 소개하였으며, 이 개념과 기독교적 원리를 통합하려고 노력하였다. 본장은 그가 집단 상담을 기독교적으로 상담에 적용하기 위해 저술한 저서들에서 발췌한 것이다.

오스트레일리아 태생의 존 드레이크포드는 텍사스의 포트워트에 있는 사우스 웨스턴 침례 신학교에서 심리학과 상담학을 가르치고 있으며, 결혼상담소(the Baptist Marriage and Counseling Center)의 책임자로도 활동하고 있다. 그는 텍사스 크리스천 대학교에서 문학 석사(M.A.)학위를 받았고, 브라이트 신학교에서는 신학 석사(Th. M.)학위를 수여하였으며, 사우스 웨스턴 침례 신학교에서 종교 교육학 박사(D.R.E.)학위와 교육학박사(Ed. D.)학위를 각각 취득하였다. 그는 「집단 상담, Integrity Therapy」, 「교회 지도자를 위한 상담학, Counseling for Church Leaders」, 「대면적 상담법, People to People Therapy」 등을 포함한 20여 권이 넘는 저서를 남겼다.

요한 웨슬리(John Wesley)는 1748년에 켄트의 쇼햄에서 교구 목사로 봉직하고 있던 페로넷 목사에게 편지를 썼다. 그의 문체가 전형적으로 잘 나타난 이 편지는 후일에 「감리교도라 불리는 사람들의 이야기, A Plain Account of the People Called Methodists」란 소책자로 출판된 바 있는데, 이 편지에서 웨슬리는 자신의 목회 사역을 친구 페로넷 목사에게 설명하였다. 그는 평신도들의 활동을 소개하는 가운데 특별히 그들이 일주일에 한번씩 전체 모임(the United Society), 그룹 모임(the Bands), 소그룹 모임(the Select Society), 회개 모임(the Penitents) 등을 가지며 세 달에 한 번씩 세부적으로 구성된 소모임에 참여한다고 기록하고 있다.1)

우리는 여기에서 초기 감리교의 복잡한 교회 조직을 엿볼 수 있다. 뒤에 나오는 도표에 의해 보게 되겠지만, 웨슬리가 조직한 모임 중에는 '밴드'(the Band)라고 하는 그룹 모임이 있다. 사람들은 이 모임에서 "자신의 죄를 고백하고, 그동안 자기가 어떤 잘못된 생각과 말과 행동을 했으며, 유혹을 받았는가, 자기의 신앙이 지금 어떠한 상태인가" 등을 솔직하게 털어놓도록 권면을 받았다.2) 이 모임은 평신도들이 리더가 되어 관리하고, 진행은 먼저 리더가 자신의 경험과 상태에 대해 이야기한 후 다른 사람들은 어떠했는지 질문하는 방식으로 한다.

우리는 웨슬리의 복음주의 운동을 주의 깊게 살펴봄으로써 그룹 활동에 필요한 다음과 같은 몇 가지 요소들을 정리해 볼 수 있다.

1. 웨슬리가 조직한 그룹들은 신앙생활에서의 개개인의 차이를 중시하였고, 개개인에게 다양한 수준의 그룹 경험을 제공해 주었다. 거기에는 교회적인 차원의 협의회, 연구 모임 차원에서의 일상생활의 행동에 대한 대화 모임, 그룹 모임 차원에서의 자기 고백 모임 등이

---

1) *The Works of John Wesley*, Vol. XIII (London: Wesleyan-Methodist Book-Room), pp.248-268.
2) *Ibid.*, pp. 272-273.

있었다.

2. 웨슬리가 조직한 그룹에서는 평신도가 중요한 역할을 하였다. 웨슬리는 점차적으로 평신도들에게 활동할 수 있는 기회를 많이 제공하였고, 그룹 활동에서 평신도들을 비중 있게 다루었다. 그리고 당시에 여자들이 교회 활동에서 주도적 역할을 하는 것은 흔하지 않은 일이었음에도 불구하고 그는 여자 리더를 세우기도 하였다.

3. 리더들은 각각 그룹의 특성에 맞게 리더십을 발휘하였다. 교회 전체 모임에서 리더는 모임을 주도하고, 연구 모임에서는 한 사람 한 사람에게 일일이 질문을 한다. 그리고 신앙 고백 모임에서는 자신의 신앙 상태를 이야기함으로 구성원들에게 모델을 제시하고 다른 구성원들의 상황을 묻곤 하였다. 특별히 선별된 사람들의 모임인 소모임은 대개 리더가 없이 진행되었다.

4. 웨슬리가 조직한 그룹에서는 솔직하게 자기 자신을 드러내는 것이 중요시 되었다. 평신도 간에 서로의 죄를 고백할 것을 강조한다는 이유로 해서 그는 많은 비난을 받았음에도 불구하고, 웨슬리는 자기의 입장을 계속해서 관철시켰으며 모든 비난에 당당히 맞섰다. 그는 자기에게 쏟아지는 비난에 대해 아마 "너희 죄를 서로 고하며"(약 5:16)라는 성경 구절을 가장 빈번히 제시하였을 것이다.

5. 웨슬리는 평신도 리더들에게 맡겨진 사역을 효과적으로 수행하도록 준비시키기 위해, 훌륭한 훈련 프로그램들을 개발하였다. 그가 개발한 프로그램들은 상당히 현대적인 감각을 지닌 것들이었다.

6. 웨슬리는 초대 교회를 많이 연구하였고, 될 수 있는 대로 초대 교인들의 발자취를 따르려고 하였다. 그리하여 그는 초대 교회사를 연구하고자 하는 이들을 위해 교량적 역할을 하였다.

7. 그룹 상담에 관한 많은 기본 서적들은 프래트(J.H. Pratt)가 1905년에 결핵 환자를 위해 만든 그룹을 그룹 상담의 시초라고 보고 있으나, 사실 웨슬리는 이미 150여 년 전에 그룹 모임(the Band)을 통해 그룹 치료 활동을 전개하였다.

18세기 감리교인들을 위한 그룹활동의 단계

모임(Society)

1. '분노에서 벗어나기'를 원하는 모든 사람들에게 개방
2. 행동 규범을 설정
3. 자격제
4. 총무가 재정 관리
5. 조원들을 위한 많은 활동

연구 모임 (Class Meeting)

1. 재정 확보
2. 조원들의 활동에 초점
3. 남녀 모두 참석
4. 평신도 지도자가 조원들의 영적 상태 점검
5. 훈련 프로그램 및 리더에 대한 평가를 통한 교육
6. 가장 영향력 있는 그룹

그룹 모임 (Band)

1. 서로 자신의 잘못을 고백하는 모임
2. 나이, 성(性), 결혼 여부 등에 따라 분류
3. 리더가 모델 제시
4. 모델 제시 후 다른 조원들의 생활 점검
5. 고백에 대한 강조로 인해 비난 초래
6. 옷 입는 것까지도 신경을 쓰는 엄격한 생활
7. 조원들을 위한 특별 모임 마련
8. 정기적인 리더 모임 마련

소그룹 모임 (Select Society)

1. 성숙한 삶을 위한 모임
2. 실질적이고 활동적인 모임
3. 개인의 은사 개발
4. 다른 모임의 모델이 됨
5. 특별한 규칙이 없이 서로에 대한 책임과 신뢰 주장
6. 웨슬리 자신도 이 모임과 긴밀한 관계 유지
7. 감리교에서 얼마 안 가서 자취를 감춘 모임

회개 모임 (Penitent Band)

1. 신앙생활에 도움이 필요한 삶들의 모임
2. 개인의 상황을 다룸
3. 리더는 하나님의 심판과 언약을 중심으로 모임 인도

웨슬리가 조직한 그룹은 고도의 조직을 갖춘 단체로서 이것은 아
주 이상적인 구성이었으며, 웨슬리는 그룹의 조직을 통해 자신의 탁
월한 행정적 능력을 과시하였다. 그는 자신의 목회 사역에서 열성적
인 복음주의와 사회적 관심, 그리고 다양한 그룹 경험 등의 세 가지
중요한 요소들을 균형 있게 유지하려고 노력하였다. 우리는 이와 같
은 웨슬리의 세 가지 영역의 목회 사역을 통해 오늘날 교회가 상담
에 대해 얼마만한 비중을 두어야 할지 짐작할 수 있을 것이다.

동료 상담 그룹

이제 웨슬리가 조직한 그룹들에 대한 고찰에서 우리의 관심을 동
료 상담 그룹(the Peer Muhnl Self-help Psychotherapy Groups)으로
돌려보자. 이들 중 가장 두드러진 것은 옥스퍼드 그룹(Oxford
Group)에서 유래된 금주 단체(Alcoholics Anonymous)일 것이다. 이
운동을 일으킨 사람 중의 한 사람인 빌(Bill W.)은 이 단체에 대해
다음과 같이 설명하였다. "금주 단체는 자기 진단, 문제의 발견, 문
제에서의 회복, 그리고 옥스퍼드 그룹에 속한 사람들과도 함께 일할
수 있을 정도의 정상적인 생활을 하게 한다는 이념을 갖고 시작되었
다." 이러한 생각은 변화된 삶을 강조하는 복음주의적 단체였던 옥스
퍼드 그룹의 특징이었다. 사람들은 단체 생활을 하면서 일련의 단계
를 거치는 동안, 자신의 삶을 솔직하게 털어 놓음으로써 자신감을 얻
게 되었다. 더욱이 자신의 죄를 고백하고 회개를 통해 죄책감의 문제
를 해결하고, 새로운 삶에 대한 의욕과 다른 사람들을 도울 수 있는
여유까지도 얻게 된다.

옥스퍼드 그룹의 활동에서 중요한 것으로 도움이 필요한 사람들에
게 문제 해결의 '모델'을 제시하는 것을 들 수 있다. 이것을 버크만
(Buchman)은 '경험을 함께 나누는 것'으로 묘사하였다. 그룹의 정

원들은 살아가는 동안 자신이 경험했던 갈등, 과거에 지었던 죄, 그리고 이러한 문제를 어떻게 극복했는가 하는 것들을 서로에게 이야기해 준다. 그리고 이러한 방법을 통하여 '변화'된 사람들을 보고, 자신도 그와 같이 문제에서 회복되기를 기대한다.

'경험을 함께 나눈다'는 버크만의 생각은 다음의 예에서 잘 알 수 있다. "나는 문제를 가진 사람들을 대할 때, '죄의 문제를 어떻게 다루어야 할지 모르겠지요? 나에게도 그러한 문제들이 있답니다. 나는 그러한 문제들에 직면할 때면 한 팀으로 구성된 말들을 몰듯이 조심스럽게 문제들을 다루지요' 하고 말한다. 나는 사람들에게 나의 경우를 이야기해 주면서 그들과 문제의 해결을 위한 방법을 강구한다. 사람들은 내가 나의 잘못이나 실패를 솔직하게 인정할 때, 더욱 자기 자신에 대해 솔직해지는 경향이 있다." 그리고 다음과 같이 덧붙여 말했다. "그렇다고 사적인 자리나 공적인 자리나 할 것 없이 늘 자신에 대해 다 털어 놓아야 한다는 것은 아니다. 이것은 잘못돼도 아주 크게 잘못된 것이다. 그러나 다른 사람에게 도움이 될 수 있다면 기꺼이 자신에 대해 이야기할 수 있어야 한다. 그리고 자기의 문제가 아닌 제 삼자의 경우를 다른 사람에게 이야기하지 않도록 주의해야 한다".3)

한편 금주 단체가 이러한 원리들을 알코올 중독자에게 적용하여 효과를 보자, 정신 이상이나 노이로제, 약물 중독, 알코올 중독, 비만, 강박적 도박, 범죄 충동 등의 심각한 문제들로 고통당하고 있는 사람들을 도우려는 많은 단체들이 생기게 되었다. 이러한 단체들을 조사하는 과정에서4) 필자는 그들이 공통적으로 가지고 있는 다음과 같은 몇 가지 요소들을 발견할 수 있었다.

3) Peter Howard, "The Result Is a Miracle" in O. Hobart Mowrer, ed., *Morality and Mental Health* (Chicago: Rand McNally & Company, 1967), p.426.

4) John W. Drakeford, *Farewell to the Lonely Crowd* (Waco: Word, 1969).

1. 사회화

이러한 단체들은 거의가 예외 없이 사회성을 강조한다. 그래서 새로운 사람이 단체에 가입하게 되면, 본인이 원하든 원하지 않든 간에 동료들과 친밀하고 밀접한 관계를 가지도록 권면한다. 다음의 말은 이들의 의도를 잘 표현해 주고 있다. "함께라면 문제를 극복할 수 있지만, 혼자서는 문제를 극복할 수 없다."

2. 책임감

이러한 단체에 종사하고 있는 어떤 사람은 단체에 가입할 때 거치게 되는 과정을 다음과 같이 설명하고 있다. "단체에 가입하는 모든 사람은 철저하고 때로는 마음에 상처를 받을 수도 있는 인터뷰 과정을 거쳐야 합니다. 이 과정을 통해 자신의 비참한 상황을 직시하고 이러한 문제가 생긴 근본 원인은 바로 자신에게 있다는 사실을 인정하게 됩니다. 그럼으로써 더 이상 타인을 비난하거나 원망하지 않게 되고 어른다운 행동을 하게 되지요."

3. 높은 기준

환자에게 매우 관대한 태도로 대하는 많은 현대의 치료 요법들에 비교해 볼 때, 이 단체에서는 그 가입자들에게 높은 수준의 기준을 세우고 때로는 그들이 감당하기 어려운 기준을 제시하기도 한다.

4. 슬로건이나 경구 사용

금주 단체는 대개 '서두르지 말라', '하루에 한 번', '하나님의 은총을'과 같은 슬로건을 사용한다. 이와 같은 슬로건들은 가입자들로 하여금 필요한 때에 즉시 단체의 지시 사항을 기억하게 해주며, 문제를 해결하는 데에 적지 않은 도움을 준다.

5. 비전문적인 리더

이러한 단체에 가입하는 사람들은 대개 전문가를 별로 좋아하지 않는다. 전문가들을 친구처럼 생각하고 좋아하는 경우도 있으나 대개의 경우에는 일반 리더를 선호한다. 이러한 단체에서 일하는 일반 리더들은 거의 한때 자신도 현재 자신들이 도우려고 하는 사람들과 같은 문제를 겪었던 경험자들이다. 이들은 자신들의 경험을 바탕으로 하여 성공적인 상담 활동을 한다.

6. 솔직한 자기 노출

사람들은 대개 이러한 단체에 가입하게 되면 자기 스스로 자신을 상대방에게 드러내는 경험을 하게 된다. 한 약물 중독자 단체의 가입자는 자신의 경험을 이렇게 털어놓고 있다. "우리는 대개 서로 자신을 숨기고 거짓말을 하는 경향이 있지만, 여기에서는 솔직한 태도를 강조합니다. 하지만 정직하게 되기란 그리 쉬운 일이 아니지요. 우리는 진실을 말했다가 사람들이 우리를 나쁘게 볼까봐 솔직하게 사실을 말하려고 하지 않아요. 그러나 여기에서는 그러한 염려를 할 필요가 없어요. 그리고 이제는 어떤 사람에게 거짓말을 하면 오히려 죄책감이 들어 그에게 다시 가서 내가 거짓말을 했다고 솔직하게 이야기합니다. 나는 여기에서 정직하게 나 자신을 털어놓는 것을 배웠죠."5)

---

5) Paul Martin "Integrity Techniques in Alcoholism and Drug Addiction" in O. Hobart Mowrer, Anthony J. Vattano, and others, *Integrity Groups: The Loss and Recovery of Community* (Urbana: Integrity Groups, 1974), p.238.

7. 활동 프로그램

이러한 단체들은 인생을 장기적 안목에서 바라본다. 금주 단체에서 '편안히 계시오'라고 하는 것은 결코 알코올 중독자들에게 얌전히 있으라고 하는 의미가 아니다. 단지 그들이 너무 서두르기 때문에 하는 말일 뿐이다. 어떤 단체에서의 생활은 끊임없는 모임, 학습 토론회 등의 연속이기도 하다. 어떤 때는 다시 옛날 생각을 할 여유조차 주지 않으려고 그러는 것이 아닌가 하는 의문이 들 정도로 가입자들에게 끊임없이 어떤 활동들을 하게 한다.

8. 모델 제시

이러한 단체들의 특징들 중에는 '행동 모델 제시'라는 것이 있다. 간단히 말하자면 이것은 리더가 어떤 적절한 행동의 모델을 제시하고 가입자들이 그 모델을 통하여 행동을 함으로써 변화를 가져오려는 것이다.

금주 단체의 경우를 예로 들어보자. 리더는 절망적인 상황에 있는 알코올 중독자가 도움을 요청해 오면 그를 찾아가 이러쿵 저러쿵 길게 강의를 하지 않는다. 그는 그저 자신이 알코올 중독에서 벗어나기 위해 어떻게 노력했는지 그리고 어떻게 그것을 극복했는지에 대한 경험담을 이야기해 준다. 만약 이때 알코올 중독자가 자기도 알코올 중독에서 벗어날 수 있다는 확신이 서면 단체에 가입한다. 그리고 그곳 생활을 통해 많은 개인적인 경험을 하게 되면서 다음과 같이 자신의 상태를 솔직하게 인정하게 된다. "나는 알코올 중독자입니다." "나는 3년 동안 알코올 중독으로 인해 고생해 왔습니다." "알코올 중독이 된 것은 나의 가장 치명적인 실수였습니다." "나는 늘 다른 사람을 비난하며 책임을 전가해 왔고, 이러한 식으로 내 자신을 변명하곤 했습니다." "나는 정말 어리석은 짓을 저지르고 말았습니다."

이러한 과정 속에서 알코올 중독자의 상황은 조금씩 호전되기 시작하고, 그는 다음과 같이 느끼게 된다.

"이 사람들은 나와 같은 사람들이야, 이 사람들도 역시 나처럼 알코올 중독의 문제를 갖고 있다가 이 단체의 활동 프로그램들을 통해 문제해결의 길을 찾았어. 나도 열심히 하면 희망이 있을 거야."

어떤 전문가는 다음과 같은 흥미 있는 말을 하였다. "전문적으로 훈련을 받은 심리 치료자들보다도 이러한 단체들의 동료 상담 활동(Peer Self-help Psychotherapy Groups)에 의해 더 많은 사람들이 도움을 받고 있는 것 같아요. 이러한 단체의 리더들에게는 특별한 이론이나 문제를 분석하는 과정은 별로 없지만 사람들은 적은 비용으로 이들로부터 필요한 도움을 받고 있지요."[6]

집단 상담

이제 우리가 지금까지 고찰해 온 웨슬리의 그룹 활동, 동료 상담 활동 등에 관한 사실들을 염두에 두고 집단 상담에 대해 살펴보기로 하겠는데, 이것은 동료 상담 활동에 근거한 바가 크므로 때때로 일반적인 의미에서의 금주 단체라고 불려지기도 한다. 집단 상담의 근본 원리는 모우러에 의해 수립되었으며, 그는 이 원리를 적용하는 모임을 집단 그룹(Integrity Groups)이라고 부른다. 집단 상담은 원래의 의미와 약간 다르게 설명될 수도 있는데, 그에 따르는 책임은 전적으로 필자에게 있다.

집단 상담의 기본 전제는 다음과 같다.[7]

---

6) Nathan Hurvitz, "Peer Self-Help Psychotherapy Groups and Their Implications for Psychotherapy" in Mowrer, Vottano and others, *Integrity Groups: The Loss and Recovery of Community*, p.153.

7) John W. Drakeford, *Integrity Therapy* (Nashville: Broadman Press, 1967),

1. 집단 상담은 인간을 유전이나 환경의 희생물로 만드는 모든 결정론적인 이론들을 거부한다. 모든 인간은 그들 자신의 삶에 대해 스스로 책임을 져야 하며 자신의 결정에 의해 인생을 살아가야 한다.

2. 모든 사람은 자기 나름대로의 양심이나 가치 체계를 가지고 있다. 만약 이 양심이 마비되거나 파괴되면 사람은 병이 날 정도는 아니더라도, 깊은 죄의식을 갖게 되며 잘못된 행위와 무책임한 결과를 초래하게 된다.

3. 사람들은 대개 자신의 잘못된 행위를 부정하거나 은폐하려고 한다. 이렇게 자신의 문제를 감추려고만 하다 보면 죄책감은 결국 활의 균형을 깨뜨릴 정도의 심각한 증상을 유발하게 된다.

4. 문제를 해결하려면 문제를 숨기려 하지 말고, 자기에게 어떤 중요한 의미가 있거나 영향력이 있는 다른 사람들에게 자신의 문제를 개방해야 한다.

5. 사람들은 '의미 있는 타자(他者)'를 더 많이 만나게 되고 그들과 밀접하고 신뢰적인 관계를 형성하여 살아가는 과정에서 자신을 개방하게 된다.

6. 사람들은 자신을 개방할 뿐 아니라 실패의 상황과 죄책감에서 벗어나야 한다.

7. 온전한 정상인이 되려면 자신을 개방하고 죄의 오류에서 회복되어야 할 뿐만 아니라, 이외에도 고통당하는 다른 사람들에게 복음을 전하는 일에도 책임감을 가져야 한다.

이와 같은 원칙은 다음 도표에 나타나는 바대로 일련의 성경적인 입장과 매우 유사한 점이 있다.

p.9.

경험	성경 말씀	참고
인간의 실패	"…차별이 없느니라. 모든 사람이 죄를 범하였으매 하나님의 영광에 이르지 못하더니."	롬 3:22, 23
책임	"이러므로 우리 각인이 자기 일을 하나님께 직고하리라."	롬 14:12
양심	"(율법 없는 이방인이…자기가 자기에게 율법이 되나니 이런 이들은 그 양심이 증거가 되어…그 마음에 새긴 율법의 행위를 나타내느니라)."	롬 2:14, 15
은혜	"내가 토설치 아니할 때에 종일 신음하므로 내 뼈가 쇠하였도다."	시 32:3
과시적 태도	"어찌하여 형제의 눈 속에 있는 티는 보고 네 눈 속에 있는 들보는 깨닫지 못하느냐 보라 네 눈 속에 들보가 있는데 어찌하여 형제에게 말하기를 나로 네 눈 속에 있는 티를 빼게 하라 하겠느냐 외식하는 자여 먼저 네 눈 속에서 들보를 빼어라 그 후에야 밝히 보고 형제의 눈 속에서 티를 빼리라."	마 7:3-5
고백	"자기의 죄를 숨기는 자는 형통하지 못하나 죄를 자복하고 버리는 자는 불쌍히 여김을 받으리라."	잠 28:13
관계	"그러므로 예물을 제단에 드리다가 거기서 네 형제에게 원망 들을 만한 일이 있는 줄 생각나거든 예물을 제단 앞에 두고 먼저 가서 형제와 화목하고 그 후에 와서 예물을 드리라."	마 5:3, 24
서로 나눔	"이러므로 너희 죄를 서로 고하며 병 낫기를 위하여 서로 기도하라…"	약 5:16
믿음을 갖고 행동	"너희의 믿음의 역사와…" "믿음의 선한 싸움을 싸우라…	살전 1:3 딤전 6:12
반환과 회복	"…남자나 여자난 사람들이 범하는 죄를 범하여 여호와께 패역하여 그 몸에 죄를 얻거든 그 지은 죄를 자복하고 그 죄 값을 온전히 갚되 오분지 일을 더하여 그가 죄를 얻었던 그 본주에게 돌려 줄 것이요."	민 5:6, 7
증인의 삶	"…집으로 돌아가 주께서 네게 어떻게 큰일을 행하사 너를 불쌍히 여기신 것을 네 친속에게 고하라…"	막 5:19

그룹 활동의 이론적 원리

혹자는 집단 상담을 가리켜 복음주의자들을 당혹하게 하는 그룹 상담법이라고 보는데, 이것은 사실과 다르다. 교회 내에서든 밖에서든 그리스도인 사이에 교제를 하는 것은 그리스도인들이 경험할 수 있는 중요한 특권 중의 하나이다. 그리스도인들은 교회에서 주일 학교, 기도 모임, 예배 등의 다양한 그룹 활동을 한다. 더욱이 신약 성경에서도 "너희의 죄를 서로 고하라"(약 5:16)라고 그리스도인들에게 가르치고 있다.

이제 개인 상담보다 그룹 상담을 더 주장하는 몇 가지 이유를 살펴보기로 하자.

1. 그룹 상담은 관계를 강조한다. 성격의 발달은 성장하면서 타인들과 어떠한 관계 속에서 성장해 왔느냐에 의해 크게 영향을 받으며, 문제를 가진 사람들은 대개 이때 정상적인 관계를 형성하지 못했거나 친구들로부터 고립되어 성장했다. 집단 상담에서는 성격형성에서의 대인 관계의 중요성을 잘 파악하고 이러한 결손된 관계를 충족시키려고 한다. 인간관계의 측면에서 볼 때, 일대일 상담이 관계를 맺는 시발점은 될 수 있지만 그 이상의 경험을 주지는 못한다. 개인 상담을 지속하면서 내담자와 상담자는 많은 비밀들을 함께 나누지만, 실은 그 자체도 여전히 감추어진 하나의 비밀이 된다. 상담의 과정은 이러한 둘만의 비밀스런 관계에서 좀더 확대되어야 한다. 내담자는 그룹 경험을 통하여 새로운 차원의 관계를 경험할 수 있게 된다.

2. 훌륭한 상담 그룹은 내담자에게 신뢰와 자신감을 부여한다. 많은 내담자들은 이렇게 주장한다. "많은 사람들이 있는 데에서 내 자신의 문제를 솔직하게 털어 놓을 수는 없어요. 어떻게 다른 사람들 앞에서 내 마음을 벌거벗은 채로 드러낼 수 있겠어요?" 그러나 어떤 상담소가 오랫동안 일대일 상담을 하다가 그룹 상담을 실시해 본 결과 사람들은 일대일 상담을 할 때 보다 그룹 상담을 할 때 더 자신

을 개방한다는 것이 밝혀졌다. 특히 많은 여성들이 개별 상담을 할 때보다 그룹 상담에서 자신의 개인적인 문제들을 보다 자유스럽게 토론하였다.

얄롬(Yalom) 연구에 의해 이미 밝혀진 사실8)은 그룹 상담에 참여하는 사람이 중시하는 것은 그 그룹과 다른 참여자들이 과연 신뢰할 만한가 하는 점이다. 이러한 현상은 그룹 상담에 참여하는 사람들에게서 나타나는 공통적인 반응이다.

3. 그룹 상담은 자존감(Self-esteem)을 제공해 준다. 훌륭한 그룹에 참여한 사람은 대개 곧 자기 자신도 남을 도울 수 있다는 사실을 발견하게 된다. 유능한 리더는 그룹의 성원이 아직 자신의 문제를 완전하게 조절할 수 없다 하더라도 어떤 모양으로든지 남을 도울 수 있는 능력이 있다는 사실을 인식하게 한다. 그리고 그룹 활동에 더 깊이 참여시켜 그 성원으로 하여금 가장 조그만 일부터 남을 돕도록 함으로써 점차적으로 자기 안에 있는 새로운 능력을 깨닫게 한다. 이러한 과정을 통해 그 성원은 점차적으로 자존감을 갖게 되고 인생을 긍정적으로 보게 된다. 다시 말해 남을 돕는 것은 바로 자신을 돕는 것이기도 하다.

4. 그룹 상담은 다양한 견해와 조언을 제공해 준다. 내담자는 자신의 문제를 그룹의 성원들에게 이야기함으로써 다양한 반응과 조언을 받는다. 그럼으로 해서 내담자는 자신의 문제를 다각도에서 보게 되고, 문제에 대한 새로운 시각을 가질 수 있게 된다.

5. 그룹 상담은 상호 작용을 제공한다. 유능한 리더는 그룹의 모든 상황들을 주의 깊게 조절하여 그룹의 성원들에게 적용시킨다. 오늘날 현대인들이 직면한 가장 심각한 문제는 아마 관계 단절로 인한 고독의 문제일 것이다. "좀 사람들과 친밀한 관계를 가져 보시지요" 하고 말하면, 내담자는 "어떻게요?" 하는 식의 난감한 몸짓을 보이는

---

8) I. D. Yalom, *The Theory and Practice of Group Psychotherapy* (New York: Basic Books, Inc., 1970).

것이 오늘의 현실이다. 그러나 성원들의 필요에 민감한 리더는 그룹의 상호 작용을 통해 개인들의 문제를 해결하도록 도울 수 있다.

6. 그룹 상담은 상담자로 하여금 짧은 시간에 많은 사람을 돕는 효과를 가져다준다. 상담자는 그룹 상담을 통해 훨씬 더 시간을 유효하게 사용할 수 있다. 즉 한 사람과 상담하는데 필요한 시간이면 6명 내지 9명까지도 효과적으로 도울 수 있는 것이다.

상담자는 또한 그룹 활동을 통해서 기대하지 않았던 도움을 얻을 수 있다. 그룹 상담의 경험은 그 자체로 하나의 훈련이 될 수 있으며, 그룹 성원들은 그룹 상담에 참여하고 있는 사이에 자연스럽게 그룹을 인도하는 능력을 습득하여 상담자를 보조하기도 한다.

7. 마지막으로 한 가지 더 첨가하고 싶은 것은 그룹 상담에는 상담자와 성원간의 전이(transference) 현상으로 인한 문제가 별로 없다는 점이다. 정신 분석학자들은 오랫동안 정신 분석을 하는 동안에 내담자가 분석자를 사랑하게 되는 적극적인 전이는 치료의 필수적인 요소라고 주장해 왔다. 그러나 필자의 개인적인 경험을 통해 볼 때, 전이는 상담자의 성숙함을 검증해 보는 척도일 뿐이다. 목회 상담분야에는 신경증적인 내담자들과의 정서적인 관계로 인해 상담자로서의 효과적인 기능이 축소되고 결혼 생활도 원만하게 되지 못한 상담자들이 있다. 그러나 그룹 상담에서는 긍정적인 전이이든 부정적인 전이이든 간에 상담자를 치명적으로 위협하는 전이 현상이 거의 일어나지 않기 때문에 상담자들은 그러한 위협으로부터 벗어날 수 있는 장점이 있다.

개인과의 상담

상담은 관계를 경험(relationship experience)하는 것이며, 그것은 상담자와 내담자가 함께 앉아서 내담자에게 닥친 문제를 토론함으로써 시작된다. 집단 상담을 할 때 상담자는 먼저 내담자와 인터뷰를 하게 되는데 여기에는 다음과 같은 몇 가지 단계가 있다.

1. 내담자의 말을 경청하는 단계

문제를 가지고 있는 대부분의 사람들은 고립감과 아무도 자기에게 관심을 기울여 주지 않는다는 느낌, 삶에 대한 두려움 등을 가지고 있다. 그러므로 상담자는 이러한 사실을 유념하여 내담자에게 "당신의 문제와 관련된 모든 것을 말씀해 주세요"라고 말하고는 주의를 집중하여 그가 하는 말에 귀를 기울인다. 그리고 중간 중간에 "예, 그렇군요", "계속 하시지요", "좀더 자세히 이야기 해주세요"라고 말함으로써 내담자에게 용기를 줄 수 있다. 상담자는 질문할 때 내담자의 구체적인 답변을 유도하여 문제를 좀더 잘 이해하는데 도움이 될 만한 질문을 해야지 그저 간단하게 "예"나 "아니오"라는 답변이 나오는 질문은 바람직하지 않다. 이때 상담자가 내담자의 말을 경청하는 시간은 상담 시간의 2/3정도가 적당하며, 질문하거나 대화하는 시간이 1/3이상을 초과하지 않도록 하는 것이 좋다.

2. 책임 강조의 단계

사람들은 어려운 상황에 직면하게 되면 곧잘 그 책임을 남에게 돌려 그를 비난하는 경향이 있다. 실제로 다른 사람에 의해 어려운 문제에 부딪혔을 때, 그 사람을 한바탕 욕해 주고 나면 기분이 좋아지기도 한다.

그러나 상담할 때 상담자는 내담자에게 다른 사람은 비난하지 말라고 권고해야 한다. 내담자의 비난에 대해 상담자는 "예, 이해할 만합니다. 그러나 그러는 당신은 어떻습니까?" 하고 질문을 한다. 문제는 무엇을 잘했느냐가 아니고 무엇을 잘못했느냐 하는 것이다. 사람은 자기의 약함을 인정할 때에 가장 강한 법이다.

성경은 내담자에게 필요한 적절한 도움을 줄 수 있다. 하나님께서는 바울에게 "내 능력이 약한데서 온전하여짐이라"(고후 12:9)고 말씀하셨으며, 바울은 "내가 약할 그 때에 곧 강함이니라"(고후 12:10)고 고백하였다.

3. 모델 제시의 단계

모델 제시는 집단 상담의 핵심적인 것이다. '가르친다'는 말은 곧 '보여 준다'는 것을 의미한다. 이와 같이 모델 제시는 상담자가 내담자에게 어떻게 대처해야 할지를 보여 주는 것이다. 상담자는 일상 생활의 경험 중에서 내담자에게 도움이 될 만한 경험을 모델로 제시한다. 이제 그 예를 보기로 하자.

존은 상담자에게 최근 들어 불안감에 젖어 고통을 당하고 있다고 하소연을 한다. 그는 기운도 없고 기분도 아주 좋지 못했다. 이 불안은 틀림없이 직장 상사가 자기를 괴롭히고 있기 때문에 생긴 것이라고 그는 단정하였다. 이에 대한 상담자의 대답은 다음과 같다. "당신의 심정을 이해할 만합니다. 사람은 누구나 이러한 상황에 처하면 남을 비난하려는 경향이 있지요. 그러나 제가 알기로, 우리는 대체로 다른 사람이 내게 보인 행동보다는 내가 한 행동 때문에 기분을 상하게 됩니다.

제 경우를 한 가지 말씀드려 보겠습니다.

몇 주일 전 나는 차를 몰고 주일 학교에 참석하기 위해 교회에 가고 있었지요. 늦었기 때문에 나는 아내와 아이들에게 안달을 하고 있었답니다. 신호등에 걸려 다른 차의 뒤에 서 있어야 했지요. 이윽고 신호등이 바뀌고 앞 차의 운전사는 천천히 차를 몰았습니다. 나는 그만 그 차를 향하여 경적을 울리기 시작했어요. 그리고 재빨리 그의 차를 추월했습니다.

마침내 교회에 도착하여 차를 주차장에 세우고 걸어나오고 있는데, 제가 추월한 그 차가 주차장으로 들어오지 않겠어요? 그 운전사도 주일 학교의 한 사람이었던가 봐요. 나는 그날 아침 전혀 주의를 집중할 수 없었을 뿐만 아니라, 심한 두통에 시달렸어요. 그때 나는 행동을 잘못하면 기분까지도 나빠진다는 것을 깨닫게 되었죠."

"이에 대해 당신은 어떻게 생각하세요. 당신의 경우와 어떤 유사성이 있다고 생각하지 않으십니까?" 위의 예에서처럼 상담자는 자신의 경우를 털어 놓음으로써 내담자로 하여금 상담자도 역시 문제에 직면해 본 경험이 있는 사람이며, 그렇기 때문에 내담자인 자신의 문제도 이해할 수 있을 것이라고 느끼도록 해준다. 아울러 내담자가 자신의 무책임성을 직시하도록 해주었으며, 좀더 쉽게 마음의 문을 열고 상담에 임하도록 도와주었다.

4. 계약의 단계

내담자가 상담을 계속하기로 결정을 내리면 최소한 6주 동안 지속적으로 상담에 참여한다는 계약서에 서명을 한다.

계약서

본인은 집단 상담에 참여 하려면 정직하고 성실 해야 한다는 것을 명심하고_____에서 매회 모이는 치료 그룹 모임의 일원이 되기로 약속합니다. 그리고 본인은_____부터_____까지 최소한 6주 동안 참석할 것을 서약합니다.

이름_____

주소_____

전화번호_____

증인_____

---

5. 그룹에 소개하는 단계

상담자는 새로운 구성원을 그룹에 소개하고, 그가 그룹 활동에 적응할 수 있도록 돕는다.

결혼 생활 상담

집단 상담은 결혼 생활 상담을 하는 데에도 적용될 수 있다. 첫 인터뷰는 남편과 아내를 개별적으로 만나 실시한다. 물론 상담자가 부부를 동시에 만나 누가 먼저 인터뷰할 준비가 되었는지 결정한 다음에 준비된 사람부터 차례로 인터뷰를 할 수도 있다. 모델 제시는 물론 달라야 한다. 상담자는 자신이 부부 관계나 대인 관계에서 실패했던 경우와 관련된 이야기를 하면서, 부부 간의 적절한 관계 개선에 초점을 맞추어야 한다.

집단 상담의 실시

집단 상담을 실시하려면 먼저 그룹을 구성해야 한다. 유능한 리더는 그룹을 만들고 다음과 같은 원리들을 제시할 수 있어야 한다. "오늘 저녁 여기에 오신 여러분을 진심으로 환영합니다. 모임의 원활한 진행을 위해 몇 가지 원칙을 마련했으니, 여러분은 이들을 숙지하시어 착오가 없으시기를 바랍니다.

첫째, 우리는 서로의 비밀을 보장해 주어야 합니다. 즉 여기서 들은 말을 그룹 성원이 아닌 다른 사람에게 말해서는 안 됩니다. 자신의 이야기라면 몰라도 남에 관한 것은 입 밖에 내지 마십시오.

둘째, 여러분은 그룹 활동에 적극적으로 참여해야 합니다. 방관자는 있을 수 없습니다. 여러분 중에 혹시 그저 구경만 하려고 오신 분이 있다면 그분은 장소를 잘못 찾아 오셨습니다.

셋째, 우리는 모두 실패한 경험이 있고 실패해 왔습니다. 이 그룹에서 온전한 사람은 하나도 없습니다. 우리가 여기에 모인 것은 우리의 장점을 과시하고자 함이 아니고, 우리의 약점에 대해 허심탄회하게 이야기하려는 것입니다. 여러분도 아시다시피 사람은 자기의 약함을 인정할 때 가장 강한 법입니다.

넷째, 다른 사람의 상황에 대해 조언을 하려면 먼저 동의를 얻어야 합니다. 즉 어떤 사람의 실패에 대해 이야기를 하기 전에 자신에게도 그러한 실패의 경험이 있다는 사실을 인정함으로써 말할 자격을 얻을 수 있습니다.

다섯째, 여기에서는 서로의 비밀 보장을 위해 성(性)을 생략하고 이름만 부르기로 합니다.

여섯째, 우리의 모임은 두 시간 동안 계속될 것입니다. 오후 7시 정각에 시작하여 가능한 한 9시 정각에 끝내려고 하니까 시간을 지혜롭게 사용합시다."

집단 상담 그룹과 관련된 자세한 그룹 활동의 요소들을 살펴볼 여유가 없으므로, 이에 관심이 있는 독자들은 필자가 쓴 「대면적 상담법, People to People Therapy」[9]을 참고하기 바란다.

집단 상담은 주의깊게 설정된 이론적 근거에 의해 세워지고 폭넓게 연구되어온 상담범이다. 오늘날의 집단 상담은 간혹 미완성 교향곡이라고도 불리는 모우러의 최초의 집단 상담 위에 재사회화에 대한 깊은 경험, 하나님과의 친밀한 관계 등에 관한 개념이 추가되어 형성된 것이다. 집단 상담은 내담자의 가치관, 개인적 책임, 개방적인 태도, 회복에 대한 성경적인 원리를 강조하고 있다. 그것은 오랫동안 교회 활동의 중심체였던 여러 그룹들에 적용함으로써 비전문가들의 참여의 기회를 많이 제공해 왔다. 그리고 이러한 과정을 통해 많은

---

9) John W. Drakeford. *People to People Therapy* (San Francisco: Harper & Row, 1978).

남녀 평신도들은 이웃을 자기 몸처럼 사랑하는 마음으로 형제, 자매들을 돕기 위해서 하나님께서 주신 은사를 사용할 수 있는 기회를 얻게 되었다.

제15장 대중적 상담
(Popular Approaches to Counseling)

게리 R. 콜린스

사람들은 문제가 생기면 대개 친구를 찾아간다. 친구는 늘 부담 없이 만날 수 있고, 문제에 대해 함께 공감을 하며 자신의 상황과 생활 방식을 잘 이해해 주고, 어려운 전문 용어를 사용하지 않으며, 돈도 들지 않을 뿐만 아니라 기꺼이 도와주려고 하기 때문일 것이다. 많은 사람들은 친구 외에도 잡지 기사나 책, 자조(Self-help) 그룹, 라디오와 텔레비전 프로그램, 카세트 테이프, 세미나 강사에게서 도움을 찾기도 한다. 최근에 이러한 대중 매체들은 그리스도인들에게 전에 볼 수 없었던 커다란 영향을 끼치고 있다. 전에는 보다 자유주의적 입장에 있는 사람들만이 심리학이나 대중 매체에 관심을 가졌을 뿐, 신학적으로 보수주의적 입장에 있는 사람들은 이에 대해 회의적이었고 반대하는 입장을 취하였는데 근래에 이러한 경향은 아주 극적으로 바뀌기 시작하였다. 많은 사람들이 이 분야에 뛰어들게 되었고 이들은 독자적으로 심리학과 기독교를 조화시켜 강연, 책, 녹음테이프 등을 통해 자신들의 이론을 활발하게 보급하고 있다. 1965년에 케이스 밀러(Keith Miller)가 「새 술의 맛, A Taste of New Wine」이라는 책을 펴냄으로써 앞으로 그리스도인 상담자가 대중적인 인기를 얻을 것을 예시한 이래로 많은 대중 운동가들이 사람들의 관심을 얻게 되었다. 폴 투르니에 같은 사람은 다양한 주제들을 다루고 있는데 그는 오늘날 자유주의 그리스도인이나 보수주의적 그리스도인이나 할 것 없이 많은 이들로부터 추앙을 받고 있다. 한편 찰리 쉐드(Charlie Shedd)나 월터 트로비쉬(Walter Trobish) 같은 사람들은 보다 특정한 계층을 대상으로 성(性) 또는 결혼 등에 관한 자신들의 이론을 펼치고 있다. 이들 중에서 어떤 이들은 주로 강사로 활동을 하거나 또는 저술 활동을 위주로 하지만 대부분 이 두 가지 활동을 병행하고 있다. 그리고 이들의 상당수는 정규적인 심리학 교육을 받았지만, 어떤 이들은 거의 심리학 교육을 받지 못했을 뿐 아니라 심지어는 이러한 사실을 무시하는 경우도 있다.

대중적인 상담이란 한 마디로 말하면 대중을 상대로 하는 상담을 말한다. 주로 대중 연설이나 강연, 설교의 형태로 행해지고 있다. 이 글에서 게리 콜린스는 대중 운동가들의 입장과 그 영향에 대한 고찰과 아울러 그 효과를 진단하는 몇 가지 지침을 제시하고 있다.

심리학의 대중화는 최근의 현상이 아니다. 여러 해에 걸쳐 잡지 기자, 신문 칼럼니스트, 판매 책임자, 전도자 등 이 외에도 많은 사람들이 나름대로 인간의 다양한 문제들에 심리학을 적용하려고 시도해 왔다. 이들의 주장은 흔히 과학적인 심리학의 내용과 차이가 있는 것이었지만, 어쨌든 이들에 의해 많은 사람들이 적지 않은 영향을 받아온 게 사실이다. 한편 이들이 소위 자조적 심리학(self-help psychology)이라는 것을 발전시키는 동안, 일단의 비전문가들은 심각한 문제에 직면해 있거나 좌절된 사람들을 위한 상호 협동 그룹들을 만들었다.

전문적인 상담자들은 대개 문제 해결에 대한 이들의 대중적인 접근 윤리들에 놀라면서 때로는 이들이 삶의 문제들을 지나치게 단순화함으로써 문제를 지닌 사람을 돕기보다는 오히려 해를 끼칠 위험스런 요소를 안고 있고 그런 의미에서 아무런 가치도 없는 것이라고 비난하기도 한다. 그러나 수많은 사람들은 대중 운동가들을 신뢰하고 따르며, 자녀 양육, 풍성한 결혼 생활, 스트레스 해소, 영적인 성숙, 원만한 대인 관계, 성공적인 삶, 만족한 성 생활 등에 관한 그들의 지침을 거의 무비판적으로 수용하고 있다. 오늘날 점점 많은 사람들이 술을 끊기 위해, 수술을 받기 위해서, 암과 싸워나가기 위해, 그리고 생활에서 오는 다른 많은 문제들을 다루기 위해 자조 그룹에 가입하고 있다.

비전문가들에 의한 기독교적 접근을 포함한 이들 대중 운동은 그 수나, 다양성이나 그들을 따르는 사람들의 놀라운 증가라는 면에서 볼 때 아주 크게 발전하고 있다.[1] 이것은 어떤 면에서 교회나 상담 전문가들이 해결해 주지 못하는 부분을 이들 대중 운동가들이 충족

---

1) Glen Evans, *The Family Circle Guide to Self-Help*(New York: Ballantine, 1969); A. H. Katz and E. T. Bender, eds., *The Strength in Us: Self-Help Groups in the Modern World*(New York: New Viewpoints, 1976).

시켜 주고 있다는 것을 반증하는 것이다. 그러므로 본서에서 교회가 사람들의 문제를 해결하지 못하는 원인을 규명하기 위해서라도 이들을 소홀히 다루지 않았다. 이제부터 우리는 일반적인 자조 그룹들, 자조적인 심리학에 관한 서적과 저술가들, 유명한 강연가들에 대해 살펴볼 것이다. 그리고 이들 원리들의 공통적인 요소들, 공통적인 목적, 공통적인 메시지에 대해서도 검토하려 한다. 아울러 이들에 기독교 상담자들이 어떻게 관련되어 있는지 알아보며, 이들의 활동에 대해서 특히 그리스도인이 내려야 하는 실제적인 평가 지침을 제시할 것이다.

자조 그룹(The Self-Help Groups)

오늘날 사람들 사이에서 널리 사용되고 있는 '자조 그룹'이란 말은 '상호 협동 운동'과 크게 다를 바가 없다. 자조적 운동을 분석하여 최근에 책으로 펴낸 카즈(Katz)와 벤더(Bender)는 이 그룹들을 다음과 같이 정의하였다.

"자조 그룹은 상호 협동과 특정한 목적 달성을 위해 구성된 것이다. 자조 그룹은 같은 처지에 처한 동료들끼리 모여, 서로의 공통적인 필요를 충족시키며, 공통적인 장애나 문제를 극복하고, 사회적으로 개인적으로 바람직한 변화를 가져오기 위해 노력하는 단체이다. 이 그룹을 시작한 사람들이나 그룹에 참여하는 사람들은 문제를 가지고 있는 사람들이 필요로 하는 여러 가지 것들이 현존하는 사회적 상황에서는 충족될 수 없다는 인식을 함께 하고 있다. 자조 그룹들은 대인 관계에서의 직접적인 상호 작용과 참여자들의 개인적인 책임을 강조하고 있다. 그리고 정서적인 면에서의 도움 뿐 아니라 흔히 물질적인 면에서도 필요한 지원을 해준다. 자조 그룹은 대개 '원인' 지향적이며, 참여자들로 하여금 보다 분명하게 자신의 개인적인 아이덴티티(Identity)를 회복하게 한다는 이념하에 운영되고 있다."[2]

자조 그룹에 관한 특징적 요소들로는 이심전심의 공감대 형성, 참가자를 수용하는 태도, 공통의 문제와 경험, 자기 신뢰, 비공식성, 비슷한 생각, 소망, 다른 사람을 도우려는 마음 등을 들 수 있으며 자조 그룹에 참가하는 사람들은 전문 상담자는 냉정하여 그들에게서 효과적인 상담을 기대할 수 없다고 생각하여 꺼리는 경향이 있다. 즉 이들은 생활에서 오는 갖가지 스트레스에 대처하기 위해서는 어려울 때 서로서로 도와야 한다는 가장 기본적이면서도 전통적인 원리를 실천하고 있는 것이다.

오늘날 자조 그룹이 일반인들에게 널리 받아들여지고 있기는 하지만, 이 운동의 근원은 유대-기독교의 전통에 근거하고 있는 것이라고 많은 학자들은 주장하고 있다.[3] 신약성경에서는 서로 격려하며, 돕고, 기도하며, 가르치고, 위로하며, 보호할 것을 지속적으로 강조하고 있고, 이의 실천을 위해 초기의 웨슬리주의자들은 소규모의 협동 그룹 운영에 관심을 가졌으며 지난 세기의 옥스퍼드 운동도 분명히 이러한 배경에서 나온 하나의 종교적인 그룹 운동이었다. 그리고 오늘날까지도 종교적 의미를 강하게 띠고 있는 그룹인 유명한 금주 단체도 이 옥스퍼드 운동에서 파생된 것이다. 그 후로 자조 그룹 운동은 이웃 교육 기관에서, 사무실에서, 가정에서, 교회에서, 전 미국에 걸쳐 수많은 형태의 소규모 성경 공부 모임으로, 기도 모임으로, 은혜와 간증의 모임으로 활성화되어 왔다.

---

2) Alfred H. Katz and Eugene I. Bender, *The Strength in Us*(Franklin Watts, Inc., 1976), p.9.

3) 참조, 예를 들면 John W. Drakeford, *People to People Therapy: Self-Help Groups-Roots, Principles and Processes*(New York: Harper and Row, 1978); and N. Hurvitz, "The Origins of the Peer Self-Help Psychotherapy Group Movement" in *Journal of Applied Behavioral Science*, 12, 1976, pp. 283-294.

그러나 기독교 상담가를 포함하여 전문 상담자들이 항상 이들 그룹을 인정하고 긍정적으로 본 것은 아니다. 어떤 상담 전문가들은 이 그룹들이 자신들보다 더 분명하게 문제를 이해하고 더 많은 사람들을 치료하자 그로 인해 위협을 느끼게 되었다. 그렇다고 이것 때문에 자조 그룹들에 비판적인 견해를 취하는 것은 아니다. 많은 상담 전문가들이 자조 그룹들을 인정하지 않는 것은 이 그룹들에 내재된 위험성을 간파했기 때문이었다. 즉 이 그룹들은 자신들이 스스로 원리를 제시하여 그 원리를 따르게 함으로써 사람들에게 전문적인 도움을 받게 하지 않을 뿐만 아니라, 그룹의 다른 동료들의 의견에 의존하게 하며, 전체 사회를 한 가지 기능만 수행하는 개개의 그룹으로 분리시키며, 그룹의 프로그램에 참여해도 문제의 해결에 진전을 보지 못하는 사람들에게는 오히려 부작용을 일으킬 우려가 있다고 보았기 때문이었다. 그리고 그리스도인으로서 더 크게 우려되는 것은 기독교 그룹 뿐 아니라 대부분의 그룹들에서 자칫하면 그리스도를 의지하는 대신 자기중심의 철학을 갖고 모든 문제에 대해 인간적인 해결 방법을 모색하게 할지도 모른다는 점이다.

이러한 비판에도 불구하고 자조 그룹은 계속해서 확산되고 있다. 이것이 하나의 스치고 지나가는 일시적인 유행인지 아니면 옛날의 상부상조하던 방식으로 회귀하는 새로운 전환점인지는 시간이 알려 줄 것이다.

자조적 원리의 저술들

최근 들어 많은 사람들이 부쩍 생활에서 오는 스트레스에 대처하기 위해 이에 관련된 책이나 잡지들을 찾고 있다. 요즈음 베스트셀러의 목록에는 대개 자신의 확고한 주장을 내세우는 것, 행복한 결혼 생활, 인생에서의 성공 방법, 체중 감량, 영원한 행복의 발견 등에 대

해 쉽고도 확실한 방법을 제시하는 책들이 끼어 있게 마련이다. 이러
한 책들은 흔히 독자들의 호기심을 유발하기 위해 요란하고 과장된
제목을 붙이는데 그 중의 한 가지 예를 들면 바로 다음과 같다. 「당
신도 할 수 있다」, 「자기 치유를 통해 당신이 원하는 사람이 되는
길」 등이 바로 그것이다. 이러한 책들이 널리 확산되고, 자조적인 원
리에 의한 공식들이 많은 사람들에게 전달되고 있지만 반면에 이들
이 독자들의 삶에 어떠한 영향이나 변화를 가져다주었는가에 대한
연구는 별로 시도되지 않았다. 그런 가운데 어떤 심리학자는 이러한
종류의 연구를 하기 위해 70여권의 책을 조사하여 자조적 심리학에
근거하여 저술활동을 하는 학자들의 영향을 다음과 같이 분석하여
발표하기도 하였다.

　　-변화에 대한 기대를 심어 준다.
　　-모든 문제는 해결될 수 있다는 메시지를 전달한다.
　　-독자로 하여금 문제를 분명하게 이해하도록 돕는다.
　　-독자로 하여금 자신의 문제는 다른 사람에게도 일어날 수 있
　　　는 것이며, 전혀 비정상적인 것이 아님을 확신시킨다.
　　-문제 해결을 위한 네 가지 공식을 제시한다(시도하라, 평가하
　　　라, 수정하라, 다시 시도하라).
　　-새로운 용어를 사용한다. 즉 '병적인', '비정상적인' 같은 용
　　　어를 '게임', '생체 리듬', '실수의 영역'과 같은 덜 위협적
　　　인 개념의 용어로 대체한다.[4]

　이처럼 자조적 심리학에 근거한 많은 책들은 독자들로 하여금 자
신의 문제점을 인식하게 해주고 다른 사람들도 이와 유사한 스트레

---

4) Reported in Sol L. Garfield and Allen E. Bergin, *Handbook of
　 Psychotherapy and Behavioral Change: An Empirical Analysis*, 2nd
　 ed.(New York: Wiley, 1978), pp.52, 36.

스나 문제들을 경험한다는 사실을 알려 준다. 그리고 이러한 책의 원리들을 잘 따른다면 어느 정도의 객관성을 갖고 문제를 분석하며 자조적인 원리들을 적용할 수 있는 능력을 얻을 수도 있다.

그러나 유감스럽게도 이러한 원리들이 모든 사람들에게 똑같이 적용되는 것은 아니다. 많은 사람들은 이 원리들을 통해 도움을 받기보다는 혼란을 겪는 경우가 많은데, 이는 이 원리들이 종종 인생의 문제에 대해 모순된 설명도 하고 인생에서의 성공과 행복에 대해서 상충된 길을 제시하고 있기 때문이다. 이러한 책들에 내포되어 있는 위험성으로는 다음과 같은 네 가지 요소들을 들 수 있을 것이다.

단순한 전제

모든 상담자는 인생은 복잡하며 인간의 문제를 해결하기란 그리 단순한 것이 아니라는 사실을 잘 알고 있다. 그러나 자조적 원리를 내세우는 학자들은 이런 사실에 대해서는 별로 언급하지 않는다. 그 대신 스트레스에 대한 쉬운 치유책이 있으며 간단한 처방으로 문제를 해결할 수 있다고 말한다. 우울증에 관한 책을 쓴 어떤 저자의 말을 예로 들어 보자. "내가 확신하고 있는 것은 당신이 기가 꺾일 필요는 없다는 것입니다. 본인은 당신이 이 책에 제시된 원리대로 산다면 다시는 그러한 일이 없을 것이라고 장담합니다."[5] 그러나 흔히 이러한 장담은 아무런 근거도 없는 것이며 그로 인해 오히려 독자들에게 해를 끼칠 수도 있다. 이러한 저자들은 사람들로 하여금 상담을 하지 않게 하고, 그들의 원리들을 적용했는데도 기대했던 결과가 일어나지 않을 경우에는 더욱 커다란 실망과 당혹감, 죄책감을 갖게 한다. 문제의 해결을 가져다주는 이 원리들은 다이어트처럼 당분간은 효과를 가져다줄지 모르지만 대개는 원래의 상태로 돌아가게 되고

---

5) T. LaHaye, *How to Win Over Depression*(Grand Rapids: Zondervan, 1974), p.12.

결국은 다른 방법을 찾을 수밖에 없게 한다.

비현실적인 기대

대부분의 자조적인 책이나 기사들은 사람은 어떻게 느껴야 하고 인생은 무엇과 같아야 하며, 문제들은 어떻게 해결해야 한다는 등의 문제 해결에 대한 간단한 공식을 제시함으로써 비현실적인 기대감을 불러일으킨다. 어떤 학자는 이것을 가리켜 '주술적인 사고방식'이라고 하는데, 사람들은 흔히 '공식(주문, 呪文)대로만 하면 나는 행복해질 거야'라고 믿는 경향이 있다. 이런 현상은 기독교를 마술적인 만병통치약쯤으로 생각하는 그리스도인들에게서 두드러지게 나타난다. 이러한 그리스도인들은 성경의 가르침과는 달리 열심히 기도하고 열심히 믿으면, 모든 문제는 다 사라질 것이라고 확신한다. 그리하여 정성껏 기도해온 후에도 아무런 응답이 없으면 자신들의 신학이 잘못되었거나, 자신의 기대가 비현실적일지도 모른다는 사실을 인정하지 않기 위해 더 열심히 무작정 기도하려 한다.

자기 비난

자조적 원리들을 내세우는 사람들은 흔히 모든 문제는 자기 자신에게서 비롯된 것이며 또한 자기 스스로 문제를 해결할 수 있다는 것을 강조한다. 이러한 전제는 기대했던 문제의 해결이나 행복이 찾아오지 않을 때 사람들로 하여금 지나치게 자기 비판적이 되게 하는 경향이 있다. 그리고 자신의 한계 밖에 있는 환경의 영향을 도외시하며, 보다 분명하고 지속적인 안정을 가져다 줄 수 있는 상담자, 의사, 목회자, 기타 등등의 사람들을 찾아가 도움을 청하려 하지 않게 되는 경향이 있다.

자기 비난은 대체로 그들이 문제 해결을 할 수 있다는 확고한 약속을 해주면서 만약 이러한 일이 일어나지 않으면 그것은 전적으로 독자의 책임이라는 것을 강조하는 데서 오게 된다. 어떤 학자는 이러한 자기 비난 현상이 체중 조절을 위한 자조적 그룹에서 많이 일어나고 있다고 보고 하였다.

> "체중 조절을 하려는 대부분의 여성들은 병적으로 비만해서가 아니라 여성의 미를 얻기 위해 이러한 그룹에 가입한다. 그런데 이러한 그룹에서는, 비만한 여자는 창피하고 성적인 매력이 없으며, 모든 여자는 도취적이고 유치한 동물이라는 생각을 심어주려고 한다."6)

이러한 사실은 여자 뿐 아니라 남자에게도 똑같이 적용되어질 수 있다. 사람은 누구나 기대했던 대로의 변화가 일어나지 않을 경우에, 그로 인해 자신을 질책하고 비하하는 경향이 있다. 그러므로 자조적인 원리를 내세우는 학자들이 개인적인 책임을 강조하는 것은 바람직한 것이지만 개인적인 실패에 대해 용납하지 않는 것은 오히려 해로운 영향을 줄 수도 있다.

자기 중심의 강조

최근 몇 년 동안 가장 많이 보급된 자조적 원리의 서적들은 독자들에게 '1등이 되는 법'을 가르쳤다. 그리고 어떤 책은 '성공하는 법'을 가르쳤다. 그리고 어떤 책은 사업과 경영에 있어 '정상에 이르는 지침'을 제시하기도 하였다. 우리는 이러한 책들에서 무엇이 가장 위험스러우며 잘못된 것인가를 알 수 있는데, 그것은 바로 행복을 얻고 성공하기 위해서는 자기 자신과 성취에 관심을 집중해야 한다는 전제이다. 오늘날 우리 사회에 이러한 자기도취적이고 자기중심적

---

6) Barbara Ehrenreich, "Letter to the Editor in *Social Policy*, 4, 1974, p.56.

인 태도가 만연하고 있는 것이 사실이다. 이러한 태도를 가지고 있는 사람은 다른 사람에 대한 관심, 의무, 책임, 자기 부정, 하나님에 대한 헌신 대신에 쾌락, 즉 즉각적인 만족이나 자기 충족을 추구한다. 일반 서적은 물론 기독교 서적에서도 나타나고 있는 자기중심적인 사고방식은 '자신을 신뢰하고 자신의 결정대로 자신의 일을 하라'고 강조하지만 여기에는 참된 행복은 하나님과 그리고 다른 사람들과 의미 있는 관계를 가질 때에만 가능하다는 사실이 간과되어 있다.

오늘날 많은 스트레스로 인해 사람들은 혼란하여 분별 능력이 약해지고 한편으로는 출판 기술이 발달하고 경비도 적게 드는 시대를 맞이하여, 자조적 서적들은 문제에 직면한 사람들을 도울 수 있는 엄청난 잠재력을 갖게 되었다. 이러한 대중 매체가 성경적 원리에 일치하고, 심리학적으로 건전하며, 비현실적인 장담이나 지나치게 간단한 공식을 남용하지만 않는다면 일반인들을 교화시키며 문제를 이해하고 문제를 해결하는데 큰 도움을 줄 수 있다. 그리고 이들은 상담을 하는데 유용한 자료가 되며, 경우에 따라서는 구태여 상담을 할 필요가 없을 정도로 효과적인 영향을 끼치기도 한다. 그러나 이미 앞에서도 밝힌 바와 같이 기독교 서적뿐만 아니라 이러한 종류의 서적은 해를 끼칠 수 있으므로 그리스도인 독자는 이들의 원리를 적용하거나 추천할 때 특별히 신중을 기해야 한다.

대중 강연가들

수세기 동안 교사와 목회자를 포함한 강연가들은 강단에 서서 교훈과 지도와 조언을 줌으로써 문제에 처한 많은 사람들을 도와왔다. 그리고 현대에 와서 라디오와 텔레비전 등 문명의 이기의 보급은 이들의 영향력을 더욱 강력하게 하였다. 이 외에도 지난 20년 동안, 특히 그리스도인들 사이에서 이들의 영향력을 증가시킨 두 가지 요소가 있는데, 그것은 바로 세미나의 유행과 카세트테이프의 폭넓은 사용이다.

비록 몇몇 예외는 있지만 이들 테이프나 세미나 프로그램을 통해 활동하는 강연가나 저술가들에게는 최소한 9가지의 공통적인 특징이 있다. 필자는 이 특징들에 대해 어떤 평가를 하거나 따지지 않고 독자들에게 그대로 제시하고자 한다. 이 특징들은 바람직한 것일 수도 그렇지 않을 수도 있으며 대중 강연가들이 대중에게 어떻게 그러한 호소력을 지닐 수 있는가에 대한 실마리를 제공하고 있다.

관련성

대중 강연가들이 다루는 주제는 대개 사람들이 관심을 갖는 문제에 그 촛점이 맞추어져 있다. 즉 결혼이나 고독에 관한 문제, 실패, 사기, 성 생활 등을 중점적으로 다룬다. 그리고 이러한 주제를 다루면서 청취자들이나 독자들이 흥미를 느끼고 쉽게 주제에 공감하도록 하기 위해 사례나 개인의 예화를 곁들이는 것이 일반적인 경향이다.

단순성

대중 강연가들은 대체로 특정한 이론이나 전문 용어, 복잡한 인간의 행위에 대해서는 별로 언급을 하지 않는다. 그들은 문제 행동에 대한 간단한 설명과 함께 간단한 해결책을 제시한다. 예를 들면 아담스 같은 사람은 인간에게 문제를 일으키는 요인으로서 단지 죄와 신체 조직의 역기능을 지적할 뿐이다. 그러나 신체 조직의 이상은 의사가 가장 잘 치료할 수 있으며 죄의 문제는 목회자에 의해 효과적으로 다루어질 수 있는 영역이다.[7]

---

7) Jay E. Adams, *Competent to Counsel*(Grand Rapids: Baker, 1970)
   The Christian Counselor's Manual(Nuteley, NJ Presbyterian and

실제성

대부분의 대중 강연가들은 문제에 대처하기 위해서는 무엇을 어떻게 해야 한다는 식으로 구체적인 조언을 해준다. 이런 행동 원리나 방법들은 대개 일련의 성공 사례와 더불어 제시되기 마련인데 대중 강연가들은 이 사례들을 통해 자신들이 제시한 행동 지침이 이미 과거에도 다른 사람이 적용하여 효과를 보았으므로 앞으로도 이 지침들은 큰 효력을 발휘할 것이라는 사실을 믿게 하려고 한다.

비전문성

대중 강연가들은 종종 다른 학자나 저자들의 이론을 참고하기는 하지만 학문적인 면에는 거의 관심을 기울이지 않는다. 그래서 전문 서적이나 잡지들, 기타 자료들에 대해 별로 언급을 하지 않으며 요란하게 많은 각주를 붙이지도 않고, 책을 집필하더라도 대개는 색인을 달지 않으며, 다른 저자들처럼 구태여 현학적인 문장으로 결론을 쓰려고도 하지 않는다. 이들은 조사 자료나 이론, 신학, 학술적 원리보다는 사람 자체에 대해 더 관심을 기울인다. 이와 같이 사람을 중시하고 강조하는 이들의 태도가 대중에게 크게 어필하고 있는 것은 어쩌면 당연한 일일 것이다.

의사 전달의 기술

대중 강연가들은 대부분 훌륭한 의사 전달의 능력을 가지고 있는 사람들이다. 이들은 간단하고 이해하기 쉬운 말로 자기가 전하고자하는 메시지를 명확하고 간결하게 전달한다. 그리고 이를 위해 책, 홍

Reformed, 1973)

보 책자, 라디오 방송, 카세트 녹음 등 여러 가지 방법을 동원한다. 이와 같이 다양한 대중 매체를 통해 이들은 최대한도로 대중과 접촉하려고 하며 그럼으로 해서 대중으로부터 폭넓은 인기를 얻게 된다.

인격적 매력

모든 대중 강연가들에게는 사람들을 잡아끄는 인격적인 요소들이 있다. 이들 사이에는 저마다 커다란 개인차가 있으므로 사람들에게 어필하는 요소가 약간씩 차이가 있다. 이에 대한 예를 들어 보자. 빌 고타드(Bill Gothard)는 그의 일상적인 매너에 배어 있는 겸손, 진실함을 통해 많은 사람들에게 어필하고 있는 것 같다. 그리고 케이트 밀러는 그의 솔직함과 개방적인 태도로 인해, 마라벨 몰간(Marabel Morgan)은 성에 관한 향기 있는 유모어와 위트에, 제이 아담스는 다이나믹하고 강력한 강의를 통해, 그리고 이 분야의 대부격인 폴 투르니에는 그의 책과 강의에 참여하는 많은 사람에 대한 깊은 관심으로 인해 사람들에게 어필하고 있다. 이와 같이 이들은 독특한 방법과 인격적인 요소들로써 많은 청중과 독자층을 확보하고 있다.

성경의 적용

대중 강연가들은 신학적으로 서로의 입장이 약간씩 다르다. 고타드 같은 사람은 성경을 빈번하게 적용하는 반면, 브루스 라손(Bruce Larson)같은 이는 성경을 그렇게 자주 언급하지는 않는다. 그러나 어찌하든 간에 이들은 성경을 신중하게 다루며 남을 돕는 기독교적인 삶을 적용하려고 한다. 이와 같이 기독교를 강조하는 것도 일반 심리학을 회피하거나 꺼리는 사람들에게 매력적인 요소가 될 수 있다.

반박적인 자세

대중 강연가들은 무엇인가를 끄집어내어 반박하는 경향이 있다. 예를 들자면, 애덤스는 일반 심리학(Secular Psychology)을 반대하고, 밀러는 교회와 정체된 기독교의 허위성을 공격하며, 투르니에는 인간의 영적, 심리적 본성을 무시한 의학에 대해 반기를 들고, 라손은 그리스도인의 삶과 교회에 나타나는 형식성을 반박하며, 필(Peale)과 슐러(Schuller)는 '나는 할 수 없다'는 부정적 사고방식과 태도에 대해 반박해 왔다. 이와 같이 어떤 잘못된 사실에 대한 이들의 반박적인 태도는 그 사실에 대해 똑같이 느끼는 많은 사람들로 하여금 이들을 따르도록 하는 요소가 된다.

독특성

대중 강연가들에게는 각기 무엇인가 독특한 면이 있다. 즉 신선하고 새로운 문장 스타일, 새로운 내용의 메시지, 의사 전달의 독특한 방법 등등. 그러나 이들이 제시하는 삶의 원리가 다 특별히 새로운 것은 아니다. 하지만 이들은 이 원리들을 아주 독특하고 창조적인 방법으로 제시하기 때문에 많은 사람들의 인기를 얻고 있는 듯하다.

대중 강연가들의 매력

오늘날 대중 지향적인 일반 심리학과 기독교 심리학이 크게 융성하는 이유는 어디에 있을까? 상당수의 지도자들은 거의 심리학이나 신학에 대한 교육을 받지 못했음에도 불구하고 심리적, 영적 문제에 대한 실제적인 조언을 구하는 대중들로부터 폭넓은 인기를 누리고 있다. 그러나 이에 대한 연구 결과가 없기 때문에 우리는 단지 대중 강연가들이 누리는 인기의 원인을 고찰하는 정도에 머무르려고 한다. 이미 앞에서 열거한 특징들이 사람을 끄는 이들 대중 강연가들의 매력에 대해 부분적으로 설명해 주고 있다.

그러나 여전히 지난 10년 동안에 이들이 어떻게 그렇게 두각을 나타낼 수 있었는지에 대해 의문을 품는 사람들이 있을 것이다. 우리는 그 원인의 일부를 사회 상황에서 찾을 수 있을 것이다. 미국은 1960년대에 사회적 불안기를 맞이하였다. 미국 내에 횡행한 암살 사건, 가두 폭동, 범죄의 증가, 도덕적 퇴보, 대학가의 소요, 해외에서의 전쟁, 가정의 파괴, 교회에 대한 불만 등등 이러한 제반 요소들로 인해 사람들은 실망과 불안감을 맛보게 되었다. 그리고 이 외에도 정치적 부패, 생태계의 위기, 1970년대의 경제 위기는 밝은 미래에 대한 믿음을 뒤흔들어 놓았고 그로 인해 사람들은 희망과 확신의 메시지를 전하는 사람을 열렬히 환영하게 되었다.

대중 지향적인 기독교 심리학은 이러한 현상을 보며 앞으로는 사람들이 안정에 대한 확신, 미래에의 희망, 삶의 문제에 대한 실제적인 지침, 스트레스에 대처하는 방법을 찾을 것이라고 예견한 바 있다. 그리하여 대중 강연가들은 성경에 근거하여 희망과 확신의 메시지를 전하였고, 이 메시지의 영향은 수많은 사례들과 증거에 의해 잘 뒷받침되고 있다.

오늘날 대중 강연가들이 제시하는 행동 지침에는 이 같은 희망의 메시지가 담겨 있다. 그리고 대중 운동가들은 고통과 낙심 가운데 있을 때 가만히 있지만 말고 자신들이 제시하는 원리대로 실질적인 어떤 행동을 취하라고 권면한다. 그들의 주장에는 그 동안 사용해 왔던 방법보다는 자신의 해결책이 더 낫다는 것이 암시되어 있고, 사람들은 이들이 제시하는 방법에서 어떤 타당성을 발견하면 곧 그 방법을 따르게 된다.

대중 지도자들의 인기에는 그들을 열렬히 지지하는 추종자들의 열성도 한몫 한다. 대중 운동가들이 표면적으로 자기 지지자들을 확보하려고 하지 않더라도 그들을 따르는 일단의 지지자들의 열성에 의해 더욱 많은 사람들이 대중 운동가를 따르게 된다. 열성적인 지지자들은 사람들에게 대중 운동가를 소개할 뿐만 아니라, 그들의 글이나 사상들을 전한다. 이와 같은 활동에 힘입어 대중 운동가의 인기는 더욱 높아져 가는 것이다.

대중 강연가의 메시지

대중 강연가의 인기는 일시적인 유행처럼 급속하게 일어났다가 급속하게 사라져 버릴 수가 있다. 하지만 일시적인 유행이라도 그럴만한 이유가 있기 때문에 일어나는 것이다. 우리는 이들의 활동이 많은 사람들에게 수용되고 있는 현상을 통해, 많은 사람들이 충족되지 못한 욕구와 문제를 안고 있다는 사실을 엿볼 수 있다. 또 사람들이 자조적인 문제 해결 그룹이나 세미나에 참석하고, 자조적인 원리를 제시하고 있는 서적들을 읽는 것은 교회나 학교에서 문제의 해결 방법을 얻지 못하기 때문이다. 따라서 사람들은 대중 강연가에게서 결혼생활, 자녀 양육, 영적인 성장, 인간관계 등에 관한 도움을 받으려고 한다.

기독교 대중 지도자는 대중을 향해 메시지를 전할 때 대개 교회가 성도들이 실제적인 삶에서 부딪히는 문제들을 어떻게 믿음으로 극복해 나갈 것인가 하는 해결 방안을 제대로 제시해 주지 못하고 있다고 지적한다. 그 한 예로서 빌 고다드의 세미나가 인기리에 지속되어 왔다는 사실은 교회의 성도들이 실제적인 그리스도인의 삶을 올바로 살지 못하고 있다는 것을 여실히 증명해 주고 있는 것이다.

이 실패의 책임이 누구에게 있는가 하는 것은 사실 판별하기 어려운 문제이다. 어쩌면 신학교에서 학생들에게 죽은 정통주의만 가르쳐 헬라어나 히브리어에는 능숙해도 인간의 기본적인 욕구와 인간관계에 대해서는 거의 아는 바가 없는 사람들을 목회자로 세움으로써 이러한 결과를 초래했을 수도 있다. 아니면 성경에 제시되어 있는 개인적인 필요들을 돌보지 않은 교회 지도자에게 책임이 있다고 볼 수도 있다. 또는 그 책임은 신학교나 교회 지도자도 아닌 제대로 그리스도인의 성숙한 삶을 살지 못한 개개인 자신에게 있을 수도 있다. 이런 사람들은 고린도 교회의 성도들처럼(고전 3:1-6) 영적으로 어린아이의 상태에 있으며 다른 사람들의 말을 무비판적으로 받아들임으로써 도리어 문제에 직면하게 된다. 게다가 우리는 삶이 너무 복잡해져 우리 스스로 문제를 해결하지 못하고 매일의 삶에서 부딪히게 되는 문제들에 대한 도움을 받기 위해 인간의 행동에 관한 전문가를 찾아다녀야 하는 전문가의 시대에 살고 있는 것 같다.

그런데 이러한 대부분의 전문가가 심리학적인 훈련을 받지 않았다는 사실은 어떻게 설명될 수 있을까? 그것은 심리학 전문가들이 자신들의 영역을 다른 사람들에게 위임해 버렸기 때문인가? 우리는 대학원에서 심리학은 교실, 상담실, 실험실에서나 다루어지는 학문이라고 배웠다. 그로 인해 심리학을 대중화시키는 조이스 브라더스(Joyce Brothers) 같은 사람들을 이상하게 보는 경향이 있다. 반대로 심리학 교육을 받지 못한 앤 랜더스(Ann Landers)나 팀 라헤이(Tim LaHaye) 같은 사람들이 심리학적인 원리로 대중에게 접근하면, 이들의 원리는 너무 단순하며 학문적인 요소들이 결여되어 있다고 비난하는 경향이 있다. 문제는 사람을 도우려는 대중 강연가나 그들에게서 문제에 대한 어떤 해결책을 얻으려는 사람들에게 있는 것이 아니다. 대중 강연가의 증가는 대개 전문가들이 자신들의 영역, 즉 그리스도인이냐 비그리스도인이냐를 막론하고 20세기의 삶에서 부딪히는 여러 가지 스트레스를 극복하여 풍성하고 균형된 삶을 살도록 도와야 하는 책임을 회피한 데서 오는 현상이다. 그러므로 한편으로 보면 대중적인 기독교 심리학의 등장은 교회나 전문 상담자에게 나다 하나의 도전이 되는 것이다. 그러므로 대중 강연가들의 말에 동의하지 않는다 하더라도 그들을 비판만 할 것이 아니라 우리 스스로가 보다 나은 활동을 해야 할 것이다.

사실 전문가들이 대중 운동가들과 작업을 하는 데는 여러 가지 위험성이 따른다. 전문가가 심리학을 대중화하다 보면 학문적인 면에서 동료들로부터 인정을 못 받고 도외시되기 쉬우며, 복잡한 인간의 행동을 지나치게 단순화시킨다는 비난과 오해를 불러일으킬 수 있다. 그러나 다행스럽게도 제임스 돕슨(James Dobson), 브루스 내러모어(Bruce Narramore), 퀸틴 하이더(Quentin Hyder) 등과 같이 이 방면에 관심을 가진 전문가들이 늘어나고 있다. 그리하여 심리학적으로 교육을 받지 못하고 건전하지 못한 일을 행하면서도 이를 알지 못하는 사람들은 이들 대중에 대해 관심을 갖고 있는 전문가들을 통해 적절한 도움을 받을 수 있게 되었다.

기독교 상담자를 위한 조언

기독교 상담자, 특히 전문 상담자가 오늘날 대중 강연가들을 따르는 사람들의 필요에 부응하며 적절한 영향을 주려면 어떻게 해야 할까? 우리는 다음과 같은 네 가지 사항을 생각해 볼 수 있을 것이다.

첫째, 기독교 상담자는 사람들의 호소를 들을 줄 알아야 한다. 그러기 위해서는 상담학 학위도 필요하지만 그리스도에 대한 깊고도 진실한 헌신, 성경의 권위에 대한 믿음, 사람에 대한 순수한 관심, 전문적이 아닌 일반적인 차원에서 사람들과 대화할 수 있는 능력이 있어야 한다. 이러한 요소들을 다 겸비하기란 쉬운 일이 아니지만 일반 대중에게 어필하려는 전문가는 이러한 요소들을 필히 구비해야 할 것이다.

둘째, 기독교 상담자는 강의나 저술 활동을 통하여 개인적인 차이를 인정하면서 명료하고 구체적인 방법으로 실제적인 문제들을 다루어야 한다. 그리고 이러한 활동은 성경의 원리에 입각한 것이어야 하며, 가능한 한 심리학적 원리에도 일치해야 한다.

셋째, 기독교 상담자는 최소한 다음과 같은 두 가지 면에 노력을 집중시켜야 한다. 우선 평신도들에게 어필하여 그들로 하여금 삶에서 부딪히는 문제들에 잘 대처하고 나아가 다른 동료들을 도울 수 있도록 해야 한다. 기독교 상담자는 또한 목회자들을 도와 그들이 문제에 직면한 성도들의 상황을 잘 다루며 효과적으로 상담할 수 있도록 해야 한다. 그리고 교회 지도자들로 하여금 예방적 심리학의 중요성을 인식하도록 해야 하는데, 그것은 교회에서 문제를 발생 초기부터 예방하거나 또는 문제가 더 악화되기 전에 제거하는 것이 중요하기 때문이다. 이 외에도 목회자들이 성경을 명료하게 이해하는데 심리학이 얼마나 큰 도움이 되는가 하는 것과 심리학이 실제적인 목회 사역에 어떤 도움을 주는가 하는 것을 깨닫게 해야 한다.

최근에 어떤 목회자의 부인은 사람들이, 특히 빌 고다드의 활동에 불만을 가진 전문가들이 그의 성공을 시기하고 있다고 말하였다. 이러한 견해에 일말의 타당성이 없는 것은 아니지만 전문가들의 입장을 보다 정확하게 말한다면 그들은 심리학적으로 훈련을 받지 못한 사람들이 수많은 대중들에게 심리학적인 조언을 해주는 데서 올 수 있는 해로운 결과를 우려하고 있다고 보아야 할 것이다. 그러나 전문가들이 오랫동안 관심을 갖지 않았던 영역에 참여하게 된 것이 대중 지향적인 기독교 심리학에 꼭 어떤 우려할 만한 위험성이나 문제가 있다는 단적인 증거가 될 수는 없다.

넷째, 기독교 상담자는 일반 대중들이 상담에 관한 대중적인 접근 원리들을 제대로 평가할 수 있도록 도와야 한다.

대중적 상담 원리의 평가

오늘날 대중적 상담에 관한 이론, 서적, 잡지 기사, 강연자, 자조 그룹의 추종자 등이 지속적으로 증가함으로 인해 전문가조차도 누가, 무엇이 옳은지조차 분간하기 힘들 정도가 되었다. 그렇다면 이러한 상황에서 어떻게 대중적 상담 원리들을 평가하여 해로운 요소들을 극소화하고 도움이 될 수 있는 요소들을 극대화하여 효과적으로 적용할 수 있을까?

1. 먼저 성경에 위배된 사항은 없는지 살펴보라. 대중 강연자가 제시하는 원리에 성경이 절대적인 기준이 되고 있는가, 아니면 단지 참고하는 정도에 불과한가 하는 것을 알아보라. 이들이 성경을 잘 해석하여 적용하는가, 아니면 어떤 원리를 증명하기 위해 단순히 성경의 구절들을 나열하는데 불과한가 하는 것들을 유의해 보아야 한다.

2. 심리학적 사실들과 관련 연구 자료들에 어긋난 원리는 없는지 살펴보라. 이것은 일반인에게는 어려운 일이지만 전문가는 심리학교육을 받고 최근의 학술적인 경향을 알 수 있으므로, 비전문가들이 대중 운동가의 원리들을 심리학적으로 평가하도록 도울 수 있을 것이다.

3. 대중 운동가의 특징과 자격 요건들을 조사하라. 즉 충분한 훈련을 받고 경험을 하여 그것을 바탕으로 글을 쓰고 강의를 하는 것인지 알아보아야 한다. 물론 하나님께서 항상 고도로 숙련된 기술을 갖고 있거나 교육을 받은 사람들만을 통하여 역사하시는 것은 아니지만, 개인에게 큰 영향을 주는 문제를 다루는 사람들은 성경과 학문적인 원리에 일치하는 이론을 제시해야 할 책임이 있다. 이런 점에서 이들의 자격 여부가 주의 깊게 조사되어야 한다.

4. 주요 이론과 기본 전제를 요약해 보라. 대중 운동가들이 제시하는 원리에 인간과 우주에 대한 본질, 하나님의 실재, 성경의 권위, 정의의 본질 등에 관한 기본 전제들이 항상 명료하게 나타나고 있는

것은 아니지만 이러한 전제는 그들이 제시하는 조언이나 행동 지침에 큰 영향을 끼친다.

5. 내적으로 서로 일치되고 있는지 아니면 서로 모순되고 논리적으로 부정확한 점이 있는지 살펴보라.

6. 사례들이 어떻게 적용되고 있는지 살펴보라. 대중 운동가가 사례들을 자신의 결론을 관철시키기 위해 주요 근거 자료로 사용하고 있는가, 아니면 단지 실례로서 사용하고 있는가를 주의 깊게 조사해 보라. 또한 어떤 원리나 결론이든지 그것을 지지하고 합리화시킬 수 있는 사례나 개인의 경험은 얼마든지 찾을 수 있다는 것을 명심하라.

7. 섣불리 사람을 비난하지 말라. 그보다는 그가 제시하는 원리나 결과를 평가하고 판단하는 것이 더 중요하다.

8. 대중적인 상담 원리에는 부분적으로 긍정적인 면이 있다는 사실을 명심하라. 하지만 부분적으로 가치 있는 요소들을 발견하기 위해 전체를 다 수용할 필요는 없다. 우선 대중 운동가의 주장대로 이것이 효과적인 원리인가 하는 것을 살펴보고, 그렇지 않다면 이를 무조건 거부하지 말고 어떤 가치 있는 요소는 없는가를 조사해 보라. 항상 완벽하고 올바르기만 한 원리는 있을 수 없다. 반면에 아무리 보잘것 없는 원리라 할지라도 거기에는 기독교 상담자와 내담자에게 도움이 될 수 있는 요소가 있을 수 있다.

제16장 가톨릭 상담
(Catholic Approaches to Counseling)

모세 J. 글린(Mose J. Glynn)/게리 R. 콜린스

어떤 주제이든 그 주제에 대해 중립적이며 편견이 없는 일치된 견해를 찾아보기란 힘들다. 이러한 사실은 상담 분야에서도 마찬가지이다. 독자가 다양한 것처럼 상담자들도 상담 활동에 대한 나름대로의 견해를 가지고 있으며, 부분적으로는 이러한 견해에 따라 상담 활동이나 상담방법이 달라지게 된다.

본서의 서문에서 편집자는 여기에 실린 대부분의 글들은 □보다 보수적인 개신교의 입장에서 전개된 기독교 상담 분야의 경향□를 제시하기 위해 기록되었다고 지적한 바 있다. 그러나 사실 본 편집자가 각 저자들의 상담 내용을 보수적인 것이라고 보았다 해도 실제 모든 저자들이 신학적으로 □보수주의자□라고 자처하는 것은 아니며, 또 본서의 내용이 오늘날 기독교 상담자들의 견해를 대변하고 있다고 볼 수도 없다.

가톨릭계의 상담은 좀 독특한 면이 없지 않다. 즉 일반 상담학 이론이나 심리학 이론들을 그대로 사용하여 일반 상담학의 방법론을 비판 없이 수용하는 경우가 있는가 하면, 그렇게 행하고 있다는 사실에 대해서도 별 문제성을 제기하지 않는 경우도 있다. 가톨릭 상담은 종파적, 제도적인 독단이나 편견을 배제한다. 그러나 이것이 상담의 기저에 가톨릭적 전통마저 배제된 것을 의미하지는 않는다. 그런 면에서 볼 때 어떤 의미에서 가톨릭 상담의 방법은 개신교의 그것보다 다양하다고도 볼 수있겠다.

따라서 지금까지 대충 훑어본 것 외에 본장에서 우리가 고찰하고자 하는 것은 로마 가톨릭에 속한 상담자들의 상담 접근법이다. 복음적인 개신교와 달

리 가톨릭에서는 □철저하게 기독교적인□ 또는 □철저하게 가톨릭적인□ 상담 방법을 고안해내는 일에 별로 관심을 기울이지 않는 것 같다.

전직 사제인 모세 글린은 노틀담 대학을 비롯하여 세인트메리 신학교와 시카고의 루터 신학교를 졸업하였다. 그는 1967년에 로마 가톨릭 사제 서품을 받은 후 교구 사제로 활동하는 동시에 일리노이 먼디레인에 있는 세인트 메리 신학교의 교수로 재직하였다.

가톨릭에서 실시하고 있는 상담에 대해 알아본다는 것은 '개신교의 상담'이나 '정신 의학적 상담'에 관해 알아보는 것만큼이나 간단한 일이 아니다. 실제로 가톨릭의 상담 분야는 전통적으로 내려오는 로마 가톨릭 교회 자체처럼 다양하고 변화가 많다. 비록 신학적 입장이 비슷하다 할지라도 가톨릭 상담에는 상담가들의 활동에 영향을 주는 광범위한 차이점들이 있다.

가톨릭 상담에는 종교적인 용어와 상징을 사용하며 종교적인 문제를 다루는, 즉 뚜렷하게 '종교적인 입장'을 취하는 부류가 있는가하면, 어떤 사람들은 겉보기에는 분명히 '일반적(secular)이지만 사실은 종교적인 입장'을 취하는 부류도 있다. 이들은 일반 상담자와 크게 다를 바 없는 테크닉과 주제를 다루지만, 상담에 임하는 이들의 목적이나 기본 전제, 가치관은 가톨릭 신학의 노선에 일치되는 것이다. 또 가톨릭계의 상담자들 중에는 완전히 '일반적인 입장'을 취하는 상담자들이 있는데 이들은 비록 가톨릭 신자라 해도 이 사실을 구태여 밝히지 않을 뿐더러 때때로 일반 상담의 전제를 그대로 받아들여 상담에 적용하기도 한다. 이외에도 '대중적인 입장'의 부류가 있다. 이들은 다른 저술가들과 함께 일반인을 위한 책을 써서 직접상담 인터뷰를 못하는 많은 독자들에게 도움을 주기도 한다.

좀더 자세히 이러한 흐름들을 고찰하기에 앞서, 대부분의 가톨릭 상담가들에 의해 받아들여지고 있는 인간에 관한 몇몇 기본 전제들을 요약해 보는 것이 이들을 이해하는데 도움이 될 것이다.

1. 인간은 역동적이며 변화하는 실존적 존재이다. 인간은 정적이고 고정된 존재가 아니다. 인간은 사람들과의 관계 속에서, 그리고 주변 환경과의 상호 작용을 통해 성장해 간다. 두 살짜리 어린이와 어른은 각각 다른 존재이다. 둘 다 사람인 것은 분명하지만 실존적으로 볼 때는 아주 상이한 존재인 것이다.

2. 인간은 고립되어 있고, 고독하다기보다는 오히려 본능적으로 사회적이며, 관계 지향적이며, 공동체 지향적이다.

3. 인간은 전인적(holistic) 존재이다. 인간은 결코 영혼과 육신, 지성과 의지, 이성과 감정으로 양분하여 생각할 수 없다. 인간은 이러한 모든 요소들이 한데 혼합되어 이루어진 존재이다. 그러므로 인간은 영적이며 정서적이며, 지적이며, 생물학적이며, 관계 지향적인 살아있는 유기적 존재이다. 간혹 인간은 서로 분리된 구조로 되어 있다고 보는 사람들도 있지만, 그것은 잘못된 견해이다.

4. 인간은 자유스럽고 책임감이 있으며, 자신의 미래를 개척할 수 있는 존재이다. 인간은 몇몇 행동주의자가 제시하듯 환경에 의해 지배당하는 존재가 아니다. 즉 이들은 행동주의자들의 결정론적 태도를 반대하는 것이다. 그러므로 인간은 외부의 힘에 의해 완전히 통제되고 지배당한다 해도 여전히 자신에 대해 책임을 져야 한다. 물론 사람은 외부의 영향을 받지만, 그렇다고 해서 자신의 자유를 잃거나 자신에 대한 책임을 면제받지는 못한다. 비록 자유와 책임에 대한 인간의 가능성은 외부의 영향에 의해 어떤 제한을 받기도 하지만, 여전히 인간은 자유스럽고 자신에 대해 책임을 지는 존재인 것이다.

5. 인간은 본질적으로 선한 존재이지 결코 악하고 부패하며 타락한 존재는 아니다. 이것은 인간에 대한 낙관적인 해석으로서 인간을 다소 병적이고 비도덕적으로 보는 병리학적인 이해나 염세주의적인 견해를 반박하는 것이다. 그러나 이상하게도 인간은 선하고 '은총'을 입은 존재이면서 또한 수치스러운 일을 저지르고 있다. 따라서 이러한 인간에 대해 낙관적인 해석을 하는 것은 인간의 표면적인 모습보다는 인간의 본질적인 가치, 본래적인 상태를 강조하는 것이다.

6. 인간은 초월적인 동시에 현재적인 존재이며 하나님과 관계를 맺고 있는 존재이다. 인간은 외면적이고 단순한 의미로 규정하는 인간이라는 의미 이상의 초월적인 의미를 갖고 살아가는 존재이다. 인간은 하나님과 교제를 나누며 자신뿐만 아니라 남을 위해서도 사는 존재이다.

7. 인간은 자연적인 동시에 초자연적이고, 은총적이며 인간적인 동

시에 신적인 세계에 살고 있다. 이 세상에서 이루어지는 인간의 행동이나 경험을 자연적인 것과 초자연적인 것으로 나누어 생각하는 것은 사실을 왜곡하는 것이다. 가톨릭에서는 자연적 사랑과 초자연적 사랑을 구별하지 않는다. 인간은 은총이 넘치는 현실의 세계, 즉 신적인 동시에 인간적이며, 인간적인 동시에 신적인 세계에 살고 있는 것이다.

8. 인간은 '성육신의 원리'에 근거하여 이해되어져야 한다. '성육신의 원리'는 하나님께서 인간의 모습으로 인간 세계에 나타나셨다는 교리이다. 물질은 영과 서로 통하고, 만질 수 있는 것은 만질 수 없는 영의 세계와 교통하며, 예수님은 하나님과 대화하시며 하나님을 드러낸다. 그리고 인간은 예수님과 하나님을 드러낸다.

이에 관련된 이야기를 들어 보자. 어머니날에 장미 꽃다발을 보낸 젊은 군인이 있었다. 그는 어머니날에 어머니가 그 꽃다발을 받으시도록 미리 여러 달 전에 꽃다발을 보냈다. 그러나 꽃을 보낸 지 얼마 안 되어 이 젊은 군인은 그만 사망하였고 그 소식은 곧 어머니에게 전달되었다. 그런지 몇 주일이 지난 후 어머니날이 되자 장미 꽃다발과 편지 한 장이 배달되었다. 그것은 바로 아들이 죽기 전에 어머니에게 부친 것이었다. 어머니는 그 꽃을 보면서 아들을 볼 수 있었다. 눈앞에 있는 장미를 통해 이제는 볼 수 없고 만질 수도 없게 된 아들의 모습을 보게 되었던 것이다. 이것은 상담자가 사람과 상담을 하면서 볼 수 없는 하나님의 실재와 대화하는, 즉 성육신에 근거한 원리를 잘 예시해 주는 한 예이다.

종교적인 상담

가톨릭에서 실시되는 상담 중에서 특별히 종교적 상담이라 함은 확고한 종교적, 성경 신학적 입장에 서서 그러한 용어로 상담을 실시하는 것을 의미한다. 종교적 상담에서는 내담자의 경험과 상황을 종교적인 차원에서 종교적인 용어로 이해한다. 그리고 지속적으로 내담자와 하나님 및 교회와의 관계가 강조되고 윤리적이며, 죄 문제가 관여되었을 때는 고해 성사를 통해 보속(補贖)이 이루어진다.

한 사제와 그의 교구민이기도 한 내담자와의 상담 내용을 예로 들어 보자. 내담자인 교구민은 사제에게 자신은 주일 미사에 참석하지 않고 있으며 결혼도 가톨릭 교회법에 따라 하지 않았다고 털어 놓는다. 이때 사제는 교구민의 말을 주의 깊게 들으면서 그에 관한 여러 가지 사실들을 알게 되고, 결혼 문제에 있어서도 어떻게 하면 정당화될 수 있는지에 대해 방법을 강구한다. 그러고 나서 내담자가 결혼을 교회의 규준에 따라 합법화하기를 원하는지 알아본다. 만약 그렇다면 공식적인 고해를 하게 하고 성례적인 보속을 해준다. 이와 같이 종교적인 상담에서의 만남은 대개가 공식적인 성례적, 종교적 경험의 서곡이 된다. 사제는 종교적 상징과 교회의 전통적인 원리를 상담에 적용한다.

이 예에서는 상담의 종교적인 측면이 강조되었다. 그러다보니 자칫하면 이 예에 나타난 사제는 내담자에 대해 애정도 관심도 없는 사람이라고 오해하기 쉬운데 사실은 그렇지 않다. 이 사제는 애정과 관심을 갖고 내담자의 말을 들으며 그를 도우려고 한다. 사제는 상담의 이론과 실제를 잘 알고 있지만 내담자의 경우를 종교적인 차원에서 이해하며 문제를 해결하려고 한다. 그는 성경적인 원리와 신학적인 차원에서 문제를 해석하고 함께 문제에 대해 토의하는 것이다.

일반 상담과 유사한 종교적 상담

외면적으로는 비종교적이지만 내면적으로는 종교적 상담이라 함은, 내담자의 문제를 종교적, 신학적으로 이해하지만 상담할 때는 이러한 사실을 언급하지 않고, 대신 심리학과 인간관계의 차원에서 또 그러한 용어를 사용하여 상담을 진행하는 것이다.

이러한 입장에 있는 사람들은 심리학적 인간관계의 일반적인 차원과 종교적 신학적인 차원을 동등하게 여긴다. 그레고리 바움(Gregory Baum)은 「인간의 존재, Man Becoming」[1]에서 이러한 경향을 다음과 같이 설명하고 있다. "신학자와 상담자가 내담자의 상황에 관심을 가지는 것은 마찬가지이다. 단지 차이가 있다면 신학자는 내담자의 문제를 죄로 보고, 상담자는 똑같은 문제를 인간 성숙에 대한 병리학적인 저항 현상으로 이해한다는 것이다. 즉 상담에 임할 때 상담자는 마음속으로는 내담자의 문제를 종교적, 성경적, 신학적으로 이해해도, 이것을 종교적인 용어나 행동으로써 겉으로 드러내지는 않는다. 그 대신 종교적 의미가 아닌 일반적 의미로 문제를 설명해 주고 내담자를 도와주려고 한다."

이혼 수속을 밟으면서 내면적인 갈등을 겪고 있는 여자의 경우를 예로 들어 보자. 그녀는 지난 7년을 어떻게 지내왔는지 모를 정도로 혼란에 가득 찬 세월이었다고 술회하였다. 그녀의 가족은 지금까지 여러 번 이사를 해야 했으며, 남편은 일정한 직업이 없었다. 이제 은행 잔고는 완전히 바닥이 나 버렸고, 그녀의 남편은 집을 나가버렸다. 그녀는 지금 여급사로 일하고 있지만 수중에 돈은 전혀 없으며, 이제 곧 이혼하여 혼자 살 길을 찾아야 할 형편에 있다.

사제이기도 한 상담자는 그녀의 말을 주의 깊게 들음으로써 그녀가 처한 상황을 이해하게 된다. 그리고 심리학적인 용어로 그녀의 이야기에 적절한 반응을 하면서 일상적인 용어로 그녀와 대화를 나눈다. 물론 그는 내담자의 말을 들으면서 그녀가 처한 상황을 신학적, 성경적 입장에서 이해할 것이다. 그는 어쩌면 속으로는 탕자의 비유를 생각해 낼지도 모른다. 상담자가 이러한 자기의 생각을 그녀에게

---

1) Gregory Baum, *Man Becoming*(New York: Herder and Herder, 1970).

직접적으로 말하지는 않는다 하더라도 그는 아버지가 돌아온 아들에게 대하는 태도로 그녀를 대한다. 다시 말해 상담자는 내담자의 말을 주의 깊게 듣고, 이해하며 사랑과 관심과 무조건적인 수용의 자세로 내담자를 대한다.

이때 상담자는 내담자와의 상담을 구태여 화해와 용서의 성례 의식으로 연결시키려고 하지는 않는다. 반드시 공식적인 종교 행사를 거치지 않더라도 상담하는 과정에서 용서와 치유의 사건이 일어난다고 보기 때문이다.

이러한 상담법은 최근에 고인이 되기까지 시카고의 로욜라 대학에서 임상 심리학 교수로 재직했던 찰스 커렌(Charles Curran)의 저서들에 잘 예시되어 있다. 커렌은 오하이오 주립대학에서 박사학위를 받은 임상 심리학자이자 사제로서 많은 책을 썼는데 그 중의 몇 가지를 보면 다음과 같다. 「상담에 있어서의 인격적 요소들, Personality Factors in Counseling」, 「가톨릭 신자의 삶과 교육을 위한 상담, Counseling in Catholic Life and Education」, 「상담과 심리 치료: 가치관 연구, Counseling and Psychotherapy: The Pursuit of Values」, 「상담과 심리학에 있어서의 종교의 가치, Religious Values in Counseling and Psychology」.[2] 가톨릭 상담의 개척자라 할 수 있는 커렌은 칼 로저스와 연구한 경력이 있으며 또 그는 매우 비지시적인 방법론을 적용하고 있고, 서슴없이 자신이 스워드 힐트너(Seward Hiltner), 캐롤 와이즈(Carroll Wise), 폴 프류저(Paul Pruyser) 등에게서 목회상담학에 관한 영향을 받았다고 털어놓는다.

커렌은 상담이란 내담자가 '종교적 가치관을 확립하고 종교를 통

---

2) Charles A. Curran, *Personality Factors in Counseling*(New York: Grune & Stratton, 1945); *Counseling in Catholic Life and Education*(New York: Macmillan, 1952); *Counseling and Psychotherapy: The Pursuit of Values*(New York: Sheed and Ward, 1968); *Religious Values in Counseling and Psychotherapy*(New York: Sheed and Ward, 1969).

하여 효과적인 삶을 영위하게 하는 수단'이라고 보았다. 그는 상담이 사람들을 '종교적으로 상당한 수준에까지 성숙하게 한다'고 믿었으며, '개인 상담 및 그룹 상담 그리고 심리 치료의 발달에 힘입어 종교는 현대인을 보다 올바로 있는 그대로 볼 수 있게 되었다고 한다. 그리고 상담에서 활용하는 치료 방법과 이들을 종교적 상황에 적용함으로써 얻게 되는 이해를 통해 종교는 중요하고도 효과적인 도움을 받게 된다'[3]고 주장하였다.

또 커렌은 다른 전통적인 심리학자와는 달리 교회와 교회 공동체의 치유적 잠재력에 깊은 인상을 받았다. 아울러 설교를 통해 '자기 상담'(self counseling)을 유발할 수 있다는 사실을 인식하였으며, 상담은 삶의 변화를 가능하게 하는 효과적인 방법이 된다는 사실을 확신하였다.

일반적인 상담

가톨릭 상담 중에는 완전히 일반적인(secular) 방법으로 실시하는 상담도 있다. 이러한 상담에서는 어떤 공식적인 종교적, 성경적 용어나 전제도 적용되지 않는다. 상담 과정은 종교적으로 진행된다하더라도 표면적으로 일반적 방법이나 용어, 범주에 의해 상담이 진행된다. 이들은 공식적인 종교적 활동이나 관심은 목회자나 사제에게 해당되는 사항이며 상담자는 어디까지나 상담자일 뿐이지 결코 사제 상담자나 상담 목회자일 수는 없다고 생각한다. 이러한 입장에 있는 상담자들이 신경을 쓰는 것은 공식적으로 종교적인 어떤 역할도 행하지 않으려는 것이지 사람들이 직면한 문제가 영적인 것이냐 일반적인 것이냐에 관한 것이 아니다.

이러한 입장의 대표적인 예는 아마 사제이자 심리학자이며 교수인

---

3) *Ibid.*, pp.1,24.

제라드 이건(Gerard Egan)의 상담일 것이다. 인간관계에 근거한 그의 탁월한 상담 활동은 크게 평가받고 있으며, 그의 저서인 「유능한 위안자, The Skilled Helper」[4]는 상담과 상담자 훈련에 관한 구체적이고 명료하며 정교한 상담 원리를 제공해 주고 있다. 이건의 책들을 주의 깊게 읽어보면 거기에는 거의 종교적인 요소들이 언급되어 있지 않음을 알게 된다. 그리고 그 상담 원리는 완전히 일반적인 것이며 저자의 신학적 입장은 거의 암시조차 되어 있지 않다.

몇 해 전 「가톨릭 교육 리뷰, Catholic Educational Review」지에서 마르키드 대학의 한 교수는 이건과 같은 가톨릭 상담의 몇몇 예외를 다음과 같이 소개하였다.

"현재 가톨릭 상담 분야에는 역설적인 현상이 지속되고 있다. 대부분의 토의는 칼 로저스 교수의 이론에 집중되고 있다. 어떤 면에서 이러한 현상은 당연한 것이기는 하다. 로저스가 이 분야의 개척자임은 분명한 사실이기 때문이다. 우리는 상담의 테크닉이나 기술적 심리학(descriptive psychology)의 이해에서 그에게 큰 빚을 지고 있다. 그러나 한편으로는 그와 같은 로저스의 공헌에도 불구하고 여전히 그에게 의존한다는 것은 깊이 재고해 보아야 할 문제이다. 왜냐하면 우리의 초자연주의적 입장에 반해 그는 자연주의적 입장을 고수하고있으며, 우리의 이원론에 비해 그는 현상학적 입장을 지지하며, 우리의 비판적 현실주의에 대해 그는 다소 모호한 상대주의를 강조하고 있기 때문이다. 이러한 역설적 상황을 극복하기 위하여 단순하게 다른 사상 계보의 원리를 따르기보다 보다 긍정적이고 적극적으로 자신의 상담 원리를 수립한다는 것은 불가능한가? 일상적 자료와 우리의 신학적, 철학적 입장에 근거해서 우리 자신의 원리를 개발할 수는 없는가? 우리가 이 일을 위해 다른 모든 실존주의자나 선(禪)에 관한 이론, 현상학적인 이론이나

---

4) Gerard Egan, *Interpersonal Living*(1976); *You and Me: The Skills of Communicating and Relating to Others*(1977); and *The Skilled Helper* (1975); all Published by Brooks/Cole, Monterey, California.

비트 세대의 주장에 귀를 기울이기 전에 우리 자신의 지적인 풍부한 유산에 관심을 가져야 한다.

　만약 어떤 사상이나 이론이 내담자에게 효과적이라 해서 우리의 입장을 충분히 고려하지 않고 무비판적으로 수용하면 이는 결코 가톨릭적 사고 방식과 양립될 수 없다. 신자는 자신의 상담 이론을 설정할 때 전통적으로 내려오는 신학적, 철학적 유산에 의거해야지, 현상학적인 반주지주의나 선(禪)불교, 비종교적인 현대 심리학자들의 주장이나 이론에 의지해서는 안 된다. 왜 고귀한 진주를 일시적으로 현란한 빛을 발하는 값싼 인조 장식품과 바꾸려 하는가!"5)

그러나 이 교수의 이러한 도전에 가톨릭 심리학자들은 이미 나름대로의 대답을 제시하고 있다.

대중적 상담

최근 들어 대부분 사제이기도 한 많은 가톨릭 학자들이 일반인을 대상으로 인간의 문제를 심리학적 입장에서 조명한 유명한 책들을 집필하였다. 여기에서는 이들 중 세 명만을 언급하기로 한다.

우선 대중의 인기를 끌고 있는 가장 유명한 사람 중의 한 사람은 아마 존 포웰 신부(Father John Powell)일 것이다. 그의 책들은 그 제목만으로도 우리의 관심과 흥미를 끌기에 충분하다. 「나는 왜 사랑하기를 두려워하는가?, Why Am I Afraid to Love?」, 「나는 왜 당신에게 나의 참 모습을 밝히기를 두려워하는가?, Why Am I Afraid to Tell You Who I Am?」, 「사랑 안에 있는 삶의 비밀, The Secret of Staying in Love」.6) 그는 이 책들에 그림과 사진들을 기재

---

5) Robert B. Nordberg, "Is There Christian Counseling?" in *The Catholic Educational Review*. 1963, pp.1-6.

6) John Powell, *Why Am I Afraid to Love?*(1967); *Why Am I Afraid to Tell*

하고, 사람들이 관심을 갖는 심리학적 문제에 종교적 요소를 적절하게 가미하여 흥미로운 내용을 전개하고 있다.

또 한 사람 어네스트 라센 신부(Father Earnest Larsen)는 심리학적 주제에 관한 글을 쓰는 시인인데 그가 쓴 글의 일부를 소개하면 다음과 같다.

> 잠깐만 내 말을 들어보세요.
> 내 친구에 관해 당신께 드릴 말씀이 있습니다.
> 그녀의 이름은 보니입니다.
> 그녀는 19살이고 키가 5피트라는 것만 빼고는 라쿠엘 웰치(Raquel Welch)를 닮았지요.
> 보니에 관해 하고픈 말은 그녀에게 도움이 필요하다는 사실이지요.
> 보니는 7학년 어느 여름날 호숫가에서 순결을 잃었습니다.
> 어떤 건장한 사나이는 어떻게 그 일을 해냈는지 자랑할지도 모릅니다.
> 제가 말했던 것처럼 아름다움에는 문제가 따릅니다.
> 그 일로 인해 그녀는 사람을 못 믿게 되었습니다.
> 그녀는 집안 식구 누구에게도 이야기할 수 없었기에 그 사실을 비밀로 간직해 두었지요.
> 그녀는 모든 것을 마음속에 깊이 감추어 놓았습니다.
> 자, 생각해 보십시오.
> 여러분,
> 거리를, 술집을, 학교를, 사무실을,
> 오가는 수많은 여자들이 있습니다.
> "각자의 마음속에
> 여기에는 이와 같은
> 남자는 없다고 믿으며"
> 다른 사람들과

You Who I am? (1970); *The Secret of Staying in Love*(1974); *Fully Human, Fully Alive*(1976); all published by Argus Communications, Niles, Illinois.

성적인 관계 이외의 다른 관계를 맺는다는 것이
무엇을 의미하는지 모르는 어리석은
젊은이들이 있습니다.
보니와 그런 경우를 당한 그 밖의 여자들을 한번
생각해 보십시오.
그녀들의 삶은 엉망이 됩니다. 어쩌면 일생 동안,
자기의 남자다움을 확인하려 했던 어떤 얼간이에 의해,
만약 그녀들이, 사랑한다는 것이 무엇인지,
다른 사람과 삶을 함께 한다는 것이 무엇인지를 이해하는 남자를
발견하지 못한다면
참다운 생활을
찾을 기회를 갖지 못하게 되겠지요.
만약 보니가 당신께 다음과 같이 묻는다면,
"정말
당신이 아는 모든 남자 중에
얼마나 많은 이들이
얼마나 많은 이들이
사랑하며
살아가려고 합니까?
진정한 남자를
얼마나 많이
알고 계시나요?"
당신은 그녀에게 무어라고 말하시겠습니까?
…에릭 프롬(Erich Fromm)이 말한 대로,
사랑은 기술입니다.
끊임없는 관심과 노력을 요하는,
기술이 없이는
누구도 사랑을 얻을 수는 없습니다!
부모에 의해서도 되지 않습니다.
남편 또는 아내에 의해서도
아버지 또는 어머니에 의해서도

단순히
인간이라고 해서 되는 것은 아닙니다.
여전히,
사랑의 기술을 가르치는 학교도 없을 뿐더러
사랑의 작은 씨앗들까지도
무시되고 외면되고 있습니다.
훈련, 정직,
용기, 명예,
위엄과 온화함,
겸손과 인내.
사랑을 하는데 필요한
이 모든 요소들이
너무 과소평가되어 있습니다.
특히 남자들에게서.
삶 속에서 이러한 차이를 인식하는 사람은
거의 없는 것 같군요.
마지막으로
이 책을 마무리 지으면서
우리는 하나님에 대해 말합니다.
이 일이 꼭 있어야 합니까!
사실
우리가 지금까지 이야기한 것은 아무것도 아닙니다.
하나님께서는
모든 남성들에게
어두움 속에서 빛을 발하는 다음과 같은 메시지를 전하십니다.
　‘참다운 남자가 되라’.7)

끝으로 본장에서 소개하는 예일대학 신학부의 교수로 있는 헨리

---

7) *For Men Only*, copyright©1973, Liguori Publications, One Liguori Drive, Liguori, MO 63057.

노웬(Henri J. M. Nouwen) 신부의 책은 좀더 지적이고 철학적이다. 「적극적인 자세로, With Open Hands」, 「친밀감, Intimacy」, 「상처 입은 치유자, The Wounded healer」, 「도움의 손길, Reaching Out」8) 외에도 여러 가지 책을 쓴 그는 이 책들에서 심리학적, 영적인 문제 들과 상담 주제들을 잘 다루고 있다. 다음의 글은 그 한 예이다.

　　이 세계는 마치 서로를 향한 적대감으로 으르렁거리며 비틀거리는 배우들이 사랑과 정의와 평화를 연출하고 있는 연극무대와 같다. 많은 의사, 사제, 변호사, 사회사업가, 심리학자, 상담자들이 처음에는 진정으로 사람들을 도우려는 의욕으로 출발하지만, 이내 자신들의 전문 분야 뿐 아니라 개인적인 면에서도 서로를 향한 극심한 경쟁의식과 적대감에 의해 희생물이 되고 만다. 많은 목회자나 사제들이 강단에서 사랑과 평화를 외치지만 자신이 실제적으로 그러한 삶을 사느냐 하면 꼭 그런 것은 아니다. 많은 사회사업가들이 가정의 갈등을 치유하려고 노력하지만 자신도 역시 가정에서는 동일한 문제에 시달리고 있다. 이와 같이 우리 대부분도 우리들의 도움을 받기 위해 찾아오는 사람들의 이야기를 들으면서, 그 안에 내재된 우리 자신의 문제를 듣게 된다. 그러나 우리가 다른 사람을 치유할 수 있는 능력을 갖게 되는 것은 바로 이 역설적인 사실 때문이다. 다시 말해 우리가 우리 자신의 문제와 적의, 두려움을 보고 지체 없이 그 사실을 인정할 때 우리는 자신을 내세우지 않고 겸손하게 다른 사람을 도울 수 있게 되는 것이다. 또 우리는 모두 교육을 받아 문제 상황을 조절할 줄 알고, 필요에 따라 적절한 조치를 취할 수 있는 능력을 함양하기를 원한다. 그러나 이러한 교육은 하나님을 완전히 이해하려는 교육이 아니라 하나님에 의해 이해됨으로써 가능한 교육이다.9)

---

8) 이 책들은 Doubleday 출판사에서 펴낸 것들이다.

9) *Reoching Out*, by Henri J. M. Nouwen에서 발췌하여, Doubleday & Company, Inc.의 허가를 받고 이 책에 실었다.

유진 케네디(Eugene Kennedy)의 사례

일반 독자, 신학자, 전문 상담가 할 것 없이 누구에게나 고르게 영향을 미칠 만한 뛰어난 감수성과 커뮤니케이션 능력을 가진 저자를 발견하기란 그리 쉬운 일이 아니다. 이러한 사람 중에 한 명을 지적하라면 바로 유진 케네디를 내세울 수 있을 것이다. 그는 로욜라대학의 심리학 교수이자 전직 사제로서 다양한 계층의 독자들에게서 크게 호평받고 있는 인물이다. 그가 쓴 책 중의 일부는 상담학과는 관련이 없는 신학적인 것이지만,[10] 「상담자가 되는 길, On Becoming a Counselor」, 「성 상담, Sexual Counseling」같은 책들에서는 그의 가톨릭적 믿음과 사상의 밑바탕 위에 거의 일반적인 입장의 접근방법을 적용하고 있다.[11] 즉 이러한 책들에서는 거의 종교적 용어나 개념들을 사용하지 않고 있다.

케네디는 일반 독자들을 위해 「당신은 내 참 모습을 알게 된다 해도 나를 좋아할 겁니까?, If You Really Knew Me, Would You Still Like Me?」[12]라는 흥미 있는 제목의 책도 썼는데 자기 확신을 갖는 문제를 다룬 이 책은 많은 사람들로부터 크게 호평받고 있다. 그가 집필한 성(性)에 관한 다른 책들[13]이나 시카고 시장을 역임한 리차드 데일리(Richard J. Daley)에 관한 전기와 마찬가지로 이 책도 역시 전혀 종교적인 색채를 띠지 않고 있다.

---

10) 참조, Eugene C. Kennedy, *Comfort My People*(New York: Sheed and Ward, 1968); *The People Are the Church*(Garden City, NY: Doubleday, 1979).

11) Eugene C. Kennedy, *On Becoming a Counselor*(New York: Seabury, 1977); *Sexual Counseling*(New York: Seabury, 1977).

12) Eugene C. Kennedy, *If You Realy Knew Me Would You Still Like Me?* (Niles, IL: Argus, 1975).

13) Eugene C. Kennedy, *The New Sexuality: Myths, Fables and Hangups*(Garden City, NY: Doubleday, 1972).

우리는 케네디의 저술 경향을 통해서 지금까지 본장에서 취급해 온 가톨릭 상담자들 사이에 있는 다양성을 찾아볼 수 있다. 우리가 지금까지 본 바와 같이 가톨릭 상담은 종파적, 제도적인 독단이나 편견을 배제한다. 그러나 보다 정확히 말하자면 가톨릭 상담은 종파나 제도를 초월하며, 다양하고 우주적이며, 종교적인 면도 경우에 따라서만 나타나지만 그 밑바탕에는 어디까지나 가톨릭적 전통이 스며있는 상담이라 할 수 있겠다.

제17장 기독교 상담에 대한 다른 접근들
(Other Approaches to Christian counseling)

게리 R. 콜린스

　책을 편집하다 보면 편집자는 그 과정에서 항상 어떤 내용을 어디에 실을 것이며, 누구의 글을 게재할 것이며, 무엇을 제외할 것인가 등을 결정해야하는 어려운 문제에 직면하게 된다. 제1장에서 이미 지적한 대로 기독교 상담학 분야의 발전에 공헌한 사람은 많이 있지만, 그렇다고 해서 책 한 권에 이들을 다 소개할 수는 없는 것이다. 필자는 본서를 편집하면서 대체로 복음적인 기독교 상담자들에게 초점을 맞추려고 했지만 사실 이 분야만도 아주 폭넓고 점점 확장되어가는 추세에 있으므로 그것도 쉬운 일은 아니었다. 본서는 지금까지 기독교 상담 분야에서 가장 유명한 학자들 중 몇 명을 뽑아 그들의 주장을 강조해 왔다. 그러나 모든 독자들이 필자가 결정한 상담자와 그들의 상담 이론이 기독교 상담 분야에서 가장 유명하고 영향력이 있다고 보지는 않을 것이다.

　따라서 본장에서는 지금까지 논의된 것보다는 유명하지 않지만, 기독교 상담학 분야에서 비교적 영향력이 있는 몇 가지 견해들을 요약하고자 한다. 여기에 간략하게 언급되거나 또는 전혀 언급되지 않을지라도 이러한 상담법들 중에서 어떤 것들은 앞으로 더욱더 유명하게 될 것이다. 이와 동시에 현재 널리 받아들여지고 있는 영향력 있는 상담법 중에서도 어떤 것들은 점차 그 중요성을 상실할 수도 있을 것이다. 그러므로 본서와 본장의 내용은 역동적이고 중요성이 점차 증대되는 기독교 상담 분야의 현재의 경향에 대한 대표적인 견해라기보다는 단지 한 사람의 견해를 의미할 뿐이다.

우리가 잘 알고 있는 바와 같이 다른 사람의 연구 경향이나 결과를 요약하다 보면 실수하여 잘못 요약할 위험성이 항상 따르게 마련이다. 한 단어나 어구의 잘못된 선택만으로도 전달하고자 하는 의도나 견해가 왜곡될 수 있는 것이다. 이러한 일이 일어나는 것을 방지하기 위해 콜린스는 본장에 언급된 4명의 상담학자에게 본장의 사본을 보내어, 어떤 정정할 것이나 새로이 제안할 것이 있는지에 대해 알아봄으로써 올바른 요약을 하도록 만전을 기하였다. 이들에 의해 비록 기록된 내용이 크게 달라지지는 않았다 하더라도, 이들의 견해가 본문에 신중하게 배려되었다.

　지난 10년간 기독교 상담은 평신도나 교회 지도자, 전문 상담가 할 것 없이 많은 사람들로부터 폭발적인 관심과 인기를 끌었으며 그들에게 큰 영향력을 행사하였다. 이러한 폭발적인 관심과 더불어 복음적인 입장에서 쓰여진 많은 책과 논문, 잡지들이 쏟아져 나왔다. 다음의 도표는 이들의 입장을 요약하여 만든 것이며 더 깊은 연구와 독서를 할 수 있도록 몇 가지 제안을 해두었다.

　일반적으로 도표에 나와 있는 상담학자들의 입장은 현대의 심리학적, 정신분석적 원리에 근거를 두고 있다. 그러나 비록 몇몇 경우는 일반 상담학에 신학적인 원리를 가미하기 위해 단순히 성경을 인용하는 것에 불과할지라도, 이들 대부분은 성경과 상담과의 관련을 모색하고 있다.

　한편 최근에 상담 분야에 네 가지의 독특한 기독교적 접근법이 제시되었다. 그중의 하나로 루스 카터 스테플톤(Ruth Carter Stapleton)의 '내적 치유'(inner healing)에 대한 개념이 있다. 비록 정신 분석이 대중화되고 기독교화된 형태라고 알려지기는 했으나 이 원리는 기도와 성령의 능력을 강조하기 때문에 실제로 많은 신자들이 이것을 효과적인 기독교 상담이라고 평한다. 이와는 다소 다르지만 찰스 솔로몬(Charles Solomon)은 그의 '영적 치유'에서 사람의 내적 변화에 대한 성령의 능력을 강조하고 있다. 그리고 스탠리 스트롱(Stanley Strong)의 '기독교 상담'은 비록 성경에 근거했다고 하지만 전통적인 심리학에 더 근거했다고 판단된다. 웨일론 워드(Waylon Ward)의 상담법은 성경에 그 중심을 두고 있으며 그의 책 「성경적 상담, The Bible in Counseling」에는 성경에 근거한 과제물이 수록되어 있는 것이 특징이다. 이들 각각의 입장은 뒤에서 구체적으로 요약될 것이다.

기독교 상담에 대한 다른 접근들

저자	대표적 저서	특징
버스테노비 (A. Bustanoby)	콜린스가 편집한 책 「당신의 풍성한 결혼생활을 위하여, Make More of Your Marriage」(Waco: Word, 1976) 중 pp.108-122의 "불행한 결혼생활에 대한 응급 치료법"(Rapid Treatment for a Troubled Marriage)	버스테노비는 신학 교육을 받은 바 있는 그리스도인의 결혼과 가정 생활 문제 상담가로서, 부분적으로 로버트 카커프(Robert Carkhuff)와 조지 바흐(George Bach)의 영향을 받은 '응급 치료'(rapid treatment)의 개념을 주장하고 있다.
윌리암 크레인 (William Crane)	「상담과 하나님의 임재, Where God Comes In: The Divine Plus in Counseling」(Waco: Word, 1970)	목회 상담자에 의해 쓰여진 이 책은 기본적인 상담 테크닉을 요약한 것으로 특별히 상담에 성령의 영향을 강조하고 있다.
버스테노비 (A. Bustanoby)	콜린스가 편집한 책 「당신의 풍성한 결혼생활을 위하여, Make More of Your Marriage」(Waco: Word, 1976) 중 pp.108-122의 "불행한 결혼생활에 대한 응급 치료법"(Rapid Treatment for a Troubled Marriage)	버스테노비는 신학 교육을 받은 바 있는 그리스도인의 결혼과 가정 생활 문제 상담가로서, 부분적으로 로버트 카커프(Robert Carkhuff)와 조지 바흐(George Bach)의 영향을 받은 '응급 치료'(rapid treatment)의 개념을 주장하고 있다.
윌리암 크레인 (William Crane)	「상담과 하나님의 임재, Where God Comes In: The Divine Plus in Counseling」(Waco: Word, 1970)	목회 상담자에 의해 쓰여진 이 책은 기본적인 상담 테크닉을 요약한 것으로 특별히 상담에 성령의 영향을 강조하고 있다.

제리 데이 (Jerry R. Day)	「상담, Counseling」(Scottsdale: Christian Accademic Publication, 1977)	이 책은 예수 그리스도를 상담자의 모델로 삼아 자기 지시적 상담 과정을 제시한 프로그램화된 교재이다.
아더 에스테스 (Arthur Estes)	「성경의 치료: 기쁨을 잃은 그리스도인을 위한 하나님의 도우심, Bible Therapy: God's Help for the Joyless Christian」(New York: Vantage Press, 1973)	저자는 이 책을 '성경적인 개인 상담에 관한 체계'(a system of Bible-based and Bibleguided personal counseling)라고 소개하고 있다. 그는 이 책에서 개인 상담의 효과를 제시하고 있다.
제임스 해밀턴 (James D. Hamilton)	「목회 상담 사역, The Ministry of Pastoral Coun-seling」(Grand Rapids: Baker, 1972)	이 책은 기존의 상담 테크닉들을 다시 한번 정리하고 있다.
퀸틴 하이더 (Quentin O. Hyder)	「그리스도인의 정신 의학 핸드북, The Christian's Handbook of Psychiatry」(Old Tappan, NJ: Revell, 1971)	이 책은 정신적 질병, 억압, 분노, 죄책감, 상담 등의 정신의학적 주제들을 다룬 책으로서, 성경의 지침들과 정신의학적 원리들을 연결시키고 있다.
커트 콕 (Kurt E. Koch)	「기독교 상담과 신비주의, Christian counseling and Occultism」(Grand Rapids: Kregel, 1965)	이 책은 아마도 그리스도인에 의해 집필된 엑소시즘과 소위 귀신들렸다고 하는 사람들을 상담하는 문제를 다룬 가장 기본적인 연구서일 것이다.
프랭크 레이크 (Frank Lake)	「임상 신학, Clinical Theology」(London: Darton Longman & Todd, 1966)	이 책은 유명한 영국 상담가에 의해 쓰여진 '임상 목회에 대한 신학적, 정신 의학적 기초'라는 소제목이 붙은 방대한(p.1282) 작품이다.

클린턴 맥레모어 (Clinton W. McLemore)	「목회 상담을 위한 임상정보, Clinical Information for Pastoral Counseling」(Grand Rapids: Eerdmans, 1974).	이 책은 기존의 상담 테크닉들을 다시 한번 정리하고 있다.
프랭크 미너드 (Frank B. Minirth)	「기독교 정신 의학, Christian Psychiatry」(Old Tappan, NJ: Revell, 1977)	이 책은 전통적인 정신 의학을 개관한 것으로서 그 근거를 일반적 원리와 성경, 그리고 현대의 정신 약물학 등에 두고 있다. 인간을 세 부분으로 뚜렷이 분리된 존재라고 묘사한다.
클라이드 네래모어 (Clyde Narramore)	「상담 심리학, The Psychology of Counseling」(Grand Rapids: Zondervan, 1960).	상담의 기본 테크닉들을 재고하면서 이것을 기독교적인 의미로 적용하고 있다.
브루스 리드 (Bruce Reed)	「기독교 상담, Christian Counseling」(Grand Rapids: Eerdmans, 1965)	이 책은 50p 가량의 조그만 소책자로서 성경적 요소가 강하며, 그리스도인들로 하여금 서로에 대해 책임감을 갖고 그리스도를 섬기도록 훈련시키는데 도움 되도록 구상되었다.
밀러드 샐 (Millard Sall)	「하나님 백성의 감정: 상처받은 이들을 돕기 위한 방법. The Emotions of God's People Helping Those Who Are Hurting」(Grand Rapids: Zondervan, 1978)	이 책은 기독교 상담자에 의해 쓰인 책으로 상담에 대한 현대의 견해를 제시하고 있다.
엘리자베스 스코글랜드 (Elizabeth Skogland)	「당신에게 말해도 될까요?, Can I Talk to You?」(Glendale: Regal, 1977)	훈련받은 가정 문제 상담자에 의해 쓰여진 이 책은 '십대의 친구, 부모 또는 상담자가 되는 법'이란 소제목이 붙어 있다.

봅 스미스 (Bob Smith)	「삶에 대한 애착: 상담학 입문, Dying to Live: An Introduction to Counseling That Counts」(Waco: Word, 1976).	페닌슐러 성경 교회(Peninsula Bible Church) 설립자 중의 한 사람이 인간에 대한 3분설과 그리스도와의 동일시 이론에 근거하여 '구속적 진리의 치료'(a Therapy of redemptive truth)를 제시하고 있다.
도날드 트위디 (Donald F. Tweedie, Jr.)	콜린스가 편집한 책 「당신의 풍성한 결혼 생활을 위하여, Make More of Your Marriage」(Waco: Word, 1976) 중 pp.122-133의 '부부 문제의 치유모델'(A Model for Marital Theraphy)	전문 상담가이며 훌러신학교의 교수이기도 했던 저자는 이 논문에서 '언약 치료'(covenant therapy)라는 개념을 소개하고 있다. 또한 그는 빅토르 프랭클(V. Frankle)의 의미 요법(logotherapy)을 기독교적으로 해석한 것으로도 유명하다.
폴 웰터(Paul Welter)	「친구를 돕는 방법, How to Help a Friend」(Wheaton: Tyndale, 1978).	이 책은 기존의 상담 테크닉들을 다시 한번 잘 정리하고 있다.
위트맨(E. C. Wittman) 볼맨(C. R. Bollman)	「성경에 의한 치료, Bible Theraphy」(New York: Simon and Schuster 1977).	책 표지에 뉴욕시의 거주자들이라고만 기록된 저자들은 이 책에서 개인적인 문제들 즉 분노, 좌절, 외로움 등에 관한 성경 구절들을 인용하고 있다.
노만 라이트 (H. Norman Wright)	「그리스도인의 상담 훈련 교본, Training Christian to counsel」(Denver: Christian Marriage Enrichment, 1977).	이 책은 그리스도인의 상담훈련을 위한 창의적인 교본이며, 저자는 결혼과 가정 문제를 다루는 복음적인 학자들 중에서도 지도적인 위치에 있는 학자이다.

루스 카터 스테플톤의 '내적 치유'

프로이드의 정신 분석 이론에 의하면 유아기의 경험은 후에 성인이 된 뒤에도 행동과 사고 방식에 영향을 주므로 어린 시절의 경험이 아주 중요하다고 강조하였다. 하나의 상담법으로서의 정신 분석은 이와 같이 유아기 시절의 기억을 중요시하는데, 이것들은 무의식의 세계에 잠재되어 있음에도 불구하고, 표면적으로 드러나는 현재의 행동에 영향을 끼친다. 프로이드의 이론에 기초한 정신 분석의 중요한 목표는 이러한 무의식의 영향들을 밝혀내고 그것을 인식하고 처리할 수 있는 의식의 상태로 이끌어내는 것이다.

그동안 프로이드의 영향을 받은 많은 상담자들이 프로이드의 이론에 기초하여 상담 원리들을 발전시켜왔고, 정신 분석에 관한 상당히 대중화된 책을 쓰기도 하였다. 그 예가 바로 미실다인(Missildine)의 「당신 안에 있는 과거의 어린아이, Your Inner Child of the Past」이다. 책의 일부를 잠깐 살펴보자.

> 당신의 어린 시절은 실제로 지금도 여전히 당신 안에 존재하고 있습니다. 그리고 당신의 행동이나 느낌에 항상 영향을 주고 있습니다. 인정하든 인정하지 않든 간에 우리는 과거의 유아기적 경험과 그때의 정서적 분위기 속에 살면서 그것에 의해서 현재의 삶에 영향을 받고 사는 어린아이입니다. …우리가 구태여 성인으로서의 삶만을 고집한다면 이것은 어린아이로서의 우리의 삶을 무시하려는 것이며, 우리의 어린 시절을 도외시하는 것일 뿐만 아니라 우리 자신과 다른 사람에게서 그 사실을 제거해 버리려는 것입니다.[1]

미실다인은 상담을 통해 이러한 '내부에 있는 과거의 어린아이'를 의식하고 이해하며, 지탱하고 조절하는 법을 배울 수 있다고 주장

---

[1] W. Hugh Missildine, *Your Inner Child of the Past*(New York: Simon and Schuster, 1963), pp.13, 14.

하였다. 그러나 이것은 상담자와 내담자의 노력에만 의지하는 아주 인본주의적인 발상이다. 하나님께서는 이러한 사실을 언급하신 일도 없거니와 고려하지도 않으셨다.

'내적 치유' 혹은 '기억의 치유'에 관한 기독교적인 개념은 프로이드와 미실다인의 인본주의적 한계를 극복한 것으로서 이것은 기도, 성령의 영향, 신자들이 만드는 치유의 공동체를 강조하고 있다. 이제 '내적 치유'에 관한 기독교적 접근을 시도한 사람 중에서 우선 폴 투르니에를 살펴보도록 하자. 폴 투르니에는 비록 '내적 치유'라는 말을 사용하지는 않았지만 1940년에 처음으로 자신이 집필한 책에서 이미 이 개념을 설명한 바 있다. 투르니에는 이때 방법적인 면에서 정신 분석학과 로마 가톨릭의 영향을 받았다.

그리스도인의 참회는 인간에게 정신적 해방을 가져다준다. 물론 정신 분석을 통해서도 어느 정도 해방감을 맛볼 수는 있다. 이제 내가 오늘 가졌던 한 자매와의 인터뷰를 통해서 정신적 억압을 해소하게 된 한 예를 소개하기로 하겠다. 편의를 위해서 그녀의 이름을 플로렌스라 한다. 어느 날 플로렌스가 상사의 소개로 나를 찾아왔다.

그녀는 처음부터 다짜고짜로 자기의 마음속에 있는 문제를 어떻게 이야기해야 좋을지 모르겠다고 말했다. 그래서 우리는 그녀의 일에 대해 몇몇 간단한 대화를 나누기 시작했다. 그녀는 소심하고 수줍음을 잘 타며 자주 우울해지고 걱정거리가 많으며 특히 기민하게 일 처리를 하지 못하는 것에 대해 걱정하고 있었다. 그러나 무엇보다도 그녀를 걱정스럽게 만드는 것은 삶에 별로 기쁨도 느끼지 못하기 때문에 자신은 그리스도의 참된 증인이 아닐지도 모른다는 생각이었다. 그리고 그녀는 자신의 직업에 대해서도 늘 의구심과 회의를 갖고 있었다.

나는 조용히 그녀의 말을 들었고 그녀는 조금씩 조금씩 직업에 관한 이야기를 비롯하여 어린 시절의 기억, 어머니의 때 이른 죽음, 아버지와의 사이에 있었던 도덕적 장벽 등에 대해 털어 놓았다. 그러다가 그녀는 불쑥 더 깊은 내면의 문제를 고백하였다. 내가 소리 없이 기도하고 있는 동안에 그녀는 일생 동안 그녀의 마음을 짓눌러 왔던 끔찍한 정신적 충격에 대해 이야기하였다. 물론 그 내용을 여기에 밝힐 수는 없다. 다만 내가 여기에서 지적하고 싶은 것은, 그녀를 짓눌러 왔던 것들은 내가 행한 상담처럼 다행히 그 자리에서 효력을 가져다주지 못한다 하더라도 정신 분석 테크닉의 도움을 받아야 할 성질의 억압된 기억들이라는 점이다.

내가 나중에 솔직하게 이야기해줘서 고맙다고 하자, 그녀는 자신이 나와 함께 하나님 앞으로 나아갔기 때문에 솔직하게 말할 수 있었다고 간단하게 대답하였다.

나는 그녀가 과거에서 이 모든 것들을 끌어내어 십자가 아래 놓으려면 기도해야 한다고 말했다. 그러나 그녀는 지금까지 큰소리로 기도하는 것을 엄두도 내지 못하였으므로 이것은 그리스도를 섬기는 그녀의 삶에 있어서 커다란 장애물이 되었었던 것이다. 그러나 그녀는 잠시 침묵한 후에 이 결정적인 두 번째 관문을 통과할 용기를 얻었다. 그리하여 그녀는 직업에 대한 아무런 의심 없이 밝은 얼굴로 내 상담실을 떠날 수 있었다.2)

내적 치유에 관한 보다 현대적인 개념은 가톨릭 학자들3)에 의해 여러 권의 책으로 기록되었으며, 데이비드 시맨즈(David A. Seamands)의 두 개의 카세트테이프에 간결하게 요약되었고 루스 카터 스테플톤에 의해 집필된 두 권의 저서에 의해 일반에게 널리 알려졌다.4) 내적 치유에 의한 상담 방법은 상담자와 내담자에 따라 약간씩 다르지만 몇 가지 기본 전제와 방법들은 일반적으로 널리 받아

---

2) Paul Tournier, *The Healing of Persons*(New York: Harper and Row, 1965), pp.236, 237. (첫 번째 판은 Medecine de la Personne라는 제목으로 1940년에 발행되었다.)

3) 참조, 예를 들면 Dennis Linn and Matthew Linn, *Healing of Memories*(New York: Paulist Press, 1975); Agnes Sanford, *The Healing Gifts of the Spirit*(Philadelphia: Lippincott, 1966); Michael Scanlan, *Inner Healing*(New York: Paulist Press, 1974).

4) Ruth Carter Stapleton, *The Gift of Inner Healing*(Waco: Word Books, 1976); *The Experience of Inner Healing*(Waco: Word Books, 1977).

들여지고 있다.

1. 문제들은 흔히 외상성(外傷性)의 '어둠과 고통스런 기억'에서 유발된다. 이 기억들은 마음속 깊이 내재하지만 표면적인 행동에 영향을 주거나 행복을 파괴하기도 한다.

2. 기억의 치료는 "성령이 상처와 고통의 근본 원인을 다루어 삶의 가장 깊은 영역에까지 건강을 회복시키는 경험을 갖도록 함으로써 이루어진다.…예수 그리스도는 어제나 오늘이나 그리고 내일에도 동일한 분이시기 때문에 과거의 외상적인 경험들을 치료하실 수 있는 것이다."5)

3. '내적 치유'의 개념에서는 성령의 치유 능력을 강조한다. 이에 대한 스테플톤의 견해를 인용해 보자.

> 우리는 살다 보면 오직 성령의 능력에 의해서만 치유될 수 있는 문제에 직면하게 될 때가 있다. 정신 의학자들이 과거의 사실들을 조사하고 우리의 약점이나 분노, 두려움에 찬 반응 등을 이해함으로써 어느 정도의 치유를 할 수 있기는 하지만, 이러한 문제들과 상처의 근본적인 치유는 오직 성령에 의해서만 가능하다.6)

한편 이와 비슷한 연구가 마이클 스캔론(Michael Scanlon) 신부에 의해 진행되었는데 그는 상담자가 상담을 하는 과정에서 자기의 진단결과나 지혜에 의존할 것이 아니라 그리스도께서 알아야 할 것과 행해져야 할 것들에 대해 가르쳐 주실 것을 기대해야 된다고 기록하고 있다.7)

4. 상담은 내담자로 하여금 억압된 고통스런 기억들을 발견하고 의식 세계에 드러내도록 돕는 것인데, 우리는 이를 위해 주께서 두려

---

5) Stapleton, *The Gift of Inner Healing*, p.9.

6) Ruth Carter Stapleton, *The Gift of Inner Healing*, copyright©1976, p.10.

7) Scanlan, *Inner Healing*, p.32.

움, 미움, 상처, 거부감 대신에 사랑과 용서와 치유의 역사를 행하시도록 기도하며 그리스도께 의지해야 한다.

상담에는 경우에 따라서 '심상화'(visualization)라는 과정이 적용되기도 한다. 즉 상담자는 과거 자신의 고통스러웠던 상황이나 어려웠던 대인 관계에 대해 생각함으로써 그 상황에 용서와 사랑과 능력으로 임하시는 그리스도를 보게 된다.

5. 용서는 '내적 치유'의 핵심 요소이다. 그리스도의 도움을 받아 내담자는 타인을 용서하고 또한 자신을 용서하는 법을 배워야 한다.

6. 기도는 억압된 기억을 치료하기 위한 핵심 요소이다. 상담자나 내담자 그리고 모든 신자는 상담의 과정에 사랑과 그리스도에 대한 자발적인 순종, 그리고 완전한 자유를 가져다주는 내적인 기억의 치료가 일어나도록 기도해야 한다.8)

스테플톤은 어느 성직자가 내적 치유의 성경적 근거를 문제삼아 도전하자, 자신의 책에서 그에 대해 다음과 같이 답변하고 있다. "나는 문제를 치료하려고 하는 것이 아니라 사람들의 치유되지 못한 고통스런 기억이 참된 치유자에 의해 만져짐으로써 치유되도록 준비시키려는 것이다."9) 이러한 접근법은 계속해서 논쟁의 대상이 되고 있는데 이에 대해 스테플톤이나 이 방법을 지지하는 많은 다른 상담학자들은 이러한 접근법이 성경이나 예수의 가르침과 위배되는 것은 전혀 없다고 강조하고 있다.

찰스 솔로몬의 '영적 치유'

찰스 솔로몬에 의해 개발된 '영적 치유'(spiritual therapy)는 보다 명백하고 보다 신학적인 개념이라고 할 수 있다. 솔로몬이 '심리치

---

8) Stapleton, *op. cit.*, p.35.

9) *Ibid.*, pp.62-83.

료와 정신 의학을 대체할 수 있는 새로운 분야'10)로 소개한 영적 치유법에는 다음과 같은 기본 전제가 내포되어 있다. "기독교 상담은 사람들로 하여금 주 예수 그리스도께서는 이 땅에서나 하늘나라에서의 삶에서 필요한 모든 것이 되신다는 사실을 깨닫고 인정하게 한다.…상담의 목적은 사람들을 그리스도 안에서 성숙하도록 돕는 것이다."11)

영적 치유에서는 '정신적 질병' 같은 것은 거의 없다고 보며 상담자도 치료자라고 하지 않는다. 상담자는 사람들을 예수 그리스도와 깊은 관계를 맺도록 인도하기 위해 하나님의 부르심을 받은 '영적인 안내자'(spiritual guide)일 뿐이다. 영적인 치유는 배워서 알게 되는 테크닉이라기보다는 나누어지는 하나의 관계이다. 상담자는 사람들을 보다 더 깊은 영적인 상태로 인도할 뿐이다. 이러한 일을 하는 데에는 상담자 자신이 치료자의 역할을12) 하려고 하기보다는 성령으로 하여금 자신을 통해 내담자의 삶에 변화를 가져오도록 성령에 순종하는 자세가 필요하다.

솔로몬은 성경을 즐겨 인용하고 많은 도형을 사용하여 자신의 상담법을 설명하고 있는데, 그의 도형들은 너무 구체적이어서 여기에다 옮길 수는 없지만 그가 부분적으로 내담자들과 함께 살펴보는 것들에 대해 간단히 예를 들면 다음과 같다. 즉 그는 인간이 감각을 통하여 외부 세계와 관계를 맺는 생리학적 부분인 몸과 다른 사람과 관계를 맺는 마음, 의지, 감정을 포함하는 심리학적 부분인 혼(soul), 그리고 하나님과 관계를 맺는 영적 부분인 영(spirit)의 세 가지 요소가 하나로 뭉쳐져 구성되었다는 견해를 주장한다. 이것은 다음의 도형에서 잘 묘사되고 있다.

---

10) Charles R. Solomon, *Handbook to Happiness*(Wheaton: Tyndale, 1975).

11) Charles R. Solomon, *Counseling With the Mind of Christ*(Old Tappan, NJ: Revell, 1977), p.21.

12) Solomon, *Handbook*.

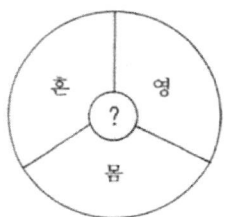

　이 도형은 인간을 묘사한 것으로서 의문 부호가 있는 중심에는 인간의 자아 또는 그리스도가 위치하게 된다. 비신자들과 신자 중에서도 많은 사람들은 자신의 자아가 중심이 된 삶을 산다. 이러한 삶의 양태는 신학적인 면에서 볼 때 잘못된 것이며, 신체적인 면에서도 비정상적인 증상을 나타낼 뿐 아니라 심리적으로도 열등감, 불안감, 부조화, 죄책감, 걱정, 의심, 두려움, 그리고 이들보다 더 심각한 문제인 정신 분열증, 강박관념, 억압 등의 증상을 유발하게 된다.

　이러한 비정상적인 증상이 생기는 것은 삶의 중심에 자아가 위치하고 있기 때문이며, 자아가 중심이 된 삶을 사는 한 이런 문제들은 계속해서 심화될 것이다. 자아가 중심이 된 삶은 하나님과 조화를 이루지 못한다. 정신 분석에서는 이러한 문제들에 대처하기 위해서 인간의 자아를 강화시키려고 한다. 정신 분석의 근본적인 문제점은 바로 여기에 있다. 정신 분석을 실시하다 보면 사람들은 많은 증상에 대해 보다 잘 적응하게 되고, 문제 증상들을 일시적으로 사라지게 하거나 제거할지도 모른다. 그러나 이런 식으로 문제를 처리하다 보면 사람에게는 보다 강한 방어 기제가 형성되고 자아는 점점 더 강해지게 된다.

　　이것은 하나님의 뜻과는 정반대되는 것이다. 하나님의 뜻은 인간의 자아가 점점 약해져서 마침내는 삶의 지배력을 상실하게 되는 것이다. 그리스도를 자신의 전부로 모시려면 인간의 자아는 아무것도 아닌 상태가 되어야 한다. 그리스도를 삶의 중심에 모시기 위해서는 반드시 이러한 과정을 거쳐야 한다.

그리스도께서 삶의 중심에 계시면 인간의 자아나 육체는 더 이상 삶을 지배하지 못하게 된다. 그러면 비정상적인 정신적, 정서적 증상들은 사라지게 된다. 그리고 내부에서 갈등의 원인이 되었던 요소들이 사라지면 그로 인한 정신병적 증상들도 없어지게 된다.[13]

영적 치유의 차원에서 볼 때 내담자는 치료를 요하는 환자가 아니라 영적인 도움을 필요로 하는 사람이다. 대부분의 사람들은 어린 시절에 한번쯤은 타인에게 거부당한 경험을 갖게 되기 때문에[14] 상담자는 내담자로 하여금 그리스도께서는 내적인 모든 심리적인 필요를 충족시켜 주시며, 받아주신다는 사실을 경험하도록 돕는다.

영적 치유의 원리에 입각하여 상담을 실시할 때, 상담자는 처음 두 시간의 상담을 위해 세심한 주의를 기울인다. 개방적이고 신뢰적인 관계 형성을 위해 상담자는 처음에 몇 마디 인사와 대화를 나눈 후에 문제의 원인을 찾기 위한 조사에 착수하게 된다. 그리고는 40분 내지 50분 정도 특별히 과거에 거부되었거나 상처를 입을 만한 사건을 경험한 적은 없는지 성장 과정의 사례들을 신중하게 점검한다. 이러한 상담 과정이 진행되는 동안에도. 상담자는 계속해서 영적인 면에서 진단을 실시해야 한다. 한편, 경우에 따라서 상담자는 2분 내지 5분 동안 '거부감 증후군'(the rejection syndrome)[15]에 대해 설명하기도 한다. 그리고는 40분 내지 50분 동안 내담자에게 몸-혼-영으로 된 바퀴 모양의 도형을 설명하고, 그리스도께 자신을 완전히 내어 맡기며 동일시한다는 개념이 무엇을 의미하는지에 대해 가르친다. 이어서 상담자는 내담자가 자신을 주님께 의탁하는 기도를 하도록 권

---

13) Charles R. Solomon, *Handbook to Happiness*(Wheaton: Tyndale, 1975), p.60.

14) Solomon, *Counseling*, p.42.

15) '거부감 증후군'에 대해서는 Charles R. Solomon, *The Ins and Outs of Rejection*(Denver: Heritage House Publications, 1976)을 보라.

고하며, 다음 상담 시간까지 이번 상담의 후반부에 있었던 상담 내용을 다시 한번 생각해 보도록 지도한 후, 성경을 통해 자신이 제시한 개념을 내담자에게 확증시켜 준다.

첫 상담에 이은 상담들은 처음의 상담만큼 그렇게 세밀하게 진행하지는 않는다. 이때는 우선 하나님의 역사하심에 대한 내담자의 생각을 함께 나누면서 반은 상담하고 반은 가르치는 형식으로 상담을 진행한다. 상담의 결과는 두 가지 면으로 나타난다. 즉 첫째는 내담자가 자신을 좀더 잘 이해함과 동시에 자신의 과거가 현재에 어떻게 영향을 미치는가를 알게 되며, 둘째는 내담자 자신이 그리스도의 죽음과 승천이 관련되었음을 이해하며, 그분이 자신의 모든 것이 되시며 과거로부터 자신을 자유하게 해주신다는 사실을 알게 된다.16)

많은 다른 학자들과는 달리 솔로몬은 자신의 상담이 항상 성공적이거나 항상 완전한 변화를 가져오지는 않는다고 솔직하게 시인한다. 여기에는 상담자가 적절하게 지도하지 못한 점, 후속적인 지원을 교회에서 해주지 못한 점, 내담자가 그리스도와 동행하는 삶을 살지 못한 점, 그리고 사단의 방해 외에도 여러 가지 그럴만한 이유가 있을 것이다. 그러나 주의할 것은 이러한 실패가 방법론 자체에 문제가 있어서 비롯된 것은 아니라는 점이다. 솔로몬은 영적 치유의 타당성을 뒷받침하기 위해 많은 사례들을 인용하고 있는데, 그는 이 체계가 성경에 근거하고 있기 때문에 체계 자체에는 아무런 문제가 없다고 믿고 있다. 그러나 모든 신자들이 이 체계의 기초가 되고 있는 성공적인 삶, 변화된 삶에 대한 신학적 입장을 지지하는 것은 아니므로 사람들은 영적 치유에 대해 많은 견해 차이를 보이고 있다. 하지만 이 방법을 통해 도움을 받은 사람들은 '영적 치유'법을 강력하게 옹호하고 있다.

---

16) Solomon, Counseling, p.78.

스탠리 스트롱의 기독교 상담

스탠리 스트롱은 림크루에 있는 네브라스카 대학의 교육 심리학 교수이다. 그는 복음주의자 사이에는 잘 알려져 있지 않은데 그 이유는 부분적으로 그가 상담에 관한 책을 쓰지 않았기 때문일 것이다. 그러다가 그는 1977년에 기독교 상담만을 다루는 전문 잡지인 「상담과 가치관, Counseling and Values」의 초빙 편집자가 된 이래, 흥미 있는 긴 논문을 통해 '실제적인 기독교 상담'(Christian Counseling in action)17)이라고 불리는 자신의 상담 이론을 소개하였다.

스트롱은 이 논문에서 기독교 상담은 사람들이 자신의 생각을 조절할 수 있다고 보는 일반 상담법과 유사한 점이 있다고 기록하고 있다. 사람들은 생각하기에 따라 그 행동이나 느낌이 달라지게 된다. 즉 무엇을 생각하느냐에 따라 어떤 행동을 하고 어떤 느낌을 갖는가 하는데 영향을 받게 된다. 또 상담은 내담자가 자신의 삶을 구체적으로 다시 돌아보고 자신의 결함을 충분히 인식하게 되는 강렬한 경험이라고 본다. 따라서 기독교 상담자는 내담자를 사랑하며, 내담자가 바람직한 사람이 되고 내담자로 하여금 하나님께서 모든 것을 주관하고 계시다는 사실을 늘 기억하게 하려고 노력한다.

> 상처를 치유할 수 있는 이는 오직 하나님뿐이시다. …나는 하나님께서 내가 상담을 지혜롭지 못하게 할지라도 내담자들을 위해 당신의 뜻대로 나를 사용하신다는 사실을 믿는다.…치유하는 것은 바로 하나님이 하시는 일이다. 나는 하나님께서 그의 백성들을 치유하고자 하시며, 그 일을 위해 나를 사용하실 것이며, 나로 하여금 상처받은 자들을 돌보게 하신다는 사실을 믿는다.18)

---

17) Stanley R. Strong, "Christian Counseling in Action" in *Counseling and Values*, 21, February 1977, pp.89-128.

18) *Ibid.*, pp.105, 106.

스트롱은 기독교 상담에 다음과 같이 세 가지 단계가 있다고 말한다.

첫째, 상담자는 내담자를 만나 내담자가 처한 곤경을 주의 깊게 듣고 긍정하며 필요한 질문을 하고 내담자와 함께 상담의 목적을 설정해야 한다.

둘째, 상담자는 내담자가 긍정적인 변화를 위해 노력하도록 도와야 한다. 즉 상담자는 내담자로 하여금 현재 직면하고 있는 문제의 책임은 바로 자신에게 있으며, 자신의 생각이나 신념, 이해에 의해 비롯된 것이라는 사실을 깨닫고, 이들을 변화시킬 수 있는 것은 바로 자신뿐이라는 것을 알도록 도와주어야 한다. 이 단계에서 상담자가 해야 할 일은 문제의 상황을 해석하고 정리하여 실명해주고 결정적인 문제 해결을 위해 내담자를 권고하는 것이다.19) 이외에 교만과 이기심은 문제를 유발하는 중요한 원인이 된다는 사실을 지적하기도 한다.

셋째, 상담자는 내담자로 하여금 자신의 삶에 일어나는 모든 일에 대해 책임을 지도록 돕는다. 즉 내담자가 자신의 오류와 죄를 인정하고 자신의 잘못을 하나님과 사람 앞에서 솔직하게 고백하여 용서하시는 하나님의 은총을 받도록 도와야 한다. 이러한 과정을 통하여 내담자는 모든 상황에서 책임감 있게 행동하고 생각하는 것을 배우게 된다.

이제 스트롱의 상담 이론에서 반복적으로 언급되고 있는 몇 가지 개념들을 살펴보기로 하자.20)

1. 가치관

상담이 도덕적으로 중립적일 수 있다고 지금까지 오랫동안 믿어왔

---

19) *Ibid.,* p.110.
20) *Ibid.,* pp.116, 117

던 가정은 이미 사라졌다. 이제는 옳고 그름에 대한 상담자의 견해가 내담자에게 커다란 영향을 미친다는 사실이 널리 인정되고 있다. 그러므로 기독교 상담자가 내담자에게 자신의 기독교적인 가치관을 이야기하는데 주저할 필요는 없다. 겉으로는 그렇게 하지 않으면서 속으로는 그러한 방향으로 이끌어가는 것은 내담자에 대해 온당치 못한 태도인 것이다.

2. 자기 조절과 책임

상담은 사람들로 하여금 자기 자신을 보다 잘 조절하도록 돕는 기술이라고 할 수 있다. 상담자는 내담자가 책임 있는 행동을 하도록 돕는 코치의 역할을 한다. 이러한 과정에서 내담자의 삶의 태도와 행동에 영향을 주는 과거의 어떤 사건들을 이해하게 된다면 문제해결에 큰 도움이 될 수 있다. 또한 상담자는 문제 해결에 대한 내담자의 의지를 강화시킬 수 있으며, 자신의 삶에 대해 개인적으로 책임이 없다는 일반적인 견해를 반박함으로써 내담자가 자신의 삶을 조절하고 책임을 지도록 도울 수 있다.

3. 책임 있는 사랑

기독교는 하나님의 사랑에 근거를 두고 있다. 그러므로 상담자는 내담자에게 이러한 사랑을 실천하고 성경의 가르침에 따라 사랑하는 법을 가르쳐야 한다.

4. 용서

이것은 기독교 상담에서 핵심이 되는 과정이며 일반 상담에서는 볼 수 없는 중요한 특징적 요소이기도 하다. 일반 상담에서는 상처와 실수가 억압되거나 잊혀질 뿐인데, 기독교 상담에서는 그리스도께서 모든 허물과 잘못을 용서하시며 또한 우리도 다른 사람들을 용서할 수 있도록 도우신다는 사실이 강조된다. 그러나 이러한 용서를 경험하려면 우리 자신의 허물과 실패를 인정하고 우리는 하나님의 용서하심을 받아야 할 죄인임을 시인해야 한다. 많은 사람들은 이러한 시인을 하려고 하지 않음으로 해서 용서받는 놀라운 기쁨을 체험하지 못하게 된다.

5. 기도

기도는 기독교 상담의 필수적인 요소로서 치유를 가능하게 하는 능력을 가지고 있다. 그러므로 상담자는 상담할 때 하나님의 지혜, 인도, 섭리, 위로, 능력, 치유의 권능을 구하며 기도로 시작하여 기도로 끝낸다. 이 외에 상담자는 상담이 진행되는 동안에도 속으로 하나님께서 상담의 과정을 인도해 주시며 문제를 잘 이해하고 내담자를 효과적으로 도울 수 있는 능력을 달라고 기도해야 한다.

스트롱은 분노와 죄책감, 억압, 결혼 문제 등으로 고통받는 이들에게 어떻게 기독교 상담을 적용할 수 있는지에 대해 자신의 견해를 소개하였지만, 아직도 그의 창조적인 상담 원리에는 좀더 구체적으로 개발되어야 할 부분들이 있는 것이 사실이다. 그럼에도 불구하고 스트롱의 상담법은 다음과 같은 흥미있는 사실을 우리에게 보여주고 있다.

스트롱의 상담법은 기독교 상담의 치유 활동에 심리학적 지식이 적용될 수 있다는 사실을 제시해 주고 있다. 즉 이 상담법에서는 과학적인 심리학 분야를 포함하여 밝혀진 사실 모두가 하나님의 선물이며, 문제로 인해 고통받는 사람들을 치유하고자 하시는 하나님의 사랑의 역사에 적용될 수 있다고 믿는다. 그리고 이 상담법은 다른 일반 상담 원리들과는 달리 그리스도 중심의 상담이며 건강의 모델로 예수 그리스도를 제시하고 있다. 즉 이 기독교 상담의 방법과 상담 과정은 심리학적 지식을 적용하는 것인데, 이 일을 통해 내담자로 하여금 예수 그리스도를 따라 건강을 회복하도록 돕는데 그 목적이 있다.[21]

웨이론 워드의 성경적 상담

본서에서 논의된 다른 상담학자들과 마찬가지로 텍사스의 웨이론 워드(Waylon Ward)도 기독교 상담이 일반 심리학의 원리를 받아들일 수는 있지만, 본질적으로는 성경의 계시에 근거하여 실시되어야 한다고 주장한다. 그가 생각하는 기독교 상담에는 일반 상담과는 달리 다음과 같은 특징들이 있다.

- 창조와 타락 및 구속의 사건 강조
- 절대적인 진리와 상담자를 위한 표준적인 지침서로서의 성경에 대한 신뢰
- 내담자를 보다 예수 그리스도와 같이 되게 하려는 궁극적인 목표
- 기독교 상담자는 "성령의 내주하시는 능력을 통해 보다 효과적인 상담을 실시하기 위한 지식, 이해, 안내의 근원을 얻게 된다"는 믿음
- 아가페적 사랑의 강조
- 하나님에 대한 신뢰 강조
- 상담자가 내담자에게 하나님의 특성에 대한 모델을 제시하며,

---

21) *Ibid.*, p.75.

삶을 통해 하나님의 속성을 보일 것을 강조
-독특한 지원 그룹, 즉 '그리스도의 몸' 된 교회의 지체들
-인생은 죽음으로써 끝나는 것이 아니라 영원히 계속 된다는 견
해
-성경에 제시되어 있는 하나님의 관점, 즉 그리스도께서 우리
죄를 위해 돌아가시고 우리 죄를 사하시며 모든 것을 협력하
여 선으로 인도하신다는 견해에 의해 과거를 조명하는 독특한
방법
-성경의 원리와 일치한다면 다른 테크닉들을 사용할 수 있도록
허용하는 융통성 있는 방법론22)

워드의 "신약에 나타난 상담 모델,"(Counseling model from the
New Testament)에는 기본적인 복음적 기독교 신학이 반영되어 있
는데 여기에는 하나님의 인간 창조, 죄로 인한 타락, 예수 그리스도
에 의한 구속사건 등이 내포되어 있다.

요한복음 11장에는 기독교 상담의 훌륭한 예가 제시되고 있다. 본문
에 보면 예수께서는 무덤에 누워 있는 나사로에게 무덤에서 나오라고
말씀하셨다. 그러자 나사로는 죽음의 냄새를 풍기면서 수족을 베로 동
인 채 무덤 밖으로 나왔다. 죽은 자를 살릴 수 있는 사람이라면 당연히
자신이 친히 수의를 벗길 수 있을 것이다. 그러나 예수는 곁에 둘러 서
있는 나사로의 친구들에게 수의를 풀어주라고 말씀하심으로써 다른 사
람들을 나사로의 기적에 참여시키셨다.

물론 나사로의 친구들이 나사로를 살린 것은 아니었다. 하나님은 그
들에게 수의를 풀어주게 함으로써 나사로를 완전히 자유롭게 하기 위
해 그들을 도구로 사용하셨던 것이다. 기독교 상담자도 이와 마찬가지
이다. 상담자는 결코 생명을 줄 수 없다. 단지 생명의 근원이 되시는

22) 이 특징들은 Waylon O. Ward, *The Bible in Counseling*(Chicago: Moody,
1977)에서 발췌한 것이다.

하나님의 손 안에 있는 선택된 도구인 것이다. 하나님이 왜 이러한 도구를 사용하시는지는 당신만이 아시는 사항이며 상담자는 당신의 도구로서 사람들을 자유롭게 하고 참된 삶을 살게 도와주신다.

…성경적 상담을 실시하려면 태도만 다를 것이 아니라 행동의 문제도 다루어야 한다. 잘 조화된 기독교 상담은 내담자가 생각하는 것이나 느끼는 것, 행동하는 것에 긍정적인 변화가 일어나도록 도울 수 있다.[23]

책에 소개된 워드의 상담법은 몇몇 페이지에 불과하다.[24] 그의 상담에 대한 중요한 요소들은 그가 제시한 과제물에 많이 내포되어 있다. 그가 제시하는 과제물은 주로 질문지를 완성하는 것을 비롯하여 문장 채우기, 간단한 자기의 과거 소개문 작성, 편지 쓰기, 자기동료나 다른 사람들과의 토론, 독서, 테이프 청취, 성경 구절을 중심으로 한 학습 안내서 연구 등이다. 워드의 책에는 이러한 종류의 과제물 약 50여 가지가 그 사용 방법과 함께 제시되어 있다.

결론

칼슨(Carlson)이 이미 본서에서 지적한 바 대로 현대적인 상담개념이 성경에 언급되어 있는 것은 아니다. 그러나 우리는 신약성경에 사용된 5개의 희랍어를 통해 상담의 개념을 얻을 수 있다.

첫째는 parakaleo인데 이는 로마서 12:1; 15:30; 고린도후서 1:4에 사용된 것으로서 간청, 권고, 격려, 위로를 의미한다.

둘째는, noutheteo인데, 이는 로마서 15:14; 고린도전서 4:14; 골로

---

23) *Ibid.,* pp.15, 16. 나사로에 대한 예화는 Maurice Wagner가 처음 사용했다.
24) Word는 출판되지 않은 그의 글들에서 심리학적이고 전문가적인 자질을 가지고 성경적 정확성을 결합시키려고 시도하였다. 그는 관계화 통찰력에 중점을 둔 접근법을 강조한다.

새서 3:16에 나타나는 단어로서 경고, 대면, 훈계를 의미한다.

셋째는, paramutheomai인데, 이는 데살로니가전서 2:11에 사용된 단어로서 격려하다, 용기를 북돋우다 등의 의미가 있다.

넷째는, antechomai로서 데살로니가전서 5:14에 나오며 붙들다, 고수하다, 관심을 갖다, 영적으로 고양되다 를 뜻한다.

다섯째는, makrothumeo라는 수동형 동사인데 여기에는 '참다'란 뜻이 있으며 마태복음 18:26, 29; 야고보서 5:7; 히브리서 6:15에 쓰였다.[25]

참된 기독교 상담은 성경에 근거한 상담이다. 그리고 그 종류도 성경에서 상담에 관해 기록된 용어만큼이나 다양할 수 있다. 기독교 상담에 관한 책과 논문은 앞으로도 계속해서 나올 것이며 미래에는 더욱 그러할 것이다. 그러면 이렇게 계속해 증가하는 상담 원리들 중에서 어떻게 참된 기독교 상담을 구별해 낼 수 있을 것인가? 이 문제는 다음 장에서 다루기로 한다.

---

25) Frank B. Minirth, *Christian Psychiatry*(Old Tappan, NJ: Revell, 1977), pp.37, 38을 참고로 한 것이다.

III. 기독교 상담의 미래

제18장 기독교 상담의 미래
(The Future of Christian Counseling)

게리 R. 콜린스

　기독교 상담의 미래는 과연 어떠할 것인가? 기독교 상담은 어디로 가고 있는가? 앞으로 다가올 미래에 기독교 상담은 어떠한 발전을 할 수 있을 것인가? 상담 이론들이 서로 통합될 것인가 아니면 더 다양하게 세분될 것인가? 새로운 상담 방법들이 개발될 것인가? 기독교 상담의 영역은 계속 확대될 것인가?

　사실 기독교 상담의 영역이 지금처럼 대규모가 아니고 훈련된 상담자도 별로 없었던 몇 년 전만 해도 이러한 문제들은 별로 거론되지 않았다. 그러나 오늘날, 많은 사람들이 상담 분야에 종사하게 되었고 그리스도인 중에서도 점점 더 많은 사람들이 신자가 직면한 문제의 해결을 위해 도움을 구하는 것은 지극히 정상적인 일이라는 것을 인정하게 되었다. 그리고 이러한 추세에 따라 상담자의 책임에 대한 요구도 증가하게 되었다. 따라서 기독교 상담자는 상담의 효과, 상담자 훈련과 선발, 기독교 상담의 미래 등에 대해 신중하게 연구해야 한다. 우리는 기독교 상담의 긍정적인 미래를 위해 적극적으로 노력해야 한다. 그렇지 않으면 기독교 상담 분야는 사방으로 흩어지는 산탄처럼 폭발하고 말지도 모른다.

　따라서 기독교 상담의 미래를 예견하고 그에 대한 준비 작업을 가속화시킨다면 앞서가는 기독교 상담을 정착시킬 수 있을 것이다. 또한 일반상담 이론이나 심리학과 같은 학문적 영역에 의해 기독교적 의미가 희석되는 결과도 없을 것이다. 기독교 상담학의 미래를 준비함은 기독교 상담의 현재가 건실함을 입장하는 것이 되기 때문이다.

기독교 상담의 미래는 대개 두 가지 방법으로 생각해 볼 수 있다. 첫째는 미래를 예측하는 것이다. 즉 앞으로 기독교 상담 분야가 나아갈 방향에 대해 유리구슬을 보며 점을 치듯 예측해 보는 방법이다. 이러한 방법은 흥미 있는 것이기는 하지만 그 타당성이나 신빙성에는 의문의 여지가 있다. 두 번째는, 기독교 상담의 미래에 대한 기본적인 몇 가지 모델을 제시하는 것이다. 이것은 상담자로서 우리의 현주소는 무엇이며, 과거는 어떠했으며, 앞으로는 어떻게 될 것이라는 방안을 제시하는 방법이다.1) 본서에서는 두 번째 방법을 채택하였다. 그러나 본장에서 취급한 제안들이 기독교 상담 분야에서 고려되어야 할 유일한 이슈라거나 가장 중요한 모델이라고 볼 수는 없다. 하지만 우리가 유능한 상담자가 되려면 또 예수 그리스도와 성경의 진리에 일치된 기독교 상담을 전개하려면 다음과 같은 제안들을 고려해야 할 것이다.

1. 기독교 상담은 기본 전제를 명확히 설정해야 한다.

이미 제1장에서 지적한 바와 같이 사람들은 저마다 상담 활동에 영향을 주는 기본 전제를 가지고 상담에 임한다.

내담자는 상담자가 어떤 일을 할지에 대해 미리 어떤 전제를 가지고 상담에 임한다. 상담에 대한 이러한 전제는 특히 상담 초기의 행동에 영향을 주게 된다. 따라서 내담자와 상담자의 전제가 서로 다를 경우 최대한의 성공적인 상담을 실시하려면 상담 초기에 이러한 차이를 조정해야 한다.

상담자의 상담 목표나 전제도 또한 상담 방법론에 영향을 끼친다. 예를 들어 로저스의 상담 목표나 테크닉은 울프의 것과 다르며, 울프

---

1) 이 접근법은 Marjorie K. Bradley in "Counseling Past and Present: Is There a Future?" in Personnel and Guidance Journal, September 1978, pp.42-45에서 취해진 방법론이다.

의 그것은 또한 프로이드파의 상담 목표나 테크닉과 다르다. 인간의 본질과 변화할 수 있는 능력, 또는 효과적인 상담을 위한 테크닉에 대한 상담가의 기본 전제들은 모두 상담 과정에 영향을 미칠 수 있다.

또 상담 훈련자의 전제도 교수 방법에 영향을 끼친다. 예를 들어 제이 애덤스는2) 상담 훈련을 시킬 때 학생을 상담에 참여시켜 두 명의 상담자가 내담자와 상담하는 모습을 관찰해 본 뒤에 그에 대해 토론하는 방식을 사용하는데 이것은 전통적인 상담 훈련 방식과는 아주 다른 방법이다. 이러한 차이는 물론 상담 훈련자의 전제의 차이에서 비롯되는 것이다.

상담 연구자들도 자신의 전제에 의해 영향을 받는다. 행동주의자, 정신 분석가, 비지시적 상담자들은 각기 다른 접근 방법을 통해 상담에 대한 연구를 한다. 이와 같이 내담자, 상담자, 교육자, 연구자들은 저마다 자신의 기본 전제를 가지고 있으며, 이들의 상담 활동은 이 전제에 의해 영향을 받게 된다.3)

따라서 기독교 상담은 어떠한 상담 방법이든지 간에 그 기본 전제를 분명하게 제시해야 한다. 우리는 인간의 본질에 관해 분명한 입장을 취해야 한다. 즉, 인간은 자유 의지를 가진 존재인가 아니면 이미 프로그램화된 행동 법칙에 의해 움직이는가, 죄된 본성이 행동에 영향을 미치는가, 중생하며 '새로운 피조물'이 될 때 어떠한 변화가 일어나는가 하는 것 등에 관해 명백한 입장을 제시해야 한다. 또 하나님의 본질에 대해서도 명백히 알고 있어야 하는데, 하나님이 참된 인격자이신가 아니면 환상인가, 자존하시는 분이신가 아니면 상상에 불과한 존재이신가 하는 물음에 분명한 대답을 가지고 있어야 한다. 그리고 우주의 본질에 대해서도 분명한 견해를 갖고 있어야 한다. 즉

2) J. E. Adams, Competent to Counsel(Grand Rapids: Baker, 1970).

3) B. Stefflre and K. Matheny, The Functions of Counseling Theory(New York: Tym Share Corp., 1968).

히브리서 1:1-3에서 제시된 대로 우주는 하나님의 아들에 의해 창조 되고 유지되는가, 아니면 에릭 프롬이 말한 대로 인간은 우주에서 자 신의 운명에 대해 무관심할 수 있는 유일한 존재인가 하는 것에 대 해 할 말이 있어야 한다. 이외에도 우리는 인식의 본질에 대해서 정 확히 이해해야 한다. 즉 인간에 대한 우리의 지식은 어디에서 오는 가? 경험을 통해서? 논리적인 사유를 통해서? 성경을 통해서? 아니 면 다른 근거에서? 예를 들어 성경이 인간의 필요나 문제들, 해결 방 법, 가치관, 목표들에 대해 언급하고 있다고 하더라도 성경이 말하고 있는 내용을 어느 정도까지 믿을 것인가? 이처럼 성경에 대한 견해 는 상담에 커다란 영향을 주기 때문에 상담자는 성경을 주의 깊게 연구해야 한다.

필자는 기독교 상담이 인간은 하나님의 형상대로 창조되었으나 새 로 태어나는 경험을 함으로써 새로운 피조물이 될 수 있게 되었다는 기본 전제에서 출발해야 한다고 믿는다. 또한 전에 지적한 바 대로, 진리는 모든 것에서 얻어질 수 있다. 즉 하나님의 정확 무오한 말씀 인 성경 외에도, 경험을 통해서, 논리적 연역을 통해서, 소설이나 다 른 문학에 대한 분석을 통해서도 얻어질 수 있다.4) 재삼 강조하건대 우리는 다른 기독교 상담자들이 인정하든 인정하지 않든 간에 기독 교의 기본 전제를 분명히 제시해야 한다. 이는 우리가 깨닫든 깨닫지 못하든 간에 상담이 이 전제에 의해 큰 영향을 받기 때문이다.

2. 기독교 상담은 기독교적 가치관을 분명하게 제시해야 한다.

미국 심리학 협회의 전 회장인 조지 앨비(George Albee)는 미국사 회에서 프로테스탄트적인 노동 윤리, 종교, 절제 등이 그 영향력을 상실하고 있다고 주장하였다. 앨비는 오늘의 미국 사회를 다음과 같

---

4) G. R. Collins, *The Rebuilding of Psychology*(Wheaton: Tyndale House, 1977).

이 묘사하고 있다.

> "프로테스탄트 윤리의 죽음, 전통적 신앙의 쇠퇴, 쾌락주의의 부흥
> 등이 오늘날 미국 사회의 지배적인 분위기를 형성하고 있다. 이러한 사
> 회 분위기 가운데서 초월적 가치에 대한 믿음은 사라지고 점점 무의미
> 와 허무주의, 목적 상실감이 사회에 팽배해지고 있다. 그리하여 알랜
> 휠리스(Alan Wheelis)를 비롯한 많은 심리 치료가들이 자신을 찾아 방
> 황하는 현대인의 문제를 다루어 왔다. 이와 같은 종교적, 도덕적 신념
> 이나 윤리의 결핍은 필연적으로 다른 불건전한 방향으로 현대인을 유
> 도한다.5)

앨비에 의하면 우리는 지금 '자기 탐닉 사회'(self-indulgent
society)에 살고 있다. 이것은 다른 사람의 권리보다 자신의 개인적인
만족에 더 관심을 갖는 사회를 의미한다. 자기 탐닉 사회에서 "우리
는 특별히 어떤 죄책감 같은 것은 별로 느끼지 못할지라도 더 많은
불안과 근심 속에 살고 있다. 옛날부터 내려오는 실존적인 의문은 여
전히 해결되지 않은 채로 남아 있고 전통적인 종교를 포기함으로써
다른 새로운 현인을 찾아가 새로운 해답을 얻으려고 한다."6) 비츠
(Vitz)는 자신의 책에서7) 이러한 자기 탐닉주의를 신랄하게 비난했
는데 이에 대해서는 이미 앞 장에서 다루었다.

최근에 어떤 큰 기독교 출판사의 편집장으로 있는 사람은 가치관
의 문제를 다루면서, 윤리 문제에 대해 확고한 주관을 갖지 못한 그
리스도인들이 많이 있다고 주장하였다. 즉 많은 그리스도인들이 난무
하는 외설적인 영화들, 텔레비전의 폭력물들, 건전하지 못한 경제윤

---

5) G. W. Albee, "The Protestant Ethic, Sex, and Psychotherapy" in
   American Psychologist, 1977, 32, p.159.

6) *Ibid.*, p.160.

7) P. C. Vitz, Psychology As Religion: *The Cult of Self-Worship*(Grand
   Rapids: Eerdmans, 1977).

리, 지나친 애정 행위 등에 어떻게 대처해야 할지 모른다는 것이다. 성경은 동성연애, 혼외 성교, 절도 등에 대해 분명하게 금지하고 있지만 사실 다른 요소들에 대해서는 분명하게 언급하지 않은 것들이 많이 있다. 따라서 많은 그리스도인들은 가치관의 혼란을 경험하고 있다. 즉 몇 해 전만 해도 죄로 간주되었던 것들이 이제는 죄가 아닌 것으로 인정되는 변화에 어리둥절하게 된다. 그래서 그 편집장에 따르면, 그리스도인들을 위해 삶의 '회색 지대', 다시 말하면 가치관의 혼란을 일으킬 만한 요소들에 대해 기독교적인 명확한 지침을 작성하여 제시할 필요가 있다는 것이다. 이러한 가치관의 회색 지대는 종종 상담을 필요로 하게 하는 문제를 일으키는 요소가 되므로 기독교 상담자는 이러한 요소들에 대한 자신의 기독교적인 입장을 분명히 해야 한다.

3. 기독교 상담은 문화의 영향을 인식해야 한다.

수 년 전에 카커프(Carkhuff)[8] 효과적인 상담을 위한 기본요소들로서 공감대 형성, 따뜻하고 순수한 태도 등을 꼽았으며, 다른 상담자들은 친밀한 관계, 개인적인 차이 인정, 개방적인 태도, 바디랭귀지(body language)를 통한 의사소통, 신체 접촉의 치료적 가치, 문제의 해석 등의 요소들을 중요시하였다. 사실 이러한 요소들은 미국이나 캐나다 같은 문화적 상황에서는 효과적으로 적용될 수 있을 것이다. 그러나 이것들이 다른 나라에서도 똑같이 적용될 수 있을까?

동양을 생각해 보라. 동양 사람들은 북미 사람들에 비해 자신들의 문제를 터놓고 얘기하려 하지 않는다. 이러한 문화적 상황 속에서는 보다 지시적인 상담을 실시해야 한다. 왜냐하면 상담을 받는 사람들이 자신들의 환경적 상황을 잘 바꾸려 하지 않기 때문에 북미와는

---

8) R. R. Carkhuff, Helping and Human Relations: *Vols. I and II*(New York: Holt, Rinehart and Winston, 1969).

달리 지시적인 상담법이 더욱 효과적이다.

이와 같이 상담은 문화적인 영향을 많이 받으므로 어떤 방법이든지 이러한 문화적 상황을 고려해야 한다. 그러나 문화적 배경이 다른 상황에서의 상담은 미국 내에서도 얼마든지 일어나고 있다. 즉 경제 수준이나 연령 수준이 서로 다른 상담자와 내담자가 만나 상담을 하는 경우가 그 한 예이다. 사실 현재 실시되고 있는 대부분의 상담이론은 중산층을 대상으로 한 것이며, 제한된 시간에서 지적이며 추상적인 개념을 이용한 것이 대부분이다. 이러한 상담법으로는 중산층이 아닌 다른 문화적 배경에 속한 사람들과 효과적인 상담을 할 수 없다. 특히 교육의 혜택을 풍부하게 누리지 못한 하위 문화권에 속한 사람에게는 적절하지 못한 방법이다.

따라서 기독교 상담자는 자신의 테크닉이나 상담 개념이 특정한 문화권에 있는 사람들만을 대상으로 한 것인지 아닌지를 확인해야 한다. 물론 기독교 상담에는 나름대로의 문화적 독특함이 있지만, 보다 효과적인 성경에 근거한 상담 테크닉과 원리들을 적용하려면 내담자의 문화적 배경을 고려해야 한다. 비록 그동안 기독교 상담자들이 상담할 때 문화적 환경의 다양성이나 차이점에 거의 신경을 쓰지 않았다 하더라도 앞으로 성경적이면서도 효과적인 상담을 하려면 이러한 현상은 시정되어야 할 것이다.9)

4. 기독교 상담은 계속해서 그 방법론을 점검해야 한다.

오늘날 많은 그리스도인 전문가들은 성경이 상담 테크닉의 교과서로 기록되었다는 사실을 인정하지 않는다. 그러나 설교학에는 성경과 일치하는 다양한 설교법이 있을 수 있으며, 기독교 교육 분야에도 성경과 일치하는 다양한 교수법이 가능하다. 마찬가지로 상담 분야에도

---

9) P. Pederson, W. J. Lonner, and J. G. Draguns, eds., *Counseling Across Cultures*(Honolulu: University Press of Hawaii, 1976).

성경에서 직접적으로 유래된 것은 아니라도 성경과 일치되는 다양한 상담법이 있을 수 있다. 예를 들어 상담자가 내담자의 이야기를 적극적으로 듣는 경우를 생각해 보자, 성경에 특별히 이러한 방법이 직접적으로 언급된 것은 아니지만 예수께서는 사람들과 대화하실 때 그들의 말을 유심히 들으셨다는 것이 성경에 기록되어 있다. 그렇다면 이것은 분명히 성경에 일치하는 상담 테크닉이다. 그러나 성(性) 문제를 가지고 있는 사람들을 위해 일부 성(性) 상담에서 실시하는 성(性) 대용물의 사용(sexual surrogates) 같은 것은 분명히 성경적이 아니며 결코 신자들에게 허용될 수도 없다.

그러므로 기독교 상담자들은 자신의 상담 방법이 성경에 일치하는지, 기독교 윤리적으로 볼 때 타당한지, 상담 목표를 성취하는데 효과적인지, 여러 실험적인 결과나 연구에 의해 뒷받침되고 있는지 신중하게 점검해야 한다. 즉 '성경적인가', '실용적인가', '실험적인가' 등의 세 가지 기준을 적용하여, 현재 사용되고 있는 상담 테크닉의 타당성에 의심이 간다면 사용하지 않도록 해야 할 것이다.

5. 기독교 상담은 기독교 상담자를 선택하고 훈련하고 평가하는 적절한 방안을 강구해야 한다.

일반 상담학 분야에서는 상담자의 선택과 교육에 대해 상당한 관심을 기울여 왔다. 그러나 기독교 상담은 이런 면에서 낙후된 상황을 면하지 못하고 있다. 따라서 저술가들은 장래의 상담자를 선발하는 방법, 실제적인 상담과 훈련 내용의 괴리, 상담의 효과를 평가하려는 노력의 부족 등에 대해 비판을 해왔다.

기독교 상담자의 대부분은 일반 교육 기관에서 상담 훈련을 받고 인본주의적, 자연주의적 전제에 근거한 상담 모델을 배운다. 이에 비해 기독교적인 훈련 프로그램은 최근에야 비로소 개발되어 왔으나 이들은 수도 적고 또 대부분 일반 상담의 훈련 모델에 근거하고 있다. 또 어떤 기관에서는 특별한 상담 훈련 없이 간단한 교육 즉 여름 단기 강좌라든가, 공부는 각자하고 정기적으로 일주일 간의 세미나에 참석하게 되면 석사 과정에 준하는 상담 학위를 부여하는 코스를 개발하여 실시하고 있다. 그러나 '성경적 상담'이라고까지 내세우는 이런 프로그램들은 그 효과를 의심할 수밖에 없는 졸속적인 것들이며, 주 정부의 상담자 양성법에도 어긋나고, 기독교 상담에 대한 신뢰를 떨어뜨리게 하는 부작용을 일으키고 있다.

그러므로 효과적인 기독교 상담이 이루어지려면, 기독교 전문 상담자와 상담 교육자는 기독교 상담자를 선발하고 훈련시키고 평가할 때 가능한 한 가장 효과적인 방법으로 실시하도록 이에 대해 관심을 갖고 연구를 해야 한다. 그리고 자체적인 기준을 세워 능력 있는 상담자를 인가할 수 있는 제도도 필요하다. 오늘날 효율적인 기독교 상담자 훈련의 필요성이 절실하지만, 이 분야는 여전히 개선되지 못한 상태에 있다.

6. 기독교 상담은 증가하는 비전문적 상담 활동에 대해 적절하게 대처해야 한다.

최근 들어 평신도들이 상담자로서 활동하는 사례가 급격하게 증가하는 현상이 일어나고 있다. 상담 전문가들은 이러한 경향에 반대하지만, 현실적으로 상담 훈련을 받지 못했거나 약간의 훈련을 받은 많은 평신도들이 친구나 친척 외에도 다른 사람들과 만나 삶의 문제들에 대해 상담 활동을 하고 있다.

비전문적 상담 운동은 두 가지로 나누어진다. 첫째는, 자조적인 상담(do-it-yourself counseling)이다. 최근에 「아메리칸 사이칼러지스트, The American Psychologist」10)에서 이러한 자조적인 상담이 통

---

10) I. Goldiamond, "Singling Out Self-administered Behavior Therapies for Professional Overview: A Comment on Rosen" in American Psychologist,

제되어야 할지, 아니면 어떤 모양으로든지 합법적으로 인정되어야 할지에 대해 논란이 있었는데, 사실 통제한다는 것은 불가능한 일이다. 그러나 이들의 존재나 일반적인 효과, 잠재적인 해로운 영향 등은 분명한 사실이라 할 수 있겠다.

우리가 이미 살펴보았듯이 자조적 상담은 특히 그리스도인들 사이에서 활발하게 실시되고 있다. 팀 라헤이(Tim LaHaye)는 억압, 기질 분석, 성(性)에 관한 책을 써왔으며, 노만 빈센트 필(Norman Vicent Peale)과 로버트 슐러(Robert Schuller)는 긍정적인 사고방식을 강조하고 있다. 이 외에도 상당수의 그리스도인 저술가들이 행복한 결혼 생활, 체중 조절, 억압, 죄책감, 분노 등의 주제들을 다룬 책을 펴내고 있는데, 이들 저술가들은 대부분, 훌륭하지만 그 중에는 적절한 교육이나 훈련을 받지 못한 사람들도 있다.

한편 상담 전문가들이 명심해야 할 것은 이들이 쓴 책이나 논문들은 단지 일부 사람들에게만 도움을 주고 상담을 하도록 용기를 준다는 점이다. 그리고 보다 많은 사람들이 전문적인 상담자를 찾아가는 것을 꺼리고, 그 대신 상담 방법이 성경적인 원리에 근거한 것이든 아니든, 간단한 해결책을 원하는 경향이 있다는 사실을 알아야 한다. 그렇다고 해서 기독교 상담자들이 전문적인 훈련을 받지 못한 대중적인 저술가나 강연가들에게 자조 상담 분야를 맡기고 수수 방관만 하고 있어서는 안 된다. 오히려 적절한 자조적 상담법을 개발하고 현재 실시되고 있는 자조 상담법들을 올바로 평가하고 분별할 수 있도록 도와야 할 것이다.

비전문적인 상담의 두 번째 측면은 평신도 상담 운동이다. 조사보고에 의하면 동료 상담은 그것이 타당하거나 신뢰할 수 있는지에 대한 여부는 차치하고라도 문제를 가진 사람들에게 매우 효과적인 도

1976, 31, pp.142-147; and G. M. Rosen, "The Development and Use of Nonprescription Behavior Therapies" in *American Psychologist*, 1976, 31, pp.139-141.

움을 주고 있다11)는 사실을 알 수 있다. 오늘날 평신도를 위한 상담
자 훈련 프로그램이 개발되고 있고 교회 내에서나 밖에서나 이들은
점차 영향력 있는 상담 운동을 전개하고 있다.12) 평신도들이 서로의
무거운 짐을 나누어 지며, 서로를 위하고, 우는 사람과 함께 울고, 서
로를 돕는 전례는 이미 나타나고 있다. 성경에서도 기독교 상담자는
이러한 상담 활동이 교회나 일상생활의 주변에서 널리 일어나고 있
다는 사실을 인식해야 한다. 그리고 평신도 훈련 프로그램을 개발하
여 비전문가들을 훈련함으로써 최대한 효과적인 상담활동을 하도록
도와야 할 것이다.

7. 기독교 상담은 종교적 체험에서 오는 영향을 고려해야 한다.

이것은 같은 그리스도인이라도 어떤 사람은 카리스마스적인 사람
이 되고, 어떤 사람은 근본주의자가 되며, 또 어떤 사람은 신학적으
로 보수적이 되거나 자유적인 입장을 고수하는 이유는 어디에 있는
가와 같은 의문을 제기하게 한다. 또한 회심의 결과는 무엇인가? 회
심은 윌리암 제임스(William James)가 주장하듯 항상 긍정적인 결과
를 가져다주는가? 아니면 레온 샐츠만(Leon Salzman)이 주장하듯이
경우에 따라서는 부정적인 결과도 가져다주는가? 회심에는 항상 치
료적인 효과가 있는가? 방언이 어떤 사람들에게는 심리적으로 볼 때
아무런 문제가 없지만 다른 사람들에 있어서는 병리적인 증상이 될

---

11) R. R. Carkhuff, "Differential Functioning of Lay and Professional Helpers
" in *Journal of Counseling Psychology*, 1968, 15, pp.117-128.

12) 참조, G. R. Collins, *How to Be a People Helper*(Santa Ana: Vision
House, 1976); G. R. Collins, *People Helper Growthbook*(Santa Ana:
Vision House, 1976); S. J. Danish, Helping Skills: *A Basic Training
Program*(New York: Behavioral Publications, 1973); and G. Egan, The
Skilled Helper: *A Model for Systematic Helping and Interpersonal
Relating*(Monterey, CA: Brooks/Cole, 1975).

수 있는 이유에 대해 생각해 보게 한다.

이러한 질문들은 상담에 커다란 비중을 차지하는 아주 중요한 요소들인데, 특히 그리스도인들과 상담할 때는 더욱 그러하다. 그러나 유감스럽게도 종교적 체험에 대한 연구는 많이 진행되고 있지만 심리학이나 상담과 관련해서 연구된 것은 거의 없는 실정이다. 기독교 상담자는 그리스도인이든 아니든 그들이 경험하는 종교적 체험과 종교적 현상이 그들에게 미치는 영향을 보다 잘 이해해야 할 것이다.

8. 기독교 상담은 문제의 예방에 지대한 관심을 가져야 한다.

캐플런(G. Caplan)의 「예방적 정신 의학의 원리들, The Principles of Preventive Psychiatry」[13]은 정신 건강에 관한 훌륭한 책으로서 정신건강을 위한 예방 운동을 일으키는데 큰 역할을 하였다. 정신 건강을 위한 예방 운동(the preventive psychiatry movement)은 사회나 환경을 변화시키면 문제를 예방할 수 있다는 주장을 내세우고 있다. 그리하여 개인의 문제를 예방하기 위해 빈곤, 차별, 경제적 압박 등의 사회적 상황을 변화시키고자 시도하였다.

지역 사회 상황의 변화와 더불어 우리는 각 개인들 스스로가 문제가 생기거나 문제에 깊이 빠지기 전에 문제에서 벗어나도록 도와야 한다. 이런 예방적인 활동은 상담실에 가만히 기다리고만 있어서는 안 된다. 그것은 지역 사회에서, 가정에서, 학교에서, 특히 교회라는 현장에서 실시되어야 한다. 주일 학교 교사와 장로들은 문제를 발견하고 그 문제가 더욱 악화되기 전에 제거해야 한다. 그리고 혼전 상담을 담당하는 목회자는 또한 퇴직 전 상담, 수술 전 상담, 죽음을 눈앞에 둔 사람과의 상담 등 갖가지 형태의 예방 상담을 실시할 수 있다. 그러므로 교회 지도자들은 각종 강연이나 설교, 책, 논문 등을

---

13) G. Caplan, *The Principles of Preventive Psychiatry*(New York: Basic Books, 1964).

통해 상담의 가치를 늘 새롭게 인식해야 하며 이러한 매개물은 또한 각 개인들로 하여금 자신의 문제들을 이해하고 다룰 수 있도록 도움을 줄 것이다.

교회 지도자들이 메시지와 교회의 프로그램을 통해 성도들의 필요들을 돌보고, 성도들로 하여금 서로 돕고 격려하며 서로의 짐을 나누어 지게 하는 위로와 사랑의 교회를 이룩하기 위해 늘 깨어 기도하며 노력하도록 주지시켜야 한다. 기독교 상담자는 새로이 문제가 생기는 것을 방지하고 현재의 문제가 더 악화되기 전에 예방하도록 최선을 다해 말하고, 쓰고 돕는 활동을 해야 할 것이다.

9. 기독교 상담은 특히 가정을 중시해야 한다.

오늘날 가정이 위기에 처했다는 것은 이제 누구나 다 알고 인정하는 사실이다. 점점 이혼율이 증가하고 있으며 가정 내의 갈등이 심화됨으로써 가정 문제에 대한 우려가 점차 확산되고 있다.

기독교 상담자는 이 시대의 특징적 현상이라 할 수 있는 자유로운 이혼과 재혼, 낙태, 혼외 성교의 난무, 동성연애, 프리섹스, 자유결혼의 성행 등을 쉽게 묵과할 수 없다. 물론 이혼이 불가피할 경우가 있으며 인간은 옳지 못한 행동들을 할 수도 있다. 하지만 우리에게는 가정에 대한 성경적 기준이 있으며 이 기준들은 유지되고 지켜져야만 한다. 상담자로서 우리는 내담자가 이런 기준을 배우고 받아들이며 지키도록 도와야 한다. 우리는 또한 교회 안에서 가정생활에 대한 효과적인 지침들을 가르칠 수 있을 것이다.

최근에 결혼, 가족, 자녀 양육 등의 주제를 다룬 책들이 많이 보급되고 있다. 이러한 현상은 이 분야에 대한 사람들의 큰 흥미와 필요성을 그대로 반영해 주는 것이다. 이렇게 많은 책들이 쏟아져 나오다 보면 혼란도 있겠지만, 이러한 관심을 통해 가정 문제에 대한 이해를 새롭게 하고 강조를 하는 것은 장차 기독교 상담에 지대한 영향을 미치는 초석이 될 것이다.

10. 기독교 상담은 연구 지향적이어야 한다.

최근 들어 사회에서는 연구에 대한 불신감이 팽배해지는 경향을 보이고 있다.

"…미국의 대중들 사이에서 점차 심리학과 사회 과학 연구에 대한 불만이 고조되고 있으며 심지어 적의감을 갖는 사람들도 생기고 있다. 왜 이런 현상이 생기는지 그 이유야 어찌되었든 일반 시민들과 정치가 할 것 없이 많은 사람들은 사회 과학자들을 의심과 불신의 눈초리로 쳐다보고 있다.…그러나 과학자로서의 심리학자는 심리학적 현상에 대한 새로운 이해를 위해 자료를 모으고, 원리들을 수립하며 법칙들을 발견해 내는 일을 해야 한다."14)

한편 흥미로운 것은 연구 활동에 대한 사람들의 불신 이면에는 신비주의나 다양한 형태의 초심리 현상에 대한 관심이 자리잡고 있다는 사실이다.

"…오늘날 많은 사람들이 거의 종교적인 열정을 가지고 신비적인 주장이나 오컬트(occult, '초자연적인' '불가사의한'이란 뜻. 인간의 능력을 초월한 신비롭고 초자연적인 현상-역자주)적인 주장에 매료되고 있다. 심지어는 대학에서도 점성학, 부두교(voodoo, 서인도 및 미국 남부의 흑인 사이에 행해지는 일종의 마법을 사용하는 사이비 종교-역자주), 마술, 심령술 등에 관한 강연이 인기를 끌고 있다. 오늘날 우리는 신비적 사상들이 예전보다 더욱 무비판적으로 수용되고 있음을 본다. 따라서 심리학의 역할은 그 어느 때보다도 중요하다. 우리는 사실

---

14) R. C. Atkinson, "Reflections on Psychology's Past and Concerns About Its Future" in *American Psychologist*, 1977, 32, pp.206, 207.

을 바로 알고 비현실적인 주장에 현혹되지 않아야 한다.…그릇된 신비
주의나 오컬트에 사로잡힌 사람들에 대한 가장 좋은 방책은 과학, 특히
심리학을 잘 연구하고 이해하는 것이다. 이러한 연구와 이해는 사실에
근거하지 않은 원리와 주장에 현혹되지 않고 참된 것을 구별하게 해준
다.”15)

실험적인 연구가 대중에게 크게 어필하지 않는 것이 사실이지만,
그리스도인들이 데이터에 근거한 정확한 상담법을 제시하지 않는다
면 기독교 상담은 위의 인용문에서 비판을 받은 신비주의자들의 것
과 다를 바가 없다. 기독교 상담자는 사실적인 데이터에 의거하지 않
고 대충 성공적인 사례들을 제시하여 그 원리를 일반화하는 어리석
음을 범하지 말아야 한다. 그러나 신비주의자들에게서 나타나는 이러
한 일반화의 경향은 불행하게도 의도적이지는 않을지라도 심리학적
인 바탕이 없는 기독교 강연가나 저술가들이 제안한 심리학적 원리
들에서도 종종 나타나고 있다. 그러므로 기독교 상담은 깊이 있는 연
구를 통해 성장이나 행동 변화에 대한 주장들을 뒷받침해 주어야 한
다.

11. 기독교 상담은 공동체 지향적이어야 한다.

개인주의는 미국적인 사고방식이다. 이것은 특히 개인적인 문제에
서 더욱 두드러지게 나타나는 현상이다.

그러나 성경은 결코 개인 중심의 기독교(do-it-yourself Chris-
tianity)에 대해 언급하고 있지 않으며 개인 중심의 성장
(do-it-yourself growth)이나 개인 중심의 문제 해결(do-it-yourself
problem-solving)을 강조하지 않는다. 그 대신 성경이 강조하는 것은
공동체적인 생활이다. 예를 들어 고린도전서 12장에서는 성령의 각양

---

15) *Ibid.*, pp.208, 209.

은사들을 받은 사람은 공동체 안에서 성도들을 돕고 덕을 세우며 교화시킬 책임이 있다는 것을 강조하고 있으며, 로마서 12장은 성도간의 협동, 격려, 물질적 도움, 섬김 등을 강조하고 있다.

제2차 세계 대전 후 맥스웰 존스(Maxwlell Jones)는 「치료적 공동체, The Therapeutic Community」16)라는 책을 썼다. 존스의 치료요법은 한동안 큰 인기를 끌었는데, 그는 문제를 가진 사람들을 치료하기 위해서는 정신과 의사 외에도 병원 조수, 간호원, 세탁부 등 모든 사람들이 다 치료자가 되어야 한다고 강조하였다. 리차드 앨몬드(Richard Almond)는 최근에 「치유의 공동체, The Healing Community」17)라는 훌륭한 책을 펴냈는데, 그는 여기에서 그룹의 도움, 격려, 바람직한 행동 모델의 제시 등을 강조하였다. 그러나 우리는 다음과 같은 사실을 유의해야 한다.

성경에는 이미 윤리적, 환경적 치유에 대한 전제가 제시되어 있지만, 그동안 그리스도인들은 이 성경의 모델을 사용하지 못하였다. 따라서 교회도 치유적 공동체로서 제 기능을 발휘하지 못하였다. 그리고 성도들에 대해 무관심한 조직체가 되는 경향이 있는데, 이렇게 됨으로써 상담은 단지 목회자나 몇몇 평신도에게만 맡겨지고, 도움을 필요로 하는 사람들은 흔히 무시되기 일쑤이며, 특히 그 사람이 열성적인 교인이 아니라 교회에 호의적인 태도를 보이지 않는 사람일 경우에는 더욱 그렇다.18)

기독교 상담은 상담실에서 뿐 아니라 서로를 돕고 격려하며 적극적으로 사랑을 갖고 돌보는 성도의 공동체 안에서도 이루어져야 한다.

---

16) M. Jones, *The Therapeutic Community*(New York: Basic Books, 1953).
17) R. Almond, *The Healing Community: Dynamics of the Therapeutic Millieu*(New York: Jason Aronson, 1974).
18) Collins, 1976, p. 132.

결론

기독교 상담은 앞으로 크게 발전할 수 있는 잠재력을 가진 분야이다. 물론 이 잠재력이 저절로 성취되는 것은 아니다. 우리는 우리가 실시하고 있는 기독교 상담의 발전을 위해 우리의 기본 전제와 가치관을 명확히 제시하고, 상담 방법론에 있어서 문화의 중요성을 인식하고, 상담자를 선발, 훈련, 평가하는 방안을 강구하며, 비전문적인 상담 활동을 하는 평신도들을 도우며, 종교적 체험과 문제예방 운동에 관심을 가지고, 가정을 강조하며, 연구 지향적이고 공동체 지향적인 활동을 해야 할 것이다. 이러한 활동들은 앞으로 기독교 상담 분야에서 지향해야 할 가장 중요하면서도 기본적인 요소들일 것이다.

한편 이러한 활동을 할 때 우리는 융통성 있는 태도를 취해야 한다. 상담은 계속적으로 성장하고 발전하는 분야이다. 그러나 자칫하면 더 이상 변할 수도 발전할 수도 없는 상담법이 성경에 일치되는 참된 상담이라고 주장하는 오류를 범할 수도 있다.

우리는 다 실수할 수 있는 연약한 인간이다. 그러므로 앞으로 계속 대두될 다양한 상담론에 대해 열린 마음을 가지고 대하며, 새로운 상담 방법과 성경에 대한 새로운 이해에도 개방적인 태도를 가져야할 것이다.

기독교 상담이 나아가야 할 길은 멀고 험하지만, 그 길은 흥미 있고 가능성들로 가득 찬 길이다. 앞으로 더욱 많은 기독교 상담자들이 의욕과 창조적인 개척자 정신을 갖고, 철저한 심리학적 연구와 거룩하시고 전지전능하신 하나님의 계시인 성경에 근거하여 참된 기독교 상담법을 발전시켜 나가기를 바란다. 그럴 때 그들은 그리스도께서 피로 값하고 사신 백성들에 대한 진정한 영혼의 안내자가 될 것이다.

● 역자 ●

정석환
　　　연세대학교 신과대학 신학과 졸업(B.A. in Theology)
　　　연세대학교 연합신학대학원 상담학과 졸업(M.A.)
　　　Garrett-Evangelical Theological Seminary 졸업(M.Div)
　　　Northwestern University 졸업(Ph.D. in Religion and Personality)

　　　현재, 한국 기독상담·심리치료 연구원 원무 부원장,
　　　연세대학교 신과대학 목회상담학 교수, 교학부장, 신학과장, 및 대학원 신
　　　학과 주임교수, 한국 기독상담·심리치료학회 사무총장

　　　주요 저술
　　　「카운슬링 가이드(Gary Collins, Helping People Grow)」,
　　　「중년기 목회자의 성적 유혹에 대한 심리적 분석」,(「목회와 신학」 132),
　　　「정신분석과 목회상담」(「신학논단」 제28집) 외 다수

기독교 상담과 인간성장

● 발행일	2002년 11월 30일
● 2 쇄	2003년 11월 30일
● 지은이	게리 R. 콜린스
● 엮은이	정석환
● 펴낸이	채종준
● 펴낸곳	한국학술정보(주)
	경기도 파주시 교하읍 문발리 파주출판문화사업단지 538-2
	전화 031) 908-3181(대표) · 팩스 031) 908-3189
	홈페이지 http://www.kstudy.com
	e-mail (e-Book 사업부) ebook@kstudy.com
● 등 록	제일산-115호(2000. 6. 19)
● 가 격	15,000원

ISBN　　89-534-1487-3　98200 (e-Book)
　　　　　89-534-1488-1　93200 (Paper Book)